他者論的転回

◉宗教と公共空間

磯前順一・川村覚文 編
Junichi Isomae & Satofumi Kawamura

ナカニシヤ出版

はじめに――他者論的転回

本書の主題は、宗教を通して公共性のあり方を考え直すことにある。本書の前篇にあたる島薗進・磯前順一編『宗教と公共空間』（東京大学出版会、二〇一四年）では、宗教を私的領域に押しとどめる世俗主義を批判すると同時に、その反動としての公共宗教論の陥穽を回避するためにはどうしたらよいかという観点から、「宗教のあり方」を論じた。続く本書では、「公共性のあり方」を、人間が他者と共存する「複数性」の領域としてどのように捉えたらよいのかを論じる。ポストコロニアル批評など、アイデンティティ・ポリティクスをめぐる議論が盛んな時期には、現実の他者と向き合うことがひとつの倫理として主張された。しかし、他者が認識者の想像を介して現れる存在である以上、ありのままの他者を認識することは不可能である。それは自身の主体に対する認識においても当てはまる。ねじれや亀裂のない主体といったものは存在しないのである。

公共空間も個人も、主体として人工的に構築されるものであって、当初から存在する自然生的なものではない。公共空間が構築される際には、フロイトが言う原父殺しのような――その記憶には加工や捏造がなされているにせよ――暴力的な「排除」が伴う。しかし、公共空間に参入する主権者たちは何事もなかったかのように、その暴力的出来事を無意識裡に否認する。そのため、かえって社会は「トラウマ」に取り憑かれ、ナショナリズムやナルシシズムといった症状を引き起こすのだ。

だからこそ、公共性を排除の観点から論じることが必要になる。ただし、公共空間で排除が行われることを、単に指弾するのが目的ではない。公共性が本来的に不均質な空間である以上、排除を否定しても問題は一向に解決しない。この不均質さは、ときに垂直関係の差別や格差として、ときに水平関係の多様性として状況に応じて現れ出る。こうした両義的な不均質さをどのように分節化していくかが、社会に平等性を実現するための課題となる。公共性の排除的性格を意識化することで、そのトラウマがもたらす症状を最小限に制限していくこと、ここに本書の狙いがある。

では、公共性を論じるときに、宗教論が果たしえる役割とは何か。なぜ、宗教を通して公共性を論じる必要があるのか。従来の公共宗教論のように、あらかじめ公共性が宗教とは独立して存在していて、そこに宗教が善き影響をもたらすという論法では、所詮、宗教論は公共性論の添え物であるにとどまる。そこでは、公共空間の構築に宗教が重要な役割を果たすことが想定されていないのである。従来の公共宗教論は、私的領域としての宗教を反転させて、公共領域に宗教を結び付け、公共性をひたすら善きものとして思い描いてきたに過ぎない。それでは宗教論を通して、公共空間の構造とその生成過程を解明することはできない。

そこで思い起こされるのが、宗教学と他の人文学による宗教研究の相違である。たとえば同じ「宗教社会学」という名前で呼ばれていても、宗教学と社会学からのアプローチでは、宗教本質主義と社会還元主義という、前提をなす基本的立場が根本的に異なると言われてきた。たしかに宗教学では宗教を社会変動に影響されない「固有種（sui generis）」として扱ってきたのに対して、社会学では宗教を社会動態の反映項として位置づけてきた傾向がある。しかし、私的領域としての宗教を批判した宗教概念論から、宗教の公共性を言祝いだ公共宗教論への転換が失敗であったように、宗教本質主義から社会還元主義への転換も目先を変えただけで、まったく意味をなさない。宗教学が宗教を、社会学が社会を現象の本質とするように、ある概念に対する還元主義を拒むことで、別の概念を本質視する姿勢をとる点で、両者はともに立場を同じくする。なぜならば、還元主義は本質主義の別名に過ぎないからである。

むしろ、今求められている研究の視座は、宗教の固有性をかつてのように宗教の純粋さや善良さに還元せず、しかも同時に政治や経済など、他の審級にも還元することなく、正にも負にもなる両義的な「独立変数（independent variable）」として扱うことである。それは宗教という媒介項を通して、公共空間がどのように固有の形で構築されているのかを論究することを意味する。公共空間という複数性の領域が自己完結した個人の存在を自明の前提とするならば、宗教はその個人を結ぶ道徳的な心がけといった副次的な位置づけにとどまるだろう。それに対して、個人という主体がどのように形成されるか、その形成過程に関心を持つならば、複数の主体が林立する公共空間が成立する前提として、「謎めいた他者の声」がどうしても視野に入って来ざるをえない。謎めいた他者とは眼前の他人のような現前する主体ではない。認識不能な存在であるにもかかわらず、個人に働きかけてやまない存在、それは精神分析家のジャック・ラカンが言うような「大文字の他者」であると同時に「小文字の他者」なのである。

この主体化を促す現前不能な他者に対して各人が不均質なかたちで呼応することで、複数性としての公共空間は現れ出る。過去の歴史において、その声が神という象徴に仮託されて語られてきた。公共性が他者を排除することによって成り立つ以上、そこに現れる神もまた善なる神とは限らない。既成宗教に固着化することもあれば、そこに回収されないこともある。独立変数としての宗教のもつ両義性は、こうした複数の個を包み込む公共空間を考える上で不可欠な視点となる。先験的な複数性の存在ゆえに、個人は個人として自己完結することができず、生まれ落ちたときから、他なる個人に向かって脱中心化されて公共空間の中へ埋め込まれてきた。それが本書におけるる宗教理解の立場である。ここにおいて従来の宗教概念論のような言説論もまた、複数性の共在を模索するポスト主体論へと発展的に組み込まれていくことになる。

以下、本書は三部構成からなる。第Ⅰ部としての「排除する公共性」。第Ⅱ部としての「法的なものと排除」。

第Ⅲ部としての「排除される者たちの公共性」である。第Ⅰ部の「排除する公共性」は、公共性のトラウマ的性格を扱ったものである。それから、どのようにして「排除された者たちの公共性」を可能にするか、その方途が第Ⅲ部で摸索される。そして、第Ⅱ部「法的なものと排除」が第Ⅰ部と第Ⅲ部を架橋する。公共性が人為的に構築されるとする本書の立場からすれば、主体が主権者として立ち現れる法的な次元こそが公共性の機能する場となる。その法的な次元で、政教分離制度や主権概念の検討を通して、〈公的／私的領域〉がどのように再分節化されるべきなのか、その法的な効用が問われることになる。以上の第Ⅰ部から第Ⅲ部の主題のもとで、各論文の果たす役割については、各部の冒頭で説明することにしよう。

もちろん、残された課題は数多ある。その一端を挙げるだけでも、公共空間の構築に対するグローバル資本主義の影響、心の闇を含む親密圏の位置づけ、ポストモダニズムの再検討としてのポスト主体論、共約不能なものの共約性としてのコミュニケーションのあり方、ポスト戦後としての平和憲法の意義。戦後の終わりが叫ばれる状況だからこそ、他者との共存を摸索するために、公共空間に対する理論的考察の深化が必要となるだろう。こうした課題は、後続する雑誌の特集号、磯前順一が酒井直樹とともに企画を担当した「特集「戦後」の超克――西川長夫への応答」『思想』一〇九五号（二〇一五年）などにおいて、さらなる国際的共同作業の中で継続されていくことになるだろう。

最後に、もう一度確認するならば、こうした一連の作業は公共空間を善なる公益として再肯定するための作業ではない。宗教概念論と同じように、そのあり方を根本から再編するための脱構築的作業なのだ。当初から予定された自己肯定という目的を放棄したところにしか、ラディカルな理論的考察の可能性が生じることはない。しかし、それは単なる無秩序を肯定するための行為でもない。不可視の闇を抱えた無数の主体が群生する――愛し合うと同時に憎しみ合う――謎めいた空間のなかに、共存するための秩序を樹立するものでなければ意味を持たないだろう。無秩序で混迷した現実に身を曝しながらも、それに打ちのめされることなく、絶えず主体の中心化と脱中心化が反復される空間のなかで、共存するための秩序の模索。ここに公共性を目ざす議論の出発点がある。そのためにも、強者が自己憐憫のために弱者を代弁するナルシシズムという病から、解放されていく必要がある。政治学者のハンナ・アレントが指摘したように、善良さを自認する人間ほど、悪の凡庸さにいとも簡単に呑み込まれてきた。「暗い時代」の歴史を繰り返してはならない。

磯前順一

他者論的転回——宗教と公共空間＊目　次

目　次

第Ⅱ部　法的なものと排除

他者論的転回——宗教と公共空間

序章　複数性の森にこだまする神々の声

天皇・国民・賤民について

磯前順一

世間は虚仮なり、唯仏のみ是れ真なり――『天寿国繍帳』

一　公共性の禁忌

「公共宗教」の議論をする者たちは、第一に公共性を良きものだと言う。第二に誰もが公共性に参入できると言う。公共という言葉は英語では“public”であるが、日本語としては“public good”を意味する「公益」を意味するものとして重ね合わされて用いられることも少なくない(1)。であるとすれば、公共性という空間は人間が互いに優しくあれる空間としてのみ存在するはずである。しかし、現実に世界のどこかでは日々戦争が起こり、日本の社会でも憎しみに満ちた殺人やいじめが起きているのはどうしてなのだろう。私には、むしろ人間が自分を無前提に善意に満ちた人間であると思い込もうとするときに、悪意に満ちた出来事が社会に引き起こされるような気がしてならない。

人間の社会が「不均質な(2)(uneven)」ものであることを認めて議論していくときに、はじめてその不均質さが不平等さに転換することを防げるのではないか。そのとき、不均質さを平等な多様性に分節化することが可能になるのではないだろうか。他方、本質的に人間が平等であることを前提にしたときに、その理念としての平等さが現実の不均質さを覆い隠し、不均質さが不平等さに分節化される危険性を強く感じる。三・一一以降に露わになった戦後日本社会の問題のひとつは、こうした平等の理念が覆い隠し、むしろ積極的に推進してきた不平等な現実であったように思われる。

それは原発政策や米軍基地政策といった、国家による地方の搾取だけでなく、私たちの日常生活のいたるところで、引き起こされている、彼ら支配者の問題だけでなく、その権力を下から支える社会全体の抱える深刻な問題である。こうした自己欺瞞の状況から抜け出すために、不均質な現実から議論を始め、平等な社会を実現するために、それをどのように分節化していくか。これが、本書を貫く基本的視座である。

すでにハンナ・アレントが『人間の条件』で公共性を論じた際に述べているように[3]、古代ギリシアにおいては公共性を欠いた私的空間が存在したからこそ、公共空間は成立しえたのである。公共空間とは社会権を持った空間にほかならないが、それは社会権を持たない人々が私的空間のみに押し込められているがゆえに、一部の人々に享受可能になる場なのである。ポリスであれば、公共空間に参入できるのは家父長であり、女性や奴隷は私的空間にとどめ置かれる。ここにおいて、公共性が自然権として存在しているのではなく、ある種の人々を収奪することで、特権的に成立可能となった人工的構築物であることが分かる。だとすれば、公共宗教をもっぱら他者に開かれたものだとして賞賛するのは、現実を顧みない希望的観測ということになろう。そもそも他者という言葉が、後に述べるように複雑な意味を有するもののように思われる。

むしろ、本書では、不平等で苛酷な現実をその表現行為の中に救い取るなかでこそ、学者の語る理想が現実に対峙しうる説得性を持ち得るものだと考えたいのである。学者が知識人の一端として担う「代理表象」(エドワード・サイード）という発話行為が、「サバルタンは語れない」（ガヤトリ・スピヴァク）という現実の格差を必須の前提としている以上、やはりその発話行為は現実の矛盾を映し出すものでなければ、その言葉から現実を越えていく希望を人々は見出すことができないだろう。[4]

だとすれば、手放しに公共空間を良きものとして言祝ぐのではなく、どのようにして公共空間を人工物として構築できるかが論じられなければならない。そもそも公共性とはいったい何を意味するものなのだろうか。その議論に入るために、ここでひとつの物語を紹介しておきたい。アンデルセンの童話として有名な「裸の王様」を現代版に焼き直した話である。このアンデルセンの物語自体が、公共空間にはかならずタブーが存在するという教訓を引き出すことのできるものであるが、[5]以下の現代版ではさらにその禁忌の持つ暴力性が語られている。

ある仕立屋が王国を訪ね、王様に目には見えない服を差し出す。愚か者にはこの服が見えないと言いふらしたために、王様も家臣たちも見栄を張って、「おお、立派な服じゃ」と喜んだふりをする。ついにはおだてられて、裸で街中を行進するのだが、目に見えないものは愚か者だというお触れが出されているため、国民は誰一人として、自分が愚か者だと言われるのが怖くて、裸の王様を笑うものはない。国民たちは裸だと思っているのは自分だけかと思って、自分の目にしている光景そのものに疑心暗鬼になっていたのである。しかし、一人の少年が「王様は裸だ」と叫んだことから、誰もが自分の目にしている光景が偽りではなかったことに気づく、しかし王様はいまさら騙されたことを認めるわけにはいかず、裸のまま行進を続けていくという笑い話が「裸の王様」である。

しかし、私の聞いた現代版の笑い話にはさらに続きがある。その少年は国民たちに処刑されたというショッキングなオチである。国民自らが、王様が最高級の服を着ているという幻想を好み、その真実を告げようとした少年を殺してしまったのである。そして、王様が立派な服を着ているという幻想は依然として続いているというのだ。

ここから、私たちは公共性に関する教訓を引き出すことができる。精神分析家のジャック・ラカンが指摘しているように、現実そのものを人間が認識できるものではなく、私たちは現実を、共同幻想を通して認識している。そして、実際には多くの人が、自分が現実をきちんと見通せていないこともうすうす気づいている。それゆえ、王様から国民に至るまで、「自分には何も見えんぞ！　自分が馬鹿だというのか？」と、皆心に疑問を抱きながらも、その疑問を他人に知られることを恐れている。だからこそ、その幻想が幻想に過ぎないことを暴露しようとする者が現れれば、その者は共同体から殺害、あるいは放逐されるという教えである。そうすることで、共同体に属する者は、自分たちの認識が偽りではなく、依然として真実のものだという安心を手に入れるわけである。

この「裸の王様」の現代版の物語から公共性を理解しようと試みるならば、ジョルジョ・アガンベンの指摘するように、公共性が保たれるためには、その幻想に異を唱えるものが排除されていることで、秩序は構築されるという教訓が引き出されよう。その点で言えば、通俗的に解釈されているユルゲン・ハーバマスの「合意（consensus）」という概念は、[6]自然発生的に公共空間に存在するものではなく、公共性を人為的に創出する過程の中で、排除を伴う形でしか作り出されないことを意味している。言い換えるならば、公共空間そのものが、誰かを排除したというトラウマを抱える形でしか存在しないのである。下河辺美知子は、キャシー・カールスの議論を紹介しつつ、次のように共同体の起源を語っている。彼女の言う共同体とは、構築されるものという意味で、本書での公共空間を意味するものとして受け取ることができよう。

共同体の成立には不思議な瞬間がある。言語化できぬその地点を歴史の中に位置づけるために、人類は様々な方策をとってきた。……どれも、共同体として立ち上がるというその出来事自体が、共同体にトラウマ的一撃を与えることを隠蔽するための装置として、文化の中で稼動してきたものである。……共同体の起源には、排除という一撃が加えられている。……同質性を浮き上がらせるために、異質性を排除・抑圧しようとする力である。排除されるのは他者と名指しされた者たち。抑圧されるのは、自己のうちにあって、共同体の掲げる同質性にそぐわぬ自己内差異である。(7)

こうした意識化できない禁忌の存在は、西川祐子の論じる「家」の構造論からも窺い知ることができる。その家に開かずの間があることを見なければならない。西川は、居住空間としての家を家族という主体の構造を体現したものとして解釈し、その主体構成の中で女性が差別されてきた近代家族の歪みを読み取る。(8) 西川の指摘のとおり、公共空間だけでなく、家族という私的空間にも排除は存在する。しかも家もまた、個人の部屋という私的空間に対する家族という公共空間として機能してきた。公共空間と私的空間とはつねに相対的な関係性の概念として存在している。

だが、さらに私の理解によれば、近代の家のかかえる最大のひずみとは「開かずの間」が存在してきたことだったと考える。開かずの間とは不気味なものであり、謎めいた領域である。例えば大阪の、ある遊郭では女郎たちの折檻部屋があり、今でもその建物は残されているものの、折檻部屋には誰も立ち入ることがないという。(9) 誰もがそこで何がおこなわれていたのか、どんな惨事が過去に起きたのかも薄々気づいているのだが、積極的に口にしたり、覗き見たりすることのできない空間である。

たしかに今では開かずの間の存在する家などほとんどないだろう。しかし、私の友人の母は自分の家の誰も住んでいない部屋で、しばしば「誰がいるの？」と独り言のように尋ねる。その家には父と母しか住んでいないので、誰もいないことは始めから分かっているはずだが、それでも母には誰かがずっと潜んでいるような気がしてならないのだ。自分の住んでいる家であっても、そこには自分の知りえない空間が今も存在しているのである。西川の解釈からすれば、それは単なる気のせいではなく、私たちの主体構成が生み出す闇が秘された空間なのだ。

こうした公共空間に本質的に伴う禁忌を理解するうえで、次の山形孝夫の発言は示唆に満ちている。「人は生きるために集団をつくり、共同体をつくる。そのことでトラブルが起こり、そのトラブルを解決するためにさまざまな禁止事項をつくり、その規則に縛られて人生の大半を消費してしまう(10)」。日常の秩序を作り出すためには、禁忌がどうしても必要になる。公共空間の只中にこそ不可視の禁忌が存在することを、今日、多くの公共宗教の論者が見落としている点なのだ。それは、禁忌がその社会に属する人々には見えないものとして、あるいは気づいてはいるが見てはならないものとして機能するためである。そのために、社会の内部に属する人間は自分たちがその禁忌に従って行動しているからこそ、自由が得られているのにすぎないのだが、その自由が全く制限のないものに映じることになる。その点が、宮本新が本書のなかで宗教的共同体の成立を例に述べているように(第六章)、公共空間が成立するためには犠牲が必要とされる理由である。禁忌を体現させられた人間は、人間ではない「神の子」や「現人神」、あるいは「非人」や「賤民」として、聖なる、あるいは穢れた存在して規定されることになる。

「現実はタブーだらけだ。そのタブーの地雷を踏まないようにうまく回避しながらでなければ、現実の社会を批判することは不可能だ。何でも自由だというのは幻想に過ぎない」と、筆者に語った総合雑誌の編集長の発言が今さらながら思い出される。深沢七郎の「風流無譚」、大江健三郎の「政治少年死す　セブンティーン　第二部」など、天皇制に関する作品が未だ単行本化されない例を考えれば、それは容易に納得されよう。皇室の素晴らしさを称賛する若い世代が増えているが、それは自分たちの社会にタブーが存在するという基本的な認識を否認する力の強まりだとも解釈されよう。

だからといって、天皇制を批判してきた旧マルクス主義の陣営が、公共性に関する認識を見誤っていないかといえば、彼らもまた政党などの具体的な組織や政治的指導者を絶対視することで、同じような暴力が作動する空間を作り出してきたことには変わりがないだろう。それは、王様が裸だと看破した少年が町から追放された後、自分こそが真実を認識した正しい者だという認識のもとに、それぞれの町を追放された少年たちとともに新しい共同体を作った場合に似ている。そこでも、人が集まり公共空間が人工的に構築される以上、かつて自分を追放した王国と同じような共同幻想が生まれてしまう。ありのままの真実など存在しないというポストモダニズムの認識に立つならば、真実を握ったと思った瞬間に、その少年もまた、自分が批判した王国の大人たちと同じように共同幻想にとらわれるのだ。ありのままの事実認識という観念こそが、長い間、公共性を論じるさいの基本的信念を成してきたのだが、もはやその信念自体が幻想でしかない。そして再び、王様が裸だという真実を告げる役割を背負う人間が生み出されていく。

議論すべきことは、だれが真実の側に立ち、誰が幻想の側に立っているかを判別することではない。ミシェル・フーコーに倣った表現をするならば、幻想を成り立たせる駆動力こそが真実という信念であり、真実という認識こそが幻想にほかならない。しかし、そこから、すべては幻想に過ぎないのだから、どのような立場を取ることも同じだという俗流ポストモダン的な相対主義へと議論を持っていく方向は本書ではとらない。むしろ、幻想の中に真実が存在し、真実の中にこそ幻想が存在する、両者の表裏一体的な性質を利用して、現実に批判的に介入すべき方法を模索したい。「共同幻想[11]」に対して、別の幻想を挿入することで、その幻想を対象化してみせる働きが肝要なのである。

ただし、その批判的発話をおこなう人物が真理の側に立っているかどうかということとは、全く別の問題である。タブーを暴露する「真実の人」というナルシシスティックな人身御供の役割から、表現行為に携わる者は逃れ出ていなければならない。公共性の闇と真実の人は、同じ構造から生じた相補的な関係にとらわれている。真実の人の告発によって、公共性は自らを更新する神話的暴力を必要とする。しかし、そうした告発が恒常化するとき、公共空間は不安定なアノミー状態に陥り、公共性として自らの秩序を維持できなくなってしまう。それゆえに、真実の人を追放したり、殺害することで、その批判の効果を暫定的なものにとどめ置かなければならない。しかし、そうした告発者の存在がなくなってしまえば、公共空間は淀みを見せて停滞し、自滅してしまう。同時に、真実の人もまた、公共空間という批判すると同時に、自分が排除されつつ包摂される帰属の場がなければ、自分を意味づける土台を失ってしまう。

本書の結論を先取りするならば、寺戸淳子（第九章）や宮本新（第六章）の論文が示唆するように、公共性とは他者との共存を模索する議論の呼び水にはなりえても、その議論の結論にはなりえるものではない。公共性を論じることで、私たちは公共性という、善意の合意を暗黙の前提とする認識を克服して、複数性としての共存のあり方の再定義をめぐる議論へと導かれていく。どこにも排除がないという公共空間を前提とする議論自体が、不均質な共存のあり方に認識のゆがみをもたらし、新たな排除をもたらす。むしろ、排除の働きや禁忌の存在を前提に議論することで、最悪な暴力としての排除を回避することができるのではないかと考えている。その点で、人間が共存することに伴う本源的な排除を抑制するために、そうした暴力の存在を見据えた議論をする必要を説くジャック・デリダの次の発言は、本書の議論を導く縦糸になろう。

言説が根源的に暴力的なら、言説は自らに暴力を加えるほかになく、自らを否定することによって自らを確立するほかにない。つまり言説は、言説を設定するにあたって言説としてこうした否定性をけっして自らのうちにとり入れることのできない、またそうすることを当然としない戦いに対して、戦いを開くほかないのである。というのも、言説がそれを当然としないならば、平和の地平は夜（暴力以前としての最悪の暴力）のなかに消滅していくにちがいないからである。この……戦いは、可能なかぎり最小の暴力であり、最悪の暴力を抑える唯一の方法である。(12)

二　剥き出しの生と公共性

そもそも公共性（Öffentlichkeit）とは何か。アレントによれば、複数性の領域、他者と異なる権利を持つ者が討議をおこなうことのできる領域を貫く原理である。そうした討議から合意形成へ導かれる空間の性質をハーバマスは、他者への「開かれ（Öffentlichkeit）」と名付けた。公共空間に参入できる存在となって人間がはじめて、社会的な権利を獲得することができる。公共性とは、そうした権利を獲得することではじめて成立する、限定された一部の人間によって構築された人工的なものである。主権という概念も、文字通り至高なもの（sovereignty）として、そうした公共性を成り立たせている法的な権利を示している。

主権は当初、日本の「国体」あるいは天皇主権という観念が示すように、君主あるいは国家に伴うものとして成立したが、その後、市民たちによって分有され、国民主権が確立された。しかし、ハーバマスの著作が示すように、主権を持つ市民とは、つねに市民にはなれない者、二級国民の存在を前提とすることで、自分たちの公共空間に属する権利を存立せしめていたのである。そうした公共性の排除しつつ包摂する機能を、ジョルジョ・アガンベンは「剥き出しの生（bare life）」と呼んだ。(13)

この剥き出しの生が保存され保護されるのは、主権者のもつ（あるいは法のもつ）生殺与奪権にこの生が従属している限りにおいてである。主権者がそのつど決定をくだす例外状態とはまさに、通常の状況にあっては社会的な数々の生の形式に結びついているとみえる剝き出しの生が、政治権力の究極の基礎として改めて明確に問いに付される状態のことである。都市から排除すると同時に都市に包含することが問題となる究極の主体、それは常に、剝き出しの生である。(14)

何が「剝き出し(bare)」かといえば、文字通り、そうした状況に置かれた人間には社会的権利が剝奪されているからである。彼らは社会的権利から排除されながらも、そうした公共性を支える存在として秩序の中へと組み込まれている。

アレントは、そうした典型的な存在として、先に紹介した古代ギリシアのポリスに組み込まれた奴隷や女性の例を挙げた。置かれている歴史的な特質は異なるとはいえ、尹海東や本書の青野正明の論文(第一章)が指摘するように近代の国民国家を支えるための被植民地民もまた、公共空間への十全な参加を阻まれた二級国民という意味では「剝き出しの生」を生きざるをえない状態に置かれている。(15)帝国に支配された臣民たちは植民地化されることで文明化の恩恵に浴することができたという近代化論の論理は、こうした排除しつつ包摂された状態への認識の不十分さに由来するものであろう。同時に、帝国から独立した国民国家を形成するならば、誰もが平等な状態が実現するという民族主義者の議論もまた、旧宗主国だけにその影を押し付ける一面的な議論であることも明らかである。尹が繰り返し警告してきたように、どちらか一方を支持して、他方を批判するのではなく、その両方に共通する論理そのものを批判する必要がある。

そして日本の歴史においても、西洋的な近代世界に接触する以前から、こうした「剝き出しの生」に置かれた人々は存在していた。その端的な例が、本書で片岡耕平が論じる「非人」や「賤民」と呼ばれる人々である(第二章)。彼らは寺社の近辺に住み、寺社を正常なる聖なる空間に保つため、死体などの穢れを処理する役目を担わされた。そうした人々の住む地域が平城京や平安京など、大和王権の影響の強い西日本に多いのは、天皇や寺社など神仏に関わる聖なる存在が、賤民たちと相補いあう関係のもとに存在することを示している[16]。近代に成立した神道史研究が見過ごしてきたのは、そうした賤民たちの存在によって作り出された清浄な空間のみを日本の伝統として論述し、その清浄なる空間を維持するためにこそ、穢れた刻印を押された人々の存在が絶えず作り出されてきたという構造そのものなのである。

歴史家の網野善彦は、こうした賤民たちは当初は聖なる存在であったが、南北朝時代に、それを支える天皇制の権威失墜とともに賤なる存在へと零落していったと述べている[17]。その理論の背景には、宗教学者の中沢新一が示唆するように、宗教学者のミルチャ・エリアーデによる、聖なるものが俗なるものへと衰退する議論が存在しているように考えられる[18]。こうしたエリアーデの議論は一九七〇年代の日本に流行した世俗化論に呼応するものでもあろう。世俗化論とは、肯定的にしろ否定的な評価を与えるにしろ、宗教的なものが世俗化していくという一系的な進化論あるいは退嬰論の立場である。

それは、ミシェル・フーコーの狂気論にも同じように当てはまる。フーコーの議論は、精神病院に監禁される前には、狂人が村の中を自由に行動し、時折、予言などを通して日常を異化する役割を果たしていたと考える点で、狂人を聖なる存在と理解しようとする[19]。それに対して、デリダがおこなったフーコー批判は、狂気と理性は二律背反な関係ではなく、むしろ両者はつねに表裏一体をなすものとして共存するというものであった[20]。そうした観点から、エリアーデを読み直せば、俗なる時間の次には再び聖なる時間が回帰し、両者はつねに反復される関係にあると捉えた点で、二者択一的には理解しきれるものとは限らないだろう。聖なるものが聖なるものであるためにこそ、賤なるものを必要とするということであった。聖なる存在を中心に秩序を構築するためにこそ、賤なる存在はその秩序から排除されつつも、その秩序を機能させるために不可欠な存在として秩序の中に包摂されるのである。

それゆえに、天皇の葬儀の棺を担ぐ八瀬童子のように、[21] 天皇と賤民たちは互いを必要とし、ともに秩序の例外的存在として、公共領域を外部から定義する存在なのである。近代において部落民たちは人権を十全に認められない存在として市民社会の外縁部に存在してきたが、天皇もまた個人の自由を保障する基本的人権を有さないという点で、とくに戦後において国家主権を体現する君主から、国民の文化的象徴に性格付けを変えられた際に、やはり一般市民とは異なる例外的な存在に追いやられてしまったのである。

その意味で、共同体は誰かを犠牲、すなわち王であれ賤民であれ、彼らを聖でも俗でもない宙づりとなった殺害可能な存在として必要としているものなのだ。アガンベンが「聖なる人間（homo sacer）」と呼んだ、公共的な社会的権利を剥奪された存在は、聖なる時間からも俗なる時間からも排除された、例外状態に置かれた人間を指すものであった。聖と俗は二項対立的な対立関係にあるものではなく、むしろそうした対立関係の図式から排除されたところにこそ、「剥き出しの生」は存在するのだという。あるいは作家の村上春樹が小説『１Ｑ８４』において「リトル・ピープル」と呼んだもののように、現実の秩序を成り立たせしめる禁忌は善悪を超えた不可視な存在として、まさに例外状態として宙づりにされた状態にとどまっている。

しかも、その例外的な状態が共同体内部の成員とは切り離された外部にあるのではなく、彼ら自身の存在を成り立たせしめる属性として内部に存在することを指摘した点にこそ、アガンベンの議論の卓越性がある。もう一歩踏み込んで言えば、排除を通して共同体のその内部に秩序を作り出し、成員に主体化をもたらす。排除という行為を介することで、烏合の衆に過ぎなかった人々の群れが共同体や社会へと質的変化を遂げるわけである。そのとき、人々は国家のために殉死もいとわない国民としての主体の強度を獲得することになる。

網野は聖なる空間に帰属することで、人間は法秩序の制約から解放された自由を手に入れることができると考えたが、それは共同体内部の人間が思い描く、回帰不能な原初の状態へのノスタルジアであり、そうした無制約な自由の空間など現実の世界にはどこにも存在しないと見るべきであろう。もし自由が網野の考えるように無制約な空間であるならば、それを実現した個人は同時にあらゆる共同体の成員によって「殺害可能なホモ・サケル」に祭り上げられると同時に排除されてしまう。むしろ、共同体が排除や聖化といった供儀行為をおこなうことで、その内部の浄化された空間に帰属する、主体化された者にのみ、その秩序への服従を代償として、制限付きの自由が、無制限な自由という外見を装って与えられると考えるべきである。

ただし、アレントの言う意味での私的領域とは、プライバシーという意味での個人の尊厳を守る領域ではない。それは公的な権利である社会権を有さない、市民としての人間として認められない、社会権を「欠如した」存在の領域である。[22] 古代ギリシアにおいて、政教分離という制度も言説も存在せず、公共宗教しか存在しなかった以上、神に保障された尊厳のある私的領域も存在していなかったのである。そうしたプライバシーとしての尊厳を個人に与える私的領域は、同じくアレントによって近代に成立した「親密圏 (intimate sphere)」と呼び表され、古代以来の私的領域とは区別される肯定的な意味を持つ。[23] そうした親密性は神との不離不測の状態、まさにぴったり結びついて離れない親密な状態のもとに成立したものである。そうした神による私的領域の正当化を通して、個人の私的領域は神聖なるものとして、「建前」が保持される公共圏に対して、「本音」が認められる親密圏として近代プロテスタンティズムの成立とともに登場する。

それが、近代小説において主題とされた人間の「内面」の成立でもある。そうした内面は、時に肉体という自然に攪乱されもするが、同時にその自然にはいまだ神の意志が残存していたのである。[24] 日本の私小説とは、こうした神を見失いつつある人間に、神の意志とともに、神の意志から逸脱した自然の混合する領域として人間の内面を捉えたものである。こうした親密圏の成立によって、公共圏を人間の本音や真実を抑圧する建前として批判する個人主義もまた、少なくとも近代日本においては成立可能になった。しかし、内面が神の信仰から分離することで、あるいは日本ではプロテスタンティズムとは異なる宗教伝統が発達してきたために、こうした本音は氾濫する自然のように、秩序に収まらない闇へとつながった存在でもあった。その意味で親密圏もまた公共性の欠如としての私的領域の闇を引き継いでいる。

なかでも親密的なものの典型として考えられるのが、セクシュアリティとしての性行為である。そこで希われる相手との融即は、互いに異なる幻想を抱きつつも、相手も自分と同じ気持ちにいると思い込む幻想で成り立っている点で、公共空間における合意に似たものとも言える。それは相手をいとおしむ行為でもあるが、暴力で他者を侵犯することで快楽を得たり、自分の紡ぎ出した幻想に溺れる自慰的な行為にもなりかねまい。そこには、他者に開かれる可能性と同時に相手を蹂躙する暗い闇もまた潜んでいる。[25]

こうした西洋個人主義的な親密圏の行きづまりから、近年の公共宗教論が日本で流行してきた原因も理解されよう。氾濫した内面に対する秩序を与えるものとして、公共圏の構築が求められているのである。こうした役割を期待されているのが、被災地における宗教ボランティアの活動であろう。しかし、同時にそれ以上の効果あるものとして、国民の支持を集めているのが天皇制である。その意味で本書の鈴木岩弓論文（第八章）が示すように、天皇制と宗教ボランティアは、日本における公共宗教論の表裏一体をなすものとなっている。内面を統御する神観念を持たない近代日本において、神に代わる統御機能を持ったのが天皇制であった。天皇は現人神として、人間ではない、人間以上の人間として、近代国民国家の形成過程において絶大な力を発揮してきた。そして、親密圏と公共領域を重ね合わせたものを、アレントやハーバマスは「社会的なもの[26]（the social）」と呼んだ。日本では、天皇制こそが、公私の領域を「社会的なもの」として合一化する公共性そのものとして機能してきた。かつては村、職場、家族。いたるところに、天皇制国家に権威づけられた小天皇が満ち溢れ、過剰なほどに強固な公共道徳が維持された。それは天皇主権とともに国家主義からも離れた戦後日本社会が、公共心も同時に喪失したアノミー状態に苛まれてきたのと対照的である。[27]

ただし、アレントはそれが個人の親密圏が均質化されて公共領域に呑み込まれてしまう全体主義への兆しとして否定的な評価を与えた。他方、ハーバマスは、私的なものとしてもっぱら奴隷に押しつけられてきた労働が公的な領域に承認された証しとして、王権周囲の貴族階級に対抗して、市民階級による公共空間の形成を促すものとして、社会的なものを積極的に評価した。すなわち、公共圏へと接合されるものが、アレントにとっては親密圏であり、ハーバマスにとっては欠如としての私的領域であり、その接合された空間の意味合いが異なったのである。

こうした観点から見れば、アガンベンの議論は、公的なもと私的なものを分離することで、公的な社会的権利を守るべきだと主張する点でアレントの流れを汲む。[28]一方、アガンベンに対峙する同じイタリアの思想家、アントニオ・ネグリの「共（common）」とは、従来の公と私の区分を脱臼させる抜本的な試みとはいえ、私的であった労働の公共化を含意する点で、ハーバマスの議論と踵を接する視点とも解釈される。そして、戦前の日本においては、親密的なものが公的なものに吸収されるという、アレントやアガンベンの言う意味での「社会的なもの」が否定的な意味で成立した。[29]個人の内的な領域まで、国家権力が侵入し均質化を図ったのである。中国思想家の溝口雄三によれば、私的領域が公的領域に包摂される構造は日本の場合は古代から見られる歴史的な特質でもある。[30]そうした否定的な意味で社会的なものをアレントは、ナチス・ドイツとスターリニズムを例に挙げて、複数性を喪失した全体主義の「暗い時代」と呼んだ。[31]

社会的なものは、アガンベンが懸念するように「不分明地帯（indistinctive zone）」として、私的なものの闇に公的なものが捉えられる。そこにもはや社会的権利は存在しない。他方、個が公の欲望から解放されるとき、政教分離という事態が生じる。個人は他者との共同行為の中ではじめて存在しうるかぎり、結局は公的領域の一部でもある。それゆえに信仰も共同化する。それを私的領域に切断する方向ではなく、均質化された公的領域から個人を解放し、多様な個人の存在によって公共空間を異質化させて、複数性の意味を位置づけ直すとき、来るべき政教分離が達成されるのであろう。本書に収録された伊達聖伸によるライシテの多様性の分析は、こうした政教分離の可能性を模索する試みとも言える（第四章）。

法制度化された政教分離とは、こうした質的な変容行為が容易ではないために、均質化された二領域の区分をそのまま保持しながら、それを〈宗教／政治〉という二領域に固定化したものである。しかし、公的領域と私的領域の分離という、本来、分離不可能なものの分離が前提とされているために、この二つの領域の境界は「社会的なもの」をめぐる議論に端的に見られるように、つねに不分明地帯を生み出していく。問題は、宗教にしろ政治にしろ、公共空間の同化する力から個人が解放されて、個人の主体性によって公共空間が異質性に満ちた空間へと変容させられていくことにある。アレントの複数性という概念は、ここにおいて成り立つものである。

多種多様な人びとがいるという人間の複数性は、活動と言論がともに成り立つ基本的条件であるが、平等と差異という二重の性格をもっている。もし人間が互いに等しいものでなければ、お互いを理解できず、自分たちよりも後にやってくるはずの人たちの欲求を予見したりすることもできないだろう。しかし他方、もし各人が、現在、過去、未来の人びとと互いに異なってなければ、自分たちを理解させようとして言論を用いたり、活動したりする必要はないだろう。……このように、人間は、他性（alterity）をもっているという点で、存在する一切のものと共通しており、差異性（difference）をもっているという点で、生あるものすべてと共通しているが、この他性と差異性は、人間においては、唯一性（uniqueness）となる。[32]
だが、個人が公共空間に先立って個人であることはなく、公共性という、謎めいた他者の欲望の中でしか自己を存立させることはできない。吉本隆明は『共同幻想論』の中で、共同幻想に先立つものとして自己幻想（自分に対する幻想）および対幻想（二者間の幻想）を挙げているが、本書の立場からすれば、いずれも共同幻想と同時に紡ぎ出されるものと理解されるべきであろう。しかも、個人は欠如態としての私的空間として闇も抱えている。単なる理性の産物ではなく、情動にとらわれた存在でもある。人間同士は見ることのできない闇。不在の神のみが見ることのできる闇。人を殺したい、凌辱したいという暴力的欲求。人を欺いても平気だ、闇を闇とも感じない悪の凡庸さ。合意に達するための理性的な討議に帰結できない闇を人間は有している。公共性を構築するための理性を「建前」だとすれば、こうした「本音」を私的領域に包んでおくからこそ、人間の社会生活は成り立つ。
だが、闇が闇のままにとどまるのならばそれは制御不能な途方もない大きさになりかねない。だからこそ、闇との交渉の中でこそ、個人は私的領域あるいは親密圏を、闇を秘めたものとして尊重しつつ、その闇を公的領域の建前の世界へと接合していく必要がある。そのとき、公共空間を成り立たせしめている不可視の禁忌は、ジュリア・クリステヴァが「アブジェクション」と名付けたもののように、社会から廃棄された他性としてその成員たちの閾外にとどまりながらも、同時に彼らを捉えてやまない謎めいた他者の声を発することになる。[33]
戦後日本において展開された主体性をめぐる議論とは、その推進者の丸山真男や石母田正のように、ハーバマスのように従前な個人主義的な主体の確立によって、公共領域の全体主義化を防ごうとする議論である。[34]丸山が『日本政治思想史研究』で、作為を前提とした政教分離の確立を説いたのも個人というものの確立を説いたためであり、石母田が「古代貴族の英雄時代——古事記の一考察」において、法に同化されない英雄的主体の存在を説いたのも、同様の理由である。[35] 石母田の英雄時代論においては、公共性から追放された暴力が、個人の主体の内側へと積極的に織り込まれていくことになる。明確な境界線を引いた主体としての個人の領域へと、暴力が取り込まれることで、複数性として個人が、異なる性質を持った不均質な単位として成立可能になることが構想されていたように考えられる。[36]

しかし、こうした個人の内面の自立による、公共空間の複数化（pluralize）をはかるという発想自体に限界があることは、すでに一九九〇年代におこなわれた国民国家批判からも明らかなとおりである。西川長夫や酒井直樹の国民国家論は、個人およびネイションというアイデンティティが、法的な主体である主権という概念を前提としたものであり、そのアイデンティティの志向性自体が何らかの排除をその外部に包摂しつつおこなうという問題点を指摘していた。[37] そうした個人の主体の観念への疑問は思想史的に見れば、ポストモダンと呼ばれる主体批判の議論と呼応するものであった。彼らが丸山や石母田を批判するなかで登場して来たのも偶然ではあるまい。

そこでは、主体論に対する批判が主体の死と読み取られて、主体の構築自体が放棄されるニュアンスが生じた。実際には、主体というものは公共圏に参入する際には構築せざるをえないものであるにもかかわらず、主体の構築自体が回避可能であるような議論が行われた。しかし、酒井直樹が主体を「主体」と「シュタイ」の二重性から成るものとして理解したように、むしろ問題は純粋な自意識としての主体に単一化されることであり、主体そのものの放棄ではない。[38] 放棄したときに、人間は公共空間という領域さえ形成不能になろう。そこには、人工物以前として公共性の理解に通じる、「作為」（丸山真男）を放棄するならば、むしろ自然発生的な、本来的な平等な状況が生じえるといった楽観的理解が見える。そもそも「市民（civil）」であること自体が、「国民」であることと同様に、「文明化」という排他的な人工的構築過程を通して成立するものなのである。[39]

同じ問題は、国家と市民社会を対立的に捉える、近年の日本の公共哲学論の理解にも当てはまる。[40] そこには国家こそが暴力的な権力を独占するものであり、国家を取り除けば、自然発生的な調和の共同体としての市民社会が現れるという素朴な議論が見られる。しかし、公共性というものがそもそも自然発生的なものとして人間社会に本来的に備わっているものではない以上、国家に暴力的な権力をすべて負わせ、自分たちを排除なき調和的な公共性を担うものとして理想化するその論理には欺瞞がある。市民社会も国家とは切り離せないところで存在しているものであり、国家を通してしか具現化しえないという点において、暴力的な権力をその公共空間に内在させていることを認識しておくべきである。

元来、ミシェル・フーコーの権力－真理論とは、そうした真理の言説に支えられた主体を成り立たせるためには権力が介在しなければ、主体など成り立たないという議論であったはずである。権力は国家の側だけでなく、市民社会の側にも、その成立のための不可欠な要件として存在している。ハーバマスが展開したブルジョワに担われる公共性というものも、注意深く読むならば、国家と市民社会を理念的な二項対立物として捉えているだけではなく、市民社会は国家の内部において歴史的に制約された公共空間として出現していることに留意している。現実的な歴史制約を踏まえて公共性の理念の現れを捉えようとした点で、無条件に自然発生的な公共性を想定するような公共哲学の議論とは全く性質を異にする。

だからこそ、問題は、むしろどのように主体を構築するかにある。あるいは解体しつつ構築するという脱構築の作業が求められる。それは、解体か構築かという二分法ではなく、どのように解体しつつ構築するかという脱構築の作法なのである。アガンベンの言うような主権という法的主体が確立されるときに、不可避に孕まれる排除しつつ包摂する働きをどのように宙吊りにするかという技術が求められる。酒井直樹の表現に倣えば、主体の持つ中心化－ロゴス中心化に対して脱中心化－身体化を同時に並行させる作業である。繰り返し言うならば、中心化－ロゴス中心化に代わって脱中心化－身体化させるのではない。そのままでは分裂症的な傾向が深まるだけであろう。両者の並行作業の中で、どのような主体——個人にせよ公共空間にせよ——を構想するかなのである。酒井の言う片仮名の「シュタイ」とは「人間関係の網の目」の中に置かれて行為の主体になると同時に客体となるような、他者に開かれた脱中心化の拠点をなす身体的なものと考えられるが、それは個人の身体にとどまるものではなく、そうした個々の主体を成り立たせしめている謎めいた他者のことだと理解すべきだろう。その意味で、「シュタイ」は個人の「主体」を包摂すると同時に、個人を個人たらしめる根拠たるものである。しかし、個の主体を放棄したときに、個人は大文字の他者としてのシュタイに同化されてしまうだろう。むしろ、個を超えたシュタイの一部として脱中心化されつつも、そのシュタイの声を個人へと翻訳していく必要がある。

酒井は翻訳行為の持つ両義性——ホミ・バーバの言う「教条的な（pedagogical）」ものと「行為遂行的な（performative）」もの[41]——は、表裏一体のものとして絶えず反復されていくとした。酒井や柄谷行人が伊藤仁斎に倣って呼ぶ「情」の世界、関係性が恒常化される保証のない「偶発性（contingency）」の世界を生きることが複数性という公共空間だとするなら、そこでは異質的な働きが同質的な世界に持ち込まれることになるだろう[42]。それは、秩序を破壊することこそが新たな権力の維持につながる「神話的な力（mythische Gewalt）」——ヴァルター・ベンヤミンにとっては、ユダヤ・キリスト教以前の多神教の世界——ではなく、秩序の破壊と維持の反復関係そのものを宙吊りにするような「神的な力（göttliche Gewalt）」——ベンヤミンにとっては一神教的なメシア的な力——の必要性なのだ。

神話的な力には神的な力が対立する。……神話的力が法を措定すれば、神的力は法を破壊する。前者が境界を設定すれば、後者は限界を認めない。前者が罪をつくり、贖わせるなら、後者は罪を取り去る。……前者が血の匂いがすれば、後者は血の匂いがなく、しかも致命的である。……神話的力はたんなる生命に対する、力それ自体のための、血の匂いのする暴力であり、神的力はすべての生命に対する、生活者のための、純粋な力である。前者は犠牲を要求し、後者は犠牲を受け入れる。……それ〔神的な力〕は相対的にのみ、財貨・法・生活などに関してのみ、破壊的なのであって、絶対的には、生活者の心に関しては、決して破壊的ではない。(43)

神的な力のもとでは、現前不能な異種混交性を、主権者といった法的主体の次元へとどのように現前させていくかが問われることになるだろう。それは、ジャック・デリダが論じたように、現前する法と現前不能な正義の関係を具体的に考えることでもあり、(44) 本書において島薗進が問うように（第七章）、理念としての他者への「倫理」を現実の宗教活動の中へどのように現前化させていくかという課題でもあろう。

本書で宮本新は公共空間において暴力的な排除は不可避に伴うものであるとしながらも、「供犠（sacrifice）」と「犠牲（victim）」の違いに着目する（第六章）。他者に暴力を行使する「犠牲」が、ベンヤミンの言う法の破壊と措定を司る神話的な力であるとすれば、「供犠」とはその暴力を自らの一身に引き受けるもの――果たしてそれはベンヤミンの言うメシア的な力に相当するのであろうか――となる。こうした公共空間における排除する力の両義性を引き受けたうえで、その力を可能性として受け止めることはできないものか。こうした宮本の思考からは、タラル・アサドの『自爆テロ』におけるキリストの死をめぐる記述が想起される。(45)

アメリカの原理主義的なキリスト教では、過去の歴史に現れ出たメシアとしてのイエス・キリストが人類の罪を贖ったのだから、もはや自分たちが他人のために犠牲になる必要はないとする。それに対してアサドは、キリストの生とは一人一人の人間がそうした自己犠牲としての磔刑を生きる実践の手本として存在するのだと、中世修道院の伝統を引きつつ考えている。「自分のためにならら、神に救われることも放棄する人間」という受苦の実践もまた、含蓄のある言葉であろう。しかし、現実における人間の能力の不均質さ（uneveness）に思いを巡らすならば、キリスト的な供犠の生はあくまで共同体内の特定個人が共同体全体を背負う形で引き受けるべきものなのか、それとも個々人によって引き受けることが可能なものなのか、容易に判断はつかないものとなろう。

そこで天皇制あるいは国家神道による公共空間の構築こそが、日本の社会には一番適切なのではないかという議論も生じてくる。近代天皇制とは、国民に祀られる祭神が天皇家のゆかりの神々であり、戦死者を含め日本の支配する領土の土地神を祭る祭主も天皇が務めるという祭祀権を独占する宗教制度である。本書で鐘以江が指摘するように（第五章）、天皇に祀られなければ、土地の神々も戦死者も日本の公共空間に参入することはできない。彼らは社会的権利を持つ「国民」になることができないという意味では、先に述べた非人や賤民と同じなのである。一般に基本的人権は人間が生まれながらに有する権利だと見做されているが、それは、そうではない不平等な現実があるからこそ、それを是正しようとして唱えられた行為遂行的な理念として理解されるべきなのだ。[46]

天皇制による「国民」の承認システムからは、公共空間が自然発生的に各人の意志で参加できるような性質のものでないことが如実に見て取れる。公共空間には、天皇のようにその空間の構築および参入を可能にする「他者の眼差し」が、良かれ悪しかれ、必要とされている。[47] 人間には自分を見守り、実存の意味を与えてくれていると信じ込める幻想が必要なのだ。日本の場合には、それがかつては「現人神」と規定され、現在は国民の象徴であると同時に神の末裔であるといった、法制度化されつつも、法を超えた「天皇」という制度がその役割を果たしてきた。それが戦前は多民族国家の帝国を支える アイデンティティとして、戦後は単一民族国家としての国民国家を支えるアイデンティティとして均質化されたナショナリズム、まさに権力に服従する臣下としての「国民」を作り出してきたことは周知のとおりである。人々もまた、戦前の植民地民も含めて、公共圏に参入するために自ら進んで臣下たる「国民」として同化されることを欲してきたのである。

しかし一方で、天皇家の人々は一般の国民のように個人意志で言動をとることができない点で、社会的権利が剥奪されていると見ることもできる。彼らには名はあっても、姓はない。古代において、姓のない存在は天皇と奴婢、すなわち公民から除外された例外的存在だけであった(48)。天皇は聖なる存在として、奴婢は穢れた存在として性格を規定されていくが、網野善彦が指摘したように、名前を持たない両者が密接な関係を有していたのは、聖なる者が聖なる者であるために賤なる者を必要としていたことを物語っている。聖なる者は賤なる存在に空間を祓い清められることで、清浄さを保つことが可能になるのだ。しかも、それを一方的な正悪論で片付けることができないのは、その賤民たちのなかにも、その立場に付随する権限を用いて、財を成してきた者もいるという複雑な歴史的構造が存在するからである。こうした例外状態に属する天皇と賤民、あるいは「非国民」として排除された人間や神を作り出すことを代償として、公共空間が「国民」のための空間として開かれることになる。なぜならば、天皇主権であれ国民主権という形であれ、本書で川村覚文が明らかにしているように（終章）、国民とは排除を必要悪とする法的主権者として措定された存在だからである。

三　神々の声を聞く

このように公共空間が他者との関係性として捉えられるならば、議論の焦点は主体のアイデンティティ・ポリティクス論ではなく、複数性のあり方をめぐる問題へと移行する。アイデンティティ論の限界は、一九九〇年代に隆盛したポストコロニアリズムの思想家たちが新たな共存の形式として唱えた「異種混交的な（hybrid）」主体論の行き詰まりに典型的に見て取れる(49)。その主体のあり方は、今から見れば、彼らメトロポリスに住む高等遊民たちのみが到達可能な生き方であり、現在のグローバル資本主義が席巻する世界では以前にも増して、その社会不安から均質化された宗教や民族のアイデンティティが渇望されるようになっている。

ポストコロニアルの思想家たちは、マジョリティになることを望まないマイノリティたちの生き方を説いてきたが、メトロポリタン・ディアスポラという恵まれた立場にある彼ら自身を別にすれば、抑圧された過酷な状況に置かれた人々にとっては、たとえ誰かを排除するにせよ、今度は自分が「私たち多数派」という安定したアイデンティティを手に入れたいというのが偽らざる本音だろう。だとすれば、その点ではポストコロニアル思想家のような轍を踏むことなく、主体の倫理的な努力だけでなく、不均質な複数性という公共空間の構造も対象化する議論を推し進めていく必要がある(50)。ポストコロニアル理論もまた、以下のように、その観点から再評価されるべき時期に来ていよう。

本書の立場は、複数性の空間を、主体の認識を逃れ出る謎めいた世界と理解する。ホミ・バーバが言うように、複数性(plurality)を多数性(multiplicity)と区別するならば、民族や個人といった主体間の相違を認めつつも、同一主体内の同質性を前提とする多数性に対して、複数性はつねに自己の差異化運動を主体内に抱え込む。それゆえに複数性とは、他者だけにとどまらず、主体にとって自己自身が謎に包まれた存在だということになる。そして、複数性を「人間関係の網の目」として理解すれば、個人としての主体は「他者」の欲望の中ではじめて存在可能になるものであり、他者を欲望するなかで自己の主体が措定されるものである。

では、そもそも「他者」とはいかなる存在なのか。私は私であり、あなたはあなたという明確な区別が成り立つものなのだろうか。ポストコロニアル研究が残した肯定的な遺産として、アイデンティティはつねに「ダブルバインド状態」にとらわれているという視点がある(51)。植民地から政治的に解放された後も、旧植民地は帝国の記憶から逃れ出ることはできない。同時に、旧宗主国のほうも、植民地の記憶から自己を解放することができない。過去に体験したことは、けっして記憶を拭い去ることはできない。それは身体の中に染みのように滲み出てしまう。たとえ植民地にならなかったとしても、西洋近代化に巻き込まれた地域は、自らを国民国家として主権を獲得するために、他の地域を植民地にする帝国へと名乗りを上げると同時に、自らも西洋近代化の論理に同化されざるをえなくなる。そうした状況の中で相補的なものとして、国粋主義的なナショナリズムの意識も出現する。アイデンティティの裂け目が露わになるなかで、その欠落感を埋めるべく、純粋な単一性への欲望が現れ出るのだ。次の金哲の言葉は、旧植民地の人間にだけ起こった他人事だと考えることはできまい。

「民族／国民」としての同一性と統合とに対する要求が、ほとんど宗教的な教理となっているような韓国社会での国民国家批判は理論的な次元の問題だけではなく、研究者自身の実存的決断と仮借ない自己告発を伴う作業でもあった。……それは「民族／国民」の「分裂」を見つめると同時に自分自身の「分裂」をのぞき見ることでもあった。国民国家という枠組みに閉ざされた私たちの生と想像力を解き放つためには、こうした「二重の分裂」を通過しなければならない(52)。

あらゆる主体は他者の影の下にしか成り立たない。それが、本書において複数性を「人間関係の網の目」として捉えることの意味なのだ。個人が単独の主体として完結しえない以上、自己を見つめる他者もまた、名状しがたいは非個人的な声々にとどまる。主体というものは個人だけに還元されるものではない。ラカンやアルチュセールのように個人に呼びかける「他者の声々」を念頭に置くならば、それは個人という形態をとる以前のもので、むしろそれは個を個として成り立たせしめる前提をなす謎めいた他者の声々なのだ(53)。個人の主体を前提としてそこに帰結するのではなく、個人を意味づけ直すような、認識を逃れ去る小さな声——ジャック・ラカンはそれを「小文字の他者」と呼んだ——である。その声が個々の主体を作り出すと同時に、公共空間という複数性の場そのものを生み出す「沈黙の声」――互盛央はそれを「起源の言語」と呼び、「言語の起源」から峻別した[54]――なのだ。そうした他者の発する声々が、具体的な個人や共同体あるいは国家的な象徴を通して、人間の前に顕現していく。

人間の心の中には、こうした自分の声でない、謎めいた他者の声々が響いている。その点で、「私たちが語っているとき、いったい本当に語っているのは誰なんでしょうか[55]」という、スピヴァクの問いかけは適切である。たとえば、精神分析医のジークムント・フロイトは、当初はそれを「無意識」と呼んだが、後に「エス」と名付け直すことになる。ドイツ語の「エス（es）」とは日本語の「それ」、英語の"it"にあたる者であり、名状しきれない固定化不能な働きを指す。それは言語や造形物を通さなければ形を現すことはできないが、その表現された言葉や物では表現し尽くすことは不可能な働きである。それゆえにフロイトは無意識という名詞を用いることを放棄して、固有名詞や普通名詞に還元できない、名状できない存在として「エス」という言葉を使わなければならなかった。そうした謎めいた他者としてのエスが、夜夢を見たり、身体の症状に現れたりして、人間の意識に働きかけてくる[56]。

その謎めいた他者が誰なのかは、誰がその声を聞くのか――同じ人物であっても、どのような心持で聞くのか――によって、時と場合に応じてまったく異なる。古来、多くの場合は霊魂や神と呼ばれてきたのだろう。日本でその最たるものは、現人神である天皇であったと思われる。その呼び方は人それぞれであり、どのように名づけるかでその声は形を変える。ただし、神や死者は、その声を聞き取る者が介在しなくては声を人間に伝えることはできない。フロイトが述べるように、エスの声を本人や社会がどのように聴き取るかで、その症状が解消されたり、悪化したりと、異なる結果がもたらされることになる。その点については、村上春樹が、宗教を取り扱った作品『1Q84』の中で注目すべき記述をしている。

その時代にあっては王とは、人々の代表として〈声を聴くもの〉であったからだ。そのような者たちは進んで彼らと我々を結ぶ回路となった。そして一定期間を経た後に、その〈声を聴くもの〉を惨殺することが、共同体にとっては欠くことのできない作業だった。地上に生きる人々の意識と、リトル・ピープルの発揮する力とのバランスを、うまく維持するためだ。古代においては、統治することは、神の声を聴くことと同義だった。しかしもちろんそのようなシステムはいつしか廃止され、王が殺されることもなくなり、王位は世俗的で世襲的なものになった。そのようにして人々は声を聴くことをやめた。(57)

村上はここで〈声を聴くもの〉としての王や宗教者が、謎めいた他者の声――村上はリトル・ピープルや神と呼んでいる――を一般の人々に伝える役割を担っていると述べている。なぜならば、そうした声を聴くことは、誰もができることではないからである。基本的人権の平等といったスローガンでは片付かない部分がある。それゆえに、王や宗教者が謎めいた他者の声を聴き取れなくなったときには、新たな聴く力を持つ者が必要とされてきた。おそらく謎めいた他者の声々を聴くという行為は、この世には存在しないはずの神を現世にもたらすようなものとなるため、同化されて人格を喪失したり、根源的な批判ゆえに社会から抹殺されるなど、伝える者の一身を傷つける危険性をも孕んでいる。このことは、後に強者と弱者とは誰なのか、どういう意味なのかという形で問い直されることになるだろう。

しかしここで、個人の意識は幻想にすぎず、個々の人間は、ネイションや神といった大いなる存在のもとに溶け合っていると主張したいわけではない。私やあなたという個人の意識を成り立たせる主体は、具体的な統一性を備えた個体としては存在しえない。個人と個人の「人間関係の網の目」から、ほのかに垣間見える現前しない他者の声々としての「主体」なのである。それは共約不能であるがゆえに均質化されない公共性の可能性をもたらす。その一方で、容易に全体化の幻想ももたらす。誰もが孤独に耐えかね、内閉した全体性の一部として、意味の固定化された単数の「大文字の他者」の欲望の一部になりたがるからである。複数性によって構成される公共空間とは、こうした個人を包み込む現前不能な幻想領域であり、名付けがたい他者の欲望が交差する空間なのだ。

だとすれば、本書で述べてきた不可視の「禁忌」が公共空間につねに付きまとうのも避けがたいことだと言える。他者そのものが謎めいた声であるかぎり、主体のうちにはかならず開かずの間が存在する。そこで監禁されたり殺害された他者のうめき声は、絶えずその部屋から漏れ聞こえてくる。村上春樹が言うように、声を聴く者としての王が殺害されたのかもしれない。それは私たちが自分の保身のために見殺しにした誰かなのだろうか。あるいは自分が殺したのは自分自身かもしれない。自分自身を排除することによって、公共空間に参入することが認められるからである。人間の存在自体がそもそも暴力性を帯びた存在でしかありえない。フロイトの言う原父殺しや不気味なるものとは、そうした認識不能なトラウマから発生する残存効果のようなものであろう(58)。他者の声を聴き取る行為はかならずしも耳を傾ける者に幸いをもたらすとは限らない。その声が分裂を引き起こした声であるならば、聴く主体は複数の声に引き裂かれ統合を失ったり、その中の大きな声に憑依されてしまうこともある(59)。

ではどうやって、こうした抹殺された謎めいた他者の声を聴き取るのか、交渉し分節化していく技量が問われることになる。ここに、公共性と神々の関係が浮上してくる。神々が公共空間を支配するものと想定しうるならば、公共空間そのものが、個人には認識しきれない謎めいた空間であり、そうした謎めいた他者たちの声に耳を傾けることこそが、神々の声を聞くという行為なのである。あるいはその声が死者たちから聞こえてくると捉えたからこそ、人々は死後も生命の存在を信じようとしてきた。アレントが「死すべき存在である人間の、不死の住家」と表現したように、公共空間とは個人の主体には独占しきることのできない、現前不能な神々の声と眼差しに貫かれた空間なのである。

そうした誰のものでもない不死の空間であるために、神々に捧げられた犠牲をめぐるトラウマと禁忌に満ちた空間にならざるをえないのである。場合によっては、犠牲となった人間が神々として公共空間には棲みついているのかもしれないのだ。それゆえ、公共空間の内部に住む人間は、こうして犠牲となった人々や排除された人々の存在を完全に忘れ去ることはできない。彼らの声は聞かずの間からいつでも漏れ聞こえてくる。無理して聴かなければならないというよりも、すでに人間は何らかの声に捉えられた状態で、謎めいた他者という主体の一部をなしている。だから、むしろそうした声をいかに言語化したり、物資化していくかによって、その謎めいた他者の一部から自分の固体としての主体を、単なる「無境界性にとどまらず境界を保つ無境界性」(60)として確立していくことが問われることになる。

その聴き取る力は、個人の能力が「不均質」である以上、人によって様々なものとなるだろう。不均質さとは、個性の多様さとして平等なものであると同時に、能力の上下をも意味する不平等なものである。そこで「主体（subject）」という言葉の両義性が重要な意味を持つことになる。主体とは、ひとつには法的な「主権者（sovereign）」につながる能動な行為主体――強さ（intensity）であり強者（the strong）――である。まさに「至高な（sovereign）」存在として、社会へと働きかける者である。(61) もうひとつは「臣下（subject）」として、権力による主体化を被る受動的主体――弱さ（fragility）であり弱者（the weak）――である。

両者は一見相容れない性質のように見えるが、同じ主体という言葉から発生した両義的な関係として把握されるべきものである。公共空間に参入可能な主権者になるということは、その空間に張り巡らされた権力に従うから許されることであり、権力を行使されるという受動的立場に身を置くことなしには能動的な主体になることは不可能である。もちろん権力というのは、特定の個人や集団が意図的に作り出す上からの暴力に限られるものではなく、人々が集まることで無意識裡に下から上へと立ち上がる暴力も含まれる。

もはや繰り返すまでもないが、天皇制とは近代の日本社会が創出した、この謎めいた他者の声を聴くための、国民化という主体化装置であった。何ひとつ人格的に落ち度のない、現前することのない神が特定の人間に受肉化した、単数の「現人神」としての天皇、あるいは「国母」としての皇后。それが今でも明治神宮や靖国神社など国家神道勢力の推進する天皇像であろう。天皇制はそうした人々を呑み込んで、臣民に変えていく。

近代以前には「小文字の他者」にもなりえた天皇制は、近代の国家神道体制とともに固定された単数のシニフィアンとして「大文字の他者」に塗り固められてしまった。近代の天皇制とは、西谷修や安丸良夫の指摘するように、他性（alterity）に満ちた複数の声々を単数に変換する一神教的な装置として機能してきた(62)。そうして共同体は自らの秩序を守るために犠牲者を次々に屠ってきた。聖なる存在としての天皇と、穢れた存在である非人や賎民が対をなすゆえんである。しかし近代以前には、天皇もまた神の声を聞く存在であったがゆえに、自身が神の末裔でありながらも、神に憑り殺された仲哀天皇など、伝説上の王もいた(63)。そして、今もまた国家の象徴として聖化された存在（ホモ・サケル）であるがゆえに、基本的人権をも剥奪され、宙吊りにされたままである。

こうした均質的で排他的な場へと同化される主体化をどのように異化するか。ジャン＝リュック・ナンシーが「機能不全を起こした共同体（la communauté désoeuvrée）」と呼んだ空間や、エマニュエル・レヴィナスが均質化された全体性を批判するなかで唱えた「無限性（infinity）」へと、公共空間を開いていくことが必要になる(64)。たとえば、ナンシーはこうした機能不全を起こした共同体を、「未完了こそが共同体の「原理」」だとして、「共同体の不在は融合を攪乱し、合一を宙吊りにする」と形容している(65)。そこにおいては、全体の一部が犠牲として例外化されるのではなく、すべての人が等しく例外化されることで、一部の犠牲が例外化されることが防止される。こうした例外化が個の不均質さを保持しながら、それが不平等ではなく、多様性につながるような共同体のあり方がナンシーの目論むところと思われる。

聞こえている他者の声は単一なものともなるが、複数（plural）にもなりうるものなのだ。その場合の複数性とは、バーバやスピヴァクが説くように、均質化された単数が併存する多数性ではなく、単一性が絶えず多重化して、自己完結することのない複数性を意味する。(66) それゆえ、大貫恵美子が論証したように、天皇の御名のもとに死んでいった特攻隊員の遺書でさえも、英霊としての殉死者とは異質な声として聴き取ることが可能なのだ。(67) そして、天皇でさえもが、三島由紀夫が小説「英霊の声」で描写したように、まさに玉体であるがゆえ、不遇の死を遂げた戦死者たちに憑りつかれて、その身体は異質化された状態に置かれているのかもしれない。(68)

そうしたナンシーの戦略に呼応するように、アガンベンは『バートルビー』(69)において、固定化された社会的アイデンティティを持つことを拒否する無為者であることの重要性を、潜勢力と呼んで力説した。一見、非人や賎民あるいは非国民は、基本的人権を持つ国民として認められていないがゆえに無為者であるようにも見える。しかし、以上の議論から明らかなように、彼らは非国民であるがゆえに、国民たちの公共空間を、そこから排除されつつ包摂されることで構築させる役割を負わせられている。それに対して無為者とは、排除と包摂のメカニズム自体から逃れ出た存在であり、秩序の破壊と措定の反復関係を宙吊りにするメシア的な力（ベンヤミン）に触れたものなのだ。

網野善彦は『無縁・公界・楽』のなかで、寺社などの無縁の世界には世俗の法秩序から解放された自由があると述べたが、(70) そこにも寺社独自の検断権が存在し、実際に様々な処罰や差別がおこなわれていた。世俗の社会からすれば無縁に見える世界もまた、法秩序と差別に貫かれた公共空間にほかならなかった。(71) そして何よりも、無縁という世界は世俗権力が有縁の秩序を作り出すために欠かせない存在であり、同じように例外的存在として、世俗の公共空間をその外部から構築する天皇制の眼差しからも自由ではありえなかった。そして、天皇制の側もまた、網野が認めるように、非人や賤民たちに支えられることで、自らの聖なる権利を保つことができたのである(72)。

であるとすれば、アガンベンの言う無為者であるためには、〈国民／非国民〉あるいは〈天皇／非人・賤民〉といった二項対立そのものを宙吊りにする工夫が必要とされる。近代の人間は誰しも、植民地民や賤民が「国民」になることを望んだように、社会を生き抜くためには基本的人権が必要となる。しかし、ここまでの議論からすれば、「国民」ではなくても社会的権利が認められるような新しい共存の形が模索されていかなければならないだろう。そこでは、国家に有用な「国民」のみが公共空間を作り出す構造が批判されて然るべきである。構築された人工物としての「公益」な空間という発想そのものが不要になるのかもしれない。寺戸淳子によれば、そこではスピヴァクの言う代理表象の前提をなす語れる者と語れない者、あるいは強者と弱者という差別さえもが、証言の目撃者という経験によって意味を転じていく可能性も開かれるという（第九章）。

「声にならない声々」しか持てない人々は、二級国民として差別されつつ、国家秩序に包摂されてきた存在である。こうした無為者の視点から、有用者としての「国民」の立場を脱臼した個人になることで、公共空間は、アレントが言うような、異なる立場との討議を可能とする複数性の場へと変じていく。そこで生じる合意はもはや均質化を意味することはない。他者には同化不能な、自分固有の歴史を引き受けることで、全体主義に均質されきらない個人となる。ただし、そうした実存の本質に伴う孤独は、個人では引き受けきれないものである。だからこそ、公共空間にこだまする謎めいた他者の声が、個々人を分散させたままでなく、諸個人を主体化すると同時に、ともに包摂していく場として作用していくことになる。

四　「弱さ／弱者」と「強さ／強者」

そうした作業の過程で、改めて排除と不平等の問題も位置づけ直されることになろう。ただし、公共空間が主体形成の強度（intensity）を参加者に求めるものである以上、結果としての権利の平等がかならず保障されることはない。複数の声を聞くことで主体が成立する以上、そこで抹殺される声をめぐるトラウマの存在を含めて、主体に「なる（becoming）」という行為は決して容易いものではない。その意味では社会は平等ではなく、不公平なものである。

しかし、戦後の日本社会は不平等な現実が眼前に存在しているにもかかわらず、現実は平等だと覆い隠してきた。結果としての平等を理念に唱え、社会の成員を均質化することで、極端に多様性（diversity）を排除してきた。まさに戦後日本社会の躓きは、スピヴァクが言うように、「平等が同一であることを意味する」[73]と誤解したことにあった。それは、アメリカの社会が多様性を不平等さと表裏一体をなすものとして肯定してきたのと、良し悪しは別として対極をなす。それゆえに、日本において個人の多様性を主張する者たちは、「世間」からの逸脱あるいはその否定という形で、アウトサイダーになるほかに主体を保つことができなかった[74]。そして、孤立に耐えられなく個人は「日本的なもの」へと回帰していく[75]。個性を強調する個人と世間は、近代日本においては相補的な共犯関係の下に、同一の構造から生じてきたものであった。

結局、不均質性に基づく多様な平等は、日本では馴染まない考え方であった。そのため、公共空間では社会の建前のみが流通し、個人の本音は未成熟な形で私的領域の闇の中に放置されてきた。本音と建前の声の区別はいかなる社会でも必要とされるが、両者が完全に分断されてしまうとき、人間はいずれかの声にいとも容易く同化されてしまう。一方では私的空間の情動の闇に呑み込まれた人間。もう一方では、公共空間の社会通念に同化された人間。こうした二極化した主体のあり方が相補いあって、その構成員たちに自分の所属する空間への批判的な思考を停止させてしまう。ここでいう思考とは知識量を増やすことではなく、主体のあり方に質的な変化を引き起こす行為を指す。

戦後日本の民主主義の抱える問題点は、この平等という理念と、不平等な現実との認識論的な逆転関係にある。むしろ、不均質な社会であることを認めたところに、「存在の平等性」という理念が、現前不能なゆえに現実に批判的に介入する「理念」として機能しうると、本書では考えたい。そうした批判的機能を担うものとして、フィクションとしての自然権があり、来るべきものとしての合意が存在する。(76)

本書で島薗進が説く「倫理」(第七章)(77)とは、こうした現実に対する緊張関係を孕む理念であり、それゆえに「自己利害から距離をと〔る〕」姿勢ともなる。宗教もまた、こうした本音と建前が混じり合う言表の場にほかならない。そこでは倫理が建前と本音をどのように交差させていくか、その手腕が問われる。均質化された建前は暴力となり、本音を抑圧する。一方、抑圧された本音は未成熟な感情となって暴発し、公共空間の秩序を保つものとしての建前の役割を破壊してしまう。本音も建前も、ともに複数性の他者の声の一種なのだから、その声がいかなる役割を果たせるかは、聴き取る者の姿勢次第なのである。本音を暗い情動からうまく分節化されるならば、均質化された建前に対して批判をおこなうことも可能になろう。その意味で、倫理をめぐる次のスピヴァクの言葉は、島薗の思考をさらに展開させたものとなろう。

倫理とは、単独なものと普遍的なもののあいだの強固な矛盾に関わるものです。倫理は、すべての人間にとって同一のものですが、倫理的なものにかかわる訓練は、人が極めて特殊で単独な状況にいるところにおいてなされるのであり、この困難な矛盾のなかへと入り込むことで、私たちは倫理を理解するのです[78]。
今日、公共性をめぐる議論では、弱者（the weak）という他者の声を聞けという叫びが響いている。表現者自身が自分も弱者だと僭称したり、サバルタンの生の声を代弁するものだという主張もしばしば耳にする。そして、弱者を自称する人たちが、自分たちをサバルタンと認定してくれる正義の味方を歓迎する。そうした共犯関係がいたるところにみられる。そこではいかなる声でも弱者という名前の下に正当化さてしまいかねない。しかも、その代理表象の行為によって、複数の声が単一の声へと均質化されてしまっているのである。

しかし、自らを弱者と規定できるような能力が弱者に与えられているのだろうか。サバルタンとは公共空間への参入資格が剥奪された存在に対する呼び名である以上、社会的スティグマを押された理解不能な存在であり、自ら弱者と名乗る声自体が奪われている者なのではないか。たしかに誰もが声を持っているのかもしれない。しかし、サバルタンは話しても、聞き届けてくれる人がいない。自らをサバルタンと名乗ったときに、もはやサバルタンではないというスピヴァクの指摘は正鵠を得たものなのではないか。それゆえに、代理表象（エドワード・サイード）や証言（寺戸淳子）、あるいは供犠（宮本新）という行為が、他者に向けた媒介行為として必要になってくるのだ。

自分も弱者と同じ立場から代理表象できるという信念もまた、対象との親密性の欲望にとらわれた表現者の幻想でしかないだろう。彼らもまた自らのうちに複数な異質性を抱え込むことを放棄して、全体の一部へと同化されたいという欲望にとらわれてしまっている。弱者こそが真理を担っているという幻想こそが、自らの責任の重みに耐えかねた強者の願望が作り出したものでしかない。しかし、そこでは無意識裡に、共約不能性が放棄された人間関係が目指されるため、こうした公共空間が実現するならば、理解不能な存在にとどまり続ける現実のサバルタンはそこから排除されてしまうことだろう。

そうした不平等な社会の実現を阻むためにこそ、本書での公共性の議論は存在する。寺戸淳子が解き明かすように（第九章）、まさしく弱者とは、善意による均質化を攪乱する存在なのである。そのためにも、公共空間で主権を確立しつつも、その主体を機能不全化できるような強度（intensity）を持った存在が、共存者として必要とされる。アガンベンの表現を借りるならば、何者かになれるけれど、その何者かになりきってしまうことを退けることと、何者にもなれないこととはやはり異なる事態なのだ。弱者の証人であるためには、その証言に現場に立ち止まっていられるような、不公平な現実を直視する強さが求められよう。同様に自己を社会に犠牲に供しようとするならば、現世では報われることのない無償の愛という精神的な強靭さが必要とされよう。そこでこそ、自分よりも、他者の利益を尊重することが求められるのだ。たしかに、誰でも声を聞くだけならできるのかもしれない。しかし、謎めいた他者の声を自らの「主体」を通して複数の声々へと変換しながらも、その声に憑依されないためには、その主体は強さを持つとともに、その強さがいかに脆いものなのか、その弱さを自覚していくことが必要とされるだろう。

しかし、それは弱者を代理表象できると自認する善意の強者（the strong）ではない。むしろ自らの特権性、公共空間の一員であるという資格を享受していることに恥じ入る、可傷的な（vulnerable）関係に進んで身を置く強さでなければならないだろう。スピヴァクが明快に語るように、強者と弱者が同じ立場で参加する民主主義など現実には存在しないのだ(79)。そうした不平等な現実を認識することで、他者の中にだけでなく、自己の中にある弱さや暗さを正面から認める感受性もまた養われることだろう。傲岸な強さがしなやかな弱さに転じ、社会的な弱さが無為者としての強さに転じる可能性も開かれよう。可傷的な強さと表象不能な弱者がともにあることで、公共空間は有用者のための公益空間であることを止め、機能不全を起こした複数性の異質な空間へと変貌する可能性が開かれる。現在の平成天皇がたとえ深い平和思想の実践者であったとしても、彼が神々の祭主であり、国民の祀られる神の末裔である天皇制の一部である以上、天皇制はこうした社会に内在する機能不全を隠蔽し、十全なる「国民」主体という幻想へと人々を吸い込んでいってしまう。そうした自己耽溺的な危険があるがゆえに、公共空間が他者と向き合う場だと規定したアレントやハーバマスに対して、むしろ他者とけっして向き合おうとしない現実の公共空間から議論をはじめるべきなのだ。そこにしてようやく、〈強者と弱者〉という二項対立が、〈弱さと強さ〉という相補的な関係へと変容していく契機が開かれる。

人間は善良だから、かならず分かり合える。そういった完全さを社会や個人という主体に投影する感情的な転移状態にとらわれ続けるとき、狡猾さや暴力など「悪の凡庸さ」こそが、自分が生い立った公共空間を構成するもうひとつの基本性質であることを、その社会の構成員は見損なってしまう。なぜなら、自分のうちに潜む悪を認めない者は、他者にその悪を暴力的に背負わせるからである。アレントが「悪の凡庸さ（banality of evil）」と呼んだ善良な市民は、共同体の価値規範に反する個人的な悪をおこなわないがゆえに、共同体規模でおこなわれる悪には全く抵抗しえない(80)。

そこにおいて、村上春樹が「空気さなぎ」と呼び表したような、リトル・ピープルに憑依された空虚な主体が作り出されることになる。彼らの善良さとは、全体性の一部へと容易に同化されてしまう無思考性から生じるものなのだ。善良であることと、他者の苦痛に対して配慮的であることはかならずしも一致しない。もちろん、人間は誰しも自分のうちにもそうした凡庸な悪が存在することを薄々は知っている。だからこそ、かえって公共宗教論のような、被災地の宗教ボランティア活動とともに天皇制による「国民」救済といった、現実を美しく見せてくれる物語を好むのである。しかし、マジョリティである国民の見る美しい夢のために、一人の生身の人間を現人神として聖別化したり、少数者を賤民として共同体の犠牲に供してよいのであろうか。国民が「公民」でありうるのならば、こうしたホモ・サケルたちは共同体の例外的存在として宙吊りにされ続けたままでもかまわないのであろうか。おそらく、こうした犠牲とともに公共空間を作り出すシステムであり、その批判をも可能にする両義的な言説であり実践が「宗教／宗教的なもの（religion/the religious）」と呼び表されてきたところのものなのだ[81]。

ポストモダニズム、ポストコロニアル批評を経て、ポスト民主主義の思想にたどり着いた現在、かつてのような古き良き大知識人が社会全体を変えるヴィジョンを実践するのはほぼ不可能であろう。公共空間としての社会が謎めいた他者の声々がこだまする複数性の森である以上、一つの思想や特定の人たちで社会の方向を変えることなどありえない。その点で、天皇制だけでなく、真理の側に立つ知識人という発想もまた同じような危うさを抱える。そうした立場の不可能性を示すのが、本章で一貫して問題としてきた「複数性」という概念にほかならない。

その深い森の中で、多くの人々の賛同は得られずとも、マジョリティになれずとも、何人かの人間とともに、社会の「密航者」あるいは「密通者」として生きていくのも可能ではあるまいか。池上英子が言うように、公共空間とは社会全体を覆う単一なものだけでなく、地域や職場や家族など、私たちの身近なところに、人と人が出会えば必ず生じる[82]。そこに哀しみの数と同じだけの希望も生まれてこよう。そうした身近でありつつも、異化された空間に根差した生を、スピヴァクは「批判的地域主義」、山尾三省は「故郷性」と呼んだのである[83]。そうした生を送るためにも、単一化された大文字の他者の享楽から解放され、自分にこそ唯一の真実の声が聞こえているといった幻想から脱け出していこう。

そこでは、世界に対して正しいと信じ込んだ自分の声を理解させることよりも、謎めいた世界の声をまずどう聴き取るのかが問われることになる[84]。子供の頃、あれほど背が高く屈強に見えた大人たちは今や見る影もない。

真実の人であろうとした自分もふくめて、誰も皆、「自分にはなにも見えんぞ！　自分が馬鹿だというのか？」と、他人の眼差しに怯えていた裸の王国の住人なのである。世界も自分もまたともに完璧な正しさに辿り着けるものではなく、そこに含まれる複数の存在を通して、けっして現前しない謎めいた他者の声々が部分的に、しかも歪んだ形でこだまさせているだけなのだ。まず、こうした認識の上に立って、公共性をめぐる議論を出発させたい。この世界を生きるものは誰しも、少なからず病んでいるのだ。

（1）例えば、二〇一二年度日本宗教学会での公開パネル「ためされる宗教の公益」など。

（2）不均質さをめぐる視点は、ディペッシュ・チャクラバルティとハリー・ハルトゥーニアンとの対話から多くの示唆を得ている。Harry Harootunian, "'Modernity' and the Clams of Untimeliness." Postcolonial Studies, Vol. 13, no.4, December 2010 ; "Uneven Temporalities/Untimely Pasts : Hayden White and the Question of Temporal Form," in *Philosophy of History After Hayden White*, edited by Robert Doran, Bloomsbury, 2013 ; "Remembering the Historical Present," in *Critical Inquiry*, 2007. Dipesh Chakrabarty, *Provincializing Europe : Postcolonial Thought and Historical Difference*, Princeton and Oxford : Princeton University Press, 2000/2007.

（3）このアレントの議論の解釈は、ジュディス・バトラーの下記の議論から示唆を得ている。ガヤトリ・チャクラヴォルティ・スピヴァク／ジュディス・バトラー『国家を歌うのは誰か?』二〇〇八年（竹村和子訳、岩波書店、二〇〇八年、一三－一七頁）。

（4）エドワード・サイード『知識人とは何か』一九九三年（大橋洋一訳、平凡社、一九九五年）、ガヤトリ・チャクラヴォルティ・スピヴァク『サバルタンは語ることができるか』一九八八年（上村忠男訳、みすず書房、一九九八年）。

（5）ハンス・クリスチャン・アンデルセン「皇帝の新しい着物」一八三七年（大畑末吉訳『アンデルセン童話集』岩波文庫、一九三八／一九六四年）

（6）ユルゲン・ハーバマス『〔第二版〕公共性の構造転換——市民的カテゴリーについての探究』一九六二年（細谷貞雄・山田正行訳、未來社、一九九四年）。

（7）下河辺美知子『歴史とトラウマ——記憶と忘却のメカニズム』作品社　二〇〇〇年　二〇一頁。

（8）西川祐子『借家と持ち家の文学史——「私」のうつわの物語』三省堂出版　一九九八年。

（9）井上理津子『さいごの色街　飛田』筑摩書房、二〇一四年、一七九－一八一頁。

（10）山形孝夫／西谷修『3・11以後この絶望の国で――死者の語りの地平から』ぷねうま舎、二〇一四年、一八八頁。

（11）吉本隆明『改訂新版　共同幻想論』角川文庫、一九六八／一九八二年。

（12）ジャック・デリダ「暴力と形而上学――エマニュエル・レヴィナスの思考に関する試論」『エクリチュールと差異』一九六七年（川久保輝興訳、法政大学出版局、一九八三年、上巻、二五一頁、磯前一部改訳）。

（13）ジョルジョ・アガンベン『ホモ・サケル――主権権力と剥き出しの生』一九九五年（高桑和巳訳、以文社、二〇〇三年）。

（14）ジョルジョ・アガンベン『人権の彼方に――政治哲学ノート』一九九六年（高桑和巳訳、以文社、二〇〇〇年、一四頁）。

（15）尹海東「植民地近代と公共性――変容する公共性の地平」沈熙燦訳、島薗進・磯前順一編『宗教と公共空間――見直される宗教の役割』東京大学出版会、二〇一四年。磯前順一・尹海東『植民地朝鮮と宗教――帝国史・国家神道・固有信仰』三元社、二〇一三年。

（16）片岡耕平『日本中世の穢と秩序意識』吉川弘文館、二〇一四年。本論の賤民論の理解については、鈴木英生氏と川浪剛氏の御教示に多くを負っている。

（17）網野善彦『中世の非人と遊女』一九九四年（講談社学術文庫、二〇〇五年）。

（18）中沢新一『僕の叔父さん　網野善彦』集英社新書、二〇〇四年。

（19）ミシェル・フーコー『狂気の誕生』一九六一年（田村俶訳、新潮社、一九七五年）。

（20）ジャック・デリダ「コギトと『狂気の歴史』」『エクリチュールと差異　上巻』一九六七年（野島秀夫訳、法政大学出版局、一九七七年）。

（21）池田昭『天皇制と八瀬童子』東方出版、一九九一年。

（22）ハンナ・アレント『人間の条件』一九五八年（志水速雄訳、ちくま学芸文庫、一九九四年、八七頁）、Martina Weinhart and Max Hollein, eds., *Private/Privacy*, Frankfurt: DISTANZ Verlang, 2013.

（23）アレント『人間の条件』（九八頁）、レオ・ベルサーニ／アダム・フィリップス『親密性』二〇一〇年（桧垣立哉・宮澤由歌訳、洛北出版、二〇一二年）、アンソニー・ギデンズ『親密性の変容――近代社会におけるセクシュアリティ、愛情、エロティシズム』一九九二年（松尾精文・松川明子訳、而立書房、一九九五年、Lairen Berlant, *Intimacy*, Chicago and London: The University of Chicago Press, 2000.

（24）磯前順一「内面をめぐる抗争――近代日本の歴史・文学・宗教」『喪失とノスタルジア――近代日本の余白へ』みすず書房、二〇〇七年、柄谷行人『日本近代文学の起源』一九八〇年（講談社文芸文庫　一九八八年）。

（25）立木康介『露出せよ、と現代文明は言う――「心の闇」の喪失と精神分析』河出書房新社、二〇一三年。

(26) 市野川容孝・宇城輝人編『社会的なもののために』ナカニシヤ出版、二〇一三年。
(27) 丸山真男「超国家主義の論理と心理」『増補版　現代政治の思想と行動』未來社、一九六四／一九七五年。
(28) アントニオ・ネグリ『コモンウェルス——〈帝国〉を超える革命論』二〇一一年（水嶋一憲・幾島幸子・古賀祥子訳、NHK出版、二〇一二年）。
(29) 磯前順一『近代日本における宗教言説とその系譜——宗教・国家・神道』岩波書店、二〇〇三年。ただ、この著作では、親密圏としてのプライバシーを私的なものと呼んでおり、親密圏と私的領域の区別が未だなされていない。
(30) 溝口雄三『一語の辞典　公私』三省堂、一九九六年。
(31) ハンナ・アレント『暗い時代の人々』一九六八年（阿部斉訳、ちくま学芸文庫、二〇〇五年）、磯前順一「暗い時代に——石母田正『中世的世界の形成』と戦後日本の歴史学」磯前順一／ハリー・ハルトゥーニアン『マルクス主義という経験——1930-40年代日本の歴史学』青木書店、二〇〇八年。
(32) アレント『人間の条件』（二八六頁、磯前一部改訳）。
(33) ジュリア・クリステヴァ『恐怖の権力——〈アブジェクシオン〉試論』一九八〇年（枝川昌雄訳、法政大学出版局、一九八四年）。
(34) ヴィクター・コシュマン『戦後日本の民主主義革命と主体性』一九九六年（葛西弘隆訳、平凡社、二〇一一年）。
(35) 丸山真男『日本政治思想史研究』東京大学出版会、一九五二／一九八三年、石母田正「古代貴族の英雄時代——古事記の一考察」一九四八年（『石母田著作集10』岩波書店、一九八九年）。
(36) 磯前順一「近代日本の植民地主義と国民国家論——津田左右吉の国民史をめぐる言説布置」『思想』一〇九五号、二〇一五年。
(37) 西川長夫『植民地主義の時代を生きて』平凡社、二〇一三年、酒井直樹『日本思想という問題——翻訳と主体』岩波書店、一九九七年。
(38) 磯前順一「植民地主義としての天皇制国民国家論——西川長夫の「主体の死」をめぐる思考より」上村静編『国家の論理といのちの論理』新教出版社、二〇一四年。
(39) 西川長夫『増補　国境の越え方——国民国家論序説』一九九二年（平凡社、二〇〇一年）
(40) たとえば『公共哲学シリーズ』（東京大学出版会、二〇〇一-二〇〇六年）。
(41) ホミ・バーバ「散種するネイション——時間、ナラティヴ、そして近代ネイションの余白」一九九四年（磯前順一／ダニエル・ガリモア訳『ナラティヴの権利——戸惑いの生へ向けて』みすず書房、二〇〇九年）。

（42）酒井直樹『過去の声──一八世紀における言語の地位』一九九一年（酒井監訳、以文社、二〇〇二年）、柄谷行人「江戸の注釈学と現在」一九八五年（同『言葉と悲劇』講談社学術文庫、一九九三年）。
（43）ヴァルター・ベンヤミン「暴力批判論」一九二〇／一九二一年（野村修編訳『暴力批判論他十篇』岩波文庫、一九九四年、五九－六〇頁、磯前一部改訳）。
（44）ジャック・デリダ『法の力』一九九四年（堅田研一訳、法政大学出版局、一九九九年）。
（45）タラル・アサド『自爆テロ』二〇〇七年（苅田真司訳、青土社、二〇〇八年）。
（46）磯前順一「祀られざる神の行方──神話化する現代日本」『現代思想』四一－一六、二〇一三年。
（47）喜安朗『天皇の影をめぐるある少年の物語──戦中戦後私史』刀水書房、二〇〇三年。
（48）石母田正「古代の身分秩序」『日本古代国家論　第一部』岩波書店、一九七三年。
（49）磯前順一『閾の思考──他者・外部性・故郷』法政大学出版局、二〇一三年。
（50）磯前順一「〈公共宗教〉再考──排除と複数性、そして世俗主義」前掲『宗教と公共空間』。
（51）Gayatri Chakravorty Spivak, *An Aesthetic Education in the Era of Globalization*, Cambridge (Mass): Harvard University Press, 2012.
（52）金哲『抵抗と絶望──植民地朝鮮の記憶を問う』田島哲夫訳、大月書店、二〇一四年、三頁。
（53）ジャック・ラカン『精神分析の四基本概念』一九六三－一九六四年（小出浩之他訳、岩波書店　二〇〇〇年）。ルイ・アルチュセール『再生産について──イデオロギーと国家のイデオロギー諸装置』一九九五年（西川長夫ほか訳、平凡社、二〇一〇年）。
（54）互盛央『言語起源論の系譜』講談社、二〇一四年。
（55）ガヤトリ・チャクラヴォルティ・スピヴァク『いくつもの声──日本講演集』本橋哲也・篠原雅武訳、人文書院、二〇一三年、一五頁）。
（56）互盛央『エスの系譜──沈黙の西洋思想史』講談社、二〇一〇年。
（57）村上春樹『1Q84　BOOK2』二〇〇九年（新潮文庫版、二〇一二年、前篇三〇八－三〇九頁）。
（58）ジークムント・フロイト「不気味なもの」一九一九年（中山元訳『ドストエフスキーと父親殺し／不気味なもの』光文社古典新訳文庫、二〇一一年）。
（59）斎藤道雄『治りませんように──べてるの家のいま』みすず書房、二〇一〇年。本書は多比良孝司氏に示唆による。
（60）スピヴァク『いくつもの声』一三二頁。
（61）ジョルジュ・バタイユ『至高性──呪われた部分』一九七六年（湯浅博雄ほか訳、人文書院、一九九〇年）。

(62) 山形／西谷『3・11以後この絶望の国で』七一頁、安丸良夫『近代天皇像の形成』岩波書店、一九九二年。
(63) 斎藤英喜『アマテラスの深みへ——古代神話を読み直す』新曜社、一九九六年。
(64) エマニュエル・レヴィナス『全体性と無限』一九六一年（熊野純彦訳、岩波文庫、二〇〇五年）。
(65) ジャン＝リュック・ナンシー『無為の共同体——哲学を問い直す分有の思考』一九八三年（西谷修・安原伸一朗訳、以文社、二〇〇一年、六三・一一六頁）。
(66) Gayatri Chakravorty Spivak, *Other Asias*, Malden, Oxford and Victoria : Blackwell Publishing, 2008.
(67) 大貫恵美子『学徒兵の精神誌——「与えられた死」と「生」の探求』岩波書店、二〇〇六年。
(68) 三島由紀夫「英霊の声」一九六六年（『三島由紀夫全集決定版20』新潮社、二〇〇二年）。
(69) ジョルジョ・アガンベン「バートルビー——偶然性について」一九九三年（高桑和巳訳『バートルビー——偶然性について』月曜社、二〇〇五年）。
(70) 網野善彦『増補　無縁・公界・楽——日本中世の自由と平和』平凡社ライブラリー、一九七八／一九九六年。
(71) 網野に対する批判については、細川涼一「中世非人論の現状と課題」（『中世の身分制と非人』日本エディタースクール出版部、一九九四年）が要領を得ている。
(72) 網野善彦『異形の王権』一九八六年（平凡社ライブラリー、一九九三年）。
(73) スピヴァク『いくつもの声』四一頁。
(74) 阿部謹也『「世間」とは何か』講談社現代新書、一九九五年。
(75) 西川長夫『日本回帰・再論——近代への問い、あるいはナショナルな表象をめぐる闘争』人文書院、二〇〇八年。
(76) 苅田真司「宗教と公共性——「境界」から「空間」へ」前掲『宗教と公共空間』。
(77) スピヴァク『いくつもの声』九五頁。
(78) スピヴァク『いくつもの声』八一頁。
(79) スピヴァク『いくつもの声』七六－七七頁。
(80) ハンナ・アレント『イェルサレムのアイヒマン——悪の陳腐さについての報告』一九六三／一九六五年（大久保和郎訳、みすず書房、一九六九年）。
(81) 田辺明生「現代インドにおける宗教と公共圏」前掲『宗教と公共空間』、三原芳秋「書評　磯前順一・尹海東『植民地朝鮮と宗教』」『図書新聞』二〇一三年四月二七日。
(82) 池上英子『美と礼節の絆——日本における交際文化の政治的起源』ＮＴＴ出版、二〇〇五年。

（83）ガヤトリ・チャクラヴォルティ・スピヴァク『ナショナリズムと想像力』二〇一〇年（鈴木英明訳、青土社、二〇一一年）、山尾三省『ここで暮らす楽しみ』山と溪谷社、一九九八年。

（84）柄谷行人『日本精神分析』文芸春秋、二〇〇二年。

第Ⅰ部　排除する公共性

第Ⅰ部のテーマは「排除する公共性」である。ここでは、公共性のトラウマ的性格を扱う。開かれたものであるはずの公共性の構築には、必ずや排除が必要とされる。なぜなら、公共性における共同性の核は、実は排除によって構成されているからである。しかも、そのような排除はあからさまなものであるというよりも、むしろ包摂されつつも排除される、あるいは排除されるという形で包摂される、というものなのである。それは、ジョルジョ・アガンベンがまさに「排除的包摂（包含）」と呼んだものであろう。公共性が開かれたものである以上は、あらゆるものはそこに包摂されるだろうが、実はその一方で、それと同時に排除が生じ、そしてそこにさまざまな暴力がはたらいているのである。しかしこのような排除や暴力は、開かれた公共性という名の下に隠蔽・抑圧され、ある種のトラウマと化すのだ。以下の三つの章においては、このような公共性に見られるトラウマ的性格が、歴史的な文脈についての考察とともに、明らかにされるであろう。

第一章の青野正明による「植民地朝鮮の神社に祀られなかった神々——宗教的な法的秩序の内と外」においては、大日本帝国によって植民地化された朝鮮における、宗教と公共性をめぐる排除と包摂が論じられている。青野は朝鮮総督府による神社政策を分析することで、いかに植民地朝鮮における公共性の構築が、大日本帝国における公共性への包摂と排除といった形でなされていくことになったのかを分析している。青野によれば、植民地化の過程において、朝鮮半島の新宗教や土着的な信仰・祭祀などを、神社を頂点においた宗教的秩序に包摂することを目的にした政策が押し進められていったという。それは、結社が許された「類似宗教」や非公認の「神祠」、在来の「洞祭」が宗教的な法的秩序から排除されることにより、逆にその秩序への包摂を強いられるという内容である。そしてこれらの施策は、天皇を神的な中心として戴く公共性——すなわち国体——への朝鮮社会の包摂を達成することをめざす「心田開発運動」において、強力に推進されたのであった。以上のことが、歴史学的手法により詳細に明らかにされるだろう。

つづく第二章の片岡耕平による「神国と排除——日本中世から考える」においては、より時代を遡り、日本の中世社会における宗教的事象と公共空間との関わりについて分析されている。それは、いわば国体と国家神道という近代日本において猛威をふるった概念の発生が、いかにして可能になったのかというある種の系譜学的考察である。片岡によれば、中世日本においては神祇信仰という、仏（寺院）の論理とは異なった、天皇の存在を組み込んだ神（神社）独自の論理が存在していたという。この神祇信仰の核には神の「清浄」さとともにそれと対比される「穢」観念があり、この「穢」をめぐって様々な行動規範が構築されていたのである。統治者たる天皇はこの「穢」によって引き起こされる災異が共同体全体に及ばないように、「穢」を取り除く役目を担っていたが、それは逆説的にも「穢」こそが天皇を統治者として正当化し、統治の対象である共同体の外縁を規定可能にしているものであったということなのだ。この「穢」を生み出す存在は「河原者」と呼ばれたが、この「河原者」こそ、片岡が論じるように、共同体にとって必要とされ（包摂され）つつも排除される「ホモ・サケル」であったことが、本章において明らかにされるだろう。

そして第三章の磯前順一による「祀られざる神の行方——神話化する現代日本」においては、最近の出雲ブームや伊勢ブームに沸く世論に批判を向けつつ、論理を超えて情動へと訴える強い力をもつ神話の危険性について分析されている。磯前によれば、公共性もまた神話を共有することで構成される共同幻想によって支えられているのであり、そのような公共性のもつ物語的次元を批判しなければ、我々は知らない間に支配的な神話を価値中立的な前提であるかのように捉えてしまうのである。支配的な物語の構築の為には、タブー、つまり排除された存在が欠かせないが、そのようなタブーが存在すること自体を今日の公共性の物語は忘れさせてしまう。つまり、タブーやあるいは排除された存在は、聖化あるいは「祀られる」こともなく、端的に打ち捨てられてしまうのだ。そのような「祀られぬ神」の存在は、忘却された記憶として、トラウマ化してしまうのである。本章では、そのようなトラウマが一方で公共性から排除・隠蔽されつつも、他方で大文字の他者（あるいは「まつろはぬ神」）による視線として、公共性をおびやかしつつも支える両義的なものとして回帰することの問題性が明らかにされるだろう。

第一章　植民地朝鮮の神社に祀られなかった神々
宗教的な法的秩序の内と外

青野正明

一　はじめに

本章は植民地朝鮮の神社をめぐる排除と包摂の問題を整理するために、公共性を見る視点から朝鮮総督府の神社政策を再構成することを課題とする。公共性の観点から植民地朝鮮の神社の祭神を扱った研究は管見の限りまだない。

韓国併合から五年後の一九一五年に、公認される宗教を規定・管理する法令が布教規則として、また公認される神社を規定・管理する法令が神社寺院規則として制定された[1]。これらの法令の規定にもとづいて、植民地朝鮮に公認神社および公認宗教からなる宗教的な秩序が形成されたのである（第二節で説明する）。このことは、朝鮮人や日本人がすでに作っていた多数の宗教的な共同体を法的秩序の内と外に再配置することを意味したため、それらの共同体の排除と包摂の実態が大きな論点となってくる。

そもそも植民地化に至る過程において、政治活動取り締まりを主目的に、宗教的共同体に対して治安法が適用

〈法的秩序の内側〉＝包摂	〈法的秩序の外側〉＝排除 ←　包摂	
公認宗教 （教派神道、仏教、キリスト教）	「類似宗教」	秘密結社
公認神社・公認神祠	非公認の神社施設 ＝ 無願神祠 ・「公衆」の「参拝」対象となる無許可の神社施設 （「個人祭祀」とされる神社施設は、取締りの対象外）	
	祭神が記紀神話	祭神が記紀神話でない神社施設
【朝鮮の神】 「国魂大神」	【朝鮮の神】 「洞祭」の神々	【朝鮮の神】 始祖＝檀君（否定） 儒教的な祖先神や人格神（黙認） 巫俗などの神々（「迷信」）

図1

されていた。それは宗教的な法的秩序の構築後において、その外側にある宗教的共同体、つまり非公認団体等にも朝鮮総督府の統治権が及んでいることを意味する。そうならば、排除の実態を知るうえで宗教的な法的秩序の外側だけでなく、内と外の間の境界を探ることも重要な作業となるのではないか。すなわちその境界において、宗教的な法的秩序から排除されることにより、逆にその秩序への包摂を強いられる宗教的共同体を見いだすことができると考えるのである（図1を参照）。

そこで上記のような法的秩序を考察するうえで、公認神社に足場を据えて、そこからぐるりと見渡しながら、公認神社に祀られていない神々を位置づけていくという方法を取ることにする。その位置づけは、神社が国体論に接近することで天皇制イデオロギーという特性を身に付けた場合、どのように変化するのだろうか。たとえば、神社参拝が強要されたことが象徴するように、公認神社・公認宗教体制に支えられた法的秩序への包摂対象が拡大していくことが想像される。またそれと同時に、公認神社に祀られることのなかった神々をめぐる多数の共同体が、新たな排除と包摂に巻き込まれる姿も描写することができるのではないかと考えるのである。

では、神社に祀られなかった神々を論じる前提として、神社行政が管理する公認神社に祀られた祭神にはどのような基準があったのかを確認しておこう。当時の内務省神社局が神社の祭神を大まかに区分してその認識を示していたが、それによると、「天神地祇」「皇祖」「歴代ノ天皇」「国家ニ功労アル方々」となっている。(2) この場合の「天神地祇」は天地の神々の総称と理解していいだろう。(3)

それから、植民地朝鮮における宗教的な存在に対して、総督府がどのような行政上の分類をしていたのかについても説明しておく。本章では神社が国体論に接近することに注目するため、それを実施した政策（心田開発運動）が実質的に始動する一九三六年一月現在の所管部署、および補足説明をカッコ内に書いておく。わかる範囲で簡単に列挙すると、神社・神祠《しんし》・無願神祠（内務局地方課、一九二五年に学務局宗教課から移管）、公認宗教（学務局社会課）、「宗教類似ノ団体」・秘密結社（警務局保安課）、「迷信」（警務局衛生課）、「儒道」（学務局社会課、教化団体として）である。

二　宗教的な法的秩序の形成

①　宗教の公認・非公認

朝鮮総督府の宗教政策の枠組みを理解するためには、法令にもとづき公認団体と非公認団体を位置づけることが必要である。本国政府・朝鮮総督府による宗教行政は公認宗教・非公認宗教という枠組みでおこなわれ、非公認宗教団体は宗教行政の所管外に置かれていた。なお、第二節で論じる内容は図1に整理しているので参照されたい。

植民地化の過程で朝鮮人の集会・結社を取り締まったのは保安法である。大韓帝国期に制定された保安法（法律第二号、一九〇七年七月）は、「朝鮮ニ於ケル法令ノ効力ニ関スル件」（制令第一号、一九一〇年八月二十九日）により併合後も効力を有していた。第一条は次のとおりである（併合前は、「朝鮮総督」ではなく「内部大臣」）。

第一条　朝鮮総督ハ安寧秩序ヲ保持ノ為メ必要ノ場合ニ結社ノ解散ヲ命スルコトヲ得

保安法は朝鮮人（法的には戸籍により区別）を対象とした法令で、「内地」の治安警察法（集会・結社、さらには労働争議・小作争議などを取り締まる治安法として運用された）の必要な条項だけを借用した「縮約」版であったといえる。

しかし、朝鮮の保安法には結社の届出制の規定はない。植民地支配を前提とした法令であるゆえに、より治安重視の厳しい内容となり、朝鮮人による政治的結社は存在を許されなかった。[4]

このような厳しい治安状況の中で、公認宗教を規定する布教規則（総督府令第八三号、一九一五年）が制定された。第一条でいわゆる公認宗教が成文化され、この規定により「神道」（いわゆる教派神道）、「仏道」（「内地仏教」と「朝鮮仏教」）、「基督教」が「宗教」として公認された。条文は次のとおりである。

第一条　本令ニ於テ宗教ト称スルハ神道、仏道及基督教ヲ謂フ

こうして、宗教行政が所管する公認宗教の境界線、つまり公認宗教を規定したことで形成される法的秩序の境界線が、非公認団体との間に引かれたのである。では、布教規則が適用されない非公認団体は法令上はどのよう

に扱われるのであろうか。宗教団体が公認されず宗教行政所管外に置かれるということは、前述の保安法が適用されたままで警察当局の取り締まりを引き続き受けることを意味する。しかしながら、警察当局の取り締まり状況が反映されるならば、これらの団体を一括りに非公認団体と呼ぶことはできないだろう。保安法第一条による取り締まりは、二つの範疇を作り出していたからである。

もう少し具体的に説明すると、非公認団体は結社が許されて宗教的結社となる団体と、許されない秘密結社という二つの範疇に分けられる。前述した法的秩序の境界線との距離を基準にするなら、宗教的結社となる非公認団体を〈懐柔〉、秘密結社を〈取り締まり〉とみなす枠組みで捉えることが可能となろう。

そこで布教規則に戻ると、第一五条が〈懐柔〉に位置する非公認団体を規定している。

第一五条　朝鮮総督ハ必要アル場合ニ於テハ宗教類似ノ団体ト認ムルモノニ本令ヲ準用スルコトアルヘシ
　前項ニ依リ本令ヲ準用スヘキ団体ハ之ヲ告示ス

この「宗教類似ノ団体」という用語は、従来の学説では「内地」で一九一九年に生まれたとされてきた「類似宗教」概念の先駆的な使用といえ、しかも条文に明記されている。細かく見ていくと、「宗教類似ノ団体」が位置している境界の外側（宗教行政の所管外の団体）が前提としてあり、その外側の団体を対象にして、その中から〈懐柔〉の対象として「宗教類似ノ団体」と認める範疇を設けていることがわかる。すなわち〈懐柔〉の対象としての「類似宗教」は、法的秩序の中では非公認団体でありながらも公認団体との境界近くに位置していることがわかるのである。(5) なお、三・一独立運動（一九一九年）以前の「類似宗教」団体は天道教や侍天教など数団体だけであった。

② 神社の公認・非公認

政府の公的見解では神社は非宗教とされたため、朝鮮総督府が制定した布教規則もまた神社を対象としていない。朝鮮総督府は別の法令により神社および神祠（神社の下位）を規定していた。併合後に神社および日本仏教を指す「寺院」に関して、主に創立の手続き等を規定した法令は神社寺院規則（総督府令第八二号、一九一五年八月）である。「寺院」については、第一九条で「本令中寺院ニ関スル規定ハ内地ニ於ケル仏道各宗派ニ属スルモノニ限リ之ヲ適用ス」と規定された。

一方の「神社」に関してはその基準を明示することが重視されていたと思われ、第一条で創立許可申請する際に創立の事由や神社の称号、創立地名、祭神、境内地の広さや状況、創立費や支弁・維持の方法、崇敬者数を具申することが義務づけられている。そして、崇敬者三十名以上の連署が必要であるし（第一条）、「社殿及拝殿」を備えるという規定もある（第二条）。やはり神社の運営面・設備面で基準が示されていると解釈できる。その後、一九三六年の神社制度改編では、神社規則（総督府令第七六号、八月）と寺院規則（総督府令第八〇号、八月）に分離して別々に制定されることになる。

一方で、植民地に特有な状況として、神社の運営面・設備面で、たとえば崇敬者、神職、社殿等の設備などで神社の基準を満たすことが困難な場合も現実的には起こりうる。実際に、神社寺院規則で示された基準を満たせない既存の神社施設は多数あった。そのため「特例」として認められた施設が神祠で、公認のために神社よりも低い基準を定めた法令は「神祠ニ関スル件」（総督府令第二一号、一九一七年三月）である。その第一条で、「本令ニ於テ神祠ト称スルハ神社ニ非スシテ公衆ニ参拝セシムル為神祇ヲ奉祀スルモノヲ謂フ」と、「神祠」が定義されている。この「神祠ニ関スル件」も一九三六年の神社制度改編にともない、分離制定された神社規則の内容にあわせるように改正されている（総督府令第七九号、八月十一日）。

ところで、北海道開拓地には多くの神社施設（神社神道の参拝施設）が建てられたが、公認されないものも多数あり、北海道庁ではそれらを「無願神祠」と呼んでいた。たとえば、一九三六年の道庁通牒には「無願神祠トハ公認神社ヲ除キタル総テヲ云フ」（備考欄）と書かれている。(6)

現段階では朝鮮における法的な「神祠」という用語の由来は資料の制約のためにわからない。だが、北海道庁の使用例を参考にする限り、朝鮮総督府の神社行政では北海道の例に倣い「無願神祠」という用語を用いることにしたため、それらの中で公認したものは、「無願」を取って「神祠」としたのではないかという推測が成り立つ。

③　儒教と民間信仰の位置

儒教祭祀で祀られる祖先神や、書院の祠堂に祀られた人格神（孔子、儒学者、書院を建てた人物など）は、旧支配層である両班たちの支配イデオロギーに関わっている。それとともに、儒教祭祀は民間にも広く浸透していたため、これに対して総督府当局は対応策を確立できないままその存在を黙認していたと考えられる。

それゆえ儒教団体は行政的には宗教的存在と認識されないため、公認宗教団体・非公認宗教団体・秘密結社のどれかに分類されるわけではなかった。むしろ、総督府は儒教を「儒道」（一九三六年現在の所管部署は学務局社会課）という範疇に入れ、儒教文化の中心的な存在であった儒林（儒学者たち）の勢力や郷校・書院などを社会事業行政の対象となる教化団体に位置づけていた。(7) また、一九一一年には成均館（朝鮮王朝の最高教育機関）が経学院という総督府所属部署に改組され、一九三五年に明倫学院という教育機関も付置されることになる。

儒教祭祀は主に家族法（「親族」「相続」）に関わるが、社会制度が異なる朝鮮では家族法に関して「内地」の民法が適用できないため、朝鮮民事令（一九一二年、制令第七号）第一一条の規定により「慣習」とされて慣習法が依用されていた（「慣習」に「依ル」という規定）。余談ではあるが、総督府の当局である法務局は家族法に関して「内地」の民法の適用を徐々に図っていた（「創氏」もその一例）。儒教式による祖先祭祀は宗族の祭祀であるため、親族の範囲や祖先祭祀の相続（「祭祀相続」）等に関わる慣習法と、「内地」の民法規定との対応関係について、「内地」のイエ制度導入という観点から解明すべき課題だといえよう(8)。

次は民間信仰に移ろう。檀君は古来より朝鮮民族の始祖と信じられてきたが、植民地期においても民間信仰や一部の非公認宗教団体で祀られていた。このような檀君は朝鮮の民族意識に関わるため、神社の祭神としては総督府当局は否定していた。それは朝鮮神宮の祭神論争において明確に示されている。

周知のように朝鮮神宮には祭神として「天照大神」と「明治天皇」が合祀された。朝鮮神宮の鎮座（一九二五年）に際して、民間の神道関係者から朝鮮の始祖として檀君を奉斎する意見が出され、それは修正されて「国魂神《くにたまのかみ》」(9)奉斎論となったが、総督府当局に退けられた（朝鮮神宮祭神論争）。「国魂神」奉斎論者による「国魂神」の解釈は、「始祖及建国有功者」というものであった(10)。

それから、朝鮮在来の「洞祭」（村祭り）は「迷信」の扱いを受けていた。巫俗・占卜のような民間信仰もまた「迷信」という範疇に入れられていた。民間信仰や「類似宗教」の日常的な宗教行為は警察当局による取り締まり対象となり、警察犯処罰規則の規定が適用された(11)。

植民地朝鮮の村々には、村祭りや村落の参拝施設に該当するものとして前述の在来「洞祭」と、神社・神祠・無願神祠といった神社神道の参拝施設、そして両者の間に位置する行政が創った「洞祭」という三者が存在していた。行政が創りだした「洞祭」を筆者は官製「洞祭」と呼んでいる。なお併合後に在来「洞祭」は「迷信打破」の対象となり、衰退の一途をたどっていたため、行政当局はその存在をあまり把握できていなかった。だが、一九三〇年代に入り神社との類似性を説く言説（崔南善や「内地」の神道家）が登場してから、総督府当局や「内地」と朝鮮の神社界で注目されるようになる。

一九三三年に農村振興運動が本格的に開始すると、農村の現場では官製「洞祭」を創る気運が醸成されてきた。それを受けた「洞祭」利用に関わる言説は、農村振興運動からその展開上にある心田開発運動（一九三五年に開始）に至るまでの時期において、「洞祭」が官製か在来かという立場・思惑の相違はあるものの、一方は神社・神祠化を想定した官製「洞祭」を中心に、もう一方は在来「洞祭」を中心に、村民の精神的統合を図ろうと主張した。その点では日露戦争後に「内地」で実施された神社整理において、神社を地方自治の中心に据えて民心の統合を図った神社中心主義という特徴と共通している(12)。

以上から、「洞祭」は一九三〇年代に入ると法的秩序の境界近くに位置づけられ、法的秩序の内側へと包摂が企図される対象となっていたことがわかる。その後の展開は、第四節において神社化の問題を考察するなかで見ていこう。

三　「類似宗教」の包摂問題

①　法的秩序の境界に置かれた「類似宗教」

前述した宗教の公認・非公認の説明からもわかるように、宗教行政が管轄するか否かで公認宗教団体および非公認宗教団体に区別される範疇は「内地」から朝鮮に導入されたといえる。だが、朝鮮では治安重視の立場が前面に押し出され、宗教行政の所管外の団体はさらに二分されたため、「内地」とは異なり公認宗教団体、「宗教類似ノ団体」（「類似宗教」）、秘密結社という三つの区別がはっきりしている。そして、この「類似宗教」と呼ばれた団体が法的秩序の境界近くに存在して〈懐柔〉の対象となる一方で、秘密結社は存在を許されない〈取り締まり〉の対象となっていた。

植民地ゆえにこれらの非公認宗教団体は、治安重視の厳しい取り締まり環境に置かれていた。秘密結社は保安法第一条の解散対象となりより厳しい取り締まりを受けたため、宗教活動のためには結社として存在を許されること、つまり「類似宗教」に認められることが大きな課題であった。

朝鮮での「類似宗教」取り締まりを見るなら、警察当局では三・一運動後において取り締まり方針に転換があり、一九三〇年代前半の時期まではあるが「類似宗教」に認められた団体が増加していることを確認できる〈数団体から六十余団体へ〉。つまり、「内地」での文部省の〈懐柔〉化方針と同様に、朝鮮総督府も三・一運動後において「類似宗教」の取り締まり方針を〈懐柔〉化へと転換した。そして、その対象とする団体を拡大したため、特に犯罪等のない団体は結社が認められ「類似宗教」となったと考えられる。しかしながら、「類似宗教」に認められたとはいえ、布教規則が「準用」（布教規則第一五条、前掲）されて公認宗教となる「類似宗教」の団体は現れることがなかった。

その根拠として、総督府機関誌に掲載された論説において、「朝鮮に於ける信仰団体中法令に依り宗教と称せらるゝものは神道、仏道及基督教の三つである。尤も宗教類似の団体と雖必要ある場合は之を指定し公認宗教とするの道は開かれて居るが未だ公認されたるものは一つもない」[13]（一九四〇年）という記述をあげることができる。その後においても『朝鮮総督府官報』の「告示」欄を見る限り、公認された「宗教類似ノ団体」はなかったといえる[14]。

以上をふまえて神社・神祠の側から眺め直してみよう。公認宗教団体も宗教行政所管外の団体も、教派神道など一部を除いてその信仰対象が神社・神祠に祀られることはない。むしろ、国民の「道徳」である神社・神祠に参拝できるか否かが問題であり、参拝が許される対象としては法的秩序の内側に位置する「宗教」としての公認宗教団体があげられ、加えてそれに準じる存在として外側境界近くに位置する「類似宗教」も参拝を許される対象であったということができる。

②　国体明徴と「敬神崇祖」

農村振興運動が行き詰まりをみせてくるなかで、宇垣総督は「朝鮮人の信仰心向上」を目論み、一九三五年一月に「宗教復興」の方針を公表する[15]。こうして心田開発運動が「宗教復興」中心で始まって間もなく、本国政府で第一次国体明徴声明（一九三五年八月）が出された。その直後に総督府は神社制度の改編を企図して、国幣社列格に備えるとともに、その他の神社に「内地」の社格制度に準じた制度を導入する法整備を開始する。このような経緯で、学務局が主管する心田開発運動において、本筋であった「宗教復興」の協議とは別に、国体明徴声明に沿う形で神社に対する施策の検討が「宗教復興」策から格上げされて突出してくることになる。つまり「神社制度の確立」（当時の用語）方針が格上げされて突出してくる。しかしながら、もともと心田開発運動の出発点において神社は「宗教復興」の一対象であった。加えて、総督府官僚たちに積極的神社非宗教論[16]の影響がみられるため（後述）、彼らは神社神道の宗教性を利用する意図をその後も持ちつづけたといえるのである。

筆者なりに統治政策の中で心田開発運動を位置づければ、次のように説明できる。すなわち、農村振興運動の展開過程で国体明徴声明を受けて、朝鮮総督府は国民統合のために朝鮮民衆の「信仰心」の編成替えを構想した。その構想は二つの要素から成り立っていて、「敬神崇祖」にもとづき神社への大衆動員を図る一方で（「神社制度の確立」）、公認宗教や利用可能な諸「信仰」・教化団体の協力を引き出そうとした（「宗教復興」）。さらに、これらの裏では、支配の障害となる「類似宗教」や「迷信」等を排除しようとした政策であったといえる[17]。

ところで、心田開発運動で「敬神崇祖」を強調するようになった総督府当局の官僚たちが支持する積極的神社非宗教論において、「崇祖」の要素が神社の宗教性の受け皿となっていた。彼らが作りあげた「敬神崇祖」の論理は、積極的神社非宗教論に立つ筧克彦（一八七二〜一九六一年、東京帝国大学法科大学での恩師）の「天皇帰一」論等を植民地支配にうまく応用したものである[18]。『心田開発運動の要旨』という心田開発運動の解説書における「敬神崇祖」の論理は次のような内容となっている。

すなわち「国体観念」と「合致」する「敬神崇祖」とは、「崇祖観念」が進んで神となった「祖先」が天照大神と「統一」されて、天照大神を「最高の神として崇敬する」ことだといえる。「崇祖観念」が敬神観念に結びつく考え方は穂積陳重（一八五五〜一九二六年、同じく東京帝国大学法科大学での恩師）の祖先祭祀論が下敷きとなっていよう。そして、「祖先」が神格化されて神となる部分は加藤玄智（一八七三〜一九六五年、東京帝国大学文学部で神道講座を担当した）の主張に沿っている。その「祖先」が天照大神と「統一」されて天照大神を「最高の神として崇敬する」という部分は、筧克彦の「天皇帰一」論にもとづく皇祖神崇拝の論理化であるといえる。

この「敬神崇祖」の論理において、国体明徴声明を受けた総督府当局が、天皇の統治権の正統性を朝鮮人に明示するうえで、天皇や天照大神との関係を絶対視する筧の「天皇帰一」論を応用したことが注目される。つまり、神となった「祖先」が天照大神に「帰一」するという祖先崇拝型の皇祖神崇拝の論理を用いることで、総督府当局は天皇の統治権の正統性を朝鮮人に明示することになったといえる。さらに言い換えれば、総督府当局は神社神道に連なる朝鮮人の祖先崇拝を認め、神社神道のいわば信仰の力に頼ることで、朝鮮人の「帝国臣民としての地位」（前掲『心田開発運動の要旨』）を設定したのである[19]。

ただし、朝鮮人の場合は直線的に「祖先」が天照大神と「帰一」するわけではないため、少し操作が必要になってくるだろう。これに関しては次節で論じよう。

③　新たな排除と包摂

心田開発運動以降の「類似宗教」がどのような扱いを受けたのかについて簡単にまとめよう。朝鮮総督府の調査資料『朝鮮の類似宗教』（一九三五年）は、朝鮮の「類似宗教」に顕著な終末思想の存在を見いだして警鐘を打ち鳴らしたものである。また、心田開発運動（一九三五年一月に公表）は国体明徴声明（同年八月と十月）を受けて公認神社を中心に据え、神社参拝を強要していくとともに、法的秩序の境界近くにいた「類似宗教」と無願神祠、在来「洞祭」の配置換えを推し進めていった（図1を参照）。よって、『朝鮮の類似宗教』の発表や心田開発運動を契機に、警察当局は「類似宗教」に対して、国体および植民地支配に反抗する終末思想を危険視する認識で臨むことになる。

ところで、終末思想は『鄭鑑録』の予言の影響が大きかった。この予言は、李氏の王朝が亡んだ後に真人の鄭氏（新王）が出現して鶏龍山《ケイリヨンサン》に新王朝を建設するというものであり、その予言の地はシンドアン（신도안＝新都内）と呼ばれた。それゆえ、とくに三・一運動以後において、鶏龍山には日本の統治の後に新王朝を建設するという終末思想の色濃い団体が多く集まってきていた。

心田開発運動では、警察当局はこのような終末思想を危険視することになったわけである。そのため、三・一運動後には〈懐柔〉化方針が進んでいたが、心田開発運動以降はこの方針が後退するとともに、秘密結社のみならず、「類似宗教」に対しても厳しい取り締まり・弾圧がなされた。こうして、心田開発運動以降の時期において、「類似宗教」に対する取り締まり方法が、「秘密布教」の発見へと重点が移っていく。その取締りの中心は保安法第七条[20]違反で、適用対象が団体の終末思想に関わる布教手段であった。なお、宗教団体の言動が布教手段を越え、朝鮮独立に関わる言動となれば相当に危険視され、治安維持法第一条（「国体ヲ変革スルコトヲ目的トシテ結社ヲ組織シタル者又ハ結社ノ役員其ノ他指導者タル任務ニ従事シタル者（略）」）が適用されたと考えられる。[21]

終末思想に関わる布教手段を対象とする取り締まり強化は、「類似宗教」に対して新たな排除を生むことになる。たとえば、「予言」の内容・行為が法令（主に保安法第七条）に抵触するとして検挙され、そして解散に追い込まれ、真宗大谷派への「改宗」まで迫られる団体もあった。

金剛大道は一九三五年の時点で、「類似宗教」の中では天道教と普天教に次いで三番目に信者数が多かった。この金剛大道も受難を被っている。まず信徒村に対して一九三七年頃から「満洲」移民の要請がなされるが、これを拒絶すると次は懐柔策がとられて、和歌山県の高野山金剛峰寺への「改宗」を迫られた。それをまたはね除けると、一九四一年には保安法第七条違反事件を捏造されて教主や幹部信徒の大量検挙、そして幹部信徒の拷問死、信徒村からの強制退去、教団施設の解体等、徹底的な弾圧を受けたのであった。[22]

これらの事例からわかることは、心田開発運動以降において、終末思想に関わる布教手段を用いる「類似宗教」に対する弾圧が開始され、解散や移住の要請といった新たな排除を生んだ。この排除には、「内地」仏教への「改宗」という包摂の場が設けられ、それを選ばなかった団体はさらに徹底的な大弾圧を被ったのであった。

四　無願神祠と在来「洞祭」の包摂問題

①　神社の公認・非公認が生む祭神の二重性

前述したように、神社創立や神祠設立の出願をして許可を得ていない非公認の神社施設は、神社行政において無願神祠と呼ばれていた。無願神祠はさらに二つに分類され、「神祠ニ関スル件」第一条に定められた「公衆ニ参拝セシムル為」という目的を基準にして、それに該当しない「個人祭祀」とされる神社施設と、「公衆」の「参拝」対象となる無許可の神社施設とに分けられる。後者が法に抵触するため取り締まり対象となっていた。

周知のように、朝鮮では日本人居留地に神社が創建されていくことで神社の歴史が本格的に幕を開ける。山口公一は併合前後の居留地における神社創建の傾向を次のように分析している。すなわち、天照大神を祀る大神宮が創建された居留地にも、天満宮や金刀比羅神社が造られているが、これらは大神宮の創建過程のなかで境内・境外神社とされていく傾向があったという[23]。

山口によると、総じてこうした境内・境外神社化の傾向は、併合後の創立許可（一九一五年制定の神社寺院規則による）を経ることで変化が生じ、天照大神以外の祭神は天照大神に「合祀・追祀されるといった事例が目立つようになった」という。そして、この新たな傾向はその後も顕著で、「朝鮮の神社といえば、天照大神奉斎神社を指すことになっていく」わけである[24]。

それでは、天照大神と他の神々という二重性をどのように理解すべきであろうか。二項対立的な枠組みで、天皇制イデオロギー対現地日本人の信仰という図式で理解してもいいのだろうか。この問題を解くために、朝鮮の慶尚北道沿岸に日本から漁民が移住して日本人村を形成した九龍浦《クーリョンポ》（現在の浦項市南区九龍浦邑）を取りあげてみよう。

慶尚南道や慶尚北道の近海は豊かな漁場であったので、南海岸・島嶼部と同様に東海岸にも日本から貧しい漁民や、鮮魚運搬業者・加工業者、彼らを相手に商売をする商人等が多く移住し、漁港が整備され日本人村が形成された。その中の一つが九龍浦である。九龍浦に移住・定住した日本人は二つの勢力に分かれていたそうで、一つは多数派である香川県出身の漁民たちの勢力（橋本善吉が中心）で、もう一つは他地域出身の勢力（十河弥三郎が中心）であった。村が栄えていくにつれて、両勢力の間には商権や意思決定権で対立が深まっていったという。

しかし、自然港のため防波堤のなかった九龍浦港では、暴風により漁船が転覆して死者まで出ていたため、両勢力は一九二三年（あるいは一九二二年）に手を結んで港湾の建築を開始するに至ったのである。(25)

以上のような背景を念頭に置いて、九龍浦の神社参拝施設を紹介しよう。「慶尚北道九龍浦市街図」には、最も境内地の広い「九龍浦神社」と次に広い「ヱビス神社」、そして小さな「稲荷」「不動明神」という名称が記載されている。(26)他に「金刀比羅神社」もあったとされる。(27)移住が一段落ついた時期である一九一三年には、道路や市街地が整備され、また市街地の裏山には「九龍浦神社」が建立されたという。(28)この神社施設は九龍浦の日本人にとって「氏神」であったようだ。(29)そして、村民は一九二九年に総督府に神祠の設立許可申請をし、許可されて行政上は「神明神祠」という名称となった。祭神は「天照大神」である。(30)

一方で他の神社参拝施設は、郷土を異にする漁業関係者や商人たちの個別の信仰対象であったと理解していい。これらの施設は神社行政からは、後述するような北海道開拓地における無許可の「無願神祠」と同様の扱いを受けたのだろう。だが朝鮮では、公認された浦項神社や甘浦の「神明神祠」のように、稲荷社の祭神は「倉稲魂《うかのみたま》命」、金刀比羅社のそれは「大物主命《おおものぬし》」、えびす社のそれは「事代主命《ことしろぬし》」などと記紀神話の神名で、「神明神祠」に合祀された事例も見られる。(31)しかし、九龍浦の場合は合祀されずに各祠が独立して維持されていたと考えられる。ここからは移住民の信仰を把握することが容易ではないことがわかる。

②　国体明徴声明にともなう統制強化

前述した朝鮮神宮祭神論争では、朝鮮神宮の鎮座（一九二五年）に際して民間の神道関係者から檀君奉斎の意見が出され、その直後に修正されて「国魂神」奉斎論となったが、総督府当局はこれを退けていた。だが檀君を否定した総督府当局は、その後この「国魂神」に注目することになる。第二節で述べたように、農村振興運動の現場では官製「洞祭」を創りだす気運が醸成されていた。「内地」の「古神道」と類似する朝鮮の「洞祭」への関心も高まっていく。そこで、神社による「思想善導」に否定的な方針をとっていた総督府内務局では、神社利用に関して素早く動きを開始する。すなわち、神社行政は「洞祭」への関心という共通点により、朝鮮神宮の祭神論争以来対立していた「国魂神」奉斎論者へと接近するわけである。なお、この接近の時期的な背景としては、満洲事変後における「帝国」内の国民統合のために、「東亜民族」の同質性が求められていたことがあげられる。

ではここで総督府当局の「国魂神」解釈の変化を説明しておこう。一九二九年に「国魂神」が京城神社に増祀された際には、総督府当局は祖先神的な要素を出さない「建邦神」(宮地直一の調査結果)と解釈していた。しかし心田開発運動の展開の中で、一九三五年の国体明徴声明にともない、翌年になると総督府当局は「国魂大神《くにたまのおおかみ》」(「国魂神」から改称)に「始祖」という意味をもたせ、「国土開発ノ始祖」という解釈をとることに立場を変えている。

これは先に述べた「敬神崇祖」の論理にもとづいているが、さらに朝鮮人に対しては、天照大神に「帰一」する絶対的な関係を築くために、神社神道に連なる朝鮮人の祖先崇拝を認め、神社神道のいわば信仰の力に頼ることで、朝鮮人の「帝国臣民としての地位」(前掲『心田開発運動の要旨』)も設定した。この論理において天照大神への「帰一」の仕方が直線的である日本人とは異なり、朝鮮人は自分たちの「始祖」を経由することが必要であった。しかもその「始祖」は単に祖先崇拝の対象になるだけではなく、天照大神へと「帰一」する「始祖」でなければならない(図2を参照)。

このような朝鮮の「始祖」を創出するにあたり、単に朝鮮人の「始祖」となるだけでなく、皇孫に国譲りをした「領土開拓」の神、天照大神に「帰一」する朝鮮の「地祇」としての解釈が付加されよう。それがまさに前述

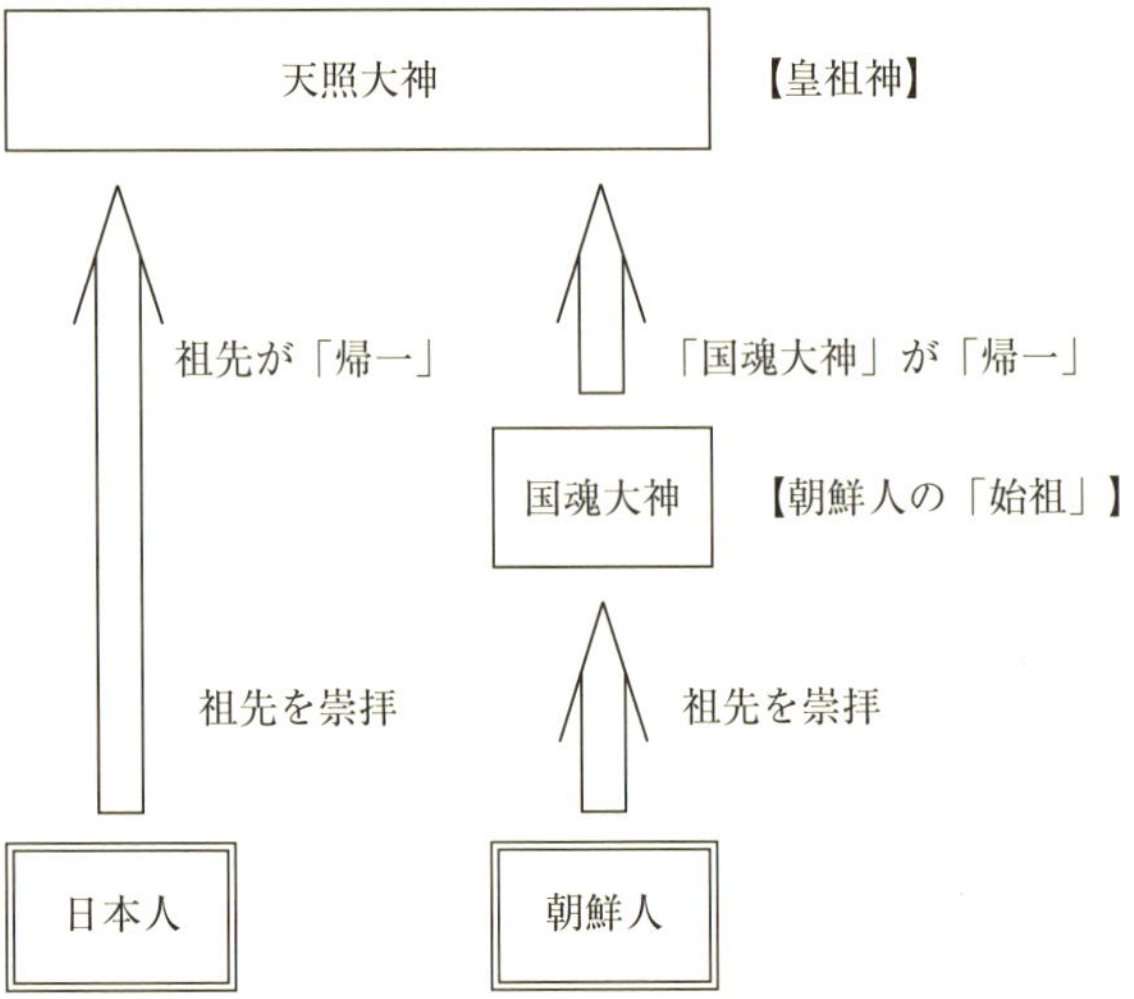

図２

した「国土開発ノ始祖」という総督府当局による新たな「国魂神」解釈であった。

こうして、一九三六年八月に京城神社と龍頭山神社が国幣小社に列格され、両神社に「天照大神」と「国魂大神」（「国魂神」から改称）が合祀された。その際に内務局長から各道知事宛に神社関係法令の施行に関する通牒が発せられている。そこで指示された内容は、今後「朝鮮ニ於ケル神格」を奉斎する場合は「国魂大神」に統制すること、そして「国魂大神」は「天照大神」と合祀してこれら二柱を「主神」として奉斎することであった。ここにおいて朝鮮における「敬神崇祖」の論理は、国幣小社への「天照大神」と「国魂大神」の合祀という形で実体化されたことが確認できる。[32]

③　無願神祠の包摂問題

ここでは、九龍浦における日本人移住者の神社信仰の問題を、研究の進んでいる北海道開拓地の事例に重ねてみて、理解するうえでの参考にしたいと思う。北海道に建てられた神社の祭神としては、圧倒的に天照大神が多かった。[33] 開拓地の神社で祭神を選ぶ理由が、誰もが自分の故郷の神を祀りたくて決着がつかないため、「異議なく誰からも賛同される祭神が天照皇大神であった」[34]という説明に首肯できる。確かに、異郷の民との間で共同生活をしていく移住民たちにとって、開拓地での新たなアイデンティティの拠りどころとして天照大神奉斎を選んだことは想像に難くない。

　このような北海道開拓地における天照大神奉斎問題を参考にすると、菅浩二の天照大神に関する見解が理解しやすいだろう。菅は朝鮮神宮祭神の決定過程に関する自らの検証作業を土台にして、朝鮮神宮の祭神となった天照大神は朝鮮神宮以前から朝鮮の神社祭神の主流であり、移住者たちのナショナル・アイデンティティに直結する崇敬対象であったと、興味深い見解を述べている。この菅の見解に山口の提示した新旧二つの傾向、つまり居留地における大神宮への境内・境外神社化の傾向と、併合後の創立許可を経た後における天照大神への合祀・追祀という傾向を重ねてみると、次のような実態が見えてくる。

　すなわち、多様な故郷をもち、多様な神々を信じ、多様な背景をもつ日本人が朝鮮に移住し、そこで協力し合って社会を築くうえで共通の心の拠りどころとして天照大神が「大神宮」（居留地での主な名称）に祀られ、それを新たなアイデンティティとして国民意識が形成されていった。天照大神が現地日本人の統合に役立つことを見た神社行政は、天照大神を彼らの敬神の対象として教化に用いることを決め、基本的に公認神社には天照大神を主祭神として祀る。そして、他の神々を天照大神と合祀あるいは追祀することとしたのだろう。

　そこで前述した九龍浦を振り返るなら、「九龍浦神社」が設立許可されて「神明神祠」になったのが一九二九年であるため、対立していた二大勢力が協力し合うようになった時期の申請であったことがわかる。一九一三年に建立されたというこの神社の呼称が、この漁村の地名を付した「九龍浦神社」であったことにも意味があろう。よって、日本人居留地に建てられた天照大神を祀る「大神宮」のように、「九龍浦神社」でも祭神の天照大神が郷土を異にする日本人移住者共通の心の拠りどころとなっていたことは間違いない。そして、「九龍浦神社」が公認されて「神明神祠」となった時点で、この神社施設は総督府が作りだす宗教的な法的秩序の内側に入ったことになる。

一方で、郷土を異にする漁業関係者や商人たちの個別の信仰対象であった他の神社施設は、法的秩序の外側に置かれたままであるが、位置としては内側に近い境界に置かれていた。そのため、前述したように金刀比羅社の祭神は「大物主命」、えびす社の祭神は「事代主命」などと記紀神話の神名で、天照大神を祀る「神明神祠」に合祀・追祀された場合は、それらの神社施設は宗教的な法的秩序の内側に入れられたことになる。だが九龍浦の神社施設のように、合祀・追祀をしないで独立して維持されていた事例の場合は、排除されたままではあるが、見方を変えれば包摂を免れていたとも考えられるのである。

また、朝鮮のような「外地」では近代になって神社が建てられたため、「内地」のように近世的な祭祀と近代天皇制にもとづく祭祀が混在せず、近代天皇制の性格が強調される傾向にあったといえる。それゆえ、法的秩序との境界から離れた位置にある神社施設は、祭神が記紀神話の神々に該当しないことが理由で公認されなかった可能性が高い。

しかしながら、一九三六年の神社制度改編の際に「神祠ニ関スル件」が改正され、第一一条で新たに無願神祠に対する罰則規定が設けられた[35]。このように排除を法的に可能とすることで、総督府当局は無願神祠をして包摂へと追い込む体制を整えた。この包摂とは、総督府当局が無願神祠の祭神を記紀神話の神名にして、天照大神を祀る「神明神祠」に合祀・追祀させるという内容である。

④　在来「洞祭」の包摂問題

心田開発運動において総督府当局は、神社・神祠の増設方針を打ち出した後、官製「洞祭」において祭神を「天神地祇」と解釈したうえ、さらに「神祠類似の社殿を設」けることも禁じていた。心田開発運動では神社・

神祠の増設方針が打ち出され、この方針のもとで総督府当局は官製「洞祭」を利用対象とする施策を開始したため、官製「洞祭」の祭神と社殿様式を統制したといえる。

このような官製「洞祭」への統制を前提に官製「洞祭」設置案を見てみよう。総督府当局を代弁する上内彦策（内務局保安課長）による官製「洞祭」設置案は、「基地及基地上の神木」を「神籬盤境として拝すること」を実施させ、これを祭りの形態とする。官製「洞祭」の祭神は従来の指導通りに天地の神々の総称としての「天神地祇」とし、神社・神祠になる段階で天照大神を祀ることが想定されていたと考えられる。このような官製「洞祭」を設置し、その後「何年計画」かで社殿の造営に至ったうえで、神社なら創立許可を、神祠なら設立許可を受けて天照大神を祀るという企画であったようだ。現実的には造営するうえで条件の少ない神祠の設立が想定されていただろう。[36]

ところで、一九三六年八月の神社制度改編後において、江原道では「一面一神祠」設置の計画を実施に移している。これはいわば「里洞祠《りどうし》の復古改新」策といえ、官製「洞祭」を設置する上内案を受けて、それを下敷きに江原道当局が案を作成して各郡・警察署に指示したものである。

この「里洞祠」は上内案と同内容の官製「洞祭」である。設置方法、祭神、壇の設け方、祭官の名称と養成、祭礼、経費、「祭祀」と村民の関係に対する指示は、「里洞祠」を今後増設する神祠の受け皿にしようとする江原道当局の意図を示していた。推測になるが、「里洞祠」が将来的に神祠となる段階で、「天照大神」が主神として祀られる「神明神祠」の設立が想定されていただろう。

では、国幣小社で「天照大神」と合祀された「国魂大神」は祀られたのであろうか。筆者は「国魂大神」の合祀は想定されていなかったと考えている。なぜなら、その後において設立許可を受ける「神明神祠」で「国魂大神」が合祀される事例はほとんど見られないからである。[37]

増設される神祠に「国魂大神」が合祀されない理由としては、一九三七年に発表された朝鮮総督府の調査資料第四四輯『朝鮮の郷土神祀・部落祭』で、祭神が「国魂大神」として認められるかについて否定的な判断材料を示していたことがあげられる。だがそれ以上に、総督府当局が朝鮮の儒教祭祀で祀られる祖先神に対して慎重な姿勢を崩さなかったことが大きな要因ではなかったかと推測している。第二節でも述べたが、儒教祭祀は旧支配層である両班たちの支配イデオロギーに関わっていたうえ、民間にも広く浸透していたため、これに対して総督府当局は対応策を確立できないままその存在を黙認していたと考えられるからである。

たとえば心田開発運動が始まる前の時期に、農村振興運動の中で次のような事例を見出すことができる。全羅南道順天郡外西面錦城里では、洞里に「洞祠」を設けて村人各氏族の始祖の「神位」（資料では「位牌」と書かれている）を祀り、これにより洞里の「精神統一案」としていたようである。[38]この「洞祠」は官製ではなく、錦城里の「中心人物」が中心となって作ったものである。祖先崇拝で官製自治の結集力を生むことを発想した点は興味深い。だが、各氏族の始祖の祭祀は宗族集団の結集力でもあるから、総督府当局はその利用に対して慎重な態度を崩さないものと考えている。

その傍証として、これ以外には儒教祭祀を用いた事例やその利用案を見出すことができないうえ、心田開発運動で善生永助が冷遇されたことも注目される。朝鮮総督府総督官房文書課嘱託の善生は、一連の「同族部落」調査を通じて農村振興運動で「同族部落」を利用することを目論んでいたようである（『朝鮮総督府』調査資料第四一輯『朝鮮の聚落・後篇』〔一九三五年〕の「はじがき」）。だが総督府当局はその案を採用しなかった。宗族集団の結集力は統治の妨げとなるうえ、儒教的な祖先崇拝は心田開発運動において、「国体観念」にもとづき皇祖神崇拝に至る「崇祖」とは相容れなかったためであると考えられる。

五　おわりに

本章の課題は公共性を見る視点から朝鮮総督府の神社政策を再構成することであった。それは拙いながらも図1にまとめたので、ここでは神社神道と公共性に関連して、本章の考察において浮上してきた論点をいくつか整理したいと思う。

まず、「類似宗教」（結社が許された非公認宗教団体）や一部の無願神祠（非公認神社）、在来「洞祭」（在来の村祭り）は、三者とも法的秩序の外側の中でも内側との境界に近い位置に置かれ、朝鮮総督府の宗教行政や神社行政による包摂の対象とされていたことを確認できた。つまり、宗教的な法的秩序の境界において、その秩序から排除されることにより、逆にその秩序への包摂を強いられる宗教的共同体の存在が一つめの論点である。

次に、一九三五年の国体明徴声明後において国体論は、積極的神社非宗教論という神社の宗教性を重視する考え方が受け皿となって神社神道と結びつき、その結果、心田開発運動のイデオロギーである「敬神崇祖」の論理が生み出されたことも確認した。このような神社の宗教性と国体論とが絡み合う関係は、心田開発運動において「類似宗教」や無願神祠、在来「洞祭」に対する新たな排除を生む。この排除の空間にも朝鮮総督府の統治権が及んでいたため、排除と同時にそれら三者を包摂へと強制力をもって誘導する仕組みも設けられていた。これが二つめの論点である。

それから、二つめの論点で示した三者への新たな排除と包摂の内容を、それぞれの場合に分けて整理することで三つめの論点の提示としよう。「類似宗教」に対する解散や移住の要請といった新たな排除には、「内地」仏教への「改宗」という包摂の場が設けられ、それを選ばなかった団体にはさらなる徹底的な大弾圧が待っていた。

また無願神祠の場合、その祭神を記紀神話の神名にして、天照大神を祀る「神明神祠」に合祀・追祀することを回避した場合は、排除されたままではあるが、見方を変えれば包摂を免れていたとも考えられる。だが、心田開発運動の一環で、一九三六年の神社制度改編の際に「神祠ニ関スル件」が改正され、第一一条で新たに無願神祠に対する罰則規定が設けられる。このように排除を法的に可能とすることで、総督府当局は無願神祠の祭神を公認神祠に合祀・追祀させ、包摂へと追い込む体制を整えるのであった。

そして、在来「洞祭」に関しては江原道において試みられた施策に限られるが、新たな排除は官製「洞祭」（「里洞祠」）に改編させられることであった。そして、この排除に伴う包摂は、村落における「洞祭」としての役割と機能を失い、公認神祠に作り替えられることであった。江原道のこの施策は経費問題で行き詰まりをみせ、途中で頓挫することになったが、新聞報道によると八百箇所にも及ぶ在来「洞祭」が、「里洞祠」と呼ばれた官製「洞祭」に改編されたという事実を知ることができる[39]。この事実を看過することはできない。

さらに三つめの論点に関連して、「国魂大神」奉斎についてまとめよう。総督府当局は心田開発運動において、神社・神祠に奉斎する朝鮮の神を「国魂大神」に統制する指示を出していた。この指示のため、在来「洞祭」の神は神社・神祠の祭神となることはなかったが、「国魂大神」に関しても、実態としてその奉斎は回避されたものと考えられる。その理由として、総督府当局が朝鮮の儒教祭祀で祀られる祖先神に対して慎重な姿勢を崩さなかったことが大きな要因ではなかったかと推測している。

以上のような三つの論点を議論することは、現代における神社神道と公共性の問題を考えるうえで、避けては通れない道であるということを問題提起したい。

（1）神社非宗教論、つまり神社は宗教ではないというのが本国政府や朝鮮総督府の公式見解であったため、神社は布教規則が対象とする宗教には含まれていない。
　また、日露戦争後に「内地」で実施された神社整理（神社合祀。複数の神社の祭神を一つの神社に合祀することで神社が廃止合併・移転され、その数が大幅に減らされた）と比べてみよう。神社整理の特徴は二つあり、神社をあるべきものにしたいという国家による統制と、もう一つは神社を地方自治の中心に据えて民心の統合を図るという神社中心主義である。植民地朝鮮では、神社行政により神社施設がいわば神社として相応しいあり方の中に統制されていったし、一九三〇年代の農村振興運動では神社中心主義が登場しているために、特徴は二つともに共通しているといえる。

（2）神社制度調査会第三回特別委員会（一九三〇年十月二十七日）において、神社の祭神に関する質問に対して神社局長・池田清がおこなった回答。第三回同委員会の会議録による。神社本庁編『神社制度調査会議事録①』〔近代神社行政史研究叢書Ⅰ〕（神社本庁、一九九九年）に収録。引用箇所は一〇五頁。

（3）国学院大学日本文化研究所編『〔縮刷版〕神道事典』（弘文堂、一九九九年）によると、日本では多くの場合、天つ神・国つ神のことを指しているようだ。一般的に天つ神とは「高天原に存在する神や、高天原に生まれこの国に降りてきた神々のこと」である。そして、国つ神は大別して、「この国で生まれた神を指す場合と、天孫降臨以前にこの国に存在していた精霊や豪族を指す場合とがあり、ときには地祇と同一視される」という。「両者の意味するところは史料や時代により異なっており、その統一的理解についてはいまだ議論がある」という。

（4）保安法と治安警察法との対照は、水野直樹「治安維持法の制定と植民地朝鮮」（『人文学報』〔京都大学人文科学研究所〕第八三号、二〇〇〇年三月）が詳しいので参照されたい。なお、同論文は治安維持法制定以前の時期における朝鮮の治安法令の問題、治安法令制定の試みを検討するとともに、治安維持法制定にあたって植民地の問題がどのように意識されていたのかについても考察している。

（5）拙著『帝国神道の形成――植民地朝鮮と国家神道の論理』（岩波書店、二〇一五年）の第Ⅱ部付論「植民地朝鮮における「類似宗教」概念」を参考にして整理した。

（6）北海道庁の通牒「無願神祠調査ニ関スル件」（一九三六年十二月二日付）。同資料は天塩町役場文書に所収。村田文江「北海道開拓地における無願神祠に関する覚書」（『歴史人類』〔筑波大学〕第一〇号、一九八二年三月）に掲載されている同資料を参考にした。

（7）朝鮮総督府学務局『朝鮮社会教化要覧』（一九三八年）などで確認できる。

（8）拙稿「朝鮮総督府の対祖先祭祀政策に関する基礎的研究――一九三〇年代を中心に」（『人間科学』〔桃山学院大学〕第二五

号、二〇〇三年七月、研究ノート）を参照。
（9）一般論として「国魂《くにたま》」は、「国土そのものを霊格化したもの。古来、それぞれの国を治めるのは人のなせる業であるとともに、その土地・地域に鎮座する目にみえぬ神霊の力が働いて成就されると考えられていた」という。前掲『〔縮刷版〕神道事典』による。
（10）この解釈は朝鮮神宮の初代宮司となる高松四郎によるものである。一九二五年十月におこなわれる朝鮮神宮鎮座祭の直前の九月に、檀君奉斎論者の間では、朝鮮人の「祖先を檀君となる点に於て種々の異論を生じ、帰する所なきに至」った。そこで、「始祖」の他にも「建国有功者も併祀するを至当と」考え、「史家亦疑義を有すと聞く」ゆえ檀君と断じたり「人名」をあげることもしないで、「始祖及建国有功者」を併せて「国魂神」とする、という高松の意見が出された。檀君奉斎論者たちは、このような解釈の「国魂神」を奉斎することで合意し、「国魂神」奉斎論を掲げることになったのである。高松忠清編『松廼舎遺稿』（非売品）編者発行、一九六〇年、三〇一－三〇二頁を参照。
（11）併合直後に警察犯処罰規則（総督府令第四〇号、一九一二年）が制定されたが、これは「内地」における警察犯処罰令（内務省令第一六号、一九〇八年）に対応したものである。しかし、朝鮮の警察犯処罰規則には植民地に固有な罰則規定が組み込まれ、治安法的な特色が濃厚であった。
　宗教行為に直接関係する項目に関しては植民地特有の特色はなく、警察犯処罰令の項目（第二条第一六－一九号）をそのまま導入したもので、ほとんど同じ文言からなっている（警察犯処罰規則、第一条第二一－二四号）。ここから、「内地」同様に民衆の日常的な信仰現象を統制しようとする意図のもとに導入されたものであることがわかる。巫俗・占卜のような民間信仰をはじめ、「類似宗教団体」の日常的な宗教行為もまた、警察犯処罰規則の適用対象として取り締まりを受けていたのである。
（12）「洞祭」に関係する説明は、前掲拙著の第Ⅱ部第五章「「洞祭」をめぐる神社政策」を参考にした。神社整理については註1を参照。
（13）神宝長治「朝鮮に於ける宗教の概要」『朝鮮』第二九六号、一九四〇年一月。
（14）前掲拙著の第Ⅱ部付論を参考にして整理した。
（15）国体明徴問題は『広辞苑』第六版（岩波書店）によると、「憲法学者美濃部達吉の唱えた天皇機関説を、一九三五年軍部・右翼などが排撃し、これに応じて議会決議・政府声明（「国体明徴に関する声明」）・著書発禁処分などがなされた事件」である。国体明徴声明は天皇機関説を排し、天皇が統治権の主体であることを明示している。
（16）国民の神社崇拝の義務化を指示する神社非宗教論は二分することができるという。一つは神社と宗教を排他概念とする消極論で、神社非宗教論の主流をなした。内務省に代表される政府の公的見解や国民道徳論者はこの立場を支持していた。一方、少数意見ながらも根強い支持があったのは積極論、すなわち積極的神社非宗教論で、神社と神道を同一のものとして、そこに宗教を包摂する論理である。つまり宗教との関係は排他的ではなく、神社は宗教のみに留まらない上位概念という意味で非宗教とされたのである。磯前順一『近代日本の宗教言説とその系譜――宗教・国家・神道』（岩波書店、二〇〇三年）の第三部第一章「近代神道学の成立」（二〇七－二〇八頁）を参照。

(17) 心田開発運動の位置づけに関しては、前掲拙著の第Ⅰ部第三章「「敬神崇祖」と国家神道の論理の確立」を参考にしてまとめた。

(18) 岩下伝四郎編『大陸神社大観』（大陸神道聯盟、一九四一年）の「心田開発運動」という小見出しの中に、「心田開発運動の要旨」（一五七－一七二頁）という項目があり、これが『心田開発運動の要旨』を収録したものであると断定できる。

(19) 心田開発運動のイデオロギーとしての「敬神崇祖」に関しては、前掲拙著の第Ⅰ部第三章を参考にしてまとめた。

(20) 保安法第七条は次のとおりである。

第七条　政治ニ関シ不穏ノ言論動作又ハ他人ヲ煽動教唆或ハ使用シ又ハ他人ノ行為ニ関渉シ因テ治安ヲ妨害スル者ハ五十以上ノ笞刑十箇月以下ノ禁獄又ハ二箇年以下ノ懲役ニ処ス

(21) 「類似宗教」への弾圧に関しては、拙著『朝鮮農村の民族宗教―植民地期の天道教・金剛大道を中心に』（社会評論社、二〇〇一年）、および前掲拙著の第Ⅱ部付論を参考にして整理した。

(22) 総督府による「類似宗教」調査や一九三六年以降の弾圧、そして改宗協力や偽装改宗、金剛大道への弾圧に関しては、前注の拙著（二〇〇一年）の第二章「総督府の「類似宗教」観」、および第四章「金剛大道の予言の地」を参照されたい。

(23) 山口公一「植民地期朝鮮における神社政策と朝鮮社会」（一橋大学博士学位論文、二〇〇六年三月）四〇頁。

(24) 同前、四八頁。

(25) 趙重義・権善煕著、中嶋一訳『韓国内の日本人村――浦項九龍浦で暮した』アルコ（浦項）、二〇〇九年初版・二〇一二年改訂版、八八－九一頁。同資料は浦項市庁で頂戴した。

(26) 発行年不明のこの市街図は同前書の巻末に収録。二〇一三年八月二十七日に筆者は現地を訪れ、四社の跡地を確認した。

(27) 浦項市の文化観光解説者の方が九龍浦在住の九十五歳（推定）の古老から聞いた話によると、「金刀比羅神社」は現在の水協（水産業協同組合）が建っている場所にあったそうである。また同古老によると、解放後に「九龍浦神社」跡地に九龍浦公園を造る際に、「不動明神」の祠にあった小さな石像と、「金刀比羅神社」にあった狛犬二体がこの公園に移されたという。調査時にも石像と狛犬は公園に置かれていた。

(28)「九龍浦神社」の建立、道路の修築、市街地整理が一九一三年になされたことは、『九龍浦の中の日本』という浦項市が発行した小冊子（日本語、発行年不明）の、「九龍浦公園周辺造成」の年表に記載されている。だが、同小冊子が「参考」にした浦項市史編纂委員会編『浦項市史』上巻（浦項市、一九九九年）、および後継の同委員会編『浦項市史』第一巻（浦項市、二〇一〇年）を確認したところ、「九龍浦神社」の建立に関する記載はない。おそらく「九龍浦神社」の建立の部分は、前掲『韓国内の日本人村』の作成過程で元移住者から得た情報により書かれたものと推測できる。

(29)二〇〇九年十月に九龍浦会（九龍浦からの日本人引き揚げ者が一九七八年に結成、前掲『韓国内の日本人村』一五五頁による）の会員ら十五名が九龍浦を訪れた際に、前掲の文化観光解説者が、「九龍浦神社」は彼らの「氏神」だったと会員が語るのを聞いている。

(30)前掲『大陸神社大観』の「附録編」に掲載の「朝鮮神祠一覧」による。

(31)同前。たとえば、慶尚北道慶州郡甘浦里の「神明神祠」（一九二七年に設立許可）の場合は、祭神が「天照大神、事代主命、大物主命」である。前掲『大陸神社大観』の「神社大観編」（「朝鮮篇」）によると、同道迎日郡浦項邑の浦項神社（一九二三年に創立許可）の祭神は「天照大神、大物主命、倉稲魂命」であった。

(32)「国魂大神」に関する説明は、前掲拙著（二〇一五年）の第Ⅰ部第三章を参考にしてまとめた。図2も同章掲載の図3－1からの引用（一六五頁）。

(33)詳細は、茂木栄「北海道の神社創建と展開――「神社明細帳」を通して」、および前田孝和「北海道の集落小祠――『北海道神社庁誌』の未公開社を中心にして」（『悠久』第一一九号、二〇〇九年一〇月）を参照されたい。第一一九号は「北海道の拓植と社」の特集号である。

(34)山田一孝「御祭神の撰び方」（前掲『悠久』第一一九号）。

(35)「神祠ニ関スル件」の改正で追加された第一一条は、「許可ヲ受ケスシテ神祠ヲ設ケタル者ハ一年以下ノ禁錮又ハ二百円以下ノ罰金ニ処ス」という内容の罰則である。

(36)神籬《ひもろぎ》は臨時に設けられる祭祀の施設で古代よりみられる。ただし、この語の解釈は江戸時代以来さまざまになされたのでこれだけではない。また、磐境《いわさか》は古代において神を迎え、祭るために岩石などを用いて設けられた祭場設備である。神籬あるいは榊などと合わせて用いられることが多いという。前掲『〔縮刷版〕神道事典』による。

(37)官製「洞祭」利用策と在来「洞祭」の関係については、前掲拙著（二〇一五年）の第Ⅱ部第五章を参考にしてまとめた。

(38)「洞里뒤에《の後ろに》洞祠／始祖位牌를《を》企祭／生死가《が》連綿하야《として》洞里를《の》為하는《なる》／錦城里의《の》精神統一案」（『毎日申報』一九三四年十二月九日付、一面）による。洞里の小高い丘に「洞祠」を建て、真ん中にこの洞里を開いた朴氏の位牌（儒教的な祭祀であるため、

正しくは「神位」を、その横に村人の各氏族それぞれの始祖の位牌を立てる等して、春と秋に全村人が「共同祭祀」をおこなうという「精神統一」の方法である。洞里を開いた人物の位牌云々は神社信仰にもとづく氏神的な発想ではなく、祖先から自分に至る「縦的」な「淵源」と洞里との「横的」な「関係」を「精神統一」するための発案であり、あくまでも儒教的な祭祀の応用として理解できる。

なお、錦城里振興会は一九三三年二月に、全羅南道の「模範農村」として総督府から二百十円の補助金をもらっている。「三模範村에《に》／보조금전달《補助金伝達》」（『東亜日報』一九三三年二月五日付、三面）による。

（39）「江原道内三千余個所／里洞祠復旧更新／洞民에게《に》敬神思想啓導코자《せんと》／今年中九百処改善」『毎日新報』一九三八年八月七日付〔夕刊〕、三面（「中東版」）。

第二章　神国と排除

日本中世から考える

片岡耕平

一　はじめに

以下、論述するのは、日本中世社会で起こったある現象についてである。時代区分をめぐる議論が盛んではない現在、たとえ歴史学の専門家であっても、日本中世と聞いて思い浮かべる時期は一定しないであろう。本章の射程に入っているのは、九世紀半ばから十三世紀後半にかけてである。この時期に神祇信仰にまつわる行動や思考の様式が列島各地に暮らす人々の間に浸透し、結果として排除が生まれた経緯を明らかにしたいと思う。

これは、神にまつわる宗教的事象が公共性を帯びたことで不都合が生じた一例を紹介せんとする目論見である。すなわち、宗教と公共との新たな関係性を模索する本論集においては、そのような目標を設定せねばならない理由を説明する論考の一つ、という位置づけになるであろう。とすれば、論集の問題意識に照らして中世ではあまりに古い、との感想が出てくるのも無理からぬ事柄ではある。しかし、以下で取り上げる現象は、確かに近現代にも通じる図式を内包している。さらに言えば、それは間違いなく中世の現象でありながら、その時代だけで完結しなかった。現代の日本社会のあり方をも規定しているのである。本論集が提起する問題の根深さを理解するために、近現代から未来という枠組みを一旦離れて時代を遡り、中世に目を向けるのもあながち無駄ではなかろう。

二　穢観念の形成とその意味

近現代の神道のあり方を問う本論集で中世の現象を扱うために、最初に埋めておくべき溝がある。日本中世に神道なるものは存在したのか、を明らかにしておかなければならない。戦前・戦中の反省の上に立つことを標榜する戦後の歴史学にとって、この問いは避けて通ることができないものであった。戦時中の暗い記憶が付きまとう、古来列島社会に生きた人々とともにある民族的宗教、という神道観を相対化するために、神道の歴史性を明示する方法を選んだからである。

黒田俊雄は、この問いに答えを出した歴史家の一人であった。黒田は、中世の史料上に登場する「神道」が、神の権威・仕業・神そのものといった程度の意味の言葉であったことを明らかにした上で、その神にまつわる事柄は、当該期宗教体系の核たる仏教に包摂されて存在していたにすぎないと主張している。(1)「神道」の独立を認めない、この見解は、現在までのところ通説の位置にあると言ってよい。神の歴史を辿る際、中世は神仏習合の時代であったとはよく耳にする説明であろう。

しかし、異論が全くないわけでもない。井上寛司は、寺院のそれとは明らかに異なる神社の活動に着目することで、中世「神道」の独自性を見出した。(2)井上によれば、中世の「神道」は、仏教思想との対抗の中で構築された「天皇神話上で活躍する神々とそのありよう」を意味する言葉であったという。

論点が、神道なるものの存否にないのは明白であろう。中世の「神道」を「神々とそのありよう」と表現する井上の説明は、それが一個の体系立った宗教の名称ではなかったと見る点で、黒田の説と一致している。中世に神道は存在しなかった。そう結論づけていいようである。両者の見解が分かれるのは、近現代の神道へと連なる、いわば萌芽が中世に認められるか否かをめぐってであった。

結論を言えば、私はそれを認める井上の見解に与したいと思う。中世の神や、それを祀る神社には、確かに仏ないし寺院に適用されない独自の論理が付きまとっていたと考えられるからである。神は、仏の垂迹という一言で片づけることができない存在であった。付きまとっていた論理の具体的な内容、あるいは、それに基づいて活動していた神社の存在意義が、以下の主題ということになる。ともかく、ここでは神社を拠点に、天皇を組み込んだ独自の論理を構築し始める神祇信仰の存在を想定しておくことにする。

その神祇信仰が形を成す過程の中で、九世紀半ばは一つの画期であったと言える。穢《ケガレ》観念と、それに基づく行動規範とが、律令の施行細則たる式に規定されたのである。

『延喜式』巻三　神祇臨時祭より。(3)

穢忌条：凡触二穢悪事一応レ忌者、人死限二卅日一、自二葬日一始計、産七日、六畜死五日、産三日、鶏非二忌限一其喫レ宍三日一、此官尋常忌レ之、但当二祭時一、余司皆忌、

弔葬条：凡弔レ葬、問レ病、及到二山作所一、遭二三七日法事一者、雖二身不一レ穢、而当日不レ可レ参二入内裏一、

改葬傷胎条：凡改葬及四月已上傷胎、並忌二卅日一、其三月以下傷胎忌二七日一、

懐妊月事条：凡宮女懐妊者、散斎日之前退出、有二月事一者、祭日之前、退二下宿廬一、不レ得レ上レ殿、其三月、九月潔斎、預前退二出宮外一、

触穢条：凡甲処有㆑穢、乙入㆑其処㆒、謂㆓着座㆒下亦同、乙及同処人皆為㆑穢、丙入㆓乙処㆒、只丙一身為㆑穢、同処人不㆑為㆑穢、乙入㆓丙処㆒、人皆為㆑穢、丁入㆓丙処㆒不㆑為㆑穢、其触㆓死葬㆒之人、雖㆑非㆓神事月㆒、不㆑得㆑参㆓着諸司并諸衛陣及侍従所等㆒、

穢とされるのは、人間ないし動物の死・出産、あるいは肉食（以上、穢忌条）・流産（改葬傷胎条）・妊娠・月経（以上、懐妊月事条）といった事象である。これらに接触した場合、神事への関わりが一定期間（人間の死なら三十日間、出産なら七日間）規制されることになる。たとえ右の事象に直接関わらなかったとしても、穢は人から人へと展転する。同一空間での着座を通して（触穢条）。ちなみに、弔問や病の見舞などは、穢ではないものの、当日の参内は遠慮すべき行為とされている（弔葬条）。

これは、近代以降の民俗調査によって、列島各地の習俗に組み込まれていることが明らかになった思考・行動の様式である。それゆえに、民俗学・宗教学・歴史学など様々な学問分野で分析の対象になってきた[4]。そして、そこでは得てして、この様式が死や出産への畏怖といった人間の普遍的な感覚に根差していると説明されがちである。しかし、十二世紀のある貴族が、「穢事」は律令には見えず、式に初めて記されるとの認識を示しており[5]、これが九世紀半ば以降に人為的に規定されて生まれた歴史的所産であったことは間違いない。

この様式は、何ゆえに生み出されたのであろう。それを明らかにするためには、まず、穢に触れた人間が神事との関わりを規制されねばならなかった理由を知る必要がある。たとえば、長保元（九九九）年七月に神祇官に対して発せられた太政官符は、式の規定を遵守せず、妄りに触穢する「狼藉之者」の処罰を命じている[6]。彼らの存在によって余儀なくされる神事の延引ないし停止は、「攘災之勤」である反面「祟徴」を蒙りかねない行為でもあるから。理由は、そう説明されている。神と穢との接触の回避が「攘災之勤」であるとは、裏を返せば、そ

の接触が「災」をもたらすという意味である。すなわち、触穢した人間の行動が規制されねばならなかったのは、災異の発生を阻止するためであったと考えられる。

この案件に、太政官が関与せざるをえなかった事実は注目に値する。穢との接触が惹起した神の怒りが災異として表出する事態は、それだけの大事だったことが分かるからである。保延六（一一四〇）年正月、石清水八幡宮で火災が発生し、多くの建造物・神宝などが灰燼に帰した。時の崇徳天皇は、八幡神への謝罪という意味で宇佐八幡宮に奉幣使を派遣する。そして、その奉幣使が携えた告文には、この事態を「朕之不徳」に神が示した「咎徴」と受け止め、原因究明の卜占を実施したところ「穢気不浄不信」によると判明した旨が記されていた。[7] 穢から神の清浄を守ることは、天皇の統治者としての責務であり、それが果たせなかったために発生する災異は、不徳の天皇への神の譴責と受け止めるべき事象だったわけである。

統治者と、その不徳への譴責を災異で表現する超越者。いわゆる天人相関説に則った図式である。当然ながら、九世紀半ばに生み出されたものではない。つまり、穢観念と、それに基づく行動規範との形成は、神と天皇との新たな関係の構築に寄与したわけではなかった。九世紀半ばの画期性はむしろ、すでに成立していた両者の関係に新たな要素が加わった点に求めることができるはずである。

実は、穢にまつわる最初の規定は、右に掲げた『延喜式』のそれではない。[8]『延喜式』は、天長七（八三〇）年施行の『弘仁式』と貞観十三（八七一）年施行の『貞観式』とを踏まえて、康保四（九六七）年に施行された。すでに『弘仁式』には、穢にまつわる規定があったと考えられる。十世紀に成立した儀式書『西宮記』によれば、それは「触二穢忌事一応レ忌者、人死限二卅日、産七日、六畜死五日、産三日、其喫レ完、及弔レ喪、問レ疾、三日一」といった内容であったらしい。[9]『延喜式』の穢忌条と弔葬条とは、当初一つの条文を構成していたようである。が、表面的な差異は、この際どうでもよい。『弘仁式』の条文と『延喜式』弔葬条との間には、本質的な違いがある。「喪」を「弔」う、ないし「疾（病）」を「問」うことの位置づけが、完全に逆転してしまっている。『弘仁式』の中で、それらは三日間の行動規制を伴う穢の一種であった。一方、弔葬条は、それらを行った者の「身不レ穢」ることを前提とする。何を穢とするか、をめぐる揺らぎを看取できるであろう。(10)

これこそが、『弘仁式』に始まり『貞観式』を経て『延喜式』へと到る過程で起こっていた現象であった。(11)不浄という価値が付与される事象には普遍性がなく、それは各々の社会の価値観に基づいて選ばれるとの見方に従うなら、九世紀半ばから十世紀半ばにかけての時期は、まさにその選択の時だったのである。清浄なる神が九世紀より前にも存在し、しかも、それがその対極に想定される不浄なくしては存立しえないことを考慮するなら、(12)再選択ならびに明文化の時と表現するのがより正確であろうか。

この再選択・明文化は、神が何に怒るのか、を確定させた。必然的に、何をどう謝罪すればその怒りが収まるのか、をも。災異発生後に怒れる神の許に奉幣使を派遣し、その清浄を保持しきれなかった不徳への許しを乞う。石清水八幡宮焼失に際して崇徳天皇がとった行動は、彼一人だけのものではない。彼は、その時点ではすでに先例になっていた作法に則ったにすぎなかったのである。つまり、穢観念と、それに基づく行動規範との形成は、本来一方的に示され、かつその内容が人間にとって不可知であったはずの神慮を定型化し、その裏返しとして、神の怒りへの人間の反応を画一化した。単に災異発生の構造を説明する論理でしかなかった天人相関説は、発生した災異を確実に収束させる（と思わせる）論理へと進化したわけである。

九世紀は、朝廷の祭祀のあり方が転換した時期であったとされる。(13)神社関係者を集め、神祇官ないし各々の国で幣を頒布する班幣を基本とする律令制祭祀のあり方が見直され、代わりに神の許に赴いて幣を奉る方法、すなわち奉幣が中心となる。神の、天皇に対する優位が明確化したわけである。天皇は、神の子孫ではなく、超越者たる神との交感を独占する者へと変貌を遂げる。そして、この交感を遺漏なく行うための、いわば意思疎通の道具として穢は登場した、と見ることができる。

三　ホモ・サケルとしての河原者

穢観念と、それに基づく行動規範との形成は、狩猟ないし動物の皮革の加工を生業とする人々の境遇に多大な影響を及ぼした。それが表面化したのは、穢にまつわる規定が初めて登場した『弘仁式』施行の年から約十年後のことである。

承和八（八四一）年三月、春日社近辺の山での狩猟などを禁止する太政官符が発せられた[14]。神域に穢が及び、神の「咎」が天皇に向けられる状況を解消せんがための措置であるという。その三年後の承和十一（八四四）年にも太政官符は発せられた[15]。鴨川の河原で「屠割事」に従事する「遊猟之徒」の取り締まりを命じる符である。彼らが出す穢物が川を伝って流域にある賀茂社の神域に及び、「汚穢之祟」が頻発しているから、という理由であった。

ほぼ同時期に、似通った内容の太政官符が相次いで出される。山野で狩猟する人々や河原で動物の死骸を解体する人々は、この時期に初めて登場したわけではないから、それまで問題視されてこなかった彼らの活動が、新たに登場した、動物の死が神の怒りを招く穢の一種であるとの規定に抵触すると認識されるようになった表れと評価できる。

すでに述べたように、穢との接触が惹起する神の怒りは、災異として表出することになっていた。ここで言う災異とは、現代の我々が天変地異・事件・事故などと識別している現象の全てを包括している。とすれば、災異が各所で、しかもかなりの頻度で発生していたであろうことは容易に想像がつくであろう。そして、それらの一々を自らの不徳への譴責と受け止めなければならない天皇は、実は、神の怒りの原因となる神域の穢を常時必要としていたと言える。穢を媒介とする神との意思疎通の回路を、あくまでも譴責を統治者としての正統性の承認へと転換するそれとして機能させ続けなければならなかったからである。ひっきりなしに起こる災異を、自らが神に謝罪することで収束させ（ているかのように見せ）続けなければならなかったから。そう言い換えることができる。そして、そのために謝罪すべき事柄が常に準備されていなければならなかった、とは見易い道理であろう。狩猟や皮革の加工に携わる人々は、穢と規定された物体に日常的に接しているが故に、いつでも持ち出せる便利な謝罪の種として選ばれたのである。彼らの存在は、神慮に拠って立つ統治者としての天皇が、安定して存続する鍵であった。承和年間に相次いで発せられた太政官符は、彼らをそのような存在に認定した最初の例ということになる。

ここで、少し話を戻したい。死・出産などを穢とすべき事象と定めたのは、九世紀半ばの京に暮らしていた貴族たちであった。では、そもそもそれは如何なる作業だったのであろう。改めて腑分けしてみると、それが二つの側面を持つ営為であったことに気付く。

一つは、清浄なる神の意に沿わぬ事象の決定という側面。これは、もはや説明の必要もあるまい。もう一つは、人間のある種の秩序意識に照らして、その埒外にある要素を内包する事象を選び取るという側面である。

人類社会において普遍的に不浄視される事象など存在しない以上、死や出産などが選ばれたのは必然ではない。それらは、少なくとも貴族たちに特異な〈何か〉を感じさせる要素を含んでいたはずである。それ故に、負の価値を付与するに相応しい事象として選び出されたと考えられる。その〈何か〉の中身は、ここでの主題ではないので、詳しくは述べない(16)。ともかく、穢と規定された事象は、神の意思によって維持される秩序のみならず、人間社会の秩序をも攪乱する可能性を有すると認識されていたと見ることができる。

神の秩序と人間の秩序との埒外にある。そのような概念であった穢と不可分と認定された人々のことを考える時、思い起こされるのが、古代ローマのホモ・サケルなる存在が占める法的・政治的位置をめぐるジョルジョ・アガンベンの説明である。[17] ホモ・サケル＝聖なる人間とは、それを殺害した者が殺人罪に問われることはないものの、生贄にするのは合法とされない存在であったらしい。殺害は許されるが、一定の形式での殺害は認められないという矛盾した立場を、アガンベンは特定の対象を聖化するという営為を分析し直すことで説明した。すなわち、それは主権による二重の例外化のことであり、ホモ・サケルとは人間の法から例外化されるとともに、神の法からも例外化されている圏域に置かれた存在であったという。九世紀半ばを境に、狩猟ないし皮革の加工を生業とする人々が置かれることになった境遇は、まさにこのホモ・サケルの位相に重なるであろう。穢観念の規定とは、要するに天皇の統治者としてのあり方を定める営為であったから、そのホモ・サケルを生み出す主権の位置を占めるのは、天皇ということになる。

ところで、アガンベンがホモ・サケルを取り上げるのは、それが、主権が形作る政治的空間の時代を超えた特質を象徴していると考えるからであった。殺人罪を犯さず、供犠を執行せずに人を殺すことができる位置を占めるものであり、その対象となるホモ・サケルを絶えず生み出さずにはおかないもの。アガンベンは主権の本質をそう捉え、人間の自然な生を統治の対象とし始めた近現代の国家権力が抱える問題を抉り出さんとしている。ホモ・サケルは、近現代社会に生きる誰しもが追いやられるかもしれない境遇の表象として扱われているわけである。

本章の冒頭に再び目を向けてほしい。私は、本章の主題となる現象が、近現代にも通じる図式を内包していると述べた。それは、穢観念の規定が、アガンベンが述べる聖化と同じ営為であり、特定の人々をホモ・サケルの位相に追いやったこと、あるいは、そのホモ・サケルの存在が、主権者たる天皇の存立を支える鍵になっていたことを指す、ととりあえずは言うことができる。が、それで十分というわけでもない。私の念頭には、九世紀半ばに生まれた、この状況が遂げることになる変化の全体があった。すなわち、穢観念と、それに基づく行動規範とがより広く浸透し、主権者が果たす役割をめぐる理解が広がることで、ホモ・サケルの位置づけが変わっていく過程の全体が。そして、この変化の結果は、本章の冒頭の言葉を繰り返すなら、現代の日本社会のあり方をも規定していると考えている。以下で述べるのは、そのことである。

それに際して、覚えておいてほしい事柄が一つある。九世紀半ばにホモ・サケルの位相に置かれた人々は当初、「河原者」と呼ばれていたであろうということである(18)。おそらくそれは、彼らが動物の解体に不可欠な大量の水を確保する必要から、河原に居住していたという事実に基づく呼称であった。

四　穢と神国

天皇の統治者としての立場を規定する神。石清水八幡宮が焼失した時、崇徳天皇が宇佐八幡宮に謝罪したことからも窺えるように、それは決して理念上の存在などではなかった。列島各地に散在する神社に祀られた個別具体的な神々のことを指す。

もちろん、天皇は、数多い列島各地の神々の全てと直接に向き合っていたわけではない。相手は、一般に二十二社と呼ばれている神社群に祀られた神々に限られていた。九世紀以降、朝廷の祭祀の軸が班幣から奉幣へと推移したことは先に述べた。この変化と軌を一にして、それまで基本的に班幣の対象であった列島各地の神社の中に、奉幣の対象となる一群が登場してくる。さらに十世紀になると、災異発生後に朝廷が奉幣使を派遣する対象の、とりわけ畿内とその近国所在の十六の神社への固定化が顕著になったとされる(19)。この十六社が段階的に拡張され、二十二社になったのは十一世紀半ばのことであった。伊勢国（現在の三重県）の伊勢神宮、山城国（現在の京都府）の石清水八幡宮・賀茂社・松尾社・平野社・稲荷社・大原野社・梅宮社・吉田社・祇園社・北野社・貴布禰社、大和国（現在の奈良県）の春日社・大神社・石上社・大和社・広瀬社・龍田社・丹生社、摂津国（現在の兵庫県）の住吉社・広田社、近江国（現在の滋賀県）の日吉社である。

ただし、神域の穢に怒りを表明する怒れる神が、畿内とその近国にしか存在しなかったというわけではない。それは、七道諸国にも存在した。たとえば、貞観十三（八七一）年四月に発生した出羽国（現在の山形県）鳥海山の噴火の原因は、山上にある大物忌社の神域に穢が及んだことへの神の怒り（「塚墓骸骨汙二其山水一、由レ是発レ怒焼レ山」）とされている[20]。その三年後には、薩摩国（現在の鹿児島県）でも同様の事態が起こった。穢が惹起した（「汙二穢神社一」）開聞神の怒りが、開聞岳の噴火に結果したのである[21]。当時の国家領域の境界付近に位置していた両国でも、このような事態は起こっていた。怒れる神は、列島各地に存在していたと見るのが自然であろう。

今日、我々がこの鳥海山噴火の一件を知ることができるのは、国史の記述を通してである。そして、その記事は、「出羽国司言」わくと始まっている。すなわち、鳥海山が噴火したこと、その原因が神域の穢にあることを朝廷が認知しえたのは、実は、出羽国司がそう報告したからであった。さらに言えば、そこには、怒れる大物忌神の慰撫も国司によってなされたと記されている。天皇の手が及ばない七道諸国の怒れる神への対応は、各々の国の国司に委ねられていたと考えられる。頻りに都鄙を往来していた国司たちは、統治者の立場と密接に関わる政治的な概念であった穢を各地にもたらした。と同時に、「天朝国家」の鎮護[22]をそれぞれの国で実践してみせていたのである。

確かに、表明された神の怒りに適切に対応することは重要であったろう。が、それ以上に求められていたのは、怒りを招かぬことであった。神に対して負った責務を果たす見返りに安寧がもたらされる国。それを全うしえな

かった場合には、せめて神に謝罪し、赦しを乞わねばならぬ国。京に暮らす貴族たちは、このような国を神国と呼ぶ。(23)

神の怒りを招く事態を予防し、神国があるべき姿を保つために、最も大きな力を発揮したのは神社であった。その神社が、神域の清浄を保つべく採ったのは、穢観念と、それに基づく行動規範とを参詣者に広く知らしめ、外部からの穢の持ち込みを阻止するという方法である。たとえば、伊勢神宮は、「参詣精進法」を周辺の美濃国（現在の岐阜県）・尾張国（現在の愛知県）に知らしめるべく物忌令と呼ばれる法令集を作成している。(24)

情報として伝えるという方法は、有力であった。物忌令を発していたのは、伊勢神宮だけではなかったのである。(25)ただし、十二世紀末から十三世紀初めに、畿内に所在する二十一の神社が有していた物忌令の内容を比較すると、ある特徴に気付く。各々の神社が課す規制の内容が同一ではないという特徴に、である。それぞれの神社は、朝廷が定めた『延喜式』の規定を前提としつつも、独自の見解を盛り込んで規制を定めていたらしい。

一般に、何を嫌うかは、その主体の性格の特色を規定する主要な要素の一つである。そして、穢とは、要するに清浄なる神が嫌うものであった。とすれば、物忌令を作成するとは、実は、神社が、自らが祀る神の性格の、少なくとも一部を定める営為であったと見ることができる。規制の内容が区々なのは、各神社が、自らが祀る神の個性を打ち出さんという明確な意図を持って、物忌令の作成に臨んでいたことの表れである。つまり、それぞれの神社は、神国のあるべき姿を保つためのこの営為を通して、自らが祀る神の何たるかを改めて見つめ直し、それを表現し始めた。この列島各地で行われ始めた、いわば神の再定義が、私が本章の冒頭で、その存在を想定すると述べた「神社を拠点に、天皇を組み込んだ独自の論理を構築し始める神祇信仰」の核になっていくはずである。

が、ここでそれは措く。穢観念と、それに基づく行動規範とを広く知らしめる方法の話である。それらは、情報としてだけ伝えられていたのではなかった。行動を促すという、より実践的な方法が採られていた例を確認することができる。

すでに登場した出羽国大物忌社の膝下にあった吹浦村には、毎年一月の特定の七日間、月代《さかやき》を剃る・爪を切る・葬礼を行う・病人を見舞う・死者を弔問する・「穢物」を洗う・婚礼を行う・遠出するといった行為を一切しない「物忌」と称する行事があった。この行事は「往古」から行われており、大物忌という神社名の由来になったとされる。[26]「穢物」との接触の禁止は、あえて言うまでもない。葬礼（「到二山作所一、遭二三七日法事一」）、病人の見舞（「問レ病」）あるいは弔問（「弔レ葬」）が、『延喜式』弔葬条の主題であったことも思い起こしてほしい。この行事は、明らかに穢観念に付随する行動規範の実践であった。神国に生きる者が弁えておくべき作法を根付かせるために、周期的に一定の状況を体感させ続けるこの方法が、単なる情報の伝達に比してはるかに効果的であったろうことは想像に難くない。

延長四（九二六）年四月、神祇官は伊勢神宮が提出していた神域の境界確定要求に対して回答を示した。[27]そこには、神宮側の要求がどのような形でなされたのかも記されている。穢にまつわる行動規範を知悉していない神宮関係者以外の一般人（「百姓」）が社辺の地に居住することを許すと、そこで出産したり、死を迎えたりする者が出てくる（「或時産穢、或時死穢、挙哀葬送」）。神域の清浄保持の支障になるから、彼らの居住を禁じる領域を定めてほしい。これが、神宮側の主張であった。それなりの数の人間が生活していれば、そこで出産や死といった現象が起こるのは必然であろう。伊勢神宮は、避けようのないこのような状況を槍玉にあげて、神域の清浄保持を達成せんとしたわけである。そして、神祇官は、この主張を受け入れた。「百姓」たちは生活の場を追われたのである。

同様の主張は、伊勢神宮以外の多くの神社もしていた。神社にとってこれは、自らに課された責務に忠実であることを示しつつ、権益の伸長を狙うことができる一石二鳥の論法だったからである。しかも、その狙いは相当の確率で達せられたであろう。神仏の力が強く、宗教の時代と言われる中世において、神慮を背景にしたこの主張に抗うのは困難だったはずだからである。したがって、神社の近辺、あるいは神社が有する荘園内やその周辺で「百姓」たちが急に生活の場を失う事態はかなりの頻度で起こっていたと見積もることができる。彼らからすれば、それは自らが神国に身を置いていることを実感させる経験であったろう。穢観念と、それに基づく行動規範とは、生活の場を捨てるという行動を促すことでも社会に浸透していったと言える。

とはいえ、情報や行動を通して人々の意識を育むだけで穢を完全に排除できるわけではない。神域内では、動物の死など人為的ではない現象も起こりえたからである。当然ながら、神社は神域内の穢物を神の逆鱗に触れる前に迅速に運び出す手はずを整えていた。その運び出しを専門に請け負ったのが、「非人」と呼ばれた人々である。

彼らは基本的に、八世紀後半以降徐々に進展したとされる農業共同体の解体と再構築の過程、一般に古代から中世へという時代の転換の表象とされる変化の過程で居場所を失い、流出した人々であったとされる。さらには、当時は業病として恐れられていたハンセン病に罹患し、共同体を追われた人々も含まれていた(28)。

神社にとって、彼らはなくてはならぬ存在であった。しかし、彼らは決して厚遇されていない。十一世紀半ばに起こったある事件が、そんな彼らの立場を象徴している。祇園社の神域の保持に寄与していた「非人」と思しき人物、史料上は「祇園四至葬送法師」と表記されている、が検非違使に捕縛された事件である(29)。捕縛の根拠になったのは、秋の霖雨の原因究明のために行われた卜占であったという。要するに、彼は祇園の神の怒りを惹起し、天候不順をもたらした神域の穢と認定されたわけである。

文字通りなら、祇園社神域内からの死体（骸）の運び出しを請け負っていたはずの彼の身にこのような事態が起こった理由は、祇園社の立場を見つめ直すことで正確に把握できる。すなわち、祇園社は、神の怒りを招かぬよう日頃から細心の注意を払って穢を排除している神域で、まさにその穢を見出すことを求められていたのである。しかも、該当する穢の不在を主張する途は予め封じられていた。神の怒りが霖雨として表れた事実がある以上、怒りの原因は絶対に発見されなければならなかったからである。天皇が謝罪する理由と相手とを見失うわけにはいかなかったから。そう言い換えることができる。

無い袖を振らねばならぬ状況下で、祇園社の目に留まったのが、神域に出入りし、実際に穢と接触する機会もある「非人」であったと考えられる。要するに祇園社は、日頃から自らの責務の一端を担ってくれていた彼を売り渡したのである。「非人」たちとは、所詮その程度の存在であった。常にそこにいるわけではないものの、状況次第でいつでもホモ・サケルの位相へと突き落とされ、神慮に拠って立つ統治者としての天皇の存続の援けとされる存在だったのである。

神国のあるべき姿を保つ神社の活動は、穢観念と、それに基づく行動規範とを列島各地に浸透させた。実は、それらとともに浸透したものがもう一つある。狩猟ないし皮革の加工を生業とする人々の位置づけをめぐる認識である。たとえば、十四世紀に成立したとされる『一遍上人絵伝』中の一場面、諸国を遊行していた一遍一行の、美作国（現在の岡山県）一宮への参詣を描いた場面に注目したい[30]。詞書によれば、一行は宮の楼門を前に拝殿まで進む「聖」・「時衆」と、「門外」に留まる「非人」とに分かれたらしい。同じ詞書の別の箇所には「けがれたる者も侍るらむとて、楼門の外に踊り屋を作りて置き奉りけり」とあるから、それまで行動を共にしてきた一部の人々を「門外」に留める根拠になったのが「けがれ」であったことが分かる。

この場面は、神社が図らずも果たしていた重要な機能を象徴している。穢という本来不可視のものを、神域に入ることが許される者と許されない者という形で可視化してしまうという機能を。神社が、穢観念と、それに基づく行動規範とを広く知らしめんとする時、必然的に、その生業故に常に神域に入ることが許されない者の存在をも広く知らしめることになったと考えられる。神国に身を置く者が弁えておくべき作法の浸透は、ホモ・サケルの位相にあった「河原者」たちの特異性にまつわる認識の定着と表裏一体の現象であったことに留意したい。

五　神国の転換

二度の蒙古襲来を経た弘安七（一二八四）年六月、その善後策として一般に弘安の神領興行と呼ばれる政策が実施された。戦闘の最前線となった九州所在の諸社、あるいは伊勢神宮が有していた所領の内、売買されるなどして神社関係者以外の手に渡っていたものを神社の許に戻す、文字通り神領を興行する政策である。従来、蒙古軍に対抗し、列島の防衛に力を貸してくれた神々への恩賞給与の意味がある政策と評価されてきた(31)。また、とりわけ九州では、この所有権の強制的な移動を監督するために現地に派遣された奉行人たちが、「徳政」の使者と呼ばれていたらしい。実は、神領興行が実施される二ヶ月前に、戦争の指揮を執った執権北条時宗が死去し、その子北条貞時が新たな執権に就任した。この政策は、新執権による代替わり徳政でもあったとされる(32)。

正当な手続を経ていたであろう所有権の移動を一方的に否定する行為と、徳政という呼称。一見、似つかわしくない両者が結び付く所以は、日本中世史研究者の間でも議論の的であった(33)。それを合理的に説明する鍵は、弘安九（一二八六）年四月に祇園社が神領興行を主導していた鎌倉幕府に提出した一通の文書にある(34)、と私は考える。祇園社の狙いは、時流に乗って自らも興行の恩恵に与ることであった。社辺の土地を買得している禅律僧・尼・念仏者、あるいは武士といった神社に無関係の一般人は、穢の発生に配慮しない「汙穢不浄之輩」である。

現状は、神慮に背いているので、社辺の土地を我々の許に戻してほしい。すでに喪失していた土地の所有権を回復すべく、祇園社はこう主張した。

この言い分を、どこかで見たと感じるのは気のせいではない。延長四年に伊勢神宮が同じ論法で神域の境界確定を要求し、「百姓」たちの生活の場を奪ったのは、先に紹介した通りである。どうやら祇園社は、過去に自らを含む多くの神社が、もちろん弘安の神領興行とは無関係に、利用してきた論理を持ち出したらしい。しかも、それは弘安の神領興行の趣旨に適っていたようである。祇園社の神領興行が実現に向けて動き出したという結果[35]が、それを物語っている。とすれば、弘安の神領興行は、十三世紀後半になって新たに生まれた論理にではなく、その時点で既存のものとなっていた論理に則った政策であったということになる。

その論理の内容を明らかにするために、注目すべきは蒙古襲来という事件の当該期社会における位置づけであろう。弘安の神領興行は、その善後策だったのである。石清水八幡宮が祀る神の霊験を説く『八幡愚童訓』[36]は、それを窺い知るに格好の史料と言える。

①「秋津嶋」は、神に擁護される神国である。古代以来、幾度も異国の侵攻に晒されてきたものの、悉く撃退してきた。
②文永五（一二六八）年二月、元の牒状が到来。後嵯峨上皇が異国降伏の祈祷を命じる。
③文永十（一二七三）年八月、石清水八幡宮の神剣に異変が発生。卜占により、神域に穢が及んだことへの神の怒りの表明であること、さらなる災異として内裏の火災や騒乱が発生する可能性があることが判明。
④同年十二月、内裏が焼失。卜占の結果の正しさが裏付けられ、騒乱も起こるだろうとの噂が広がる。
⑤文永十一（一二七四）年十月、蒙古軍が対馬に出現。

霊験譚の、とりわけ蒙古軍が襲来するまでの経緯を簡略にまとめるとこうなる。結局、蒙古軍が神の力で撃退されることになるのは有名な話であろう。

この経緯を通覧して気付くのは、実は、神国が無条件に神の擁護を受けていたわけではないということであろう。蒙古襲来は、石清水八幡宮・内裏での災異とともに、神域に穢が及んだことへの神の怒りの表れと位置づけられている。あくまでも神国のあるべき姿を保つ努力が先にあって、それが実を結ばなかったが故に蒙古軍は襲来したという筋書きになっているわけである。つまり、蒙古軍の襲来は、神が招き、その神が自ら解決した、まさに神による自作自演であったということになる。

これが蒙古襲来の位置づけであったとすれば、その後に神領の興行が企てられた理由は、もはや明らかであろう。弘安の神領興行は、神国のあるべき姿を維持することができなかったが故の災異発生をうけて、それを再度取り戻すことを志向した政策だったのである。所有権の剥奪が徳政たりえたのは、その結果達成される神域の清浄保持が、九世紀半ば以降天皇の徳政と認識されていたからであったと考えられる。

ただし、それは弘安の神領興行の実施に全く画期性がなかったという意味ではない。むしろ、非常に画期的な出来事であった。それまでは、個別の神社の要求に応えて局所的にしか行われてこなかった措置が、列島各地で一斉に実施されたという意味で。海津一朗は、この政策の適用事例が九州から東海・関東に満遍なく広がっていたことを明らかにしている(37)。さらに、列島の外からの衝撃、それ故に列島社会において前代未聞の規模で共有された衝撃に、その成功が担保されていたという意味でも。

日本の中世社会に、マスメディアと呼べるものは存在しない。それ以前に、身分制を有する前近代社会で、あらゆる人間が同じものを見聞きすることなどほぼなかったと言える。このような条件の下で、列島各地に散在する不特定多数の人々が、自らが一定の共同体に属していることを共有することはありえたであろうか。かなり困難に思えるこの状況を作り出しえたのは、おそらく、全ての人間が身を以って感じることができる出来事を体系化する論理の一斉体験であった。そして、弘安の神領興行の実施は、まさにその機会になったと見ることができる。

すでに述べたように、列島各地に暮らす人々は、神社の活動を通して神国に身を置く者が弁えておくべき作法を知ることになる。が、これはあくまでも局地的な体験の集積でしかなかった。彼らはまだ、互いが観念と行動規範とを共有していることに気付いてはいない。蒙古軍の襲来を受けた衝撃と、さらなる襲来への恐怖とが渦巻く中、神国のあるべき姿を取り戻すべく一斉に土地の所有権を放棄することで、彼らは初めてそのことに気付いたのである。

六　転換の先に――おわりにかえて

蒙古襲来と弘安の神領興行とは、神国に身を置いているとの意識を共有する〈われわれ〉を生み出した。そのことは何より、神国のあり方にそぐわない〈他者〉像の変容から窺い知ることができる。実は、先に示した『八幡愚童訓』の①の部分は、列島に侵攻してきた異国の軍勢が「敏達天皇ノ御宇ニハ播磨ノ国明石浦マテ着ニケリ、其子孫ハ今世ノ屠児也」との注目すべき記述を含んでいる。ここで言う「屠児」とは、狩猟・動物の死骸の解体・皮革の加工などに従事していた人々のことを指す。彼らを、現在の兵庫県明石まで侵入してきた異国人の子孫と位置づけたわけである。

「河原者」とも呼ばれていた彼らが、神国のあるべき姿を保つに際して障害となる存在であったことは、すでに確認した。その意味で、彼らは一貫して神国にとって〈他者〉であったと言える。しかし、そうであった理由は、あくまでも彼らの生業にあった。すなわち、『八幡愚童訓』は、特定の作業で生活の糧を得ていた、いわば内なる〈他者〉を、異国人の子孫へと転化させたのである。しかも、この転化は『八幡愚童訓』だけの仕業に留まらなかった。「河原者」と呼ばれた人々の起源が異国にあるとの言説は、これ以降つい最近まで各所で根強く説かれ続けることになる。現代社会に生きる人々の思考までをも規定する言説になったわけである。自らが神国に身を置く者が弁えておくべき作法を共有する〈われわれ〉の一員であるとの意識が、国への帰属意識と呼べる次元で形を成したことを裏付ける現象と評価することができる。

もちろん、この〈われわれ〉意識が、十三世紀末以来一貫して同じ形で列島社会にあり続けたなどと主張するつもりはない。ただ、それが列島社会に刷り込まれたのは確かであった。とりわけ外部との摩擦を抱え、自らの優越の根拠を必要とした時、それは容易に何度も表面化することになる。

この根強さが、災異を制御することで得られる安寧の希求、換言すれば、人間の生存にまつわる根源的な欲求の受け皿として形を成した意識であったことに由来すると見るのは、正しくないのかもしれない。実は、神国のあるべき姿を保つ努力が災異を制御できる唯一の手段であると信じられる時代は、それほど長くは続かなかったのである。王統の分裂や各地で続く戦乱によって、神事の維持が困難になった天皇は、早くも室町時代には、発生する災異を神々との意思疎通によって制御することを放棄してしまう。

それでも想像上の〈われわれ〉が霧散しなかったのは、それを思い起こさせる〈他者〉が常に身近に存在し続けたからであろう。前近代のかなりの期間、〈われわれ〉の輪郭を維持していたのは、それを構成する不特定多数の人々の、天皇＝主権者に対する信頼ではなく、むしろ、ホモ・サケルに対する蔑視だったのである。

(1) 黒田俊雄「中世宗教史における神道の位置」(同『日本中世の社会と宗教』岩波書店、一九九〇年)。
(2) 井上寛司『日本の神社と「神道」』(校倉書房、二〇〇六年)。
(3) 関係する条文のうち、穢観念の基本的な性質にまつわるものだけを挙げた。
(4) 波平恵美子『ケガレ』(講談社、二〇〇九年)、北條勝貴「〈ケガレ〉をめぐる理論の展開」(服藤早苗ほか編『ケガレの文化史　物語・ジェンダー・儀礼』森話社、二〇〇五年)が、その概要を紹介している。
(5) 『宇槐雑抄』仁平二(一一五二)年四月十八日条。
(6) 『新抄格勅符抄』神事諸家封戸神事以下雑事。
(7) 『大日本古文書石清水文書』田中家文書四〇二号「崇徳天皇宣命」。
(8) にも拘わらず、冒頭に『延喜式』を掲げたのは、それが規定の全容を伝える最初の史料だからである。
(9) 巻七定穢事。
(10) 三橋正『日本古代神祇制度の形成と展開』(法蔵館、二〇一〇年)に詳しい。
(11) メアリ・ダグラス『汚穢と禁忌』(筑摩書房、二〇〇九年、塚本利明訳)。
(12) 実際、櫛木謙周「古代の「清掃」と国家の秩序」(同『日本古代の首都と公共性　賑給、清掃と除災の祭祀・習俗』塙書房、二〇一四年)が、すでに八世紀の時点で神域の不浄が災異発生に結果するとの認識が存在していたことを指摘している。
(13) 岡田莊司『平安時代の国家と祭祀』(続群書類従完成会、一九九四年)、三橋正『平安時代の信仰と宗教儀礼』(続群書類従完成会、二〇〇〇年)。
(14) 『類聚三代格』巻一　神社事。
(15) 同右。
(16) とりわけ死と出産とが選ばれた理由については、すでに拙稿「「従産穢内迎取養育」考」(拙著『日本中世の穢と秩序意識』吉川弘文館、二〇一四年)で論じた。
(17) ジョルジョ・アガンベン『ホモ・サケル――主権権力と剥き出しの生』(以文社、二〇〇三年、高桑和巳訳)。
(18) この呼称の史料上での初見は、『左経記』長和五(一〇一六)年正月二日条である。
(19) 並木和子「平安時代の祈雨奉幣」(二十二社研究会編『平安時代の神社と祭祀』国書刊行会、一九八五年)、岡田莊司「十六社奉幣制の成立」(前掲註13岡田書所収)など。
(20) 『日本三代実録』貞観十三年五月十六日条。
(21) 同右書、貞観十六年七月二日条。

(22)『平安遺文』三五三五号「肥前国留守所下文案」（河上山古文書）。
(23)神域の清浄保持が、神国のあるべき姿の維持と同義であるとの認識は、『兵範記』仁安三（一一六八）年十二月二十九日条から確認できる。
(24)『文保記』（『群書類従』第二十九輯所収）。
(25)『諸社禁忌』（『続群書類従』第三輯下所収）で確認することができる。
(26)『出羽国風土略記』巻六　飽海郡　大物忌神社。
(27)『神宮雑例集』巻二第五　神宮四至事　外宮付四至内実検并人宅壊退事。
(28)河音能平「中世社会成立期の農民問題」（同『中世封建制成立史論』東京大学出版会、一九七一年）、永原慶二「村落共同体からの流出民と荘園制支配」（同『日本中世社会構造の研究』岩波書店、一九七三年）、細川涼一「中世前期の非人について」（同『中世の身分制と非人』日本エディタースクール出版部、一九九四年）など。
(29)『小右記』長元四（一〇三一）年九月二十六日条。
(30)『一遍上人絵伝』巻八　三十二段。
(31)川添昭二「鎮西探題と神領興行法」（『社会経済史学』二十八号、一九六三年）、網野善彦『蒙古襲来』（小学館、一九九二年）など。
(32)前掲註31網野書など。
(33)笠松宏至『徳政令――中世の法と慣習』（岩波書店、一九八三年）など。
(34)『八坂神社文書』一二七〇号「感神院所司等申状案」。
(35)『鎌倉遺文』一五九二三号「関東御教書案」。
(36)『八幡愚童訓　甲本』（『日本思想体系二十　寺社縁起』岩波書店、一九七五年）。
(37)海津一朗「弘安の神領興行法」（同『中世の変革と徳政――神領興行法の研究』吉川弘文館、一九九四年）。

第三章　祀られざる神の行方

神話化する現代日本

磯前順一

祀られざるも神には神の身土があると
あざけるやうなうつろな声で
そう云ったのはいったい誰だ——宮沢賢治『春と修羅　第二集』より

一　神話化する出雲と観光ブーム

雑誌『現代思想』から出雲神社の特集号に寄稿しませんかという話をいただき、折角の機会だからと出雲地方へと足を伸ばした。二〇一三年秋、六十年ぶりに遷宮して間もない時期のことであった。地元の友人の案内で最初に立ち寄ったのが、国宝の出雲式社殿をもつ神魂《カモス》神社であった。イザナミ大神を祭神とするこの神社は、現在では縁結びの神社として人気を博し、ミニスカートやキュロットスカートからすらっとした生足を出した多くの若い女性たちが観光バスで訪れては、境内を散策していた。

イザナミ大神とは記紀神話の歴史上ではじめて夫婦関係を結んだ女神であり、その契り合いから日本の国土も生み成したとされる。そういった物語から縁結びの神として観光ルートに組み込まれ、多くの観光客が訪れるようになっている。しかし、若い女の子たちはイザナキ・イザナミ神話の結末を知らないのであろう。それは、両神が深い憎悪と恐怖のもとに二度と顔も見たくないと訣別したために、それぞれの住む生者と死者の国の交流が断ち切られ、それが原因となって人間に死が発生したという起源譚となっているのだ。

蛆のたかった腐肉になった自分の死体を、最愛の夫に見られたイザナミが鬼神に変化する姿は、若い恋人たちもいずれは経験する人間の恥辱の感情、自分の恥部を見られた者に対する、愛するがゆえに憎悪する心の闇が見事に抉り出されている。この物語から考えると、記紀の「神」とは現代人のような人格をもった存在というよりも、感情を含めた力の作用に対する呼び名でもあったと考えたほうがよいのかもしれない。しかも、神に願いを掛ける行為は、願い主に望むような良い結果をもたらすとはかぎらず、思いもかけない結末さえ引き起こす。そうした思いを胸に、流行のファションを身にまとった若い女性たちが良縁を祈る風景を私はしばしのあいだ眺めていた。

次に、熊野大社を訪れた。神祇官が唱える祝詞に名前の出てくるカムロギ命が祀られている。熊野神社は神魂神社や出雲大社と同様に、その祭主を出雲国造が務める神社であり、明治時代以前には、出雲大社と並び称される、あるいは中世には出雲大社よりも権勢を誇ったと言われる。たとえば、出雲国造が唱える神賀詞には次のように両大社の神名が、「伊射那伎の日真名子、かぶろぎ熊野の大神櫛御気野命」と「国作り坐しし大穴持命」として併記されている。(1)

この祝詞からすれば、特定の神名ではなく、たんに神を意味する「カムロギ命」は、ここでは和歌山県の熊野大神として祀られる家都御子命を指すものなのであろうか。あるいは平安期のころから、カムロギ神にこのような特定の神名が特定されていったのであろうか。そもそも、出雲大社は明治期以前にはその地域の名前をとって杵築《きづき》大社と呼ばれていたが、中世に出雲国の一宮になり、江戸時代に大黒神流行が隆盛したのを経て、明治に出雲大社と改称して、出雲国さらには全国の国津神を代表する大社になっていったと考えられる。

たしかに戦後になって、こうした出雲大社の歴史的変遷を解き明かそうとする研究が、井上光貞「国造制の成立」（一九五一年）や石母田正『日本古代国家論第二部――神話と文学』（一九九七年）などによっておこなわれてきた。(2) しかし、今日の神話ブームのなかで、出雲大社の歴史的性格を捨象し、単純化して出雲国や日本の神々を代表する神社として積極的に位置づけようとする傾向が強く見られるのはなぜなのであろうか。今日独特なかたちで推し進められている「神話」の復活について、分析的な眼差しを向ける必要があるように感じられた。

熊野大社の参道には、退職した地元の人たちが働く町おこしのお店がある。イチジクのスムージーや松茸ご飯などのメニューで地域色溢れるお店だった。その後、出雲国造の本拠地であったと言われる意宇《おう》地方を離れ、杵築地方の出雲大社へ向かう。遷宮人気で沸く出雲大社には、神魂神社以上に多くの参拝客が訪れ、街には「神話の国出雲」といった宣伝文句が立ち並び、出雲大社には巨大な日の丸の国旗が翻っていた。出雲大社の祭神は大国主神であるが、国津神の首魁とされるこの神に、日の丸の国旗が似つかわしいものであるのだろうか。ふとそんな思いが脳裏をかすめる。最初に訪れた神魂神社でも、社務所では伊勢神宮の式年遷宮を宣伝するポスターが貼られ、神宮大麻が販売されていた。

すでに小濱の海に日の沈まんとする午後五時近くにもかかわらず、観光客たちは次々に大型バスで乗り付けては参拝をしている。参道には出雲特有の殻ごと挽いた濃灰色の出雲蕎麦のお店が並ぶ。だが地元の友人は、「地元の人の行きつけのお店が別にあるから」と、離れた場所にある蕎麦屋に案内してくれた。そうしたささいなやりとりからも、出雲大社付近の商店街が、地元の人からすれば他地域から来る観光客を対象とする商業スポットであることが感じられた。

観光客たちは遠いところでは宮崎県、近くでは広島県や奈良県と、おもに西日本の人たちが県単位のツアーで訪れることが多いようである。バスガイドさんや、「だんだん（ありがとう）」や「出雲の語り部」といった文字入りTシャツを着た地元のボランティアさんたちが、大同小異の内容に整えられた説明で出雲大社や出雲神話について話していた。しばらく耳を傾けていると、彼らの出雲理解の一つの骨子をなすものが、小泉八雲ことラフカディオ・ハーンの書物に拠るものだということが分かる。八雲は数年の間松江に住み、地元の日本人妻と結婚しているから、出雲についてある程度の知識を有していた。たとえば出雲大社の祭神である大国主命は、八雲の遺稿となった『神国日本——解明への一試論』（一九〇四年）では次のように記されている。

天皇家の創始者を支持してその領国を譲り渡した大国主神は、「見えない国」——すなわち「霊の国《ゴースト》」の支配者となったのである。この神の支配する幽冥の国に万人の霊はその死後に赴くのである。それでこの神は氏神のすべてを支配することになっているわけである。それだから、大国主尊を「死者の帝王」と呼んでもよいことになろう。平田は言う、「われわれは最も望ましい事情の下で、百年以上の寿命を望むわけにはいかない。しかし死後は大国主神の「幽冥の世界」に行って、彼に仕えるのだから、いまのうちにこの神前に額ずいて拝むことを習っておくがよい」と。(3)

日本思想史の研究者、原武史はこのようなハーンの出雲観は、幕末に隆盛した平田篤胤の復古神道の流れを汲むものであり、明治からアジア太平洋戦争の敗北まで続く、戦前の天皇制をめぐる神話観とは大きくその装いを異にすると指摘している。事実、戦中に刊行された文部省刊の『国体の本義』（一九三七年）では、大国主命は次のように取り扱われている。

> 古事記・日本書紀によれば、皇孫が豊葦原の瑞穂の国に降り給ふに先立つて、鹿島、香取の二神を出雲に遣され、大国主ノ神に神勅を伝へられたに対し、大国主ノ神はその御子事代主ノ神と共に、直ちに勅命を奉じて恭順し、国土を奉献し、政事より遠ざかられたとある。(4)

原が指摘するように、『国体の本義』には天皇に対する大国主命の服従のみが描かれる。それは『日本書紀』本文の記述に従ったものであり、平田派やハーンのように、同じ『日本書紀』でも第九段の第二ノ一書を採用する立場とはまったく異なるものとなっている。原はハーンによる大国主神の理解について、「彼は来日後、宣長や篤胤の著書をかなり読んでいたように思われる」と推察する。そして、『神国日本』の前掲箇所を引きつつ、「この一節は、ハーンが実は、オホクニヌシを幽冥主宰神としてとらえることのできた、最後の出雲派であった」と論じ、近代日本の国体概念において、「幽」と「冥」について触れた『日本書紀』一書第二が「周到に無視されている」ことを指摘している。(5)

　神野志隆光らによって推進されてきた近年の記紀作品論の立場からすれば、『日本書紀』の膨大な世界観は一書と呼ばれる膨大な異伝を含み込むことで構築されてはいるものの、作品としての『日本書紀』の主題はあくまで本文のみから把握されるべきだということになる。神野志の研究はそこから各テクストが、先行する複数の異伝をどのように組み合わせて独自の世界観を構築するかという、テクスト間の差異を時間軸に沿って捉えるひとつの解釈史へと向かう。(6)しかし、同時にこうした複数の異伝は当時の人間にとってまったく異なるものと受け止められていたのではなく、むしろ差異を含みつつも同一の世界観のもとに包摂されるものとして成り立っていたことに留意しなければなるまい。

テクスト間の相違を見出すだけでなく、それがどのようにひとつの共同幻想を作り上げているのかを見なければ、神話の喚起する感情的な秘密は解き明かすことができない。神野志らが「世界観」という言葉を使うとき、そこにはディルタイ流の精神科学が無意識的にせよ念頭に置かれている。しかし、世界のなかに自己を位置づけて主体を構築するさいには、合理的な世界観だけではなく、感情的な想像力がかならず作動していることを見落としてはならない。ポストモダンの精神分析家ジャック・ラカンが言うように、シニフィアンとしての象徴界だけでなく、情動を含むイマジナリーな領域を扱わないかぎり、神話は何度でも私たちに憑依してやまない。[7] 精神分析を除けば、人間の信仰心を扱う宗教学も含めて、近代の人文学は人間のイマジナリーな領域を捨象することでその客観的な立場を保とうとして来た。それゆえに、学問的な装いをまとった文章が一般の人たちの感情に訴える神話イメージを宣布しはじめると、観念的な世界観のみを取り扱う学問はその前に無力な後退をしはじめる。

それは社会学者のマックス・ウェーバーが懸念したごとく、ナチスが全体主義のスローガンとして用いたアーリア神話の隆盛、あるいはほぼ同時期に起きた日本の皇紀二千六百年ブームにも端的に見て取ることができる。彼らの説くその世界観が歴史的真正さを欠いたものであり、近代における特定の立場によって創造されたことを指摘したからといって、そういった神話への渇望が止むわけではない。

歴史的作為性を指摘することが国民国家の根本的な否定を意味することにはつながらないことは、「創建から戦後の復興へと続く明治神宮の「伝統」とは、「創る伝統」にこそある」[8] といった具合に、天皇制を軸に据える国民統合論者によって、創造の行為がむしろ完成を意味するものとして積極的に再利用されていることからも明らかである。単純に変化を排除した歴史の連続性ではなく、変化を包摂した連続性にこそ、真の日本精神の完成が成し遂げられるという主張へと、天皇制神話の復活を目論む陣営は、日本神話や神道の国際化の名の下にその戦略を変えつつある。いまやナショナリズムはグローバル資本主義を支える重要なアイテムである。国境を越えるグローバル資本主義を推進するためにこそ、その越境的動きが引き起こす不安の解消装置としてナショナリズム的な言説は不可欠になる。

そしてまた、彼らが霊性知識人と呼ばれるスピリチュアリストたちと連動しているのも偶然ではない。そこでは中世に仏教と習合していた神道もまた、天皇制の寛容さを示す証拠として、近年では観光の言説に巧みに組み込まれ、「日本初の神仏習合の霊場　出雲国神仏霊場巡り」「神仏や宗派を越えた聖なる祈りの連関」といった文句が謳われる。この組織を掌る安来清水寺の貫主である清水谷善圭は、宗派の壁を越えようとする見方を提示する宗教学の知識をふまえて、次のようにその理念を語る。

外来の文化の受容に寛容な日本では、固有の信仰である神道と外国から伝来した仏教が、「神仏習合」という思想に基づいて共存してきた。神も仏も等しく敬うこの思想は、「和」を大切にする日本人の調和精神のあらわれと言えよう。二十一世紀に神仏習合の巡拝路「出雲国神仏霊場」が誕生したことは、調和精神、ひいては精神的な豊かさの復権という現代人の願望を反映しているのかもしれない。(9)

出雲地方もまた出雲大社を軸として二〇〇五年に「島根・鳥取両県の二十の神社仏閣に参拝する巡拝路」を作り上げ、伊勢地方とならぶ、神仏霊場を巡礼する全国名所の一大拠点として位置づけられる。続いて二〇一三年九月には「古代歴史文化賞」が島根・三重・奈良・宮崎の四県の共同で発表された。その受賞シンポジウムが「日本の始まり　出雲・大和・日向・伊勢」というタイトルであったように、この四県は天皇家の始祖が天孫降臨したとされる宮崎県、そこから東遷して初代神武天皇が即位したとされる奈良県、天皇家の祖先天照大神を祀る伊勢神宮のある三重県、そしてこの天皇家に日本全国の国津神を代表して国譲りをした大国主神を祀る出雲大社のある島根県と、いずれも記紀神話の骨子にかかわる県なのである。その四県がみずから積極的に地元の観光振興のためにと神話を鼓吹し、古代神話ゆかりの賞を発足させたのであった。

なかでも、大国主神の出雲大社を擁する島根県がこの企画の中心的役割を果たしているのが、著しい特徴といえる。大国主神（『古事記』の表記）あるいは大己貴神（『日本書紀』の表記）は、少彦名神の力を借りながら、日本各地を遊行して国土の「国造り」をした神として古代以来、広く知られた神である。風土記では「天の下造らしし大神」[10]大穴持神とも呼ばれ、近世には「大黒天」と習合して福の神・縁結びの神として篤い信仰を日本全国で集める。各地の特産物や地名由来を記す『風土記』は、天皇系の歴史を編年体で記す『日本書紀』の時間軸に従って、その地理空間的な天皇神話の広がりを語ったものであるから、『日本書紀』と同じくその名をオホナムチ神と記す。その意味でこの「古代歴史文化賞」は、出雲の側から天皇制神話の産物である記紀の世界をとらえ返そうとした試みと理解することも可能であろう。

しかし、一方でこうした神話的世界を現実に地理的空間に次元化させようとする行政の試みは、かつて日本全国を沸き立たせた皇紀二千六百年の観光ブームをも想起させる。それは西暦一九四〇年を、実在しないとされていた神武天皇の即位から二千六百年を数えるとして、「内閣の紀元二千六百年祝典事務局（一九三五年設立）と半官半民の財団、紀元二千六百年奉祝会（三七年設立）」[11]を中心にして、日本中で式典がおこなわれた祝賀祭であった。アメリカの日本学者であるケネス・ルオフは、観光産業と提携して日本列島が可視化された天皇制神話の空間へと変貌していくさまを次のように記述している。

> 二千六百年に先立つ二年間に、一二〇万人以上が勤労奉仕のために、天皇陵や神社などの多くある奈良県を訪れ、皇室関連の場所の拡張や清掃に従事している。……新聞社と百貨店は、紀元二千六百年に大衆の参加

や消費を促すうえで、大きな役割を果たした。その頃、日本の中産階級が欠かせなくなっていた文化活動を担う民間スポンサーは三つあった。そのうちの二つが、新聞社（広い意味では印刷メディア）と百貨店である。三番目のスポンサーは鉄道会社であり、当時、藤谷みさをのベストセラー『皇国二千六百年史』は新聞社の募集で特賞となった作品であり、当時こうした募集が二千六百年史記念行事への参加と消費をどれほど促してきたかを示す見本となっている[12]。

その軸をなすのが、「(1)橿原神宮境域ならびに畝傍山東北陸参道の拡張整備、(2)宮崎神宮境域の拡張整備、(3)神武天皇聖蹟の調査保存顕彰[13]」である。それは記紀神話の空間を実際の地理上に可視化させることで、観光ツアーを通して国民たちに自分たちの歴史の淵源を再体験させる狙いをもつものであった。神話という言説は太古の歴史を語ることで、現在の語り手たちの主体を活性化させる作用をもつ。歴史的起源へのノスタルジアを語りつつも、そのノスタルジアを通して人々の想像力に働きかけることで、現在の社会状況へ深くコミットするきわめて政治的な働きをもつ。

事実、一九四〇年には、日本旅行協会から斎藤喜八編『神武天皇の御聖蹟――日向から大和へ』などの各種の旅行パンフレットが刊行され、同年戦前最高の四百万人が伊勢神宮を参拝し、元旦には百二十五万人が橿原神宮を参拝している。そして大分・福岡・広島・岡山・大阪・和歌山・奈良の各府県には、約二十ヶ所に及ぶ神武天皇聖蹟顕彰碑が、「神武天皇聖蹟調査委員会」の答申に基づいて、花崗岩製の同一規格によって設立された。ラジオでは空前の国史ブームがおこり、「週一回の「神社めぐり」や「史蹟めぐり」、それに週三回の「国史」や「国文」の講座、……紀元二千六百年奉祝の式典や祝賀会の模様も特別放送され〔た〕[14]」。国民たちは喜んで伊勢神宮や橿原神宮を遙拝した。「天皇による靖国神社や伊勢神宮の参拝、その他特別の国家行事に関連して、国民に求められたものである。一九三八年以降、帝国臣民は毎年四月と十月の二日について、午前十時半を黙祷の時間とするよう指示された[15]」と、ルオフは説明している。

ここで重要なことは、ルオフが指摘しているように、神話の内容が「国史」として、すなわち実在の歴史として認められたことである。実在しなかったはずの神武天皇陵を調査して一九四二年に文部省宗教局から刊行された『神武天皇聖蹟調査報告[16]』には、京都大学の日本思想史講座教授の西田直二郎、東大神道講座教授の宮地直一、神宮皇学館学長で国語学者の山田孝雄、東大の日本精神史講座教授の平泉澄、東大国史学科助教授の坂本太郎、同大学名誉教授の辻善之助、早稲田大学の神話学者である西村眞次など、そうそうたる学者が名前を連ねていた。

すでに一九一〇年代から一九二〇年代前半にかけて、早稲田大学教授の津田左右吉によって、『神代史の新しい研究』、『古事記及び日本書紀の新研究』を皮切りとする、一連の記紀批判の著作が出版され、神代史はもちろんのこと、神武以降八代目の天皇まではその実在が学問的には否定されていたにもかかわらずである。[17]神話はリアルなものとして、生々しく復活しつつあった。「ごく最近では、北朝鮮が日本の万世一系思想の向こうを張って、檀君神話をもちだしている。檀君……による朝鮮建国物語も、神武天皇神話と同じくらい奇想天外なものだ[18]」。このようにルオフが、当時の日本の状況を、現在では多くの日本人が嘲笑する北朝鮮の神話的世界になぞらえて批判するのも当然のことであろう。北朝鮮では太古の神話的人物である檀君の陵墓が見つかったとして、一九九三年になって檀君を実在の人物として報告しているが、それを批判する研究者は、北朝鮮国内には当然のことながら一人もない。

もちろん、今日では出雲大社でも伊勢神宮でも、あるいは右傾化している現在の内閣でも、神話が実在したと明確に言い切る立場を積極的にとることはない。たとえば、明治神宮の国際神道研究所で主任研究員を務める今泉は、日本の宗教団体ワールドメイトが中心になって設立した神道国際連盟が出資し、現在では明治神宮も寄付するロンドン大学SOASに留学した後に、『創られた伝統』の著者であるE・ホブスボームらの意見を取り入れ、単純な連続性ではなく、むしろ作られたときにこそ偉大なる伝統の完成という一大画期が変化として起こったのだと主張している[19]。

もちろん、彼らが目論むのは非連続性を前提とした連続化ではなく、連続性のなかに非連続性を組み込むことにある。暗黙裡に、いまだ現前せざる民族という連続する伝統体を具現化させるために、「創造」という歴史的変化の画期が連続性により高次の完成形態をもたらすために組み込まれたのにすぎない。そのような視点が、彼女の師事した西洋の神道学者たちの描く、歴史的変化を包摂した民族神道論と合致するのは当然のことであろう[20]。

それを批判しようと、現在の明治神宮の道義をめぐる言説がいかに戦前からつながっているかを跡づけようとした日本思想史の研究者がいたが、そういった戦前からの言説の連続性も、それ以前との非連続性の指摘とともに、明治神宮側ではすでに計算済みのことである。そうした批判は、明治神宮の道義概念の問題性を暴きだすものとはならず、むしろ近代に「創られた」道義概念がいかに今日まで脈々と連続して完成しつつあるのかということを支える傍証になってしまった。

その研究者が日本帝国の旧植民地出身であったがゆえに、事態はより複雑な様相を呈する。本人の意図に反して、明治神宮の道義概念を歓迎する旧植民地の人間が今でも存在していることを物語る美談にさえ受けとられかねないニュアンスを帯びてしまったのである[21]。言説論が個々の言表内容を均質化したものとして捉える立場を前提とする以上、国民の同質化を推し進める明治神宮にとってはむしろ自らの言説の均質な広がりとその歴史的経緯を明らかにしてくれる研究は、自らの存在を言祝ぐ行為に映ずることだろう。

そして、このような構想をもつ明治神宮国際神道研究所に、神社庁や神道国際連盟とつながった神道学者だけでなく、かつてはマルクス主義系歴史学とも関係を有していたような研究者たちまでもが積極的に参加している[22]。

それは、現在の日本国民たちもまた今日の理性的地平と矛盾しないかたちでの神話的世界の蘇生を暗黙裡に望んでいることを的確に早く読み取った研究者側の動きと理解することができる。「古代歴史文化賞」では霊性知識人に混じって、マルクス主義歴史学者の受賞がみられるが、戦後のマルクス主義歴史学が天皇制には対抗しつつも、天皇制とは異なる「日本民族」の起源を求めてやまなかったことを考えれば、マルクス主義と資本主義という冷戦下の対立が消失した今では、同じ歴史的淵源を探求する同志として、その栄誉にあずかることも奇異なことではあるまい。

ベネディクト・アンダーソンは、「ナショナリズムは、他のイズム〔主義〕とは違って、そのホッブスも、トクヴィルも、マルクスも、ウェーバーも、いかなる大思想家も生みださなかった」、しかも「それが哲学的に貧困で支離滅裂だ」ということを指摘したが(23)、ナショナリズムが個人を集団に同化する言説である以上、その言説の特徴は個性ではなく、むしろいずこにおいても反復可能で共有可能な陳腐さにあるからである。その発言者を取り巻く現状に対する批評的な介入がその語りの目的になるのではなく、むしろその現状を肯定することが目的である以上、その思想は個人的な特徴を失うのが当然の成り行きと言える。

その点で、記紀の神々が物理的に実在しているなどとは神道学者たちも明言しないし、仏教が出世間を説く異教だなどとももはや攻撃しない。むしろ神話は「国民」の心の拠りどころであり、他の宗教伝統とも共存しうる、日本人の寛容さを示すものであるといった言説を積極的に前面に押し出している。そして、明治神宮が説くように神社の森は、国民が自然と一体になれる、心を癒すことのできるエコロジカルな場所だという言説こそが、現代の天皇制神話のポイントなのだ。

日々の悩みや葛藤を含む人間の私的領域を包み込み、異なる宗教伝統との共存を可能にする寛容な公共空間が、万世一系を説く天皇制によってのみ保証されるという点にこそ、皇紀二千六百年を祝した一九四〇年の頃と変わらない、近代日本の天皇制神話の特質がある。しかも、「人工」植樹された明治神宮の森が「自然」林に帰化しつつあると説くことによって、近代に人工的に「創造」された天皇制という公共空間も太古の歴史的始原へと回帰するのだと主張される。その「始原」とは何かという、起源のレトリックに対する反省的な批判がまったく加えられることなく、こうした主張が学問を含めて、日本社会一般に受け入れられてしまっているところに今日の日本社会の不気味さがある。

かつて皇紀二千六百年の祝賀行事を録画した映画『天業奉頌』[24]に、ハーケンクロイツの腕章をつけたドイツ人が登場して日本の国体を祝したように、いまもなお、神道信者ではない外国人の神道研究者によって日本の神社神道が「民族神道」として正しい道を歩んでいると祝される。そして、靖国神社を戦前の日本帝国への先祖がえりであると批判しつつ、明治神宮や伊勢神宮の言説を言祝ぐ彼らの批判の仕草[25]が、日本の神道界をして、自分たちは外国人の批判にも開かれた寛容な宗教なのだという信念を確信させてくれる。もちろん、彼らは天皇制を根本から批判することはしない。そのために、彼らは自分たちが価値中立な立場を保持する研究者にほかならないという装いをまとう。

例えば、英語圏の神道学者は、「神社本庁が、伊勢、皇室、万世一系の神話を中核とする「神国日本」の復興を狙うこと自体は、もちろんその自由であって、筆者はそれを批判するために筆をとったわけではない。むしろ神道の現代史という、ほとんど研究がない課題に迫りたいと思ったのみである」[26]（傍点は磯前）と発言している。

だが、このような古き宗教現象学的な価値中立性が、最近では日本ではオウム真理教事件にコミットした宗教学の躓き、古くは戦中の京都学派の戦時時局への積極的関与によって破綻をきたしたものであることはいまだ人々の記憶に残る。一九九〇年代から二〇〇〇年代に一時的に流行した「宗教概念論」もまた、そうした宗教学の中立幻想がこの術語の使用者たちの意図とはかかわりなく、どれほど特定の政治的な役割を果たしてきたのかを暴露するものであった。たしかに、それ以降の宗教学は自らの存立基盤をなすこの「宗教」という用語の政治性に無自覚ではありえなくなっていた。しかし、いまやこうした言説批判論の手法自体が無残なまでに脱政治化されて、宗教概念論を実体化させた「日本宗教史」と名づけられた近代宗教史研究の言説が氾濫しているのは、この分野の研究者には周知のとおりである。

とくに宗教哲学や神道学の分野では、既存の宗教教団が自らのアジア太平洋戦争時の時局コミットの過去を消去しようと、こうした価値中立の立場を装う欧米の研究者を財政的に支援することで、政治的なものを非政治化させてきたことは、国内の沈黙状況と対照的に、国際的にはあまりにも悪名高い。それは海外の京都哲学研究者と禅宗寺院との関係からはじまって、海外の神道学者と国際神道連盟や明治神宮との蜜月関係として拡大してきている。「「国家神道」の時代がとっくに終わり、終戦後の「神道指令」から六〇年以上も経って、新世紀に入っている現在の神道[27]」というその発言は、島薗進が「一九四五年以後も国家神道は存続している[28]」と告発する立場に比べて、どれほど神道界にとっても日本人とっても、ナルシシスティックな自己像として心地良いものになっているかを省みる必要があるのではないか。

そうした自己愛的な動機から出た研究が中立的な研究の装いをまとって、本来は国際的にはごく一部の研究者の発言にすぎないにもかかわらず、それが国際学界の承認という曖昧模糊としたかたちを取って現れてしまうところに、今日の日本の宗教研究が抱える国際化の躓きがある。こうした海外の日本研究者たちは自分が編者や企画者を務める学術的雑誌の出版を通して、政治的な主張を客観中立的な装いのもとに脱政治化させた研究成果として読者を獲得しようとしている。すなわち、産学協同の宗教研究的実践としての、ジャパン・マネーを潤沢に有する宗教教団による学問の資本主義化である[29]。主張の是非ではなく、資金の多寡によって言動を容易に左右する新しいタイプの研究者がすでに大量に出現しているのだ。

言うまでもなく、タブーの存在しない社会など幻想にすぎない。自分がタブーのない社会に住んでいると思っているのは、その社会に禁忌に深く馴致されているがゆえに、その禁忌に同一化していることに気づかないだけのことである。むしろ、そうした抑圧が実際に発動している事態を批判する言表行為を認めることができるか、そういった批判的言表が表面に出ないように根本的に排除し続けていくのかで、その社会の言論の自由さは決まってくる。そして現在のように神話が復活してくるとき、こうした批判的契機そのものが社会の闇へと深く葬り去られていく。後に触れるように、そこに本当の「まつろはぬ神」の行方があり、「祀られぬ神」の行方がある。

われわれが気づくことのできる表面に顕れ出ている神々は、それ自体がもはや「まつろはぬ神」でも何でもない。今日の神話化しつつある社会の特徴として看取されるのは、かつてのようには、そうした禁忌のもたらす排除の問題を研究者が批判できる状況にはなく、むしろ研究者自らが積極的にその禁忌と同一化することで禁忌がなかったかのようにふるまう状況が趨勢を占めていることである。『現代思想』の「出雲特集号」の多くの寄稿者がそうであったように[30]、「まつろはぬ神」の存在を説いている研究者が自らの言表行為によって、「まつろはぬ神々」へと追いやられた存在を隠蔽してしまっていることが今日の根本的な問題なのである。

もし真剣に神の実在や、自らの信仰の他宗教との共存を考察するならば、物理的な実体を伴わないにもかかわらず、信ずるという行為が「私」や「私たち」という主体を構築する過程、さらには諸宗教を分かつとみなされてきた境界線そのものを問い直す次元へと議論は展開されていくことになるだろう。そこではもはや〈宗教＝私的なもの／文化＝公的なもの〉という二分法も素朴なかたちでは維持されえないし、今日の公共宗教論が暗黙の前提とする公と私とを重ね合わせた公共、あるいは公的でも私的でもない公共といった概念自体が一度は根本的に疑念にさらされることになろう。それが二項対立的な思考に依拠するものであれ、二項対立を廃棄しようとするものであれ、あらかじめ暗黙の前提として確保された自らのアイデンティティの連続性を手放すものでなければ、こうした神の実在や他宗教との共存といった問題は、その問いを提起する主体そのもののあり方を再検討するかたちでしか成り立ちえないのだ。

今日の日本社会を覆いつつある神話化の現象は、一見すると「癒しの力」のように優しく見えるが、こうした理論的かつ批判的な姿勢を放棄させる思考停止の状態のように思われる。C・G・ユングがかつてナチスを捉えたヴォータン神話を批判したように(31)、人間は神話的なものの力の圏域外に逃れ出ることはできない。むしろ、自分こそは神話の外部に逃れ出ているという意識そのものが、新たな神話による憑依を招き、経済的あるいは社会的な地位といった報酬をふくめて、神話的な享楽《ジュイサンス》へとその語り手たちを引きずり込んでいく。そうした言説のなかには、本当のところ、まつろはぬ神々が存在する空間など存在しえない。ジョルジョ・アガンベンが述べるように、犠牲者とは排除されつつも包摂される存在である。彼らは、決して社会の表面には浮上しえないようにと、深く深く社会の闇へと沈め殺されていく(32)。

排除されるとは、単に社会の外部に放逐されることではない。それだけですむならば、放逐された者はアウトサイダーになればすむだろう。排除とは社会の内部に包摂するための行為であり、包摂も排除行為の一面にほかならない。その意味では、神や天皇を称揚する者たちは、自らに異を唱える対立者を排除しているだけではないのだ。彼らは他者を排除する資格を得るために、自らの主体を大きく損ない、自身を排除することで支配的言説に同化しようとする。そうした自己損傷が苦痛を覚えないほどに深く同化されている点に、排除の根源的な問題がある。

自分の居場所に危機感を覚える者こそがその主体を保持するために、自らの主体の一部を排除することで支配的言説に同化しようとする。それはポストコロニアル研究の祖、精神分析医のフランツ・ファノンが明らかにしたように、マイノリティこそが、自らの不安なアイデンティティの危機を感じて、マイノリティに同化しようとする[33]。かつて植民地朝鮮において、強制された神道という支配的言説を転覆させようと、崔南善が積極的にその言説に与しつつも、結局はその言説に同化されていったように[34]、支配的言説の享楽に呑み込まれないように主体を構築することは容易ではない。そもそも主体が他者の享楽から自由になりたいと願っているということ自体が錯覚にすぎないかもしれないのだ。

もちろん、今日、出雲大社や神魂神社に詣でる若い女の子たちには、天皇制を支持するために訪れているといった意識は毛頭ないであろう。たしかにその点で、思想・信条的に天皇制国家への忠誠を言明させられた紀元二千六百年の当時と現在の社会意識には決定的な相違がある。思想的な主体化や規律化というイデオロギー化の過程は今日の日本社会では顕著なかたちではみられない。しかし、ここでミシェル・フーコーが権力には二つの形態、規律化と生政治があると述べていたことを思い出す必要がある[35]。規律化とは戦前の天皇制国家のように、思想信条の次元から国民の主体化を推し進める統治方法である。一方、近年注目されているのが生政治と呼ばれる、思想的な規律化を伴わず、身体を管理する統治方法である。その典型が福祉国家であり、個々の国民の抱く思想信条とはかかわりなく、国民総体としての生産性を落とさぬように、その身体を保持させる術である。

その身近な例を挙げれば、われわれが電車に乗るさいに、どのような思想信条を抱いているかによって乗車拒否されることはない。乗車するためには切符を買って、自動改札を通ってしまえば、どのような考えをもつ人間でも電車に乗ることができる。ある程度、車内で騒いだとしても、許容限度を越えないうちならば、車内で傍若無人な態度で振る舞うことさえできる。心のうちにどのような邪な考えや淫らな想いを抱こうが、それが他人に向かって口にされないかぎり、何の問題にもならない。こうしたかたちで乗客を乗せて、彼らの安全を保証しつつ目的地まで電車は走っていく。それがまさに生権力の本質を体現したものだ。切符を自動販売機で買い、自動改札を通って電車に乗るために、どれほどの資格審査が要求されているのだろうか。むしろ、無審査であることによって、できるだけ多くの乗客の確保が可能になるのであり、そうすることで鉄道会社は潤うと理解したほうがよいだろう。

こういった視点から見れば、神社を参拝する若い女の子たちが、たとえ彼女たちとしては縁結びの神に会いに来たという意識をもっているにしても、実際にその神社が天皇家ゆかりの神を祀っている以上、政府や神社界などの天皇制を支える側からすれば、天皇制を無意識裡に支持させるという目的は充分に達せられることになる。戦中期のような強制参拝や思想教育という外的暴力を伴わず、彼女たちが天皇制という電車に乗り込んでいってくれるのなら、彼女たちの自意識が良縁を目的とするものであれ、観光であれ、森林浴であっても委細かまわぬことになる。こうして天皇制という公共空間を成り立たせ、そのなかに無邪気な国民を、思想的なアレルギーを感じさせることなく包摂していく。それが今日的な生政治による見事な権力統治の姿なのではないだろうか。

本当に電車に乗り込むのに資格はいらないのだろうか。誰でも電車に、どんな思想信条をもつ人間もその電車に乗ることが認められると言えるのであろうか。やはりそこには暗黙の合意、あるいはその合意に基づく排除が存在する。天皇制を批判する者、神社神道の権力性を問題する者はそこには入ることは認められない。切符を購入すること自体が許可されないだろう。切符を購入するためには、簡単なものであっても、日本語が理解できなければならない。その日本語ができるということ自体が、すでに特定方向に主体化を決定づけられている。それがさほど簡単な行為ではないことは、言語のわからない国に行って、切符を購入しようとすれば容易に思い当たる。

そもそも自動販売機は存在するのか、しないのか。存在しなければ、窓口で何語をしゃべる必要があるのか。日本語は論外としても、国際語とも言われる英語は通じるのか。あるいは自動販売機があるとしても、どのボタンを押したらよいのか。自動販売機のシステムには万国共通のものなどありはしない。自分たちが植民地化した国、あるいは自分たちを占領した国を訪れるならば、理解できる言語がそこに記されているかもしれない。そして自動販売機のシステムもかなり類似したものになっているかもしれない。しかしそうだとするならば、それは植民地化や占領の歴史がもたらした理解の共通性であり、そういった政治的影響圏の外部に日本と直接のかかわりをもたない国々が多数存在することもまた事実なのだ。

われわれはそういった自分の想像の及ばない外部を考えようとせず、日本の歴史に馴染みのある国を訪れては、それを普遍的なものと誤認してしまう。運よく車中に乗り込めたとしても、その国の乗車マナーと異なる振る舞いをすれば、車内から追い出されしまうことや、暴力的制裁を加えられることもある。無意識裡におこなってしまう宗教的な侮辱、性的な侵犯。文化的なコミュニケーションの行き違いは至るところに可能性として存在する。同じ文化コードを共有する共同体の外に出たことがないから気づかないだけなのだ。そして、この同じ文化コードに暗黙裡に同化するという事態そのものが、一見自由を与えたように思わせながらも、まさに生権力を根底から支えている基盤なのである。

そういった同化と排除の問題を考える時、出雲神話の提起する国譲りの問題、まつろはぬ神を祀り上げることの政治性が大きな主題として浮かび上がる。それは、皇紀二千六百年の祝賀行事には出雲が加えられておらず――出雲大社側に今も境内にはためくあの巨大な国旗をこの時期から掲げはじめたのだが、国家の観光ルートには加えてもらえなかった――、なにゆえ現在の神話ブームでは伊勢神宮とともに出雲大社が並べ称されているのかという、今日の神話ブーム固有の意味を解き明かすための手がかりにもなるはずである。

二　近代神道を支える国譲り神話

そのときにまず検討に付されるべきなのが、原武史の批判する『国体の本義』に対して、平田派の記紀理解をどのように位置づけて評価するかということである。筆者の見解からすれば、『国体の本義』と平田派の考えを対照的なものとして結論づけられるほどには問題は単純ではない。そこで鍵を握るのは、大国主が天皇家に対しておこなった国譲りという行為の意味である。『日本書紀』本文によれば、その物語は次のようになっている。

天照大神の子……天忍穂耳尊、高皇産霊尊の女……を娶きたまひて、天津彦彦火瓊瓊杵尊を生れます。故、皇祖高皇産霊尊、……遂に皇孫天津彦彦火瓊瓊杵尊を立てて、葦原中国の主とせむと欲す。然も彼の地に、多に蛍火の光く神、及び蠅声す邪しき神有り、復草木咸に能く言語在り。故、高皇産霊尊、八十神を召し集へて、問ひて曰はく、「吾、葦原中国の邪しき鬼を撥ひ平けしめむと欲ふ。当に誰を遣さば宜けむ。」(36)（傍点は磯前）

ここでは、葦原中津国と呼ばれる地上の世界には多くの邪神が住んでおり、それを平定した後に天照大神の孫である火瓊瓊杵尊《ホノニニギノミコト》を天孫降臨させるという計画が述べられている。しかし、地上の神たちがなぜ邪神なのかは説明されていない。草木が言葉を話すのが邪なる世界なのであろうか。ではその言葉を封じ込めてしまえば、平安な世界が訪れるのであろうか。そして、最終的に高皇産霊尊《タカミムスヒノミコト》は武甕槌神《タケミカヅチノカミ》と経津主神《フツヌシノカミ》の二神を葦原中津国に遣わす。ここで大国主神は「天の下造らしし大神」として、日本列島の国作りを完成させた、葦原中津国を代表する支配者とみなされている。その国譲りの交渉がおこなわれたとされる稲佐の浜は、出雲大社から歩いてわずか十分足らずの場所にある。毎年十月の神有月になると、全国からやってきた神々がこの浜から出雲大社に集い寄ると言い伝えられている。

> 二の神、是に、出雲国の五十田狭の小汀に降到りて、即ち十握剣を抜きて、倒に地に植てて、其の鋒端に踞て、大己貴神に問ひて曰はく、「高皇産霊尊、皇孫を降しまつりて、此の地に君臨はむとする。故、先づ我二つの神を遣して、駈除ひ平定めしむ。汝が意何如。避りまつらむや不や」とのたまふ。……故、大己貴神、……二の神に白して曰はく、「……吾亦避るべし。如し吾防禦かましかば、国内の諸神、必ず当に同く禦きてむ。今我避り奉らば、誰か復敢へて順はぬ者有らむ」とまうしたまふ。……言訖りて遂に隠りましぬ。[37]

このようにして、大国主神は葦原中国の支配権を天皇家の祖先神に譲渡し、歴史の表舞台から退場する。『国体の本義』が依拠したと思われる『日本書紀』本文の論理とは、天皇に対する一方的な服従とも解することができる。さらに『日本書紀』本文には続きの文章があり、そこで避《さ》らなかった神々は「二の神、諸の順はぬ鬼神等を誅ひて、一に云はく、二の神遂に邪神及び草木石の類を誅して、皆已に平けぬ」[38]と、殺戮されたのである。自ら避るか、殺されるか。そのいずれかの選択しか許されないのが、天皇家の国譲りの論理であった。殺されることを回避したいのならば、大国主神には国譲りしか許される選択肢はなかったことになる。こうして無理やり地上から去らざるをえなかった「まつろはぬ神」、そこに出雲神話に対して現代の神話学者たちが思いを寄せる大きな理由がある。

しかし、大国主神が本当に「まつろはぬ神」かというと、「今我避り奉らば、誰か復敢へて順はぬ者有らむ」

という書紀本文の大国主神の言葉からすれば、彼はまつろうたがゆえに、地上から去ったとされている。それに対して、隣の鳥取県生まれの作家水木しげるは、このときの多くの出雲の人々の心中を、「しぶしぶ国譲りに応じたオオクニヌシ」の言葉に代表させて「こんなかたちで出雲王国を奪われるとは……無念である」(39)と語らしめている。これは二〇一二年に発表された『水木しげるの古代出雲』からの一節だが、水木は若いときから出雲の霊が夢枕に現れては自分たち一族の滅亡した様子を早く描けと、そうすることで自分たちの無念を晴らすようにと促されていたと感じていた。他方、こうした水木の思いとは異なって、『日本書紀』の第九段第四の一書や『古事記』の文章は、国譲りをした大国主神を高く称揚する。それが、平田派が大国主神を高く評価する根拠として言及されてきたのである。

時に高皇産霊尊、乃ち二の神を還し遣して、大己貴神に勅して曰はく、「……夫れ汝が治す顕露の事は、是吾孫治すべし。汝は以て神事を治すべし。又汝が住むべき天日隅宮は、今供造りまつらむこと、即ち千尋の楮縄を以て、結ひて百八十紐にせむ。その宮を造る制は、柱は高く大し。板は広く厚くせむ。又田供佃らむ。又汝が往来ひて海に遊ぶ具の為には、高橋・浮橋及び天鳥船、亦供造りまつらぬ。……又百八十縫の白楯供造らむ。又汝が祭祀を主らむは、天穂日命、是なり」とのたまふ。(40)（傍点は礒前）

この大国主神を祀った天日隅宮が杵築大社、今日の出雲大社である。そして、天穂日命の子孫が、出雲大社のみならず、熊野大社および神魂神社も祭る出雲国造、今日でいう千家一族となる。王政復古を遂げた明治初年に、大教院の祭神として造化三神（天之御中主神、高御産巣日神、神産巣日神）と天照大神の四神に加えて、幽冥界を掌る大国主神も含めるべきであるという意見が、平田国学に依拠して千家尊福から提出されたが、天照大神こそが顕幽両界を治める神であり、他の神はすべてその臣下にすぎないという伊勢派の意見が採択された。

ここから出雲大社関係者、そして平田派の解釈の影響下、出雲大社にまつろはぬ神、あるいは天皇家以前に日本の国土を統治していた大国主神のイメージを求め、そこに日本神話本来の姿を求める動きが現れてくる。伊勢派と出雲派の解釈の相違は、先に挙げたような最終的に『日本書紀』本文を重視するか、一書や『古事記』を重んじるかといった、その依拠するテクストの違いに由来するものでもある。ただし、テクストの相違からそれぞれの立場の違いが生じたのではなく、自分の主張する立場に近いテクストが採用されたのにすぎないとみるべきであろう。

テクストに関して言うならば、神野志隆光が指摘するように、(41)『日本書紀』本文と『古事記』の関係をはじめとして、各テクストは本来固有の構造を有するのだが、それを受容する側は記述の齟齬に気づきながらも、自分の認識のもとにひとつの世界観として再構築していったのである。その再構成の仕方から過去の記紀解釈史を省みるならば、『日本書紀』本文こそが正伝で、『古事記』がまったく顧みられなかったといった、従来の通説が妥当性を有していないこともすぐに分かる。たとえば、朝廷が儀式で唱える祝詞には、『古事記』には登場するが『日本書紀』本文には見られない「高天原」という言葉が必ず唱えられるなど、その再構成の仕方はまったくもって一様ではない。

では、この国譲りをめぐる書紀本文と一書の関係はどうであったのか。平田派が支持する書紀一書では、現在の出雲大社に続くかたちで「汝が住むべき天日隅宮」が大国主大神のために造営され、それを高皇産霊尊の命令にあるように「天穂日命」の子孫である出雲国造家が祭祀したと記されている。ここで注意を喚起しておきたいのは、天穂日命が天皇家の血を引く子孫であり、大国主神ら国津神の子孫ではないことである。天穂日命とは、スサノヲと天照大神が誓約をおこなった際に、天孫降臨する彦火瓊瓊杵尊の親である天忍穂耳尊とともにその弟として生まれた天津神なのである。その点では書紀本文も同じ立場を取っており、天穂日命が「出雲臣」の祖先であるとしている[42]。ラフカディオ・ハーンもまた明治時代に、「宮司様とは千家尊紀、日の神天照人御神の御新鋭である」[43]ことを指摘している。

だとすれば、出雲大社において大国主神は、天皇制側の天津神によって祭祀されることで、地上から「避る」ことができたのであり、「神事を治す」ことが可能になったと見るべきである。平安時代の注釈書『令集解』には職員令神祇官条の古記解釈として「天神者。伊勢。山代鴨。住吉。出雲国造斎神是也」、「地祇者。大神。大倭。葛城鴨。出雲大汝神等是」とある[44]。他の注釈ともほぼ相違ないところで、出雲大汝神と記される大国主神は国津神（＝地祇）であり、それを祀る出雲国造自身の神、熊野大社の「伊射那伎の日真名子、かぶろぎ熊野の大神櫛御気野命」、さらには神魂神社のイザナミ大神も天津神ということになるのであろう。このように天津神の子孫である天皇家側の祭主によって祀られることで、まつろはぬ神は天皇家に従い、国譲りをして神《かむ》避《さ》ることになる。こうして、天皇家が祭祀すなわち神々の生殺与奪権を握るという点では、『日本書紀』本文も一書も『古事記』もさほど変わらない論理構造のなかに組み込まれてしまう。

このような解釈は明治初年に天照大神と対等な地位を大国主神に求めた出雲大社の千家尊福らの解釈からは大きく異なるものであり、天皇家の神々に比重を置きすぎた立場に立っているようにも見えるかもしれない。しかし、千家が求めた大国主神を祭祀する場が大教院という明治政府が認定した、あくまで近代天皇制の秩序下での承認であること、そして何よりも千家が単なる出雲土着の国津神の子孫ではなく、国譲りの完了した地上に天孫降臨した火瓊瓊杵尊の叔父、天穂日命という血統に出雲国造としての正統性を求めていることから見れば、出雲派もまた近代天皇制の支配を前提にしていることは明らかである。

それゆえ出雲国造は今でも自分の本拠地であった意宇地方において、「天神者。……出雲国造斎神是也」という『令集解』の文言のとおり、天津神を祭祀している。井上光貞らによれば、出雲大社とは、意宇地方に拠点を有していた現出雲国造らの祖先、出雲臣が畿内勢力である天皇家と結び、現出雲大社のある杵築地方の勢力を平伏あるいは滅亡させて、そのまつろはぬ神を従わせるべく祭祀した朝廷側の掌握する場所にほかならない。それゆえに、出雲国造は天津神の末裔として、同じ天津神の根源である天皇の御世のために、葦原中津国の神々が、天津神も国津神も安らかに鎮まれと神賀詞を唱え奉げるのだ。

> 出雲の国の国造姓名、恐み恐みも申し賜わく、挂けまくも恐き明つ御神と大八島国知ろし食す天皇命の大御世を……斎うと……して、出雲の国の青垣山の内に、下つ石根に宮柱太柱知り立て、高天の原に千木高知り坐す伊射那伎の日真名子、かぶろぎ熊野の大神櫛御気野命、国作り坐しし大穴持命、二柱の神を始めて、百八十六社に坐す皇神たちを、……しず宮に忌み静め仕え奉りて、朝日の豊栄登りに、いわいの返り事の神賀の吉詞、奏し賜わくと奏す。(45)（傍点は磯前）

出雲大社が朝廷側の勢力によって作られた社であることを考えるならば、今日の神話ブームのように、出雲大社と伊勢神宮の両遷宮が提携し、かつての皇紀二千六百年の祝賀行事で宣伝された宮崎・伊勢・奈良の三県の親密な関係に加えて、島根県の名が挙げられたのも、それとまったく矛盾した見解ではないことが分かる。むしろ、高千穂峰への天孫降臨から、橿原宮への東遷、そして伊勢神宮の祭祀、こういった天皇家の葦原中津国支配の展開のなかに、大国主神の国譲りと天皇家による大国主祭祀が見事に組み込まれたといってよい。

もちろん、神魂神社や出雲神社を参拝する若い女の子や高齢の観光客たちは、こういったイデオロギー布置などをまったく知らないだろう。しかし、そういった無意識の主体管理のあり方、言い換えるならば本人の自己意識に抵触しないかたちで張り巡らされた権力の網こそが、生政治の秘鑰《ひやく》である。それが、西洋人の日本民族をほめたたえる言説、あるいは西洋的な論理で伝統を創造によって民族精神が完成するといった言説、その背後に動く観光資本主義や宗教教団の思惑やグローバル資本主義化のなかでアルカイックな装いをとった神話は、きわめて現代的なかたちで再生しつつあると見るべきなのだ。それを神社側の戦略として典型的に示しているのが次の記述である。

慶びの日。夫婦の楠の前に立ち、微笑みいっぱいで写真に納まるのは式を挙げたばかりの一組の夫婦。どうぞ末永くお幸せに。そう願わずにはいられない。……写真は、昭和三十三年の復興遷座祭で賑う境内。この当時、楠の木肌には焼け跡がまだはっきりと残っていたという。[46]

明治神宮で神前結婚式を挙げている日本人の様子が微笑ましく描かれ、いかに明治神宮が日本国民の日常生活に根づいているかが、一見すると善意に満ちた筆致で描かれている。しかし、結婚という、私的領域の根源にかかわる生殖行為をふくむ出来事を、明治天皇の徳を祝う神社というナショナリズムの政治空間のなかへとなかば無意識裡に包摂しようとする点に、この記述の現代的な特質が、政治的な意図を非政治的な善意として装うがゆえに看取される。その直後には次のような文章もさりげなく挿入されている。

復興後の社殿には、やがて世界各国のスポーツ選手が参拝に訪れる。昭和三十九年、東京オリンピックで選手村になったのは現在の代々木公園、明治神宮の隣であった。[47]（傍点は磯前）

この記述によれば、日本人の日常に根ざした明治神宮に、海外からもスポーツ選手が参拝にやってくる。スポーツ選手だけではなく、研究者もやってくる。そこで、明治神宮の国際化と日本人の日常生活が暗黙裡に重ね合わされる。このような記述の構成を通して、日本人の私的領域までもが日本の伝統として国際的に祝福されているという記憶が、一般の読者の心のなかに意図的に創造され、無意識裡に彼らのアイデンティティとして刻み込まれる。ここにおいて、出雲地方に良縁を祈願して訪れるような若者たちの無邪気な願望が国民国家の枠組みのなかへと見事に吸い上げられていく「生権力」の機能するさまが見て取れる。

生殖行為や労働を通して、国民を死なせるよりも生きさせる生権力は、このような結婚式や縁結びといった神社のキャンペーンを通して、国民の思想を直接的に規律化するよりも、生産力を調整し、資本主義を促進する働きをなす。他方で、今では神社は一般に葬儀を取り扱わないように、死は生権力にとって関心の埒外の問題としてタブー視されていく。靖国神社は、こうした国民の死の記憶を国家のための死として包摂することで、その死穢を浄化しようとする装置として機能してきた。しかし、天皇のために死ぬことが明快にイデオロギーとして称揚され謳われた戦前の社会ではともあれ、戦後の日本社会では、とくに今日の若い世代の人たちにとっては、だからこそ靖国神社は明治神宮や出雲大社とは異なって馴染むことのできない、どうしても足が遠のいてしまう場所になってきたと考えられる。こうした戦後の国家神道を構成する諸神社間の相違、あるいはその間での競合関係も、きちんと把握しておく必要があるだろう。

ではもう一度、祀るという言葉の意味を考えてみよう。民俗学者の小松和彦は、それを「神として祀り上げて払い除ける」と解釈し、「小さな祠を山の中に作って、そこに送り届ける」として次のような説明を加えている。

横死した人の霊が祟ったので、そのために若宮をつくって、そこに神様として祀り上げるとか、狐が憑いたときにお稲荷様として祀り上げるとかいったように、さまざまな災いをなす神々もしくは精霊というものの処理の仕方としての「祀り上げ」ということは、……日本各地の民俗社会にみられることではないでしょうか。そういうものは祭りを充分にしなければならない。祭りをつねにすることによって封じ込めておくことができる。そうしないと、封じ込めておいた犬神が出てきたり、山姥が……出てきてしまう(48)。

こうした神への祀り上げは、異人殺しといった殺害を往々にして伴うものだが、それゆえに殺害者やその末裔たちの記憶のなかでは耐えきれない事実となり、異人を歓待した記憶へとすり替えられていってしまう。「「異人殺し」という忌まわしい要素を伝説や昔話から抹消しようとしつつ、しかしなおかつその記憶を伝承に留めようとしたとき、異人殺しは異人歓待に変えられ、殺害された異人の所持金は、急死した異人の黄金化、もしくは死という描写を欠いた謎めいた異人の黄金化へと変形されるのである(49)」。このように述べて、小松は次のような民話を例に引く。

吹雪の夜、五人の六部が来て宿を乞う。貧乏で着せるものはないからとなりの金持ちの家に行ってくれという。六部は「泊めるのがいやか」とたずねる。「食物がない」と答えたが六部たちは家に上がり込む。主人は火を焚いてあたらせ、筵をかけてやる。翌朝、……六部たちに稗飯を食わせようと思って揺り起こすと、筵の下から木箱が転がり出る。五人とも同じ箱になって大判小判が入っていた。貧乏人はこれで長者になった(50)。

そして、漫画家の水木しげるが看破したように、大国主神の国譲りをめぐる記憶も強制的な征服からこうした平和な物語に変形させられていった可能性もある。だとしたら、そもそも「祀る」という行為がどのようなものなのかをいま一度考えなければならない。小松は次のような『常陸国風土記』の例に注目する。

石村の玉穂の宮に大八洲馭しめしし天皇〔継体天皇―磯前による補記〕のみ世、人あり。箭括の氏の麻多智、郡より西の谷の葦原を截ひ、墾闢きて新に田に治りき。此の時、夜刀の神、相群れ引率て、悉盡に到来たり。左右に防障へて、耕佃らしむることなし。俗にいはく、蛇を謂ひて夜刀の神と為す。其の形は、蛇の身にして頭に角あり。率引て難を免るる時、見る人あらば、家門を破滅し、子孫継がず。……麻多智、大きに怒の情を起こし、甲鎧を着被けて、自身仗を執り、打殺し駈逐らひき。乃ち、山口に至り、標の梲を堺の掘に置て、夜刀の神に告げていひしく、「此より上は神の地と為すことを聴さむ。此より下は人の田と作すべし。今より後、吾、神の祝と為りて、永代に敬ひ祭らむ。冀はくは、な祟りそ、な恨みそ」といひて、社を設けて、初めて祭りき、といへり。……麻多智の子孫、相承けて祭を致し、今に至るまで絶えず。(51)

「麻多智は夜刀の神を退治して、……全部を殺してしまうのではなく一部を追い払ったあと、山の入口に掘をつくり、境界に社を立て、その社に夜刀の神を神様として祀り上げ、麻多智はその「祝」つまり神官・神の奉仕者になって、そしてもう「祟らないでくれ、恨まないでくれ」といっています(52)」。こうした小松の説明からすれば、神を祀るのはつねに追い払った者ということになる。彼ら祭主が圧倒的に優位な立場にたちながらも、追い払った神に対してその霊威を認め、自らがおこなった暴力的な排除行為ゆえに、祭祀者もその霊威の脅威にさらされ続ける。先に紹介した六部殺しの例は、小松の推測どおりならば、追い払った神の霊威に恐れ戦くあまり、殺害や排除の記憶そのものを抹消しようとした証拠としても解釈可能になる。

実は、私もこの六部の昔話を幼稚園の頃に読んで不思議な印象を有していた。なぜみすぼらしい旅のものが翌日に何も言わずに黄金に変じていたのか、子供の自分には皆目見当がつかなかったのだ。そこで、このみすぼらしい旅人とは貧乏神を装った福の神であり、その見かけにかかわりなく、誰にでも親切であるのかどうかを神様が試したのだという解釈をして、無理やりに納得してまった。それが大学生の頃に読んだ小松の著作によって、実は金目当ての村人に殺害されたという解釈の可能性を知り、自分の想像力の貧しさにひどく驚いた記憶がある。

人間は与えられた物語を自分に都合よく、あたかも自分の住む世界が平和に調和しているかのように解釈したがる。そういった解釈を自分が欲しているからこそ、私は勝手にそのように意味を賦与して、この世に排除や差別、ましてや金目あての人殺しなど起こりようがないと信じようとしたのである。こうした幼かった私個人の心理過程から、与えられた言説を自分たちの都合の良いように受け容れて、その言説が成り立つさいにおこなわれたかもしれない排除的な暴力の可能性を考えようともしない一般的な心理規制を読み取ることも可能であろう。むしろ、そこに人間が神話に魅了され続けてきた大きな原因のひとつがあるのではないだろうか。だとするならば神話とは、つねに祀られていない者を意識の閾外に追い払う排除機能を含むナルシシスティックな語りになる危険性を秘めていることになるだろう。

それゆえに、小松は祀られた者と祀られない者を、「「祀る」「祀られていない」という相違に基づいて、祀られていない超自然的な存在というものを「妖怪」とし、人間によって社がつくられ、そこに祀られるような超自然的な存在を「神」とする」(53)という結論を提出する。では、そういった祀られない、小松が妖怪と分類した神々はどこに見出すことができるのだろうか。たとえば記紀神話で言うならば、天孫降臨の際に、高皇産霊尊が高天原から葦原中津国を見たさいに見出した「多に蛍火の光く神、及び蠅声す邪しき神」「復草木咸に能く言語在り」という神々のことではないだろうか。草木がことごとく勝手に言葉を話すといった状態に、天界の神々は自らの秩序に従わない邪しき怪異な力を見出したものと考えられる。

小松と同様に、そういった祀られざる存在あるいは力を「妖怪」と呼んだのが、先に紹介した鳥取出身の漫画家、水木しげるであった。水木の生まれた鳥取県境港はかつて伯耆の国と呼ばれ、出雲の国の影響圏の外側に位置していた。そのためであろうか、江戸時代に流行する出雲神社の大黒神信仰にも深くは染まらず、出雲国のような神社信仰の強さもそれほどみられなかったようである。

水木は妖怪漫画家として知られるが、そのアイデアの多くは、本人も語っているように、彼の家にお手伝いに来ていた「のんのんばあ」と呼ばれる拝み屋の老婆に授けられた伝統的な民間信仰に基づく部分も少なくない。江戸時代には神道家が憑き物落とし屋としての役割をしばしば果たしていることを思えば、出雲信仰の薄いこの地域にこそ妖怪たちの世界が長いあいだ根強く存在してきたと考えるべきではないだろうか。しかも、この伯耆国は出雲と並ぶ狐憑き信仰の盛んな地域であり、水木の漫画にもしばしば狐憑きにまつわるエピソートが描かれる。水木の慕うのんのんばあは、毛坊主と呼ばれる真宗の僧侶と一緒に暮らしていたと伝えられるが、この僧侶もまた憑き物落としを生業とする僧侶であった可能性も考えられるのである。

三　鳥取県境港の水木しげるロードへ

再び、私の出雲旅行に話を戻そう。知人ともに出雲大社を離れて、隣県の境港市、水木しげるを生んだ故郷へと足を運んだ。私は幼いころから水木しげる漫画のファンなのだ。境港の商店街もまた一時は他の地方都市と同様に、東京や大阪といった巨大都市への人口の一極集中によってシャッター街と化した。しかし、近年は水木しげるロードなるものができて再び繁栄しはじめたという。

この水木しげるロードには、二つの目玉となる場所がある。ひとつは、水木しげるの作品世界を体験してもらう水木しげる記念館である。そして、もうひとつは、そこから妖怪たちのブロンズ像が並ぶ道沿いを歩いた末に出現する妖怪神社（写真1）である。地元の友人の説明によれば、少なくとも戦後の社会では、神社を名のるためには、神社庁をはじめとしてどこの許可を得る必要もないそうである。今では神社は、各人がそれぞれ勝手にはじめることのできる祭祀空間なのだ。

植民地朝鮮期の、朝鮮総督府に公認された空間のみが神社あるいは神祠として許可されていた事態をいまだに想定していた私は、少なからずこの自由さに驚いた。そういえば、かつて神社は公認制度の下に置かれてはいたものの、祠や屋敷神と呼ばれた祭祀空間は戦前から政府の公認など不要であった。神社と祠の境界線を流動化させる庶民の日常生活のなかから、この妖怪神社もまた限りなく祠に近い祭祀空間として姿を現したのであろう。こんな神社なら、私は大好きだと思った。なぜなら、そこには国譲り神話が強いる服従の論理がまったく見られないからである。

写真１　水木しげるロードの妖怪神社

この妖怪神社は岩を御神体とし、神域を示すために変形した鳥居のような門を立てただけの単純な施設である。それでも、全国から訪れる水木や妖怪のファンよって多くの絵馬が奉納されており、篤い信仰を集めている。もちろん篤い信仰といっても、地元の友人が言うように、あくまで観光気分であり、妖怪を真剣に恐れたり崇めたりしているわけではない。水木漫画に出てくる妖怪に対しても同じであろう。ちょっと不気味だが、彼らは滑稽な存在でもある。その滑稽さこそ、天皇制に見られない、良い意味での不真面目さなのだ。自らのことを笑うことを許す神と、自らを笑うものを不敬罪に処する神と、どちらが私たちに幸いをもたらすことだろう。信仰においても笑いという要素は、決してないがしろにすることのできないものだと思う。

ここで、冒頭に挙げた神魂神社を訪れた若い女性たちの信仰心と同じ問題に立ち戻ってみよう。一体、真剣に信じるというのはどのような行為を指すのであろうか。思想信条として明確に概念化できるような体系を述べることであろうか。さらには北欧の神学者ルドルフ・オットーが言うように、戦慄して恐れおののくような畏敬心や恐怖の感情をもつことであろうか。(54) 皇紀二千六百年にはそうであったとしても、いわゆる世俗化と呼ばれる神の物理的実体に対する信念が薄れた今では、そういった明確な思想を形成することは容易ではあるまい。

むしろ、神魂神社を訪れる若い女性たちや、妖怪神社を興味半分で訪れる水木ファンのように、意識の上では半信半疑ではある。しかし、身体的な次元で何かを信じることで、自分の不確かなアイデンティティを充足しようとする無意識の動機が一方にありつつも、それを意識の上からは冷ややかに、あるいは自ら無関心に眺めているといった捩じれた信仰心のあり方が一般的なのではないか。そして、こういったあり方を思想的に誤っているとして意識の上から矯正するのではなく、そのまま許容することで、彼らの身体的な生を、宗教教団や国民国家社会の影響圏のなかへと包摂していくのが、今日の世俗化した日本社会の信仰のあり方なのではないのだろうか。

ならば、妖怪神社もまた生権力の一端を担うものとして、そこを訪れた人々を国民という主体へと回収し、無意識なる天皇制教徒に変えていく場として機能してしまうのであろうか。私は、その答えは限りなく「否」であると考える。なぜならば、小松が述べるように、あるいは水木が描くように、妖怪とは真にまつろはぬ神でしかありえないからである。妖怪を崇める人間はいない。より正確に言えば、のんのんばあのように崇める個人はいても、それは散漫なかたちで存在しているだけで、崇める国家や権力的な集団としては体系的なかたちでは存在していない。民間信仰は仏教や神道といった既成宗教と結びつかないかぎり、強固な集団組織はおろか、講さえも形成できないものなのだ。むろん、その明確な形をとらない不定形ゆえに、もしそれが取り込む価値があると判断されたならば、国家権力や既成宗教教団のなかにも容易に包摂されてしまうのかもしれないのだが。

しかし、真にまつろはぬ状態とは、つねに祭祀から逸脱してしまう存在のことである。すでに小松が指摘しているように、そういった逸脱した状態にあるものを妖怪と呼ぶのであって、その逆ではない。秩序に回収されたものは、その姿形がどうであれ、もはや妖怪とは呼べない。その点で、今のところ、妖怪神社が逸脱した存在であり続けることは、疑いようのないところである。その何よりの証拠が、妖怪神社には祭主としても天皇家ゆかりの人物は関与しない。祭神としても天皇家ゆかりの神もいない。いずれも国家によって祀り上げられることのない有象無象の神々が祀られているだけなのである。妖怪神社だけでなく、そこに連なる妖怪ロードのブロンズの妖怪、そして水木記念館に飾られた妖怪たちの絵や像は、水木しげるという作家の想像力を介して、そうした祀られぬ神々が形象化され、国家祭祀には決して組入れられない形のままに、われわれの前に具現化した存在なのである。

図１　水木しげる「磯女」より
(『ゲゲゲの鬼太郎２　妖怪軍団』筑摩文庫、1994年、132頁) ©水木プロ

何よりも水木しげるの描き出した最高のキャラクター、ゲゲゲの鬼太郎が、人間のために妖怪と闘いながらも、決して人間の世間からは感謝されることのない「祀られることのない神」でしかない。鬼太郎のストリーは、いつも「功績のある鬼太郎に対して世間は冷たかった」というナレーションとともに、「そうか……いつも虫けらだけがおいらたちのことをわかってくれるんだな

……」という目玉おやじやねずみ男の台詞で幕が閉じられるのだ（図1）。もし、人々が出雲国にまつろはぬ神々の原像を探し求めようとするならば、境港の水木しげるロードにこそ、その神の姿を垣間見ることができると言えるのかもしれない。水木しげるロードに並ぶ妖怪たちを眺めながら、私は友人にそう語っていた。

もちろん、そこもまたやはり商業化された観光資本主義に支えられた場であり、われわれは資本主義という空間を生きている以上、そうした空間の外部に出ることはできない。水木しげるロードにも、立ち並ぶ多くの商店で鬼太郎下駄や目玉おやじ饅頭や妖怪Tシャツがところせましと売られている。すべての商品には「水木プロ」というコピーライトが明記される。これもまた商業ビジネスにほかならない。しかし、問われるべきはその空間が資本主義化されているか否かではなく、その内部において資本主義化を宙吊りにするような、思考や身体的生の全体化を押しとどめるような空間を作り出せるかどうかの問題なのである。たとえば、手ごわい相手を前にして、先を争って急いで逃げる鬼太郎とネズミ男の姿は、悪を退治するスーパー・ヒーローにはおよそ似つかわしくないものである。彼らはどこまでもそのナルシシスティックな像を読者に抱かせることを許さない。凄い力をもっていても、笑われる存在にとどまりつづけるのだ。

笑いとパロディーに満ちた水木しげるの妖怪たちの世界は、硬直化した天皇制祭祀の空間とはまったく異質な、そういった均質化を目論む権力に吸収されようとするわれわれの思考を停止させてしまう空間を切り開いてくれる。なにゆえそれが可能になったのかというと、それはのんのんばあに当時の民間信仰の世界を教えてもらっただけでなく、そこに水木自身の新たな体験が加えられたためと考えるべきであろう。そこに見出されるのは、ユーモラスな妖怪たちの姿とは裏腹な、無残な戦死者の累々たる屍の光景である（図2）。

ああ、みんなこんな気持ちで死んでいったんだなあ。誰にもみとられることもなく、誰にも語ることもでき

ず……ただわすれ去られるだけ。（55）（傍点は磯前）

こうした死の間際の主人公の言葉は、まさに祀られざる存在の偽らざる本音であろう。境港の妖怪好きの少年が、ニューギニアなどの南方で玉砕や数えきれない戦死を目の当たりにし、自らも片腕を失うなかで、本当に祀られざる者が一体誰なのか、水木は心の底から、体の隅々まで身をもって痛感したに違いない。だからこそ、靖国支持者は私たちが靖国で国家としてこうした英霊を祀ろうと言っているではないかと、主張するだろう。

しかし、「祀られざる者」とは、単にわれわれ生き残った者が祀ることを忘却したり、意図的に祀ることを拒否しているというだけで生じた存在なのではない。こうした無残な死を前にしたときに、どんな立派な言葉を尽くしても、どんな壮麗な儀礼をおこなったとしても、彼らの死の前では、その遺骨さえ失われた不在の死の前では、何の意味ももたなくなってしまうということなのだ。いかなる祭祀行為をもってしても、祭祀の不可能性のみが残されるとは、こういったことなのである。

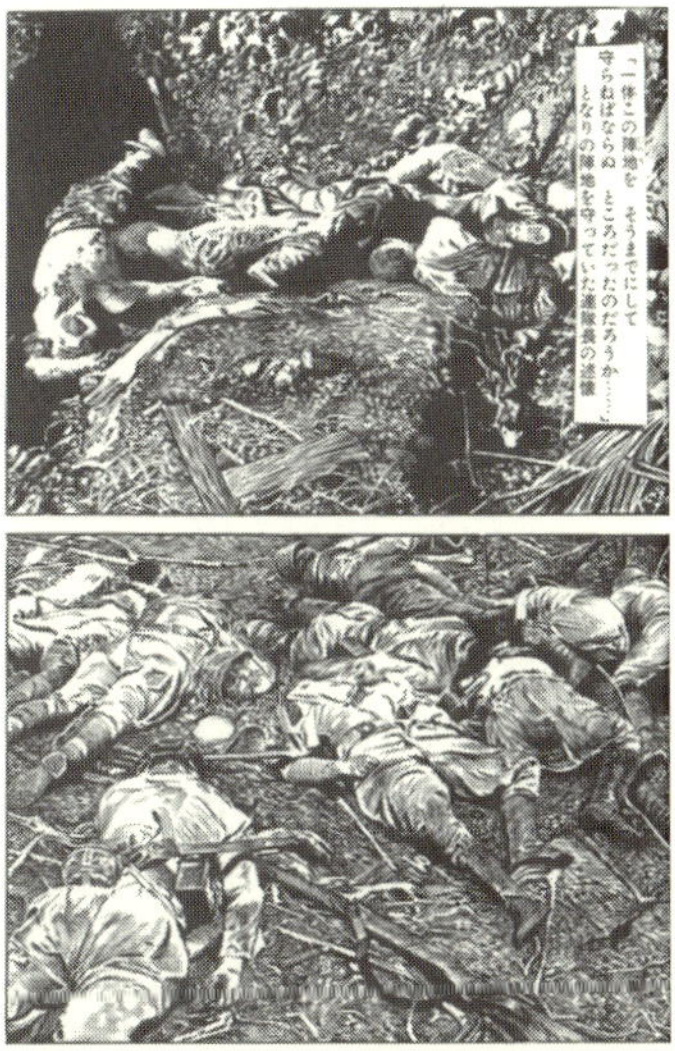

図2　水木しげる『総員玉砕せよ！』より
（『総員玉砕せよ！』講談社文庫、1995年、353頁）Ⓒ水木プロ

その漫画の数ページ後で、水木は玉砕した屍の山を描きながら、「一体この陣地を　そうまでにして守らなければならぬ　ところだったのだろうか……」という言葉を、「隣の人質を守っていた連隊長の述懐」（56）として記している。ここで、その無残な死にみる祭祀不能な光景を、万葉集から採られた大伴家持の「海ゆかば」という軍歌で歌われる天皇のための戦死と重ね合せたときに、私たちは何を感じるだろうか。

葦原の　瑞穂の国を　天降り　領らしめしける　天皇の　神の命の　御代重ね　天の日嗣と　領らし来る
君の御代御代　……海行かば　水浸く屍　山行かば　草生す屍　大君の　辺にこそ死なめ　顧みは　せじと
言立て　大夫の　清きその名を　古よ　今の現に　流さへる　祖の子等そ　大伴と　佐伯の氏は　人の祖の
立つる言立　人の子は　祖の名絶たず　大君に　奉仕ふものと　言ひ継げる　言の職ぞ　梓弓　手に取り
持ちて　剣大刀　腰に取り佩き　朝守り　夕の守りに　大君の　御門の守護　われをおきて　人はあらじと
彌や立て　思ひし増る　大君の　御言の幸の……聞けば貴み(57)

ここで、日本最大の祭主が天皇であるということの意味に、私は慄然としてしまう。ベネディクト・アンダーソンが言ったように、ナショナリズムの想像力が国民を自ら進んで死に赴かせる装置だとするならば(58)、天皇という祭主こそがまつろはぬ神に国譲りを強いらせ、それを天皇の御世が「千代に八千代に」(君が代)に続くようにと、まつろはぬ神々もまた祭り上げるシステムを推進する要石なのだ。『令集解』で「天神者。伊勢。山代鴨。住吉。出雲国造斎神是也。地祇者。大倭。葛城鴨。出雲大汝神等是」と、天津神と並べ称された国津神たちは、もはや天皇に祭り上げられた存在であり、朝廷にとってはもはやまつろはぬ神などではない。そこで国津神たちは、祭祀によって天皇制の秩序へと包摂されながら、同時に政治的空間からものの見事に排除されている。あるいは政治的権力の空間から排除されることで、祭祀の空間へと、彼らがまつろはぬ神にならないようにと完全に包摂されてしまっているのだ。

こうした国譲りを媒介した天皇制国家を近代の日本は推進してきた。それは植民地として組み込まれた、北海道、台湾、朝鮮半島、さらには戦火の拡大とともに大東亜共栄圏下に吸収されていったアジア諸国を支配する論理としても、次第に機能不全を引き起こしながらも用いられてきた。植民地では天照大御神や明治天皇と並んで、在地の神が「国魂大神」としてともに祀られていた。北海道ではその土地の神が、朝鮮では、一部の朝鮮人たちが民族主義の根幹に据えようとした檀君が、国魂大神として想定されたのである。そして、この国魂大神は、『日本書紀』第八段の一書で大国主神の別名であると明示されている。

> 大国主神、亦の名は大物主神、亦は国作り大己貴命と号す。亦は葦原醜男と曰す。亦は八千戈神と称す。亦は大国玉神と曰す。亦は顕国玉神と曰す。其の子凡て一百八十一神有す。夫の大己貴命と、少彦名命と、力を戮せ心を一にして、天下を経営る。[59]

一書の記述もまたひとつの神話解釈に過ぎないわけだが、たとえ大国主神でないにしても、その「国玉」という言葉のとおり、土地の魂を体現した神ということになろう。日本帝国の版図が拡大するとともに、天皇家の神と大国玉神は対をなして祀られ、戦中の東京大学法学部教授、筧克彦によれば、「清素なる神社を造って、孔子、老子、釈迦牟尼及びイエス、キリストを奉祀し、且宏く世界の偉人を網羅して之を一神社に合祀し、神道本来の寛容的旗幟を鮮明にし、愈々益々神道の光明を国家世界に宣揚したいと思ふ[60]」と、ブッダやイエス・キリストまでがアジアや西洋の国魂神、すなわち自ら進んで天皇に国譲りをする神として、その支配者たる天照大神とともに同じ神社に合祀される神に読み替えられていったのであった。

戦後の神社界及びそこに連なる神道学者たちは、神道に肯定的な外国人研究者もふくめて、神道は民族宗教であるから、他民族に信仰を強要しないという立場をおしなべて取る。そして、戦前の国家神道を本来の民族神道の性質から逸脱したものだと切り捨てようとしてきた。そこに、海外の神道研究者が「客観的な」立場から、民族宗教あるいは民族伝統としての神道であることを論じる必要性が求められてきた。今日の神道の国際化とは、そういった自己弁護の域を出るものではない。だから、筧のような言説が、すでに台湾や韓国を併合する以前から、久米邦武の論文「神道は祭天の古俗」[61]（一八九一年）のように、再三論じられてきたことについては、彼らは誰一人として積極的に触れようとしない。海外神社はあくまで日本人の居留民のためのものであったという、強弁を繰り返すだけである。

しかし、そもそも「日本人」という概念が、日本民族＝人種である日本人と、日本民族＝人種ではなく、日本帝国の臣民である日本人という二種類から構成されていたという事実を彼らは隠蔽している。ここでいう人種とは、民族のような観念的な想像物にとどまることのない、フーコーの言うように身体をもった生産力の単位として、生権力を支える基盤であることを忘れてはならない[62]。

そして何よりも、当時の日本帝国の支配論理とは、万世一系の天皇制によって正統化された天皇家をはじめとする日本民族が、同じ神道という普遍信仰をもつ多民族を教え導くという、二種類の人種の存在によって、帝国の支配者たる一級民族と被支配者たる植民地の二級国民から構成されるというものであった。国民国家の純粋性を信じるがゆえ、異民族が混在する帝国においても、統治者は自分たちだけの特権を正統に主張できる。そうした帝国の支配の論理を支えるものが、筧が言明しているように、国譲りの論理であった。近代神道の論理とは、むしろ植民地において明白に打ち出されたのである。それは逸脱ではなく、天皇制を軸とするかぎりにおいて近代神道の本質をなすものであったのだ。

たとえ戦後になって、外国に参拝を強要しなくなったといっても、こうした国家神道の本質は変わることはない。先に戦中の例を引いて指摘したが、そもそも「日本民族」という概念自体が、現在もまた自明のものではないだろう。朝鮮半島や台湾あるいは東南アジアという植民地や占領地を失ってはいても、日本国内には日本国籍を失った在日コリアンや、日本人とみなされたアイヌ人や沖縄人が存在している。さらに蝦夷と呼ばれた人びとの末裔でもある東北の人々や、隼人と呼ばれた九州南部の人々など。

かつて内地と呼ばれた地域に住む日本民族そのものが、幾度となく国譲りと武力征服を繰り返した末に奈良盆地から日本列島全体へと近代に向かって拡大されていった歴史的作為物にほかならない。それは古代に限っても、記紀に載せられた物語群が如実に示している。そして、古代の奈良盆地にさえ、国津神の末裔たちが住んでいたことは、「地祇者。大倭。葛城鴨」と『令集解』が「出雲大汝神」とともに併記するとおりであり、大和王権の本拠地でさえ、同質な民族の絆から構成されてはいなかったのである。

繰り返し言うならば、出雲大社の例が示すように、国譲りの論理とは外地の植民地のみならず、北海道や沖縄といった内地植民地、さらには西川長夫が内国植民地と呼ぶ、国内の諸地域をも貫徹したものであった(63)。天孫降臨に先立って葦原中津国を平定した天津神、武甕槌神と経津主神の二神が、北関東から東北を睨む要衝である茨城県鹿島神宮と千葉県香取神宮に祀られているのも偶然ではあるまい。同様に陸奥国一之宮として知られる宮城県塩釜神社もまた、国譲りの使者である武甕槌神と経津主神の二神を祀っている。それは「東北鎮護」の神社と謳われ、平伏した葦原中津国の神々を鎮圧する天津神を祭る場所である。一緒に祭神と祀られるのは、その平定の際に天津神たちの道案内をした地元の神、塩土老翁である。平伏した神は隣接する志波彦神社に祭られている。志波彦神社はすでに平安時代に成立した公定儀式書に式内社としてその名が掲載されており、その時代にはすでに国譲りをして祀り上げられる存在になっていたのだ。

こうした自分たちの地域の神を鎮圧した征服神を参拝に来る地元の人たちの気持ちとは、どのようなものなのであろうか。近代日本の国民アイデンティティをめぐる問題は、そういった自分たちの祖先を征服した神たちを地元の住民たちが「自分たちの日本人」の守り神として率先して参拝に行ってしまう心理機制にある。国津神の末裔であるはずの東北地方や関東地方の人々が天津神を崇拝するのは、出雲国造のように自分を天津神の子孫だと思いたいためなのか、それとも自ら進んで服従するという国譲りの論理に従って、天皇家の支配を進んで受けたいがためなのか、当人たちにとってもその心中は明らかではあるまい。あるいは、収めがたい自らの地域の混乱を収めるためには、こうした外部からの平伏神を迎える必要があったのだろうか。

天皇家自体が朝鮮半島から渡来した征服者だという伝説が歴史上で何度も繰り返し唱えられてきたように、葦原中津国に住むものは、自らに秩序を与えてくれる者として、外部の征服者を不可欠な存在として必要とされているのであろうか。ここに、小松の言う「異人殺し」と表裏一体をなす者として、折口信夫のいう「まれびと」が、外部から福をもたらす者として大きく浮かび上がってくる(64)。殺す者と殺される者、屠られる者と祀られる者は表裏一体をなすものではあるまいか。

だとすれば、いったい「国民」とは誰のことなのか。その問題を考えたときに、在日コリアンや沖縄人、あるいはアイヌの人々を含めて、「モデル・マイノリティ」という言葉が否応なしに脳裏をよぎるのは、私だけではないだろう。今日の植民地における神社参拝の問題が根深いのは、単に暴力的な強制をしただけでなく、植民地の人間が日本人になりたいがために自ら進んで神輿を担いだり、神社に詣でてしまったという、自立したアイデンティティそのものが剥奪された苛酷な過去があるからなのである。そうしたマイノリティや差別された人々を含めて、日本国家という公共性を成り立たせてきたのは、まさしく天皇の眼差しである。

それは、フーコーの言うパノプティコン、囚人たちの監視塔のように(65)、囚人たちから決してその実体は見ることができないものの、彼らはその不在の場からつねに見詰められ、監視されているように感じざるをえない、固定した実体をもたないがゆえに、国民を捉えて離さない大文字の他者なのである。すでに主体をそれぞれに確立した個人が集まって公共空間ができるのではなく、むしろそうした諸々の主体として成立していくことになるそれぞれの身体を包摂し、対象化する眼差しがあってこそ、公共性というものがその内部に分節化される主体を包含して成り立つことが可能になるのである。

アレントからハーバマスに至る公共性の議論で欠けているのは、そういった公共空間とそれを構成する主体そのものを成り立たせしめている大文字の他者への議論である。日本の神道の例で言えば、こうした公共空間への包摂をおこなう眼差しは天皇の祭祀によって担われてきたのであり、その空間には祀られた神々だけでなく、服従することを拒否して殺害されたまつろはぬ神たちも排除されながらも包摂される存在として組み込まれているのだ。

たとえば、明治神宮では「大鳥居」が台湾の人々から奉納されたものであり、明治天皇の徳を誇る証としている。しかし、そのような奉納がもし強制でないとしたならば、それだけ根深いアイデンティティ剥奪が進められた証拠であり、むしろそういった奉納行為のほうが苛酷な植民地主義政策を物語っているのではないだろうか。その一方で、明治神宮を国民のための森として称揚することは、植民地の痕跡として残る大鳥居を積極的に肯定することとは矛盾をきたさないのだろうか。彼らは神宮の森が当初は人工植林であったにもかかわらず、時間がたつにつれて自然化したとして、創造された近代的神道もまた日本の民族にとって自然な自明のものになると示唆するが、その自然的な「民族」とは一体誰を含むものなのであろうか。私も日本人の一人として含まれているのであろうか。それとも「非国民」として除外されているのだろうか。

戦後の国民国家は、こうした戦前の日本国家が抱えてきた帝国と国民国家という二つの論理のうちの、異民族が混在する帝国の論理を放棄したために、自民族の優越性を説く国民国家の論理のみが剥き出しになり、国民あげてのナルシシズムに没入していった産物でもある。そこでは、たとえ差別された植民地の民であったにせよ、帝国期とは異なって、もはやいかなる他者にも出会う契機が存在しない。出雲大社にせよ、国譲りの祭主である天皇家の末裔が、今や、天皇を象徴と抱く日本国民を強烈な自己同一性の願望のもとに言祝いでいるのにすぎない。しかし、すでに明らかなように、その自己同一性はつねに破綻させられつつある不安定なものでしかない。
　ポストモダンの諸思想家が指摘するように、主体とは決して満たされることのない空虚で欠損した存在でしかない。少なくとも、日本国民の自己意志のもとではである。しかし、すでに論じてきたように、日本国内にはいくらでも祀られない神は存在する。それは水木やのんのんばあの言う妖怪だけではない。神社にも類例を見出すことはできる。たとえば、明治期にハーンは出雲の国で、次のような天皇を祭主あるいは祭神とする神社とは異なる、お客神社と呼ばれる小さな神の祠を見出している。

　この鳥居に人の髪の毛が奉納されている——女子供の長い髪の毛がそのまま結い付けてあるのだ。……ここで時折、子供たちが神楽舞を奉納する。……その格子にもまた、本物の髪やそれらしく染めた麻束が結んである。……お社の床は地面より二フィートほどあげられていて、その床下のすき間には河原から集められてきたような滑らかな丸石がびっしりと積まれている。……お客さんには、美しい髪を下さるようにとお祈りする。……客神社に詣る母親は、わが子の髪が美しくなるようにと願をかける。(66)

ハーンによれば、「お客さん」と呼ばれるその祭神は江戸時代の大名の妾であり、大名の寵愛に妬んだ者が、あまり黒くない彼女の髪をひどく悪く言い、妾はそれを苦にして自害したのだという。ここには、天皇制祭祀、その象徴である国譲りとはまったく無縁な、民間信仰としての神社祭祀の姿がある。ハーンが松江を「神々の国の首都」と呼んだのは、神無月に全国の神々が出雲に集まるという言い伝えからだけではなく、そういった庶民の日常生活に見られる信仰心の深さを見て取ったがゆえであろう。しかし、本章をこういった民間信仰としての神道の美しさを言祝ぐ言葉で閉じてしまうならば、やはりそれもまた私が出雲地方の、あるいは日本神道に対する、無責任な外部者である気楽さから出た発言の域を出まい。

私と友人の出雲の旅で、最終日に私たちは松江にある小泉八雲旧居を訪れた。何のことはない和風建築であるが、友人が小さな祠が庭にあるのを目にとめた。屋敷内の説明者によると、稲荷を屋敷神として祀っているのだという。私にはごく当然のことのように思われだが、その友人が怪訝な顔をした。後に聞くと、出雲地方では狐憑きの信仰がことに強く、かつては新参者で裕福な家はしばしば狐持ちの家と指さされ、同じく狐持ちの家系とされる家としか婚姻は容易ではなかったという。その点もハーンは注意深く記録している。

もろもろの理由で、狐持ちと信じられている人々は世間からうとまれる。その家族との結婚は論外である。……一般に出雲の娘たちは自分の国から外に嫁ぐことを好まない。しかし狐持ちの娘たちは別の狐持ちの家族と結婚するか、神々の国から遠く離れたところに夫を見つけるしかない。(67)

一方で、狐憑きを祓う民間信仰についても次のように記している。

狐に憑かれた犠牲者は親族の人々に酷い扱いを受ける。狐を追い出すために燻されたり、打ちすえられたりする。法印（山伏）が呼ばれ、お祓いがある。調伏者が憑かれた人の口を借りて話す狐と問答する。人に憑くという悪業についての宗教論争で狐が負けると、普通、豆腐などの食物をたくさん備えてもらえば出てゆくと納得する。約束した食物はすぐにその狐がお仕えする稲荷神社にお供えしなければならない。(68)

こういった狐憑きや狐持ちをめぐる差別や民間信仰の存在もまた、ハーンにとっては出雲国を神の国と考える理由のひとつであったのであろう。事実、後年、憑き物の民俗調査をおこなった石塚尊俊は、「この傾向は島根県の出雲に入ると一層甚だしくなり、概して山間部より平坦地に多く、平坦地の農村部でならば、大抵の村に五パーセントか一〇パーセントはあり、多きは四〇－五〇パーセント、甚だしきに至っては八〇－九〇パーセントまでが狐持ちだというような所さえままならぬ状態が見受けられる。つまり、だいたい、伯耆西伯・日野郡から西、出雲のほぼ一円、それに隠岐の島前を含めた範囲が、憑きものの一大多数地帯ということになるのである(69)」と、出雲近辺における狐憑き習俗の深さを指摘している。

出雲という神の国は、大国主神に率いられた古き良き日本の神々が集う神話の故郷だけではなかったのである。そこに住む人々にとってはより深刻な問題が、神あるいは信仰の次元においても出雲の神々と何らかのかたちで絡み合いながら存在していたのである。平田国学に結びつく以前の神道者は、主に吉田神道をとおして明治以前には憑き物落としの神道加持をおこなっていたのである。出雲地方を調査した石塚は、この地方の神道加持について、次のように述べている。

この吉田家の流れを汲む神道加持が……もっとも盛んな出雲地方においては、著名な神社でもこれをおこなっており、方法としては主として「蟇目」によっている。実見した者の談によると、祈祷者は、初め屏風の中にいて祈念を凝らし、やがて出て来て俵の上にある的を目がけて弓を射るが、矢が当たったと思うとたんに、それまで狂っていた病人はけろっとなるものだという。……出雲神奈備教管長談によると、憑きもの落としの方法には蟇目以外にも、まだ、「火渡り」「湯加持」「影針」「剣道」などの諸行事がある(70)。

日本にわたり、「昔夢みた妖精の国の夢がとうとう現実になった」[71]と思ったハーンも、「最初の印象などたちまちに消えてしまう。しかも一度消えたら最後、二度と戻ってきはしない」[72]と忠告した英国の友人のとおり、晩年は日本に対する失望を隠せない日々を送った。だが、ここで彼から学ぶべきことは、出雲を出雲大社だけでなく、天皇制とゆかりもない民間信仰も含めて、神の国と捉えたことである。

そして、こういった小さな神社や屋敷神などの祠は、祭神の名前ももたないかたちで、名づけられぬ神として全国津々浦々に存在している。もちろん、神社本庁には登録されていない皇室とゆかりのない神々である。同様に憑き物の神たちも、全国の様々な地域に広がっている。ハーンはそういったささやかな神や人を苦しめもする神々をふくめて、神々の国の住人として掘り起こしたのである。

たしかに、彼を通りすがりのオリエンタリストと批判することも可能だが、オリエンタリズム批判がこれだけ人口に膾炙した今では、それだけを論《あげつら》っても有効な批判にはなるまい。オリエンタリストさえ、自分はオリエンタリズム批判を乗り越えて、東洋人と真の対話をしていると信じているのが現状である。そして、東洋人もまたそうしたオリエンタリストを、自己のアイデンティティを承認してくれる者として歓迎している。

そうした共表象の共犯関係に対して効果のある批判をおこなうのは容易なことではない。批判する者は、まつろはぬ者として埒外に置いてしまえばよいことを、今では彼らは熟知している。今や現地人は、オリエンタリズムの単なる被害者ではない。そのオリエンタリズムを立ち上げる共謀者なのである。むしろ、オリエンタリズムを逆手にとって、日本をはじめとする東洋こそ、西洋には見られない叡智に満ちた国々だと、現代のオリエンタリストたちは日本人の自尊心をくすぐっている。それは、ここまで紹介して来た今日の神道国際化の戦略が如実に示すところである。そこで置き去りにされているのは、むろんのこと、概念化や出版といった表象力をもたない現地の市井の人々なのだ。

しかし今はむしろ、そうした外部の者であるから――そして、こうして出雲について文章を書いている私もまたまぎれもない外部の者である――、当時はもちろんのこと、今でもタブー視されている狐憑きや狐持ちのことを淡々と記述することができたことに注目すべきかもしれない。そういった外部の表象力を、内部の排除機能を明らかにするために内側へと流用していく。そうした信念の部外者であるハーンだからこそ、屋敷神に稲荷神社があっても意に介さなかったのかもしれない。もちろん、そこで「日本人／外国人」といった共表象が共犯関係として機能してしまうのか否かは、つねに注意深く観察しておかなければならない。

しかし、少なくともハーンにとって、出雲とはこういった差別を生み出すような民間信仰と、天皇制神話に支えられた出雲大社が共存する地域として映じていたことは、その記述からして確かであろう。その点で、今日の神話ブームに乗って現地を訪れる人々のなかにどれだけ、深刻な差別が残っている問題に目を向けるものがいるだろうか。しかし現地の生活のなかには、こういったまつろはぬ神々こそが、出雲や伯耆のそこかしこにまだ残っており、あるものは妖怪としてユーモラスに人々の笑いを誘い、あるものは狐憑きや狐持ちとして今も差別の悲しみを生み出しているのではないだろうか。

そして、こういったまつろはぬ神々を制御するために祭主が必要とされ、近代の日本社会では、天皇制こそがそのメカニズムを一手に引き受けてきた。歴代の天皇たちは国民たちの「大文字の対象A」として、認識不可能な存在ではありながらも、それゆえに自分たちに語りかけてやまない他者なる亡霊として祭神として崇められ、同時にこのたえず騒めく声を封じて祀り上げるために祭主としての役割を与えられてきたのである。

そこに、キリスト教のような西洋的な宗教概念に呼応する宗教体系や組織をもたない近代日本において、天皇制がその宗教の代替物として、神が受肉した現人神たるイエス・キリストのキリスト教を流用することで、未完の国民アイデンティティを完遂させるために、その不安を抱えながらも「国民」になりたがる者たちを魅了してきた理由がある。それは再確認するならば、天皇こそが、公共性および個々のアイデンティティを成り立たせるための最大の実存的根拠となる眼差しの持ち主だからである。個人が個人のままに寄り集まることでは、公共性の空間は成立しない。そこには大文字の他者による呼びかけ、あるいはその眼差しに見つめられるという、個を共同体にまとめ上げるための第三者が介在する装置が必要なのである。古来、人々はそれを「宗教」と呼び表してきたと言ってもよい。

古代史家の石母田正が指摘したように、在地の社会は内部に抱える矛盾や葛藤を解決するために、光ある秩序として天皇制という権力を必要としてきたのだ。そして、天皇制の側も自らの権力を存続させるためには、在地社会の人びとの渇望が、彼らのまつろはぬ神々を鎮める役割が必要であったのであろう。だとしたら、天皇制によって祀られる神、あるいはその祭主としての天皇制の問題は、日本国民として法的に規定された者たち全員の実存、あるいはその欲望と深くかかわってくることになる。

四　祭主たる天皇の身体

しかし、そういった天皇の眼差しに貫かれた国民国家のあり方とは異なる主体の形成のあり方を、屋久島の詩人、山尾三省の思索は「祀られざるも神には神の身土がある」という宮沢賢治の言葉に託して提示しようとしている。

光は神からやってくる。私達一人一人の本質は神である。私達一人一人は一個の神である。祀られる神もあるだろうが、祀られざる神もある。祀られようと祀られまいと、私たちの本質は神であり、神はその身土をもつ。……すでに神である以上、祀られる必要はない。……その底にある一つの真理とは、万人がその場においてすでに真理であり、そのようであるからには真理であらねばならぬ、とする思想である。(73)

すでに明らかなように、祀る祭主を必要としない主体形成のあり方は、天皇制とは道をまったく異にするものである。その道を歩もうとする者は、本章では祀られぬ神、あるいはまつろはぬ神と呼んできたような、自分の共同体に同化しない他者を犠牲にしない倫理が要求されることになろう。祭祀する者のいない、祀られざる神として生きる道は容易な生き方ではあるまい。山尾は賢治の言葉を引きつつ、その困難な生をこのように語っている。

「祀られざるも神には神の身土がある」と録し、そこに踏み入った賢治の前に開かれた世界は、神々どころではなく、北上川が一度氾濫すると百万疋の鼠が死ぬという、その百万疋の鼠だったのである。しかも性の悪いことには、宮沢賢治がここではその百万疋の鼠の内の一疋のネズミであった。……存在とは、観念ではなくリアリティである。神と見たものが実はネズミであることを感受した時に賢治が立っていた場所は、深い絶望の闇であったに違いない。……その暗闇の中では、湿気と風がさびしくいりまじり、神々の名を録したものは激しく寒く震えているほかなかった。

ああ誰か来てわたくしに云へ
億の巨匠が並んで生れ
しかも互ひに相犯さない
明るい世界はかならず来ると

と叫んでみても、自己を神と録した者に他から助けが来るものではない。自己を神と録したこと、祀られざるも神には神の身土があるとうかつにも録してしまったことが業なのである。[74]

自分を見つめてくれる温かい眼差しがどこにも存在しない以上、そこにはとてつもなく深い絶望がある。存在するのは自己との間に繰り返される無限の独語ということにもなりかねない。そもそも私たちの「主体」という存在は、おのれ一人では、いくら強い意志をもっても形成できない。それは他者の欲望のなかで、ラカンが鏡像段階と呼んだような、他者の眼差しのなかで、それを模倣しようとして自己が形成されていく。だとすれば山尾の言うように、祭祀する者を必要とせずに、生きることが本当に可能なのだろうか。そういう見捨てられた状況にあってさえも、人は生きる意味を見出すことはできるのだろうか。それは、アガンベンの言うような「剥き出しの生」[76]に身を置くことを意味するものではないのだろうか。

水木の妖怪たちもまた、祀られぬものであっても、その漫画の読者たちによって、さらには水木しげるロードを訪れる観光客たちによって、その熱い眼差しのなかでその存在を確かなものへと変容させてもらっているのではないか。もちろん、そうした読者や観光客がいたとしても、鬼太郎たちはいつまでも公共空間のなかでは日陰の存在にとどまり続けることだろう。万一、彼らが祭神であると同時に祭主として公共空間を占有する地位に格上げされてしまうならば、結果として近代天皇制と何ら変わりのない存在に身を落とすことになるだろう。

しかし、鬼太郎たちの存在を祝する無名で無数の読者たちは、天皇制のように独占的な祭主として公共空間を同質化するような力をもたない、良い意味で「無能なる者」の群れでしかない。彼らは共同体という親密化された紐帯さえ形成していない。自らが祀られた存在でありながらも、その状態に自足することなく、全体化された祭祀のシステムからするりと抜け出るしなやかさを保つならば、祀られぬ神たちは永遠に祭祀不能性を保ちつつも、彼らを祀る人間たちを結びつける否定性としての公共空間の役割を果たすことになろう。誰しも祀り上げられてしまってはならないし、その祭祀を独占する者がいてはならない。そういったかたちでの祭祀行為の不可能性がもつ可能性というものも存在しえるのではないだろうか。

万人が平等で楽しい公共空間とは、永遠に現実化することのない永遠の理念にとどまるものでしかない。それを現実の日常生活において実現しようとする者は、かえって平等という名のもとに、その規格に当てはまらないものを排除する酷い全体主義社会を作り出していく。アガンベンが言うように、民主主義が全体主義に容易に転じていく理由がそこにある。民主主義の唱える公共空間における平等と合意とは、決して現前化することのない、あくまでも現実を批判する否定性としての理念として存在するからこそ意味があることを見間違えてはならない。

もちろん、今日の神話化する日本の現実においては、自分たちが他の社会よりは平等で幸せな民主主義社会であることを疑おうとせず、むしろそれが虚妄であるという予感に駆られているからこそ、その幻想にこぞってしがみつこうとしている。だから、「日本って素晴らしいですよね」という第三者の声が大好きだ。他者の眼差しのなかでしか、個人のアイデンティティも公共性も成立することができないのだから、当然のことだろう。しかし、このようにして天皇という祭主の眼差しに同質化されることを自ら欲し、祀られた神もまつろはぬ神もまた口を封じられてしまっている。それが現在の日本社会の現状であろう。明治神宮や神道国際連盟のような、一見優しくて物わかりのよいナショナリズムが私たちの首を真綿のようなもので絞めている。そんな空間でどのように思考していくことができるものだろうか。

戦前の困難な状況のなかで、おそらく宮沢賢治は、誰にも祀られぬままに生きる「野の道」を歩んでいくことを選ぼうとした。この野の道にこそ、国民の憩いの森といった美辞麗句に惑わされることのない、無力で貧しくも、確かな眼差しのもとで生きようとする道があるのではないか。それは、おそらくは山尾の言うように「無言のうちに誰にも知られることなく「私はアートマンである」という無限の大洋の波のひとつとして在り、波のひとつとして大洋に帰っていく、という生き方」[77]を示すものでもあろう。

ここで賢治が言いたかったのは、誰にも祀られず生きていくということよりは、むしろ祀られぬ神である自分自身を、その卑賤さや罪悪を含めて、一人の他者としてせめて自分こそが進んで受け容れようとする、貧しき自己を受容する決意ではなかったろうか。そこに均質化された公共空間には決して同化されることのない、強い個というものが日本にも成立する契機があるようにも考えられる。吉本隆明が言うように、個の自己幻想は共同幻想とは逆立した関係にある。だからこそ、その共同幻想を異質性に満ちた多様な空間として成立させることも可能になる。そうした他者としての自己との齟齬や己の卑賤さを認めたときに、かえって既存の権力的秩序に祀られることがないがゆえに、野の道の路傍で祀られる神として、自己完結することのない神としての自己が、個であると同時に異種混淆的な公共性を支える存在に変容する可能性も出てくるのであろう。

幸福とは自分とひとつのものになることである。それは喜びばかりではなく寂しさや苦しさをも等しく含んでいる。自分及び自分が置かれている場の人生に、根本的に同意できることである。これで良いのか、と自分に問う時、これでよいと根本的に自己が答えることである。するとそこに自己があり、自己にほかならない場が現われる。[78]

そこには、自己という主体を成り立たせてくれる契機である他者のまなざしに肯定されなくてもよいという決意、しかも、そうした主体の単純な肯定か否定かといった二者択一を越えた地点で、自己を他者として引き受けようとする覚悟が立ち現れるのである。そこには、仲間か敵か、祀られることを望むのか、まつろはぬ者として排除されるのかといった二分法を越え出ようとする、山尾の深く思考する行き先が示されているように思われる。

こうして、数日間の短い滞在とはいえ、神話の観光ブームにわく出雲を旅しながら、私は友人と多くのことを語り合った。そして、出雲の只中で、国譲り神話とは異なる出雲の神々に触れた思いがした。それは、出雲大社にそうした祀られざる神がいなかったということではない。むしろ大国主神と称される出雲の神を、こうした天皇制国家の祭祀空間の内部から、私たちの想像力を介して救い出す道が開かれていくように感じたのだ。学問がナショナリズムと手を携えたグローバル資本主義に呑み込まれてしまった今、私たち一人一人の内面をとおして、天皇制国家の祭祀によって封じ込まれてしまった神々を解き放ち、彼らの語りかける声々に耳を傾けていく必要がある。

出雲の現地を訪れて感じたことは、あまりに光まばゆい伊勢神宮とは異なる柔らかな霊気が出雲大社や神魂神社から溢れ出ていたことである。天皇家によって祀られた出雲の神々もまた、依然として完全に祀り上げられてしまったわけではないように感じる。いまだこうして豊かな霊気が参拝する者たちを包み込み、彼らの心を優しく解きほぐすかのように降り注いでくれているように感じた。だからこそ、良縁を願う若い女の子たちも含めて、天皇制国家のイデオロギーとは別のものを感じて、無意識裡に出雲へと赴きたくなるのかもしれない。

ただし、すでに触れたように、その神たちは大国主であれ妖怪であれ、狐であるにせよ、容易く制御することはままならぬ存在でもある。だからこそ天皇制という巨大な祭祀システムが、近代日本国家というアイデンティティを打ち立てるために必要とされてきたとも言える。それでも、今あらためて、公共空間を均質化し占有する天皇制とは異なる主体共存のあり方が開示されえないものかどうか、試みていくべきではないだろうか。国譲り神話に包摂された葦原中津国の神々も含めて、天皇制神話が日本社会を密封化しつつある現在だからこそ、別の思考回路を意図的に切り開く必要がある。排除のない平等な関係といった空虚な理念に飾られた空間ほど、その穏やかな表面を維持するために途方もない暴力を、その内部に包摂されてしまった者たち、さらには外部に放逐された者たちに強要する場所はない。

現在の出雲神話ブームは、まつろはぬ神という表象をとおして、最後は生権力の象徴としての天皇を必要不可欠な祭主として肯定してしまう危険性もはらんでいる。二〇一四年に皇族の女性が出雲国造の千家に嫁いだ婚礼も、こうした傾向に拍車をかけるものとなろう。しかし天皇制の祭祀システムには、一方でこういった独裁的な祭主の権威を転覆する可能性をも見出せるようにも思われる。天皇制が公共空間を担わざるをえなかった日本の近代社会を変転させる秘鑰がそこに隠されているのではないだろうか。

日本の政治・文化的な秩序を独占する立場にある者もまた、古代の、あるいは現代においても天皇制がそうであるかもしれないように、その独占的立場ゆえに、全国のまつろはぬ神々が祭主の占有する秩序を転覆するかもしれないという不安におびやかされている。一般国民にはほとんど詳らかにされてはいないが、膨大な数に及ぶ皇室祭祀のほとんどは国土の神々を祀る祭祀である。

たとえば御体御卜という儀式は、天皇と皇太子の身体が平安であるか否かを六月と十二月に卜兆するものだが、そこで天皇や皇太子の身体に不調を来させるのは諸国の神々だと考えられている。それゆえにこの儀礼を執りおこなうなかで、神祇官は皇祖神を祀る伊勢神宮だけでなく、宮中、京中、畿内、そして七道と全国の神々が天皇の身体に祟りをなしていないかどうかを順次調べていく。つまり、天皇の身体である「御体」、すなわち玉体は日本列島の神々の重なり合い、つねにその神々の影響に曝されているのだ。その祝詞は「神祇官謹奏」として、次のように唱えられる。


天皇が御体御卜に、卜部等、太兆に供奉する状奏く、親王、諸臣、諸王、百官人等、四方国の賓客の政、風吹、雨零、旱事聞食を、折放置に問給へらく、来七月より、十二月に至り、御在所平けく御坐やと供奉する。

御卜の火数一百二十四火の内、直卜五十五火、交卜六十九火、地相卜十六火、天相卜十五火、神相卜十三火、人相卜十二火、兆相卜十一火、是以卜求。伊勢国に坐す大神宮一禰宜、豊受宮二禰宜……神事過穢に依て祟給。使を遣り上祓を科す、祓清奉仕令む可く事。亦伊賀国に坐す鳥坂神、伊勢国に坐す鴨神、尾張国に坐す河曲神、参河国に坐す稲前神、……常陸国に坐す藤内神、……陸奥国に坐す永倉神、出羽国に坐す月山神、……神事過穢に依て祟給。使を遣り中祓を科す、祓清奉仕令む可く事。
……以前太兆に卜供奉れる御体御卜、件如。謹以聞謹奏。(79)

この儀礼書によれば、亀卜でどの地域のいかなる種類の神が祟っているかを特定した後に、その神社に御体御卜の祓使を派遣し、たとえば過ち汚れた身で神事をおこなった人物などを特定する。そして、該当の人物や存在を祓い清めることで天皇への神の祟りを鎮めるのである。ここに祭主という者が、国津神を封じ込める至高の存在でありながらも、同時にその封じ込んだ国津神に身体を乗っ取られ、災いを及ばされる危険性を抱えた二重の身体を有する存在であることが分かる。だとすれば、国譲りというものも一方的に国津神を封じ込めたのではなく、その代わりに天皇の身体に代表される朝廷の秩序が転覆の危機に曝される契機にもなりえるという解釈も可能になろう。

『日本書紀』の崇神天皇紀には、「意はざりき、今朕が世に当たりて、数災害有らむことを。恐るらくは、朝に善政無くして、咎を神祇に取らむや。盍ぞ命神亀へて、災いを致す所故を極めざらむ」としたところ、倭迹迹日百襲姫に神が憑依して、「若し能く我を敬ひ祭らば、必ず当に自平ぎなむ」と答えたという。(80)問答をとおして、その神は大和の三輪山の神、大物主神および倭大国魂神であることが判明した。これらの神々は、すでに述べたように『日本書紀』本文では大国主神の別魂だともされている。

おそらくは、本来祀るという行為自体がこのような秩序転覆と自身への災いを招きかねない行為として存在する、危険な不分明地帯に身を曝すものであったのだ。記紀の伝承によれば、仲哀天皇は神の命令に背いたという理由で、自分の祖先神、「神風の伊勢の国に百伝ふ度逢県の拆鈴五十鈴宮に所居す神」、すなわち天照大神に憑依されて取り殺されている[81]。大殿祭や御門祭あるいは道饗祭でも、ほぼ同じ論理が繰り返されている。王の身体や居住地はたえず日本列島のまつろはぬ神々あるいは祀ったはず神々に侵食される不安に怯えているのだ。ここでは、最も簡明な構文をもつ御門祭の祝詞を掲げておこう。

櫛磐牖・豊磐牖命と御名と申す事は、四方の内外の御門に、ゆつ磐村の如く塞り坐して、四方・四角より疎び荒び来らむ天のまがつひと云う神の言わむ悪事に……相いまじこり、相い口会え賜う事なく、上より往かば上を護り、下より往かば下を護り、待ち防ぎ掃ひ却り、言ひ排け坐して、朝には門を開き、夕べには門を閉てて、参入り罷出る人の名を問い知らし、咎過ちあらむをば、神直び大直びに見直し聞き直し坐して、平らけく安らけく仕え奉らしめ賜うが故に、豊磐牖命・櫛磐牖命と御名を称え辞竟え奉らくと白す[82]。（傍点は磯前）

だとすれば、祭主という存在も、国民やまつろはれる神々に対する主体形成のイニシャティヴをもった絶対的他者——ジャック・ラカンは大文字の他者と呼んだ——であるにとどまらず、国民や土地の神々によってその地位や身体を機能不全に陥れられる危険性を抱え込んだ危うい存在ということになる。石母田正が指摘しているように、古代日本において姓をもたない人間は二種類存在した[83]。ひとつは天皇家の人間である。近代においても天皇は、裕仁や嘉仁という名の示すとおり、姓をもつことはない。たとえば、服部や佐伯、あるいは私の磯前といった姓が、原理的には天皇への奉仕関係によって規定された名前であるがゆえに、その名前を付与する立場の天皇は命名者であっても、命名される者ではないのである。そして、もうひとつの姓をもたない存在とは奴婢である。律令国家の公民として認められない、社会的権利を有さない奴隷の民である。彼らは社会権をもった人間として認められないがゆえに、姓を与えられることはなかった。

ジョルジョ・アガンベンに倣えば、この二種類の、社会の両極に位置する天皇と奴婢をともに社会の法秩序に従う必要のない、あるいは法秩序に保護されることのない例外状態に属する者と考えることができよう(84)。ここまでの本章の議論からすれば、この例外状態に属する者は、一方で祭主、他方で祀られぬ神ということになるだろう。一方の天皇が祭主たる主権者として自らを、法秩序を超越した存在として、法を措定したり停止したりできる存在であったのに対して、もう一方の奴婢は天皇が主権者たりえるために、その法秩序から排除され、自らの生殺与奪権を失った「剥き出しの生」へと転落させられる。

しかし、御体御卜や大殿祭といった儀礼の内実から見るならば、そういった例外状態を作り出す天皇もまた自らが例外状態につねに身を曝しているために、例外状態に追いやられたまつろはぬ神々や奴婢によって、同質化したはずの秩序の根源や権威を、その外部や内部から転覆されるのではないという恐怖におびえている。この不安こそが、祭祀の主権者であろうとするときに、どうしても引き受けなければならない主体の抱え込んだ不安定さという代償である。天皇が主権者たるには、その聖性の根拠として剥き出しの生を自己の存在の内部に抱え込まざるをえない事情があったのである。中世史家、網野善彦が指摘するように、中世の王権を典型として、賤民たちと天皇家は深く通じあい、互いを必要とする関係であったことは今日では明白な歴史的事実である(85)。

極論するならば、祭主の身体と霊魂は自らのものではなく、むしろそうした全国の祀られた神、さらにはまつろはぬ神々によって構成された複合体として存在していると考えるべきではないのか。それゆえに天皇の身体は様々な神々の意向によって容易に侵犯され、感応してしまう。だからこそ天皇はそうした神々を祭り上げる資格を有するのだが、その資格は同時に自分の身体が自分ではない他者によって構成されている事態と表裏一体をなしている。天照大神さえもが天皇家の祖先神でありながらも、天皇の身体に憑依して、災いをなす存在であった。天皇は天照大神のためだけに祭祀をおこなうわけにはいかないし、天照大神もまた天皇の行動のすべて肯定するような即自的関係にあるわけではなかった。

近代天皇制が説く「現人神」としての天皇とは、個人としての人間がそのまま神であるという万能性のもとに、こうした祟られもする祭主であり祭神である天皇家の脆弱性を隠蔽しようとしたのである。近代以前においても天皇を、同じ「現人神」という呼称で名づけることが可能であるにしても、それは神の万能性によって個人としての人間の権威が全面的に保証されていることを意味するものではない。むしろ、神によってつねに脅かされかねない、不安定な神と人間の関係を示す意味のものであった。近代の天皇制は王権に潜むそうした脆弱性を覆い隠そうとしたがゆえに、つねに自分が万能である確信を得るために、沖縄や蝦夷地にはじまり、台湾や朝鮮半島、そして東南アジアへと植民地を次々に拡大しては、そこに神社を打ち立て、現人神としての万能性を大日本帝国の臣民そして自己自身に証明し続けなければならなかったのではないのか。青野正明が指摘するように、植民地においてこそ近代神道の本質はより鮮明に、より苛酷なかたちをとって析出したのだ(86)。

もちろん、戦後の社会は主権が国民に移行しており、天皇もまた現人神であることをやめて人間宣言をしたのだから、戦前までとは状況が異なるというのが今日の一般的な見方かもしれない。しかし、人間宣言をしたにもかかわらず、島薗進が指摘するように、今日に至るまで天皇は戦前の国家神道の祭祀儀礼を「皇室祭祀」という名前のもとで、一方で国民の象徴という立場で執行し続けている(87)。その事実を国民が気づいていようがいまいが、祭主としての立場は依然として変更されることはない。伊勢神宮に祀られた天照大神が天皇家の皇祖神であることも変わりがなく、天皇家が頻繁に参拝に行くことも以前のとおりである。植民地を失ったとはいえ、日本国民というアイデンティティの完全さを象徴するものとして天皇制が機能し続けている点では、今もまた同じなのだと見るべきではないのだろうか。

さらに主権の問題であるが、アガンベンはその著作で、現在の主権が君主に属するのか国民に属するのかという議論よりも、主権という構造そのものがつねに法を措定するとともに停止させ、主権者を主権者たらしめるためにこそ自らを剥き出しの生である例外状態に関係づけるメカニズムの分析に関心を払ってきた(88)。それが天皇主権ではなく国民主権であっても、国民という主権者は天皇を自らの国民国家の象徴として一体化しつつ、国民自らが天皇という象徴をとおして明治神宮や靖国神社の祭主となって、まつろはぬ者を祀り上げて包摂し、祭祀に従わない者を排除することで、公共空間の秩序が作り上げられていくメカニズムそのものが問題にされなければならない。

その意味で、皇室祭祀のみならず国務行為としての皇室行事で酷使されている天皇家の人々に対して、彼らを祭主の地位あるいは祭神の地位へと再度祀り上げるのではなく、そうした地位から一人の人間として解き放つべきではないのだろうか。彼らもまた、例外状態に曝された者であり、生身の人間が例外状態に置かれることほど過酷な状況はない。そうした例外状態に天皇家を追いやっている者とは、天皇制支持者や神道者だけでなく、戦後は法的に主権者と規定されている日本国民自身なのだ。

「世界がぜんたい幸福にならないうちは個人の幸福はあり得ない(89)」という宮沢賢治の言葉に重ねていうならば、特定の人間を例外状態へと追いやることで、それと引き換えに全体が幸福や秩序を得ることは、近代民主義の理念から考えて本来あってはならない事態であったはずである。たびたび週刊誌の話題にされる雅子妃の例は、そうした天皇家の人々が祭主であり祭神の末裔であり続けることが、生身の人間にとってどれほど困難なことであるかをはっきりと物語っている。

このように祭主もまた、それが絶対的な主権者でありつつも、不安定な存在であるとするならば、たしかに水木しげるの言うように、それに祀られた存在である大国主神もまた、天皇家によって完全に封じ込められているだけではないと考えるべきだろう。祀られる神々がその祭主をとおして己れの主体を確立するのと同様に、祭り主である天皇の主体もその祀られる神々との関係をとおしてしか自己を確立することはできない。誰ひとりとして、どんな強大な政治・宗教的な君主とて、自己を自己の力だけで主体化することはできない。だから、明治神宮は国民の参拝が維持され増大するようにと、あれほどの精力を費やすのだし、靖国神社は政府の要人、可能ならば天皇家の人々を英霊のための祭主として求めてやまないのだ。

祭祀行為の主体である祭主と、その対象である祀られる存在は深く結びつき合って、互いの主体を共形象として構築してきた。宮沢賢治の言うように、その祭祀のメカニズム――祭祀主体と対象の共形象化――から、単独者として逃れ出ることは容易なことではない。祀られぬ神も、自らを排除した主権者たる祭主の栄光を言祝ぐ存在とも言えるのだから。しかし、もし私たちが他者の欲望に同化されたいという願望、あるいは他者を同化したいという欲望――それはいずれも自らの主体の本質的な空虚さを埋め合わせようとする行為である――から、ほんの少しずつでもその身をずらすことができるのならば、われわれには決してその正体を知ることはできないが、それゆえに語りかけてやむことのない大文字の他者の声は、天皇制という「全体性」として固定化された同一性から剥がれ落ちていくことになるだろう。

ユダヤ教の神学者であったエマニュエル・レヴィナスの言うように、異質なる他者に開かれた「無限」の声として、自分たちの日々の生き方を特定の言説へと密封化されずに、私たちに呼びかけてやまない大文字の他者の声に耳を傾けていくこと。そのときに、他者の声を天皇やイエスといった唯一の真理として他人に押し付けることを欲しなければ、本来は特定不能な大文字の他者のささやきが、様々に異なる声として聞こえる他の人々と共存する方途も開かれていくことであろう[90]。

古来、そうした大いなる他者の声を、地球上の様々な地域においてそれぞれのやり方で、人間は「神」と呼び現してきた。私たちはその正体を捉えられないはずの大文字の他者をつねに自分の認識のもとに普遍化し、他者を同化しようとしてきた。それゆえに、同化に肯わない者はまつろはぬ者として排除され、同化されたものとは祀られた神として同化をとおして深く排除されてきた。しかし、ラカンが大文字の他者は同時に小文字の他者でもあると述べたように[91]、その大文字の他者は、私たちの固定化した名を与えようとすると、その願望からするりと身を逃れて、記述不能な新しい神を次々に生み出してきたのである。

このグローバル資本主義が世界を包み込みつつある現在だからこそ、不本意ながら暴力的な形で出会わざるえない他者との出会いにおいて、国内だけでなく国外においても、主権者や民族という名前のもとに同質化と排除を推進しない個々の主体の形成のあり方を模索していく必要がある。天皇という祭主であり祭神である装置を駆使して、人々の公共空間や公私を含む社会的領域を占有的に同質化しようとする自らの欲望と、私たちは対峙していかなければならない。

アレントはナチズムやスターリニズムといった全体主義との闘いのなかで、人々の多様な発言を可能にする公共領域はこの個人の複数性（plurality）から構成されるアゴラであると述べた[92]。しかし、こうした個人という存在自体は公共領域が成立する以前からまったく別個に分立して存在するのではなく、同じひとつの大いなる他者の声に誘われて、それをそれぞれの理解のもとに分節化して成立した同じ土台をもつ多様な主体だということを見落としてはなるまい。

そうした他者の声を、明確な権力主体に回収されないかたちで耳にした瞬間の記憶を、宗教学者の山形孝夫は次のようにエジプトの砂漠のなかでの出来事として語っている。

ある日、修道院を抜け出し、砂漠の風に吹かれながら涸れ谷をあてもなく歩いて、風の音ではなく、私に呼びかける風の音をはっきり聴いたとおもったのだ。……とりとめないことを、とりとめもなく思いめぐらしながら、私はぼんやり砂漠の風に吹かれていた。そのときであった。誰かが、出し抜けに私の名を呼んだ。私は驚いて振り向いた。そんなに遠い距離ではない、人影らしいものはどこにもなかった。私はすぐ、これは錯覚だとおもった。そして歩きはじめたとき、もういちど私の名を呼ぶ声を聴いたのだ。風の音ではなかった。人間の声だった。その声は、もういちど聴こえて消えていった。

私は、ぎょっとして立ちどまった。そしてそれが、私の遠い日の記憶の底にある母の声だとおもった瞬間、説明のしようのない大きな感情の塊が、どーんと私を直撃した。私は凝固したまま、動くことができなかった。不安定な奇妙な感覚であった。よくはわからないが、懐かしさと寄る辺なさの入りまじった感情であった。

私はいま、死者たちのなかにいる、とおもった(93)。

こうした大いなる他者からの呼び掛けであったのだろうか、出雲を出発する前の晩に、私の友人は大国主神の奇妙な夢を見ることになる。だが、それはまた別の機会に語ることにしよう。いずれにせよ、ここまで述べて来た私の思考もまた、自分が出雲への旅に誘われることによって、大国主神という、天皇家に祀られつつも、決して祀られきることのない大いなる他者からの深い呼びかけに対する、自分なりのひとつの応答にほかならない。それは、宮沢賢治の言葉に応えて、山尾三省が選んだ日々の生活に根ざした、寡黙だが確かな野の道へと繋がっていく道なのだろう。

私は今、野の道に立ち、野の道を歩いてゆくべき心を決めている。それは、私が選び、私がそのように決めたことではあるが、今となっては、私一個の選択や決心になにほどの力があろう。私は、私を含むより大いなるものの呼び声を聴いて、その声と共にただ歩いてゆくばかりである。(94)（傍点は磯前）

ここにおいて神道もまた、近代天皇制と同一化した大神社とは異なる、市井の人々がより自由に深く生きることを可能にするような新たな信仰の場へとして変容していく。賢治の言うように、「祀られざるも神には神の身土がある」。そこに、誰にも知られずひっそりと花を手向ける人こそが、「祀られざるも神には神の身土がある」人なのだ。それには生政治と化した権力に気取られぬよう、きわめて注意深い道を歩んでいかなければならない。権力にとっては目障りな「祀られざる神」を抹殺することはかくも容易なことであり、今や国民の多くが、自分が祀られざる神にならぬために、他者をまつろはぬ神として抹消しようと思いはじめている。紀元二千六百年の出来事は過去のことではない。暗い影はすでに私たちの公共空間を覆い、私的空間のなかにまで忍び込んでいる。

〔補記〕本稿は『現代思想』四一巻一六号に掲載された拙稿「祀られざる神の行方——神話化する現代日本」のオリジナル長尺版である。ただし本章に収録するにあたって本文の全面的な補訂および注の分出作業をおこなった。この改訂作業については小田龍哉氏の御尽力を得た。記してここに感謝の意を表したい。

（1）「出雲国造神賀詞」（虎尾俊哉編『延喜式　上』集英社、二〇〇〇年）四九九頁。
（2）井上光貞「国造制の成立」一九五一年（『井上光貞著作集4』岩波書店、一九八五年）、石母田正『日本古代国家論第二部　神話と文学』岩波書店、一九九七年。
（3）ラフカディオ・ハーン『神国日本——解明への一試論』一九〇四年（柏倉俊三訳、東洋文庫、一九七六年）一〇四頁。
（4）文部省編『国体の本義』一九三七年、六五頁。
（5）原武史『〈出雲〉という思想』一九九六年（講談社学術文庫、二〇〇一年）一八七―一九〇頁。
（6）神野志隆光『古事記と日本書紀——「天皇神話」の歴史』（講談社現代新書、一九九九年）。
（7）ジャック・ラカン述、ジャック゠アラン・ミレール編『ゼミナール　無意識の形成物』一九五八年口述、一九九八年出版（佐々木浩次他訳、岩波書店、二〇〇五年）。
（8）今泉宜子『明治神宮——「伝統」を創った大プロジェクト』（新潮選書、二〇一三年）八頁。
（9）清水谷善圭「神仏や宗派を超えた聖なる祈りの連環」（『出雲の神様　TOWN MOOK』徳間書店、二〇一三年）九〇頁。
（10）鍾以江「神無月　近世における神道と権威構築」『現代思想』第四一巻第一六号、二〇一三年。
（11）ケネス・ルオフ『紀元二千六百年　消費と観光のナショナリズム』（朝日新聞出版、二〇一〇年）三三頁。
（12）同右書、二〇―二一頁。
（13）同右書、七〇頁。
（14）同右書、五七頁。
（15）同右書、一〇二頁。
（16）文部省編『神武天皇聖蹟調査報告』（一九四二年）。
（17）筆者の津田理解については、以下の文献を参照のこと。「近代日本の植民地主義と国民国家論——津田左右吉の国民史をめぐる言説布置」（『思想』一〇九五号、岩波書店、二〇一五年七月）、「神話と合理主義——近世・近代の神解釈」『記紀神話のメタヒストリー』（吉川弘文館、一九九八年）。
（18）ルオフ前掲書、五八頁。
（19）今泉前掲書、八・三一六頁。
（20）Jun'ichi Isomae and Sukman Jang, "The Recent Tendency to "Internationalize" Shinto : Considering the Future of Shinto Studies," *Asiatische Studien : Zeitschrift der Schweizerischen Asiengesellschaft*, 66–4, 2012、「天皇制国家と余白——「国家と宗教」を論じるために」（『宗教研究』八九巻二号、日本宗教学会、二〇一五年）。

（21）姜海守「明治神宮の「道義」概念」（日本宗教学会第七二回学術大会研究報告「宗教の公共性とは何か」『宗教研究』八七巻別冊、日本宗教学会、二〇一三年）。
（22）その成果は、藤田大誠、畔上直樹、今泉宜子、青井哲人による共著『明治神宮以前・以後』（鹿島出版会、二〇一五年）としてまとめられている。
（23）ベネディクト・アンダーソン『定本　想像の共同体――ナショナリズムの起源と流行』一九八三／二〇〇六年（白石隆・白石さや訳、書籍工房早山、二〇〇七年）二三頁。
（24）『天業奉頌』日本映画社、一九四一年。
（25）Isomae& Sukman, *op.,cit.*
（26）ジョン・ブリーン「「神国日本の復興」――二一世紀における神道の動向」（『歴史評論』第七二二号、二〇一〇年）九二頁。
（27）同右論文、八二頁。
（28）島薗進『国家神道と日本人』（岩波新書、二〇一〇年）v頁。
（29）日本宗教史を含む日本研究の政治性をいち早く指摘した試みとして、酒井・ハルトゥーニアン対談「日本研究と文化研究」（『思想』八七七号、岩波書店、一九九七年七月）。この座談が省みられることはまったくない状況自体が、今日の日本宗教研究者における政治的な自己利益優先性を如実に物語っている。
（30）「総特集　出雲　古事記、風土記、遷宮――よみがえる神話世界」（『現代思想』第四一巻一六号、青土社、二〇一三年）。
（31）カール・グスタフ・ユング「ヴォータン」一九三六年（松代洋一訳『現在と未来――ユングの文明論』平凡社ライブラリー、一九九六年）。
（32）ジョルジョ・アガンベン『ホモ・サケル』一九九五年（高桑和己訳、以文社、二〇〇三年）。
（33）フランツ・ファノン『黒い皮膚・白い仮面』一九五二年（海老坂武・加藤晴久訳、みすず書房、一九九八年）。
（34）青野正明「朝鮮総督府の神社政策と「類似宗教」――国家神道の論理を中心に」、磯前順一「植民地朝鮮における宗教概念をめぐる言説編成」、沈熙燦「「方法」としての崔南善」（磯前順一・尹海東編『植民地朝鮮と宗教――帝国史・国家神道・固有信仰』三元社、二〇一三年）。
（35）ミシェル・フーコー「一九七六年三月一七日の講義」『社会は防衛しなければならない　コレージュ・ド・フランス講義〈6〉　一九七五－一九七六』（石田英敬訳、筑摩書房、二〇〇七年）。
（36）『日本書紀』（日本古典文学大系、岩波書店、一九六七年）一三四頁。
（37）同右書、一三八－一四〇頁。

(38) 同右書、一四〇頁。
(39) 水木しげる『水木しげるの古代出雲』二〇一二年（角川文庫、二〇一五年）二三三頁。
(40) 『日本書紀』一五〇頁。
(41) 神野志前掲書。
(42) 『日本書紀』一〇六頁。
(43) ラフカディオ・ハーン『知られぬ日本の面影』一八九四年（平川祐弘訳『神々の国の首都』講談社学術文庫、一九九〇年）一五二頁。
(44) 『令集解』（新訂増補国史大系、吉川弘文館、一九六六年）二八頁。
(45) 前掲「出雲国造神賀詞」五〇一頁。
(46) 今泉宜子『明治神宮戦後復興の軌跡――いとも厳しく美はしく社殿成りて　代々木の杜と鎮座地渋谷。焼け跡からの再生物語』鹿島出版会、二〇〇八年、一三四－一三五頁。
(47) 同右書、一三五頁。
(48) 小松和彦『異人論――民俗社会の心性』一九八五年（ちくま学芸文庫、一九九五年）二三七頁。
(49) 同右書、八五頁。
(50) 同右書、八一頁。
(51) 『常陸国風土記』（日本古典文学大系、岩波書店、一九五八年）五五頁。
(52) 小松前掲書、二三四頁。
(53) 同右書、二三五頁。
(54) ルドルフ・オットー『聖なるもの』一九一七年（久松英二訳、岩波文庫、二〇一〇年）三一頁。
(55) 水木しげる『総員玉砕せよ！』一九九一年（講談社文庫、一九九五年）三五〇頁。
(56) 同右書、三五三頁。
(57) 「陸奥国より金を出せる詔書を賀く歌一首」『万葉集　四』（日本古典文学大系、岩波書店、一九六二年）二七九－二八一頁。
(58) アンダーソン前掲書、二三七頁。
(59) 『日本書紀』一二八頁。
(60) 筧克彦『皇国之根柢・万邦之精華　古神道大義』（清水書店、一九一二年）四二二頁。
(61) 久米邦武「神道は祭天の古俗」一八九一年（『久米邦武歴史著作集』第三巻、吉川弘文館、一九九〇年）。

(62) フーコー前掲書、二四二頁。
(63) 西川長夫『植民地主義の時代を生きて』(平凡社、二〇一三年)二二九頁。
(64) 折口信夫「国文学の発生（第三稿）」一九二九年（『折口信夫全集』第一巻、中央公論社、一九九五年）一一-六六頁。
(65) ミシェル・フーコー『監獄の誕生』一九七五年（田村俶訳、新潮社、一九七七年）一九八頁。
(66) ラフカディオ・ハーン「出雲再訪」一八九七年（遠田勝訳『明治日本の面影』講談社学術文庫、一九九〇年）三三六頁。
(67) ハーン『神々の国の首都』二六六頁。
(68) 同右書、二六三頁。
(69) 石塚尊俊『日本の憑きもの――俗信は今も生きている』(未來社、一九五九年)八二頁。
(70) 同右書、一七七-一七八頁。
(71) ハーン『神々の国の首都』、一四頁。
(72) 同右書、七頁。
(73) 山尾三省『野の道宮沢賢治随想』(野草社、一九八三年)一〇二-一〇三頁。
(74) 同右書、一〇五-一〇六頁。
(75) Jacques Lacan, "The Mirror Stage as Formative of the *I* Function as Revealed in Psychoanalytic Experience," *Écrits*, 1966（The first complete edition in English, translated by Bruce Fink, New York and London : W. W. Norton & Company, 2006)。
(76) アガンベン前掲書、一七八-一七九頁。
(77) 山尾前掲書、九五頁。
(78) 同右書、一〇一頁。
(79) 「宮主秘事口伝」一三六二年（『神道大系　首編1』神道大系編纂会、一九八一年）二一一頁。
(80) 『日本書紀』一二三八-一二三九頁。
(81) 斎藤英喜『アマテラスの深みへ――古代神話を読み直す』(新曜社、一九九六年)五六頁。
(82) 「御門祭」(『延喜式　上』(集英社、二〇〇〇年)四七五-四七七頁。
(83) 石母田正「古代の身分秩序」一九六三年（『日本古代国家論第一部』一九七三年、岩波書店）二四九頁。
(84) アガンベン前掲書、一三五頁。
(85) 網野善彦『異形の王権』一九八六年（平凡社ライブラリー、一九九三年）二二六頁。
(86) 青野正明『帝国神道の形成――植民地朝鮮と国家神道の論理』岩波書店、二〇一五年。

（87）島薗前掲書、一八五－一八六頁。
（88）アガンベン前掲書、二〇頁。
（89）宮沢賢治「農民芸術概論綱要」（一九二六年（『校本　宮沢賢治全集第十二巻（上）』、筑摩書房、一九七五年）九頁。
（90）エマニュエル・レヴィナス『全体性と無限』一九六一年（熊野純彦訳、岩波文庫、二〇〇六年）。
（91）ジャック・ラカン述、ジャック－アラン・ミレール編『ゼミナール　精神分析の四基本概念』一九六四年口述（小出浩之他訳、岩波書店、二〇〇〇年）。
（92）ハンナ・アレント『人間の条件』一九五八年（志水速雄訳、ちくま学芸文庫、一九九四年）二八六頁。
（93）山形孝夫『砂漠の修道院』（平凡社ライブラリー版あとがき、一九九八年）二五八－二六一頁。
（94）山尾前掲書、二〇頁。

第Ⅱ部　法的なものと排除

第Ⅱ部のテーマは「法的なものと排除」である。本書の立場としてすでに「はじめに」において述べたように、公共性は人為的に構築されるものであると考えられる。そして、公共性が人為的に構築されていく際に、決して避けて通ることができないのが法的次元の問題であるといえよう。それは、そもそも公共性を構築する目的自体に、主権的主体が行う法的決定への異議申し立てが含まれているからである。法的な次元における決定によって、公的領域と私的領域——あるいはビオスとゾーエー——の秩序が分節化され、その秩序によって包摂される対象とその秩序から排除される対象が区分される。そして、このような分節化に対抗することが公共性の役割として期待されているのだが、しかし、そのようなことは果たして本当に可能なのだろうか。法的次元における包摂と排除の分節化に対抗するどころか、むしろそのような分節化をその核にもたずして成立しえないのが、（第Ⅰ部でも見たように）公共性なのではないだろうか。第Ⅱ部の各章においては、このような法と排除をめぐる公共性の問題について議論されるだろう。そして、そこでの諸議論は、第Ⅲ部のテーマである「排除される者たちの公共性」へと引き継がれることになるだろう。

第四章の伊達聖伸による「フランスにおける「承認のライシテ」とその両義性——ムスリムの声は聞こえているか」においては、共和国フランスの政教分離原則である「ライシテ」に関する諸議論を参照しつつ、宗教をめぐって構築された法的言説における排除と包摂にかんして分析している。共和国（"République"）の原語である"res publica"は、「公的なもの」という意味であるが、この「公的なもの」を構築する原理的な核こそ、「ライシテ」なのである。伊達によれば、このライシテとは、単に公的な領域から宗教を排除する原理といったような、単純なものではないという。むしろライシテをめぐって多様な議論と解釈が存在しており、そういった諸言説のあいだの節合状況によって排除と包摂の力学が作動するのである。本章では、そういった諸言説を丹念に負うことで、公的なものと宗教との関係において、ライシテの役目がそれまでの分離から統合へとシフトしてきていながらも、そこに新たな排除が生じつつあることを明らかにしている。

つづく第五章の鍾以江による「宗教、自由と公共性——靖国参拝違憲訴訟を考える」においては、法的には包摂が保証されているにもかかわらず、歴史的な規定性のために排除されてしまう存在のことが、現代日本の文脈に即して明らかにされている。鍾によれば、自由という概念は普遍的な理念としてつねに抽象化されてきたが、その行使にあたってはつねに特定の歴史的文脈が問題になってきた。そのため、公共性は理念的には自由の領域として全ての人に開かれている——とされつつも、結局現実においては特定の国民のみがその成員として認められるような排他的な——排除する——ものとして機能するのである。この排除において作動するのがまさに法であり、それはつねに公共性の内部と外部の境界線を形成すべく機能するのである。本章では、このような公共性の理念と現実の乖離において法がいかに作動するかということについて、靖国参拝違憲訴訟を例にとりつつ、明らかにしてくれるだろう。

そして第六章の宮本新による「公共性と犠牲——十字架の神学を手掛かりに」においては、犠牲（"sacrifice"）という概念を批判的に検討しながら、キリスト教と公共性の関係についての批判的な考察が展開されている。宮本によれば、イエスの犠牲はキリスト教社会においてその社会システムを支えるものとして原理的に機能しているが、その一方で、その犠牲の原義はむしろ反システム的なものであったはずであるという。つまり、システムによって包摂されえず排除され抑圧されてしまうような複数性を開くものこそ、犠牲が本来もつ重要な意義であったというのだ。しかし、そのように反システム的に機能したあと、犠牲は抑圧されていた者たちを包摂しうる共同性を構築する契機として、今度はシステムの核として機能することになり、結局排除を再び作動させてしまう。そのため宮本は、シモーヌ・ヴェイユを参照することで、つねにシステムによって取り込まれてしまう犠牲という契機から、それでも取り込まれえないものを汲み取ることで、公共性が成立する可能性にかけようとする。そのような公共性は、システムを正当化する法にたいして、システムの他者へと開かれるように、正義を求めるものなのである。このような宮本による議論は、キリスト教社会のみならず、現代社会においては「犠牲のシステム」が偏在化・常態化しているという危機意識に裏打ちされていることが理解されるだろう。

第四章　フランスにおける「承認のライシテ」とその両義性

ムスリムの声は聞こえているか

伊達聖伸

一　はじめに

フランスはしばしば、非常に厳格な政教分離体制を敷く国の筆頭に挙げられる。アメリカも政教分離の国だが、大統領が演説のなかで神の加護を祈るなど、政治の領域に宗教的なものが現われることは珍しくない。そのようなことは、「ライシテ」（laïcité）の原則に基づくフランスでは考えられない。ライシテとは、国家の「非宗教性」、「政教分離」、「世俗主義」などを意味する言葉で、フランスに固有の歴史のなかで「国是」とされてきた。共和派とカトリック教会が対立する構図のなかで、フランス革命から百年以上の時間をかけて、宗教の活動は私的な領域に封じ込まれていった。政治と宗教は峻別され、宗教を公的な政治の領域に持ち込むことはできない。公的な領域から宗教を排除するのは、私的な領域での宗教の自由を保障するものであり、ライシテは宗教に敵対的なのではなく中立的なのであり、それによって宗教の共存を可能にする原理である――。このような議論や主張は、一九八九年のイスラーム・スカーフ事件以降に再び盛りあがり、二〇〇四年のヴェール禁止法や二〇一〇年のブルカ禁止法を経て、現在まで続いている。

ライシテの原則を引き合いに出して、公立校でのイスラームのスカーフないしヴェールの着用を禁止する論理の典型は、伝統的なフランス共和主義の理念に訴える種類のものだ。すなわち、公立校はフランス共和国の重要な支柱をなす「公役務」（service public）であって、私的な領域に限定されるべき宗教の位置はそこにはない、というものである。「共和国」（République）という言葉のもとになっているラテン語の「レス・ピュブリカ」（res publica）は、「公的なもの」を意味している。ライシテに基づく公立校での教育は、民族や人種や宗教などの個別性を捨象した普遍主義的な市民権の理念とつながっており、フランス共和主義と切り離すことができないとされる。これは、ライシテが「フランス的例外」のひとつとも言われるゆえんであり、そう考える人はフランス内外ともに多い。

しかし、ライシテの原則に依拠していれば、ただちに宗教の共存が保障されるのだろうか。ライシテの前提となっている政治と宗教の領域の分離、あるいはそれと対応するとされる公と私の領域の峻別は、そんなに簡単にできるものなのだろうか。ライシテは、本当にフランスのみに固有のものなのだろうか。

タラル・アサドは、フランス共和国が自由で民主的な社会であることを認めつつも、ライシテの中立性に疑問を投げかけている。そもそも、政治的なものと宗教的なものを分離する発想は、ユダヤ＝キリスト教の伝統に根ざしている。たしかに今日のフランスは世俗的だが、主権国家がいわば絶対的な権力と一種の超越性を保持しながら抑圧的な機能を果たしている。アサドによれば、ライシテとは厳格な政教分離というよりも、世俗化した市民としての自己認識と主体形成をフランス人がすることができるように、国家が差し向けるたえざる試みである。(1)

このことは西川長夫が、民族や人種や宗教を超えたフランス流の普遍主義的な人権理念が解放をもたらす側面を持つことを認めつつも、それが往々にして人権理念による人類の教化を任務と考える「フランス・イデオロギー」に変貌してしまうこと、そして近年のフランスに「共和主義的反動」が起こっているとつとに喝破していたことと通じ合っている(2)。

このような指摘は、宗教の共存を可能にするとされる自由主義的な原理そのものが、実際には排除の原理としてもはたらいていることを鋭く突くもので、極めて妥当な批判である。実際、ライシテのなかには、市民を統合するための国家のイデオロギーという性格が濃厚に認められ、それが包摂と排除の原理として機能していることをきちんと見据えなければならない。しかし、ライシテは今日のフランス共和国が依って立つ原則となっているのだから、もしも「ライシテとは結局のところ一部の市民を排除する国家のイデオロギーにすぎないのだ」というシニカルな見方をする地点に留まったままだとしたら、取るべき態度として不十分と言わざるをえないだろう。

そこで、ライシテが一枚岩的なものではないことを喚起するところからはじめたい。たとえば、フランスは厳格な政教分離の国のイメージを与えがちだが、実は近年では他の国や社会と同様、宗教の公共的役割に対する期待が持たれているのである。その背景には、政治と宗教の関係およびそれぞれの内実の変化があり、また公私関係の変化がある。それに応じて、ライシテの課題も変化してきている。かつての課題が「国教の重みをもっていた宗教（＝カトリック）のくびきから、いかに政治を解放して共和国を構築するか」という「分離」の面を強調していたとすれば、現在の課題は「いかに宗教――現代社会においては多様化している――に社会的・公共的な役割を与え返すか」という「承認」の面に重心を置く形で再定式化されている。

しかし、だからといって単純にフランスにおける公共宗教の可能性を言祝ぐような立場を筆者は取らない。宗教の公共的役割が再評価されようとしている一方で、フランスが厳格な政教分離の国であるというイメージが再強化されていること、その同時性に注意を払う地平に立って批判的な考察を行ないたい。

以下ではまず、フランスのライシテの課題が「分離」から「承認」へと変化してきている様子を描き出したい。

そのうえで、ライシテがどのような構成要素からなり、どのような類型があるのかについての分析を進めたい。これは、「フランス的例外」とされがちなライシテの国際比較が可能であることを示すことでもある。そのうえで、改めてフランスの「分離のライシテ」と「承認のライシテ」の特徴をとらえ返してみたい。その過程で見えてくるのは、フランスにおける「承認のライシテ」の多義性と両義性である。たとえば、政府側が承認のライシテと言うときには、人びとの道徳的社会化や治安維持に役立つ宗教の役割を積極的に認め、そのような宗教と対話したり何らかの形で支援したりすることを意味する傾向が強いようだ。しかし、そのような承認のあり方は、宗教が現実の社会活動に取り組むための後押しになりうる一方で、宗教の自由な活動に一定の制約をかけたり、宗教が政治や社会を相対化し批判する力を弱めたりすることにもなりかねない。承認のライシテには、ある種の宗教を包摂し優遇する側面があるが、そのこと自体が別のタイプの宗教を疎外し排除する論理につながっている可能性がある。その点を意識したうえで、承認のライシテを、文化的多様性を尊重する社会統合と共生の原理として鍛えていくことの可能性が問われなくてはならないだろう。

二　「分離」から「承認」へ――フランスのライシテの歩みと課題の変化

ライシテ研究者のフィリップ・ポルティエに、ずばり「分離から承認へ――フランスのライシテ体制の変化」という論文がある(3)。この論文の要点を紹介する形で、ライシテの課題が変化してきている様子を確認しておこう。

ポルティエによれば、ライシテとは最も一般的な意味では、政治がその法体系において宗教的なものの刻印を逃れている社会状態のことを指す。フランスでこのモデルが形を取るようになったのは、一七八九年のフランス革命以来だが、諸教会と国家を分離する法律が制定されたのは一九〇五年である。その間は一九世紀を通じてコンコルダート体制が敷かれていた。コンコルダートとは、ナポレオンが教皇庁と結んだ政教条約のことで、「フランス人の大多数の宗教」であるカトリックのほか、プロテスタントとユダヤ教が公認され、聖職者は国家から俸給を受け取っていた。

一九〇五年法に象徴される「もともとの」ライシテの特徴は、第一に、良心の自由の原則に立脚しつつ、礼拝の自由をも認めようとする点にある。政教分離法によって、諸宗教は国家とのつながりを断ち切り、政府の干渉を受けずに聖職者を任命する自由を得た。その一方で、宗教的なものは私事化された。これが第二の特徴である。宗教はそれまで享受していた公認の地位を失い、俸給や補助金を受けることがなくなり、政府は宗教が持っていた公的な影響力を制限しようとした。そして第三に、この時期のライシテは、個人を個別具体的な文化共同体に所属する者としてではなく、そのような属性を断ち切って政治共同体に参加する「抽象的市民」としてとらえる「普遍主義的」な傾向が強かった。民族や人種や宗教などの差異は「私的なもの」とされ、それらを「公的な場」には持ち込まないことで、フランス社会への「同化」を遂げることができるとされた。

このようなライシテのあり方が次第に信憑性を失っていく時期を、ボルティエは一九六〇年から七〇年代に見る。その変化として注目すべきは、第一に、国家と市民社会のあいだに打ち立てられていた相互不干渉を原則とする関係が崩れはじめたことである。それによって、従来であれば私的な領域での活動と見なされていたものに、福祉国家が財政援助をするという動きも出てきた。第二に、アイデンティティの要求が強まってきたことである。従来は、個人が文化的・宗教的に個別的な背景を持っていることと市民であることを切り離すモデルが支配的だったが、私的なアイデンティティを表明して公共空間での「承認」を求める動向が見られるようになってきた。第三に、先述した従来型のフランスの普遍主義が、ヨーロッパ統合の過程で相対化や見直しを迫られたことである。そして第四に、当初はライシテを「悪魔の法」と呼んで敵意を剥き出しにしていたカトリック教会が、第二次世界大戦終了後、そして第二ヴァチカン公会議を経て、ライシテの枠組みを受け入れるに至ったことである。カトリック教会はもはや共和国の基盤を脅かす存在ではなく、市民社会の活動の一翼を担う存在になっている。

こうして現在では、公私関係が変容するなかで、公共空間が宗教的なものの存在に対して開かれている。こうして、宗教に背を向けるライシテではなく、公共空間における宗教の存在を気にかける「好意的なライシテ」(laïcité bienveillante) が登場してきた(4)。その例として挙げられているのは、公費による私学助成(私学の大半はカトリック)、公教育における「宗教事象の教育」の重点化(ライシテの枠組みにおける宗教教育の可能性の模索)、公的機関と宗教団体のあいだで行なわれる折衝(イスラームの代表機関の設置)などである。このようななかで、政治と宗教のあいだには、互いに足りないところを補い合う補完性の動きが生じつつある。また、従来は公的な場面においては私的な属性を括弧に入れてきた抽象的市民が、近年では公的な場においても文化や宗教の所属に応じたアイデンティティを掲げるようになってきた(5)。

ここまで、ポルティエの議論を手がかりにしながら、厳格な政教分離のイメージがつきまとうフランスにおいても、ライシテの課題と内容が歴史のなかで変化し、近年では宗教が公共的な役割を果たしている点にも注目が集まる構図になっている様子を示してきた。ポルティエの議論は説得的だが、彼自身は現代における宗教のあり方についてのよしあしの判断はひとまず留保しているようだ。

これに対し、宗教社会学者のジャン＝ポール・ヴィレムは、一歩踏み込んだ立場を取っているように見える。実際、彼は『公共空間における宗教的なものの回帰――承認と対話のライシテに向かって』において、宗教の担うべき役割を新たに考えることがポスト世俗化社会の課題であると論じたハーバーマスとラッツィンガーの対談に言及しながら(6)、宗教は「民主的なライシテの社会においてポジティヴな役割を発揮することができる」と主張し、次のように述べている。

宗教を完全に私的な物事だと見なすことは、宗教的なものを追放し、宗教が公共空間においてその役割を十全に演じることを妨げることになりはしないか。宗教的アイデンティティが共同体主義としてセクト化していくのと、アイデンティティを捨象してはじめて普遍的になるような公共空間とのあいだに、公共領域において諸宗教を市民の立場からそしてライシテの立場から承認（reconnaissance）するための場所があるはずだ(7)。

ヴィレムの考えでは、「超近代」（ウルトラモダン）の時代である現代社会の状況を特徴づけるのは(8)、「世俗の権威と宗教の権威の社会における正面衝突ではなく、脱魔術化された社会における宗教的なものと社会的なものの再配置である(9)」。「脱魔術化」とはウェーバーの用語で、合理化の進展によってこの世から宗教的なものが撤退していく世俗化の過程を指す。今日のライシテが果たすべきなのは、かつてのような「宗教の代替システム」ではなく「多元性を調整する原則」としての機能である(10)。「このような状況において、民主主義の価値を保護し促進しようとするのであれば、ヨーロッパにおいて発展を遂げてきた諸宗教や哲学的運動を対象とする承認と対話のライシテは、興味を引く(11)」。

ヴィレムによれば、ライシテの原則を守るべきなのは国家であって、社会ではない。社会には歴史の刻印があり、多かれ少なかれ世俗化されていると同時に、マジョリティおよびマイノリティの宗教文化によって特徴づけられている。「個人的には、私は真のライシテとは、自由と平等、そして政治的なものと宗教的なものの相互の自律性というライシテの基本原則に忠実であるべきで、宗教およびその信者には干渉すべきではないと考える(12)」。

ヴィレムとしては、このような相互不干渉の原則を貫くことで、宗教は政治から距離を取ることができ、時代情勢に対しても批判的な姿勢を保つことができると考えているようだ。しかし、政治と宗教が相互の自律性を重んじて対話をすれば、万事がうまくいくわけではない。政治との対話を自分に有利なように進める宗教が出てくれば、そのようなことをしない（あるいはできない）宗教には不利な結果を招くかもしれない。政治と宗教の対話を重視すればするほど、そのような対話の席には着くことのない宗教のあり方が軽視されたり、無視されたりする事態につながったりはしないだろうか。

このように考えると、ヴィレムが期待を寄せる「承認のライシテ」には、たしかに可能性も窺えるが、同時に問題点も含まれているように思われる。ところで、ヴィレムは「承認と対話のライシテ」という言葉を使い、ポルティエは「好意的なライシテ」という言葉を「承認のライシテ」とほぼ同義で用いていた。たしかに、これらが従来の「分離のライシテ」と趣を異にするものであることは、ここまでの行論からも理解されよう。しかし、「承認のライシテ」と互換性のある言葉が複数あり、またそこには可能性と問題点の両方がはらまれているとするならば、その意味内容をより厳密に画定していく必要があるだろう。

三　ライシテの構成要素と諸類型——ライシテの脱フランス化の視点から

前節では、政教分離から宗教の公共的な役割に対する注目ないし期待へという流れが、フランスのライシテの歴史に認められることを確認した。本節では、「フランス的例外」と見なされがちなライシテが、実際にはどのような構成要素からできているのかという視点に立ち、ライシテは必ずしもフランスに限定されないこと、さまざまなライシテの比較をするための諸類型があることを提示し、前節で述べた「分離のライシテ」と「承認のライシテ」を位置づけ直したい。

二〇〇三年、シラク大統領は、政教分離法制定百周年を二〇〇五年に控え、ライシテの原則の再確認と現状への適用を検討するスタジ委員会を組織した。この委員会の報告書では、ライシテの原理は「国家の中立性」と「良心の自由の保護」という二重の要求に応じようとするものであると述べられている[13]。この二つの要求は「断じて両立不可能ではないが、潜在的に矛盾をはらむ」[14]。この委員会の提言は、二〇〇四年のいわゆる「ヴェール禁止法」につながったもので、公立校においては「国家の中立性」を遵守することが「良心の自由の保護」にも適うという論理が前面に打ち出されることになった。その代わり「良心の自由」の名においてスカーフの着用を主張するムスリム子女の保護が犠牲にされたことは否めない。

ところで、ここには少なくとも「国家の中立性」と「良心の自由の保護」というライシテの二つの要素が緊張関係を結ぶものととらえられており、ライシテが一面的なものではないことが示唆されている。そうであるならば、たとえば「良心の自由の保護」を第一の目的と考え、「国家の中立性」に優先させるライシテのあり方も考えられるはずだろう。ちなみに、スタジ委員会報告書の別の箇所では、ライシテは「良心の自由」、「スピリチュアルおよび宗教的な選択肢（options spirituelles et religieuses）の権利上の平等」、「政治権力の中立性」という三つの相互に絡まり合った価値に立脚しているとも述べられている[15]。

たしかに、アサドが「国家の中立性」の実態に疑問を投げかけたように、「良心の自由」や「平等」も、近代西洋の歴史のなかから出てきた概念である点において、手放しで称揚できるものではないのかもしれない。しかし、ここではそのフィクション性を暴くよりも、「良心の自由」や「平等」の理念に即してスカーフの着用を主張したムスリム子女の声が聞き届けられなかったことそのものを問題視したい。それは、フランス共和国が歴史のなかで作りあげてきたライシテの理念が、実現されているようで実は頓挫していることを示すものだからである。

スタジ委員会報告書は、フランスのライシテに即しながらライシテの構成要素を示しているが、逆にライシテの構成要素を出発点にして、さまざまな社会にそれらの要素を見出し、それらの要素がどのように組み合わされ、どのような起伏を描いているのかを観察することで、ライシテを「脱フランス化」し、さまざまな社会のライシテについて語るやり方もあるはずだ。

北米大陸にあってフランス語圏のカナダのケベック州では、「ライシテ」という言葉は一九九〇年代まではあまり使われてこなかったが、今日ではケベックがライシテの社会であるという認識は広く共有されている。フランスで二〇〇三年にスタジ委員会が組織されたように、ケベックでは二〇〇七年にチャールズ・テイラーとジェラール・ブシャールの二人を委員長とする「文化的差異に関わる妥協の実践に関する諮問委員会」が立ちあげられ、翌年に報告書が提出された(16)。

このブシャール＝テイラー委員会報告書では、ライシテは次の四つの構成要素からなると述べられている。一、「個々人の精神的＝道徳的な平等（l'égalité morale）」。二、「良心および信教の自由」。三、「教会と国家の分離」。四、「宗教および深い世俗的信念（convictions profondes séculières）に対する国家の中立性(17)」。「精神的＝道徳的」（モラル）という言葉や、「深い世俗的信念」という表現からは、いわゆる通常の意味での宗教よりも広い範囲の価値観が対象になっている様子が窺えよう。別の言い方をすれば、宗教的価値と世俗的価値がある程度横並びになっている。

この点にも増して注目されるのは、最初の二つの要素がライシテの最終的な「目的」とされ、残りの二つの要素はあくまでそれを実現するための「手段」とされていることである。ケベックのブシャール＝テイラー報告書の立場からすると、公立校においては「国家の中立性」を「良心の自由」に優先させたフランスのライシテは、「手段」であるはずのものが「目的」と化してしまったものに映る。そのような「厳格なライシテ」は、あくまでライシテのひとつのモデルにすぎず、ライシテそのものと同一視することはできない(18)。

長年ライシテ研究を牽引してきたジャン・ボベロとケベックの宗教社会学者ミシュリーヌ・ミロは、共著『国境なきライシテ』において、上記の四つのライシテの構成要素を変数と見なし、その組み合わせによって、さまざまな時代や社会のライシテにアプローチすることを提唱している[19]。そして、次のような六つのライシテの理念型を取り出している。なお、この種の理念型は、比較のなかで特徴を見出す手段として使われることにその有用性があるのであって、本質主義的なレッテル貼りに用いてもあまり意味がないこと、実際のライシテはしばしば複数の類型にまたがっていることを、あらかじめ断っておきたい。

一、「分離主義的なライシテ」(laïcité séparatiste)。「分離」はライシテの原理を構成する要素のひとつだが、これが突出するケース。良心の自由と諸宗教の平等を保障するための手段であるはずのものが自己目的化し、しばしばライシテの「本質」とされる。良心の自由が形式的に保障されていても、これを私的な領域に封じ込める力学が強くはたらく[20]。例としては、公共の場での祭礼行列や教会の鐘の音のようなものまで禁じようとしたフランス革命期の政教分離や、一九〇五年に採択される政教分離法の前に出されたいくつかの法案のうち徹底的な公私の分離を打ち立てようとしたものなどが挙げられる(ボベロとミロによれば、良心の自由と礼拝の自由をきちんと盛り込んだ一九〇五年法は「分離主義的なライシテ」とは一線を画すものである)。この類型のライシテは、ある歴史的・社会的文脈においては宗教からの解放を人びとにもたらしうるが、別の文脈においては良心の自由と平等に対して抑圧的にはたらくものにもなりかねない。

二、「権威主義的なライシテ」(laïcité autoritaire)。政教分離は、精神の自由と解放をもたらすこともあれば、逆に宗教に抑圧を強いることもある。「権威主義的なライシテ」とは、世俗的な国家権力が宗教を監視下に置き、上から抑え込むような力を持つもので、宗教に自由を与えるというより、宗教が享受すべきはずの自由にさまざまな制限を設ける[21]。ある国家が何らかの形で短期間のあいだに宗教からの解放の必要を迫られた場合に見られることが多く、典型例はアタトュルク時代のトルコだが、レザー・シャー時代のイランや、ブルギバ時代のチュニジアにも該当する。フランスでは、カトリックを「フランス人の大多数の宗教」としつつも、教会の権利にさまざまな制限を設けていたナポレオンのコンコルダート体制がこの類型に該当する。「権威主義的なライシテ」においては、国家の側は政治運営において宗教の干渉を拒むことができるが、宗教の側は政治からの自律性を十分に獲得していないため、「良心の自由および信教の自由」そして「教会と国家の分離」というライシテの二つの構成要素は後景に退くことになる。

三、「反教権主義的なライシテ」(laïcité anticléricale)。長いあいだ政治的な影響力を振るってきた支配的宗教に対し、政治が自律性を獲得しようとするときには、宗教者や聖職者に対する「反教権主義」が盛りあがることがある。ヴォルテールは、一八世紀のフランスにおいて、政治および社会生活に深く根を降ろしていたカトリックの不寛容を告発した。反教権主義の論理は、近代化と宗教的多元主義の形成が同時的なプロテスタント諸国ではあまり見られず、歴史的にカトリックの影響が強い国々において現われることが多い。一九世紀の「二つのフランスの争い」――反教権主義的な共和派が教権主義的なカトリックと争った――はその典型で、ラテン・アメリカ諸国でも一九世紀から現代にいたるまで反教権主義の論理が見られてきた。「反教権主義的なライシテ」は、反宗教的なライシテに転化することもあり、その典型例は共産主義体制下における宗教弾圧である。現代のような多元主義的な社会において反宗教的なライシテを掲げることは、マイノリティや移民の宗教に対して不寛容であることの表明になりかねない(22)。

四、「市民の信仰としてのライシテ」(laïcité de foi civique)。デュルケムによれば、ある社会において共通の価値が共有されるには、その社会が自分自身について抱く理念が尊重されなければならない。「市民の信仰としてのライシテ」は、社会の構成員に社会の理念への忠誠を要求する。これはルソーが、個別の宗教への所属は任意だが、「市民宗教」を信じることは義務であると考えたことに対応する。ところで、この類型のライシテにおいては、マイノリティ集団の信仰は、社会で広く認められている価値（マジョリティが内面化している価値）と別の価値を説くものと疑いの目で見られることがある。(23) また、「市民の信仰としてのライシテ」は、ベラーが論じた「市民宗教」と類縁性を持つ。アメリカ合衆国では、宗派的ではない宗教的なものが政治の場でよく参照されるが、当該社会の文化や伝統をなすとされる宗教が公的な場で可視化される現象も、この類型のライシテに該当する（ほかにもイタリアの公立校の教室やケベック議会の壁にかかっている十字架など）。「市民の信仰としてのライシテ」は、当該社会の来歴を示す宗教文化ないし世俗文化の色を帯びることになるため、その「中立性」には偏りがある。また、当該社会の共通価値への忠誠を要求することから、順応や同調を促す圧力がはたらいて、良心の自由および信教の自由の保護がおろそかになる場合がある。

五、「承認のライシテ」（laïcité de reconnaissance）。ボベロとミロは、ジョン・ロールズなどに言及しながら、多元主義的な社会において個人の尊厳と精神的＝道徳的な自律性（autonomie morale）を保護するようなライシテのあり方を、「承認のライシテ」と呼んでいる。それは多元主義それ自体を価値とし、自律した個人の選択と社会的公正（justice sociale）を重んじるもので、国家には人権の観点からの中立性が求められる。ライシテの四つの構成要素のうち、「目的」に相当する「良心および信教の自由」と「精神的諸価値の平等」の実現を目指し、市民が宗教ないし他の精神的諸価値を公共生活において表明する自由を保障しようとする。その結果、万人が同じ人生観や世界観を共有しているわけではなく、良き生についての不一致は避けられないことが明らかになる。このことは一部の者に、承認の要求が際限なく出てくるのではないかという不安を抱かせる。また、フランス共和主義の思想潮流においては、この種の承認は、フランス社会よりも自分の信じる共同体への忠誠を優先する「共同体主義」を助長すると危惧されがちである。そこで、良心の自由の保護および承認と、社会全体の公共善の追求を調和させることが、ライシテ体制が取り組むべき課題となる[24]。

六、「協力のライシテ」（laïcité de collaboration）。政治権力が宗教的権威から独立しつつも、社会のさまざまな領域（教育や倫理的問題など）において、宗教の協力を要請するようなライシテのあり方。集団の宗教的自由と公共空間におけるその表現に力点が置かれ、しばしば「承認のライシテ」や「ポジティヴなライシテ」と呼ばれているものに相当する。ただし、ボベロとミロは、個人の精神的＝道徳的な自律性に基づく「承認のライシテ」（第五類型）と、国家がいくつかの宗教団体や思想団体を特権的な対話の相手に選ぶ「協力のライシテ」（第六類型）のあいだに区別を設けようとしている[25]。ボベロとミロの指摘によれば、「協力のライシテ」は、「ポジティヴ」な支援を行なっているイメージを与えるが、実際にはすべての宗教団体や思想団体が同じように特権を享受できているわけではない。選択原理がはたらくわけで、その際には歴史的に古くからあるものが優遇される傾向がある。そのため、この類型においては、ライシテの構成要素である平等の理念が後退し、国家の中立性と分離の理念、さらには良心の自由さえ損なわれるおそれがある。

以上のようなライシテの六類型は、実際にはしばしば相互浸透している。その点に注意を促しつつ、ボベロとミロは、ライシテへの歩みがはじまる時期には「権威主義的なライシテ」と「反教権主義的なライシテ」が、ライシテの確立期には「分離主義的なライシテ」と「市民の信仰のライシテ」が、そして現在のようにライシテが問い直される時期には「承認のライシテ」と「協力のライシテ」が、それぞれ拮抗しつつ共存する傾向があると示唆している[26]。前節では、フランスのライシテの課題が「分離」から「承認」へと変化してきていることを確認したが、その様子をこの六類型の格子のなかに位置づけ直すと、フランスのみが特殊というわけではなく、より広い背景とのつながりが見えてくるだろう。

ボベロとミロの議論のなかで特に注目されるのは、「承認のライシテ」と「協力のライシテ」に一定の互換性があることを認めつつ、区別していることである。このことは、「承認」という言葉が両義的で曖昧であることを示唆するものだ。そこで、今度は「承認」の多義性を説きほぐし、フランスにおいて「承認のライシテ」が意味しうるものの類型化を試みたい。そのうえで、現代フランス社会において共生を実現していくためには、どのような承認のあり方が望ましく、かつ現実的なのかを考えてみなければならないだろう。

四　フランスにおいて「承認のライシテ」が意味しうるもの——その可能性と限界

一九〇五年の政教分離法は、第一条で良心の自由と礼拝の自由を保障し、第二条でいわゆる政教分離を定めている。第二条は、次のような文章ではじまる。「共和国はいかなる宗派も公認（承認）せず、俸給の支払い、補助金の交付を行なわない〔……〕（La République ne reconnaît, ne salarie ni ne subventionne aucun culte [...].）」。「公認（承認）する」（reconnaître）という語に注目しよう。この引用箇所だけだと、共和国はいかなる宗派も承認することのない、徹底政教分離の立場に立つという印象を与えるかもしれない。この点につき、ルネ・レモンは次のように述べている。

われわれが今日、「共和国はいかなる宗派も承認しない」という一文を読むと、共和国は諸宗派の存在を知らぬという意味に解してよいと思いがちだが、それは法律の起草者たちが、そこから抜けだそうと考えた法制度の状況を、われわれが忘れてしまったからである。コンコルダートと「付属条項」の定めるところにより、「公認宗派」cultes reconnus——これが問題の語彙だ！——には、特別のステータスが与えられ、その結果、国家と社会のなかでの一定の位置づけが確保されていた。これは一般法の原則から逸脱したものであり、なおのこと特典とみなすべき地位だった。〔……〕立法機関が諸宗派の承認を拒絶することで終焉させようと考えたのは、ほかならぬ、この例外的なシチュエーションだった。しかしそれは諸宗派を知ること、それらの存在を考慮することの拒絶ではない。(27)

つまり、政教分離法制定当時の文脈に置きなおされた第二条の含意とは、ナポレオンのコンコルダート体制下において人びとの社会化を担い、国家から俸給を受けていた「公認宗派（公認宗教）」（cultes reconnus）――具体的にはカトリック、プロテスタント二派およびユダヤ教を指す――をもはや公認しない、新しい法的枠組みへの移行を宣言するものであった。たしかに、これは宗教の公認を取り下げるわけであるから、宗教の「私事化」（privatisation）に関わる措置であることを意味するが、第一条が「自由な礼拝の実践の保護」を規定していることから、宗教を完全に私的な領域に封じ込めて一切の公共性を剥奪するものだと理解することは困難である。そう考えると、宗教の「私事化」よりも「民営化」（privatisation）のほうがイメージがわきやすい。(28)「民営化された宗教」ならば、もはや国家機関が直接的に支援するものではないが、一定の公共的役割を果たしていることを喚起できるからだ。

いずれにせよ、ひとまず指摘しておきたいのは、「承認のライシテ」（laïcité de reconnaissance）という言葉は、第一に、ナポレオンのコンコルダートによって規定されていた「公認宗教体制」（régime des cultes reconnus）を連想させるということである。ただし、一九〇五年法によってライシテ体制を確立したフランスが、旧来の公認宗教体制に逆戻りするような事態は今日ではありえない。

第二に、「承認のライシテ」は、「承認の政治」を連想させる。チャールズ・テイラーは「承認をめぐる政治」において、すべての市民の平等な尊厳を強調する「普遍主義的な政治」から、ある個人や集団のアイデンティティを他の人びとから区別することを求める「差異をめぐる政治」への変化について論じている[29]。テイラーの議論の要点のひとつは、「差異をめぐる政治」も、実はすべての市民の平等な尊厳を強調する近代普遍主義の精神に立脚点を持ち、西洋の自由主義および近代的なアイデンティティの観念の発展の帰結として生じていると論じた点だろう。他方で、テイラーの議論の特徴は、承認の要求の問題がマイノリティや従属的集団の擁護の問題と結びつけられ、個人の権利というよりも集団の権利のレベルにおいて展開されている点だろう。

ところで、このような「多文化主義」の枠組みは、「普遍主義」的な人間観に依拠した社会統合理念を持つフランスの「共和主義」とは折り合いが悪い。フランスでは、マイノリティ集団の権利を認めることは、一にして不可分な共和国のなかに、別の価値観を持つ共同体を抱えることになると危惧される傾向があるからだ。そのような共同体は、外の社会に対して閉鎖的で、内部の人間に対して抑圧的な「共同体主義」(communautarisme)の温床になると見なされがちである。フランス社会が「文化的多様性」(diversité culturelle)を備えていることは言うまでもないが、「多文化主義」(multiculturalisme)は社会の分裂をもたらすイメージを与えるために、従来から評判が悪かった。二〇〇〇年代以降、ヨーロッパの他の国々においても多文化主義の権威が失墜するようになってからは、なおさらである。フランスでは「承認」よりも「統合」が強調されることは事実である。

ただし、ライシテの枠組みは、良心の自由の保障だけでなく、宗教の集合的な性格を認めるものでもある。また、すでに論じたように、近年では従来にも増して宗教の社会的・公共的な役割に期待が集まっている。そこで第三に、「承認のライシテ」は「分離のライシテ」と対比的に思い描かれるようなカテゴリーとなっている。

ところで、ここでの「承認のライシテ」は、「好意的なライシテ」「ポジティヴなライシテ」「開かれたライシテ」「対話のライシテ」などと互換可能なものである。ボベロとミロの類型で言えば「協力のライシテ」に相当する。そして、ボベロとミロは、このようなライシテとは異なる「承認のライシテ」を別個に設けているのだから、少なくともこのレベルでの「承認のライシテ」を二つに区別しなければならない。

その際、マジョリティとマイノリティを区別することが有用だろう。社会全体の基層文化をなすような宗教文化なのか、あるいは周辺的な位置しか占めていないような宗教文化なのかによって、公共的な領域での影響力には違いが出てくるからだ。同じフランスにおけるマイノリティ宗教であっても、プロテスタントやユダヤ教のように革命期から存在し、一九〇五年法の対象として意識されていた宗教と、イスラームのように基本的に一九〇五年法の対象とは想定されていなかった宗教との違いも、考慮に入れなければならない。

カトリックのようにかつて国教だった「宗教」と、現代のイスラームのように移民とその子弟を中心とするマイノリティの「宗教」は、社会的な位置づけと重みが決定的に異なり、根本的にはそもそも同じ「宗教」というカテゴリーで括れるのかというところから考えるべき問題であろう。[30]かつてのユダヤ教が、私事化の力学が強い「分離のライシテ」が確立される過程で近代的な「宗教」になったとすれば、そのようなライシテが問い直されるなかで、現代フランスのイスラームは「宗教」になりつつある。他方で、イスラームはそのような「宗教」には還元されないため、「宗教」概念を揺さぶることにもなる。

カトリックに向き合うかイスラームに向き合うかで、ライシテのイメージは変化する。かつての教権主義的カトリックに闘争を挑んだライシテは、政治的にはリベラルな左派によって担われたが、イスラームのスカーフやヴェールを規制しようとする現在のライシテは、硬直化した右派さらには極右との親和性が高いものになっている。[31]

右派のライシテとカトリックの蜜月を示す例としては、二〇〇七年末にサルコジ大統領がヴァチカンを訪れたときの演説を挙げることができるだろう。サルコジはこのとき、「フランスのキリスト教的なルーツ」を強調し、ライシテは「宗教を危険とは考えず、むしろ魅力と見なす」ことによって「成熟の段階」に達すると述べ、「ポジティヴなライシテ」を提唱した[32]。このような形でマジョリティ宗教との関係を強化することは、マイノリティの良心の自由が損なわれる可能性につながることを指摘しておかなければならない。

ところで、サルコジは内相時代の二〇〇三年に、マイノリティ宗教であるイスラームの代表機関「フランス・ムスリム信仰評議会」（ＣＦＣＭ）を設立したことでも知られている。フランスのイスラームには代表機関が長いあいだ不在だったが、政府は一九九〇年代よりイスラームを「フランス化」する必要性を認識し、対話相手を組織しようとしてきた。内相時代のサルコジは、そのひとつの成果をあげたことになる。これはマイノリティ宗教の承認と言えるだろうか。

たしかに、そのような面がないとは言えない。しかし、ＣＦＣＭの事例が示しているのはむしろ、政治と宗教の「対話」の促進は両者の関係を機会主義的にしがちであること、そして包摂の論理は排除の論理と切り離せず、そこに承認の限界が浮びあがるということである。

たとえば、二〇〇三年十月、公立校でのヴェールの着用の是非が議論されていた際、ＣＦＣＭは「スカーフ着用に反対する決定が取られることを遺憾に思う」としながらも、「公権力の意向」にしたがって議論に参加するとの態度を取った。そして、着用を禁止する法律の制定が確実になると、ＣＦＣＭは現状を追認せざるをえなくなった。ムスリムのなかには最後まで法律の制定に反対していた者が少なくなかったが、代表機関はその声を代弁できなかったということになる。

また、二〇〇五年秋、都市の郊外で若者たちの「暴動」が起こったとき、それに加わった者の多くはムスリムと見られたことから、政府はＣＦＣＭの重要な一角をなす「フランス・イスラーム組織連合」（ＵＯＩＦ）が事態の鎮静化に貢献することを期待した。ＵＯＩＦはムスリム同胞団系で、「郊外のイスラーム」の代表を自任してきた団体である。ところが、若者たちはＵＯＩＦの呼びかけにはほとんど耳を貸さなかった。このことが示すのは、ＵＯＩＦの幹部がイスラームという宗教の代表者として政府と接近することにより、もともとの社会的地盤から遠ざかってしまったということである（郊外の若者たちは「ムスリム」ではあっても必ずしも宗教的実践に熱心ではない）。ここには、代表性を求めることで、かえって代表不可能性を露呈してしまうという逆説的な事態がある。(33)

サルコジが提唱する「ポジティヴなライシテ」の特徴は、端的に言えば、社会の役に立つ宗教を活用する一方で、そうでない宗教には社会統合を阻害するとレッテルを貼るところにある。政治と宗教が制度的に設けられた場で「対話」をし、「いかに社会の役に立つか」に応じて「承認」を与えていくようなライシテは、本当に信教の自由を保障していると言えるだろうか。

したがって、政治から見て有用か否かが「承認」の基準となるのではなく、「個々人の自由」と「社会的公正」の観点から規定される「承認のライシテ」が考えられなくてはならないだろう。この区別こそ、ボベロとミロが「協力のライシテ」と「承認のライシテ」とのあいだに設けている区別にほかならない。ここでの「承認」は、公共空間を宗教の自由競争の場として開くことを意味するのではない。国家や政府の消極的な態度によって公正な中立性が実現されることは期待できそうにないのだから、「承認」に実質を持たせるには、国家や政府が差別是正のために積極的な関与をしつつ、なおかつ家父長的な温情主義には陥らないことが求められよう。そのためには、マイノリティが不平等な状態を脱するために司法に訴える権利が十分に保障される必要があるだろう。

ところで、この「承認のライシテ」は、個人の権利の観点からとらえられるのか、集団の権利の観点からとらえられるのかによって、多少なりとも趣が違ってくる。マイノリティ集団の文化的な差異の承認（チャールズ・テイラー）は、やはりフランス型の共和主義の枠組みにおいて積極的に推進することは難しい。それでも、マイノリティの承認に失敗すれば社会には大きな弊害がもたらされるおそれがあること（アクセル・ホネット）、社会的な承認と物質的資源の再配分を包括する枠組みを構築する必要があること（ナンシー・フレイザー）[34]は、フランスにおいても同様である。では、フランスの共和主義の理念を活かしつつ、「承認のライシテ」を推進し公共善の実現を追求するにはどうすればよいのか。

政治哲学者のセシル・ラボルドが提唱している「批判的共和主義」が、有力な参照軸になると思われる。彼女は、一方では、エスノカルチュラルな差異を価値として積極的に認める「承認の政治」や多文化主義は、フランスの共和主義にはなじまないと指摘する。他方では、ライシテの名のもとに公立校でのスカーフを禁止する共和主義に反対し、左派の共和主義の再建を目指している[35]。ラボルドは、民族や人種や宗教の差異を乗り越えようとする普遍主義的なフランス共和主義の精神を評価しつつも、差異に無頓着な古典的な共和主義やイデオローグと化した共和主義者を批判する。彼女は、「支配のない状態（non-domination）としての自由」を共和主義理論の中心に据えたフィリップ・ペティットに着想を得て「支配のない状態の政治」を唱え、それによってマイノリティの包摂を妨げている社会的・経済的な障碍が取り除かれていくことを期待している。

ラボルド自身は、彼女の唱える「批判的共和主義」を「承認のライシテ」と言い換えたりはしないが、「支配のない状態の政治」に基づくライシテは、実質的にはボベロやミロが言う意味での「承認のライシテ」につながってくると思われる。

ラボルドは、個人の自律を促す教育が推進され、差異をなす属性を有する者が公共空間で「声」をあげるようになることに可能性を見ている。ちなみに、「声」（voix）は「票」をも意味する言葉で、身体的のみならず政治的な含意も持つ。

ラボルドは言う。「支配のない状態としての自由」を説く理論家は、「宗教的なものであれ、伝統的なものであれ、共同体的なものであれ、個々人にとって価値のある深い献身を尊重する」。けれども、「そこには人から力を奪い、抑圧的で、人を支配するような側面が潜在的にあるのではないか」という恐れもある。そこで、「支配と戦う――あるいは少なくとも支配に対して先手を打つ――特権的な手段としての教育」が重視される。教育によって自律性を高めておけば、将来の生活に潜んでいるかもしれない「支配のリスク」から身を守ることができるであろう。ラボルドによれば、そのような自律性は、文化的な差異をなす共同体からの「脱出」を促すものというよりは、むしろそのような共同体の「内部」に留まりつつ、支配に対する抵抗の「声」をあげる権利を強調するものであるという[36]。つまり、それは共和国への同化を促すよりも、共和国のなかに差異を設けていく効果を持つことになる。

ラボルドは、二〇〇三年から二〇〇四年にかけて、公立校でのスカーフやヴェールを禁止する法律ができていった過程を引き合いに出す。当時、公共空間はムスリムの少女たちについての話題で持ちきりだったが、実際に彼女たち自身の声に耳が傾けられることはほとんどなかった。良心の自由の名においてスカーフの着用を主張する声はあったのに、あたかもその声が存在しないかのような政策が導き出されてくることになったのである。ここには「支配－被支配」の構造があり、「共生」を目指すはずの「ライシテ」が、「支配された」者たちの声を聞き届けなかったということになる[37]。

ラボルドは、マイノリティを公共空間での討議に導き入れることの重要性を強調する。普通はマジョリティに有利な結果をもたらしがちな討議空間において、自律を促す教育を受けた個人のさまざまな声も無視しえないようにすることが、「批判的共和主義」の実践的提言と言えるだろう。

伝統的な共和主義の理念を活かしながら、必要な修正を加えることを要求するラボルドの提案は、フランスの文脈を考えるならば、現実的であると同時に望ましい規範を希求するものだと言えよう。そこに何か付け加えることがあるとすれば、「個人の自律を促す教育」と「支配のない状態の政治」のおかげで公共空間において聞き届けられるような声のほかにも、まだまだ声にならない声があるはずだということである。それは教育を受けていない声でもあれば、抑圧を受けているために聞こえてこない声でもあるだろう。声をあげる環境は整っていても、十分に定式化できない場合もあるかもしれない。

ここでの問題提起は、批判的共和主義は声にならない声にまでは価値を与えていないようだから欠陥があるという批判ではない。指摘したいのは、批判的共和主義には、個人の自律を促す教育によって声は獲得されるはずだという前提があるのではないか、ということである。たしかに、自律を促す教育によって個人に声を与える企てこそ、擁護されるべきフランス共和国の理念であると言える。しかし、そのような教育の過程にあっていまだ声になっていない声、あるいはそのような教育の埒外にある声なき声への想像力と敬意を欠いては、批判的共和主義の魅力も減じることになるだろう。

このことは、特にマイノリティの個人の尊厳と自律性を保護することを目指す「承認のライシテ」にも、排除の問題が残りうることを暗示している。ただし、それは「承認」の限界を示すものであって、その規範的有効性が無に帰すということではない。逆に言えば、「承認のライシテ」の規範的有効性を保ち続けるには、承認が排除を構造的にともなうことについての認識を持ち、想像力をはたらかせ続けることが欠かせないだろう。

（1）Talal Asad, "Trying to Understand French Secularism," in Hent de Vries and Lawrence E. Sullivan eds., *Political Theologies : Public Religions in a Post-Secular World*, New York : Fordham University Press, 2006.

（2）西川長夫『フランスの解体？——もうひとつの国民国家論』（人文書院、一九九九年）。西川長夫「欧州統合と国民国家の行方——共和主義的反動について」（三浦信孝編『普遍性か差異か——共和主義の臨界、フランス』藤原書店、二〇〇一年）。

（3）Philippe Portier, « De la séparation à la reconnaissance : L'évolution du régime française de laïcité », in Jean-Robert Armogathe et Jean-Paul Willaime（sous la direction de）, *Les mutations contemporaines du religieux*, Turnhout : Brepols, 2003, pp.1–24.

（4）*Ibid.*, pp.3, 17.
（5）*Ibid.*, p.23.
（6）ユルゲン・ハーバーマス、ヨーゼフ・ラッツィンガー『ポスト世俗化時代の哲学と宗教』二〇〇五年（三島憲一訳、岩波書店、二〇〇七年）を参照のこと。
（7）Jean-Paul Willaime, *Le retour du religieux dans la sphère publique : Vers une laïcité de reconnaissance et de dialogue*, Lyon : Olivétan, 2008, pp.8–9.
（8）ヴィレムによれば、現代は近代のあとの時代（ポストモダン）ではなく、近代を徹底化した段階の時代である。
（9）Jean-Paul Willaime, *op.cit.*, p.10.
（10）ジャン＝ポール・ヴィレム「超近代（ultramodernité）の文脈における宗教」ジャン・ボベロ／門脇健編『揺れ動く死と生――宗教と合理性のはざまで』（晃洋書房、二〇〇九年）一七九頁。
（11）Jean-Paul Willaime, *op.cit.*, p.103.
（12）*Ibid.*, p.79.
（13）Commission de réflexion sur l'application du principe de laïcité dans la République, *Rapport au président de la République*, 2003, p.22.
（14）*Ibid.*, p.27.
（15）*Ibid.*, p.9.
（16）委員会組織の詳しい経緯については、ここでは省略する。報告書の縮約版には邦訳がある。ジェラール・ブシャール、チャールズ・テイラー編『多文化社会ケベックの挑戦――文化的差異に関する調和の実践　ブシャール＝テイラー報告』二〇〇八年（竹中豊・飯笹佐代子・矢頭典枝訳、明石書店、二〇一一年）。
（17）同右書、八四頁（原文参照のうえ一部言葉は変更している）。
（18）伊達聖伸「二つのライシテ――スタジ委員会報告書とブシャール＝テイラー委員会報告書を読む」（『宗教法』第二九号、二〇一〇年）。同「多面体としてのライシテ――政教関係の国際比較のために」（『日仏社会学会年報』第二〇号、二〇一〇年）。
（19）Jean Baubérot et MichelineMilot, *Laïcités sans frontières*, Paris : Seuil, 2011. なお、ボベロは、スタジ委員会の二十人のメンバーのうち、法律で公立校でのスカーフ着用を禁止することを提言する報告書に賛成票を投じなかった唯一の人物である。他方、ミロは、ブシャール＝テイラー委員会報告書におけるライシテの部分の執筆に当たった中心人物とされる。
（20）Baubérot et Milot, *op.cit.*, p.90.
（21）*Ibid.*, p.95.
（22）*Ibid.*, pp.99–105.

(23) *Ibid*., p.107.
(24) *Ibid*., pp.110–113.
(25) *Ibid*., pp.114–115.
(26) *Ibid*., pp.204–205.
(27) ルネ・レモン『政教分離を問いなおす――EUとムスリムのはざまで』二〇〇五年（工藤庸子・伊達聖伸訳・解説、青土社、二〇一〇年）八二－三頁。
(28) 実際、訳者の工藤庸子氏は「民営化」の訳語を当てている。同右書、八一頁。
(29) チャールズ・テイラー「承認をめぐる政治」（チャールズ・テイラー、ユルゲン・ハーバーマスほか『マルチカルチュラリズム』一九九四年（佐々木毅・辻康夫・向山恭一訳、岩波書店、一九九六年））。
(30) タラル・アサド『宗教の系譜――キリスト教とイスラムにおける権力の根拠と訓練』一九九三年（中村圭志訳、岩波書店、二〇〇四年）を参照のこと。
(31) 伊達聖伸「ライシテの変貌――左派の原理から右派の原理へ?」（『ソフィア』第六〇巻二号、二〇一二年）一〇六－一二二頁。
(32) 伊達聖伸「ニコラ・サルコジの「ポジティヴなライシテ」と市民宗教の論理――二〇〇七年から二〇〇八年の発言を中心に」（『東北福祉大学研究紀要』第三四巻、二〇一〇年）二四九－二六五頁。
(33) 伊達聖伸「フランスにおけるイスラームの制度化と表象の限界――宗教を管理するライシテの論理」（『ODYSSEUS』二〇一四年度別冊二号、二〇一五年）三五－五七頁。
(34) ナンシー・フレイザー／アクセル・ホネット『再配分か承認か?――政治・哲学論争』二〇〇三年（高畑祐人ほか訳、法政大学出版局、二〇一二年）。
(35) Cécile Laborde, *Critical Republicanism : The Hijab Controversy and Political Philosophy*, Oxford : Oxford University Press, 2008.
(36) *Ibid*., pp.156, 160.
(37) このような問題意識にもとづきながら、スカーフを着用するムスリム女性の証言を集めたものとして、Ismahane Chouder, Malika Latrèche, Pierre Tévanian, *Les filles voilées parlent*, Paris : La fabrique éditions, 2008.

〔付記〕本稿は、科学研究費（研究課題番号：25770022 および 26284011）による研究成果の一部である。

〔追記〕本稿を脱稿したのは二〇一四年夏である。その後、二〇一五年一月にシャルリ・エブド事件、十一月にパリ同時テロ事件が起こった。これらの事件を踏まえて稿を起こしたならば、多少なりとも書き方は違ってきたかもしれない。とはいえ、それは本稿の主張内容がすでに古い過去のものになってしまったとか、今日的有効性を失ってしまったということではないと考える。そのような安易で軽薄な思考回路こそを断たなければならないだろう。むしろ、このような凄惨な事件の背景を考えると、マイノリティであるムスリムの声に耳を傾けたり、声にならない声にまで想像力をはたらかせたりすることが極めて不十分であったことが、最も本質的な原因のひとつだったのではないかと思われる。

第五章　宗教、自由と公共性

靖国参拝違憲訴訟を考える

鐘以江（Yijiang ZHONG）

一　はじめに

「公共性とは、閉鎖性と同質性を求めない共同性、排除と同化に抗する連帯である」[1]。来るべき公共性に関するこの政治思想的定義は、私たちの思考と議論に一つの方向性をつけてくれると言える。しかしこのような理想的な公共性の実現が可能であるとすれば、その実現のためにいかなる社会的・政治的条件が必要なのかを問わなければならないだろう。すでに、より具体的な政治社会状況の中での公共性に対する考察と議論は近年盛んに行われており、特に社会科学の各分野では膨大な研究や文献が蓄積されてきている。[2]これらの研究では、公共性が「社会」と「国家」という対概念の間の関係性として扱われているように思われる。[3]しかし、多くの研究においては、この公共性の二面性を必ずしも矛盾として見なさずに、むしろ、社会と国家はともに、来るべき公共性の実現のために必要な制度・組織的な条件と見なされているように思われる。[4]市民社会と国家とを分けた基本的分析構造で公共性を捉えることの背後には、自由民主主義的な政治制度こそが公共性を実現可能なものにする条件を備えているという、理論的前提が存在していると理解できる。

この理論的前提の存在は、その政治思想的枠組みの基礎的理念である「自由」が、公共性とどのような関係にあるのかという多くの議論がなされていることからも窺われる。自由と公共性に関してすでに多くの研究が行われているが、(5)その中でも特に示唆に富んでいるのは、二〇一〇年に岩波書店より出版された『自由への問い』（全八巻）の第三巻にあたる論文集『公共性――自由が／自由を可能にする秩序』である。(6)この論文集は、自由と公共性を単純な対立関係ではなく、密接に絡んでいると同時に緊張関係に立っている、両義的な関係性として分析している。だが、ここで「自由」という概念自体が問われることはなく、むしろ自明的・規範的なカテゴリーとして扱われてしまっている。それというのも、なるほど、「リベラル・デモクラシーは、互いに異なっていて、対立する可能性のある多様な生き方を人々がなすような社会を前提に、そうした人々が平和的に共生しうる社会的枠組みを提供しようとするものである(7)」と捉えられている限りにおいて、この論文集の問題関心は、多様な生き方を求める人々が共生しうる社会を、自由の行使によっていかに作り出せるかにあるからであろう。

しかし、はたして「自由」は自明的なものなのであろうか？　政治理念として自由概念を語るためには、ある程度の抽象化は避けられないが、自由概念に規範性・普遍性を持たせようとすると、「自由な状態」がどのような具体的な状態を指しているのか、また、「自由を行使する」とはどのような行為を指しているのか、わからなくなる。「自由」は抽象的・普遍的理念であるとされながら、つねに人々によって様々に語られてきたのではなかっただろうか。つまり、自由とは何かを問うためには、それは誰によっていかに語られ定義されてきたのか、そして、その定義はどんな結果をもたらしたのか、などを問う必要があると考えられる。私は、理論的思考と具体的問題とを合わせて公共性を問うために、「自由」という概念を問わなければならないと考えている。

自由が自明なものとされるのではなく、むしろその定義自体が問題になった具体的な例としては、二〇〇一年から二〇〇六年に総理大臣として在任した小泉純一郎の靖国神社参拝が発端となって、日本とアジアの市民（主に戦死者の遺族）により起こされた八件の参拝違憲訴訟があげられる。(8) 原告らは、小泉元首相の靖国神社参拝が日本国憲法の政教分離原則に違反し、彼らの信教の自由、つまり彼らが持つ究極的な価値と生き方への自由を侵害したという理由で、裁判所に違憲判断を求め、権利侵害の賠償を請求した。しかし、これら八件の違憲訴訟はいずれも敗訴になった。これら全ての権利侵害の申し立ては地方裁判所で否定され、二ヶ所の地方裁判所で下された違憲判決も最高裁判所で踏みにじられたのである。これらの訴訟での敗訴とは、自由民主主義制度の日本で、原告らが持ちうるはずの自分で生き方を決める自由が、法的に否定されたことを意味するといえるだろう。靖国神社参拝違憲訴訟での「自由」をめぐる問題を通して公共性を考えるには、自明なものとしてみなされている「自由」概念を、あらためて問題化する分析視点と方法が要求される。本章では、社会科学的研究成果をベースにしつつ、人文系特に歴史研究の視点を導入することで、靖国違憲訴訟を分析しながら自由と公共性の関係を考えたい。とりわけ、新たな視点で自由を考えるために、市民社会と国家ではなく、自由を保持する主体であるところの近代的個人、つまり「国民」に注目することから始めたい。

二　国民国家・国民・公共性

自由民主主義体制の組織原理は言うまでもなく国民主権（英語では popular sovereignty）であり、つまりその正統性の淵源は主権者としての単数形の国民である。(9) この単数形の国民は、具体的な個人である国民（つまり市民 citizen）の集まりとして、抽象化された理念である。この意味で、英語の nation と一致すると考えられる。国民主権という意味で、自由民主主義体制を持つ国家はすなわち国民国家（英語では nation-state）という政治体制である。このような国民国家は、今日の世界でほぼ唯一の正当化されうる政治体制になっているといえるだろう。なるほど、最近二、三十年の歴史研究が明らかにしたように、近代史（十九世紀後半以降）では、政治的民主化の進展（権利と自由を持つ個人と国民主権理念の組織化）とともに、それぞれ異なった多くの人間を教育、徴兵、言語制度を通して一つの「国民」へと変え、さらにその「国民」を抽象的単数形のものとして集約した。この集約化された国民を表象するものとして、国民国家を創出するということが近代政治の中心的変革であったといえる。(10) グローバリゼーションの影響が広がりつつあるとはいえ、二十一世紀の国民国家においては、国民の産出は、制度化され、自然化され続けているといえる。例えば、十九世紀後半のネィション・ビルディングの時期には、いかにたくさんの言語を一つの国民言語（national language）――たとえばイタリア語やフランス語といったもの――へと統合するかが大きな課題であったが、今日イタリア人がイタリア語、フランス人がフランス語を話すことは、ほとんど問題視されていないことであろう。(11) さらに、「公共性」概念と密接に関連している、ユルゲン・ハーバーマスによって広められてきた「公共圏」（public sphere）概念は、その歴史的起源は十九世紀ヨーロッパのネィション・ビルディングの途上で形成された国民的公共または公衆（national publics）にあったのである。(12) にもかかわらず、今日では「公共圏」がそもそも国民国家成立の黎明期において出現したという歴史性が隠蔽され、普遍的な自由民主主義的政治概念として使われてしまっている。実際に国民国家の境界線を越えた「公共圏」は存在しないにもかかわらず、普遍的概念として語られているということは、今日において国民国家という存在が自然化・自明化されていることを物語っているのであろう。

　ここでいうところの「国民」とは、権利と自由を持つ政治的人間（市民 citizen）という側面と、ベネディクト・アンダーソンの有名なフレーズである「想像の共同体」の一員という側面、すなわち生活世界の想像を共有する文化的人間（the national）という側面の、二つの側面があることを意味すると私は考えている。この二つの側面は、「国民」の両面性と考えられる。このことは、中国史の研究者、プラセンジット・ドゥアラの言葉「文化の政治化」（politicization of culture）を通して理解できる。[13]「文化の政治化」とは、「文化と政治のオーバーラップ」（the coextensiveness of politics and culture）とも呼ばれており、「国家によって保護されている文化への、ほかのすべてに優先する同一化」を意味する。[14] つまり、政治権利、市民権、社会権などの言葉のもとで組織化されている国民の生活または生き方を守るという建前にそって、国民国家の政治権力は構成され、また国民も自らその保護を期待しているということを意味する。すなわち、近現代の人間存在は、あらゆる面において国民主権の原理による政治権力の構成と相互依存の関係にすでになっているか、またはつねにそうなる必要性に迫られているといえよう。

さらに、宗教学者の磯前順一は、文化の政治化、つまり日常生活自体が国民国家の権力統治の形態になっていることを「生政治」と名づけてこう分析している。

> 天皇制という公共空間を成り立たせ、その中に無邪気な国民を思想的なアレルギーを持たせることなく包摂していく。それが今日的な生政治の見事な権力統治の形なのではないだろうか。
>
> ……
>
> 同じ文化コードを共有する共同体の外に出たことがないから気づかないだけなのだ。そして、この同じ文化コードに暗黙裡に同化するという事態そのものが、一見自由を与えたように思わせながらも、まさに生権力を根底から支えている基盤なのである。[15]

ここで論じられている、同じ文化コードに同化されているという事態は、同質化した共同体に関する想像の共有という形態として理解できるだろう。つまり、現代の人間は、自由と権利を持つことで法的に個人になると同時に、特定の文化のコードに同化されることで、「国民」になるのだ。無論、国民を産出する作業が、文化と政治の完全なオーバーラップを達成させることがないことも明らかであろう。多重的かつ混成的な個人生活の形態と目標は、国家の要求する一次元的、同質的な共同体に関する想像へと統合されきれないことは、容易に理解しうるであろう。しかしその一方で、同じ文化コードへの同化がある程度達成されることで、一国内の自由民主主義体制が可能になり、実践されることになっている、と私は考えている。

この両面性を持つ「国民」こそが、自由民主主義体制の文化的な条件になっていることは、「連帯」と「統合」概念で理解できる。国民国家は、国民教育などを通して、同質的な共同体の想像を共有できる人間を作り出すことによって、その共同体のための連帯感（solidarity）と統合（integration）を構築しようとする。その連帯感と統合を作り出す作業は、国民国家にとっては自身の存在の合法性に関わることだけではなく、自由民主主義体制の実現の条件でもあるので、つねに遂行されねばならない作業なのである。カナダの哲学者、チャールズ・テイラーは、民主主義体制の条件としての国民の必要性についてこう指摘している。「〔個人の〕国家への根本的な付属方式は、ほかのいかなる社会的媒介組織への付属方式からも独立している。〔個人としての〕私は、ほかの市民同士〔fellow citizens〕とともに、われらの共有の忠誠の対象である国家と直接な関係にある」のである。[16] さらに、テイラーによると、「現代民主主義の国家は、かつて「愛国主義」と呼ばれたもの、政治体との強い一体感、それからその政治体のために献身する意欲を健康な程度で必要とする」。[17] つまり、「国民」に要求されているのは、権利と自由の行使に基づいた政治参与だけではなく、その生存自体の目的と仕方を国家へと帰一させることなのである。

「国家へと帰一させる」ということは、市民たちが集まって国家に気兼ねなく自由に議論を行える公共空間が存在しない、ということを意味しない。重要なのは、「国民」と同じく、国民国家という枠内での公共性は、両面性を持つ概念または現象だと理解しなければならないということだ。つまり、現代政治権力と（具体的な個人を指す複数形と抽象的単数形の）国民との間の関係は、動態力学的なものであること、またはその関係は完成したものではなく、つねに構築と脱構築との抗争プロセスであって、そこからつねに不平等、差別、排除が生まれてくるということである。それゆえ、「排除と同化に抗する連帯」としての公共性を考えるためには、「国民」の両面性を考察しなければならないことになるだろう。この意味で、靖国神社参拝違憲訴訟の原告らは、ほかでもなく天皇制国家という「想像の共同体」の外側で生きたいという自由が欲しかったにもかかわらず、そのような自由は否定され、それを制約する枠を超えることができなかったのだ、といえるであろう。そこで、本章では、「自由」とは何かという問いを通じて、上述したような国民と国民国家との力学関係という点に着目しつつ、靖国神社参拝違憲訴訟を考察したい。

靖国神社参拝の訴訟の根底には歴史問題がある。国民国家にとっては、国民の歴史（ナショナルヒストリー）の構築が必要な作業となる。国民の歴史の構築が、国民と国民国家の創出に不可欠な方式であることは、すでに多くの歴史研究によって明らかにされてきている。(18) 国民の歴史とは、連続的な主体つまり「国民」の過去から現在に至る経験の記述である。この記述は、複数形の多様な人間の生活と生き方を単数形の国民に統合させるものであり、さらにその統合された単数形の「国民」に関する歴史記述が反復されることで、その過去を共有できる「国民」の産出のために絶えず機能していくことになる。また、「国民の歴史」の記述を通して特定の国民を作り出すことは、政治的合法性を構築するためだけでなく、民主主義的制度を存立可能にする条件としての「連帯」を構築するためにも、必要なものである。日本の首相の靖国参拝には、「国民の歴史」を作ることによって国民の間の連帯感を構築しようとする意図が背後にあることが理解できる。

敗戦後、拡張主義的帝国であった日本は内向きの国民国家へと変わらなければならなかったが、いかに帝国日本による戦争の歴史を単一民族的国民国家の歴史の枠の中で記述するかという問題は、戦後日本における未解決の問題であり続けているといわざるをえないだろう[19]。この歴史問題の解決策として、保守的勢力が執拗に主張してきたのが、帝国による戦争を国民の歴史に回収し、その回収を通してポジティブな歴史記述を構築し、歴史主体としての国民を確保しようとする考えであることが理解できよう。しかし、帝国日本による戦争の歴史は国民国家日本の歴史によっては回収しきれないからこそ、戦争を否定することが日本近代史の否定につながると感じられ、そのような否定によって歴史の主体としての「国民」の断絶が出てくるといった恐れを、特に保守的勢力は感じたのであろう。「国のために命を落とされた方の魂をまつることは、当然のことだ」という、小泉元首相の言葉が表しているように、彼の靖国参拝は、侵略戦争を肯定しつつそれを国民の歴史の中に収めることで、国民という歴史上の主体の連続性を担保しながら、「国民」を再生産する作業を続行しようとする意図があったと、理解できるだろう。

しかし、靖国参拝違憲訴訟の原告たちは、小泉元首相が担保しようとするポジティブな連続的な国民史の主体への一体化によらないような、自分たちの生き方を決めるやりかたを選択したと考えられる。そして、その選択を信教の自由の侵害を訴えるという法的方法で手に入れようとしたのである。その自由は、戦争を肯定する国民の歴史を問題化し、それに挑戦する自由であった。このような視点に基づく分析からは、八件に及ぶ小泉元首相靖国参拝違憲訴訟がいずれも敗訴となった理由は、ただ裁判所が原告らの信教の自由を認めなかったというよりも、国民国家の合法性の源泉である「国民」概念そのものに矛盾している両面性があるからだ、と考えられる。近代的個人は、自由民主主義体制を持つ国民国家に包摂されることで自由を持つ権利を保証されるが、その反面、靖国違憲訴訟に示されているように、その想像の共同体の「国民」から離脱した生き方を選ぶ自由を行使することは、国民国家からの排除へとつながることになる。原告らの選んだ生き方が排除され、否定されることは、国民国家の枠での（共同性と連帯の意味での）公共性は、包摂しながら排除するという矛盾的特徴を持っていると理解すべきであろう。

本章では、まず、二〇〇一年から二〇〇四年にかけて大阪地方裁判所で起こった小泉元首相の靖国参拝に対する違憲訴訟を考察したい。原告らがいかに信教の自由を定義して、参拝を違憲とし、かれらの信教の自由を侵害したと申し立てをしたのかに焦点を絞る。次に、同じ時期に愛媛県で起こった、参拝違憲訴訟での学者証人による信教の自由の権利に関する議論を、考察することにしたい。私は、複雑な歴史を持つ靖国神社への首相参拝問題を、信教の自由の言説を経由せずには語れない現実の限界として捉えたいと思う。つまり「宗教」と「自由」の関係性を規定する法的言説は、普遍的なものであると思われているにもかかわらず、靖国の根本にある歴史問題に対応できないという限界を、大阪地裁違憲訴訟と学者証人の議論を通して考えたい。違憲訴訟においては、「自由」概念を駆使した法的議論を通して具体的感情性と身体性を持つ生き方を定義することには、限界があった。そのような限界は、公共性の包摂と排除の両面性を表しているものとして理解すべきだと、最終的には立論したい。

三　信教の自由と生き方への自由

二〇〇一年十一月一日、日本人、韓国人、在日中国人・韓国人、韓国系アメリカ人からなる六百三十九名の原告たちは、大阪地方裁判所にて、当時の内閣総理大臣小泉純一郎が二〇〇一年八月十三日に靖国神社を参拝した行為に対して、違憲訴訟を起こした。[20] 大阪地方裁判所が判決を下したのは二〇〇四年二月二十七日であった。以下の分析は、日本の最高裁判所が管理するウェッブサイト（www.courts.co.jp）からダウンロードした判決全文をもとにしている(21)。

ほとんどが戦死者の遺族である原告らは、主に次の二つの請求をした。一、被告小泉純一郎が内閣総理大臣として靖国神社に参拝したことは憲法で規定した政教分離原則に違反している、つまり違憲であるということ。二、違憲行為であるこの参拝は原告らの法的利益を侵害した、よって原告の一人につき一万円の損害賠償を請求する、ということ。しかし、ここで問題が出てくる。首相によってなされた政教分離原則違反の参拝は、原告たち――ほとんどが特定の宗教の信者ではない――のどのような法的利益を侵害したのだろうか。このことを明らかにするために、詳しく原告らの違憲賠償請求の立て方を考察してみたい。

原告らの一つ目の請求は、次の三つのステップで構成されている。一、靖国神社は、帝国主義的な教義を持つ宗教施設である。訴状によると、戦前の「靖国神社は、戦闘意欲旺盛な「帝国臣民」を無限に生み出す宗教的、思想的装置であった」のである(22)。戦後、靖国神社は「国家管理から離れ、単立の一宗教法人」になったが、……その教義や宗教施設としての本質は戦前のそれと何ら変わっていない」(23)。二、小泉純一郎の靖国参拝は、公的立場で行った宗教行為である。「被告小泉は、……靖国神社本殿に昇殿し、戦没者の霊を祭った祭壇に黙祷した後、深く一礼を行った」。それは「典型的な宗教行為」である。また、小泉元首相は、参拝の際に「内閣総理大臣小泉純一郎」と記帳したことから、参拝は公的立場で行った行為というほかない。三、よって、首相の参拝は違憲である。つまり、憲法二十条三項の「国及びその機関は、宗教教育その他いかなる宗教的活動もしてはならない」という規定に明らかに反していると原告らは主張するのである。

次に原告らは、参拝違憲の主張から、「信教自由」の拡大的解釈によって二つ目の利益侵害確認請求を申し立てる。まず、原告らは、私的なものとしての「宗教」から語り始める。「憲法の定める政教分離原則は、……宗教の私事性が要請される」[24]。「宗教の私事性」は、「プライバシーの権利と親和性を持つ。プライバシーの権利は、単に知られたくない権利から、……どのように生きるかという自己決定権へとその内容を広げてきた。……信教の自由の概念もその内容を広げてきた」と主張する。次に、原告らの申し立ては、「宗教の私事性」から「信教の自由の概念の拡大傾向」へと進んでいく（「親和性」については説明していない）。つまり、「宗教の私事性が進化する中で、……宗教的プライバシー権の尊重という観点からすれば、宗教に準ずべき確固たる信念も公権力から守られるべきものと解釈することが可能である」[25]という。

では、「宗教的プライバシー権」とはどんな権利だろうか？　それは、「宗教者であれば、宗教的教義の中に位置づけられており、かつ、その教義に従って信仰生活を現に送っている場合には、その信仰による感情も法的に保護されるべきである。また、非宗教者であれば、「その人の生き方に関わる魂の問題」、「状況に応じて変わるような相対的なものではなく、絶対的な究極的な価値に関わるという場合」であれば、その感情も尊重に値するものとして、法的に保護すべきである」[26]というものである。

ここで、「宗教の私事性」から、「宗教的プライバシー権」を通して、「宗教者」と「非宗教者」がそれぞれの「信教の自由」を有するという議論が立てられている。ここから、非宗教者としての原告らは「生き方」と「絶対的な究極的な価値」を決める自由が侵害されたと主張するのである。「遺族原告らにとっては、その親族が日本の戦争により命を奪われた一方で、生きながらえた自分がいるという重い事実が自己の存在の基底をなしており、それらが個人としての生き方に大きくかかわってきた。この不条理な事実を咀嚼し、生き続ける意思を汲み上げるために、遺族原告らに対して、「戦没者が靖國神社に祀られているとの観念を受け入れるか否かを含め、戦没者をどのように回顧し祭祀するか、しないかに関して（公権力からの圧迫、干渉を受けずに）自ら決定し、行う権利ないし利益」が保障されなければならない」という。続いて、「……本件参拝により、戦没者を英霊として慰霊・顕彰する被告靖國神社の特殊な信仰、思想を援助、助長、促進した。この行為は、戦没者を敬意や感謝を捧げられるべき「英霊」とは考えていない……原告らの信仰や思想の核心に挑戦し、これを捨てるように強制するものといえる。よって、……原告らは、本件参拝により、〔上記の〕「権利ないし利益」を侵害されたといえる」[27]と申し立てる。

原告らが提訴してから二年四ヶ月後、大阪地方裁判所は判決を下した。違憲かどうかを判断せず、原告らの拡大解釈した信教の自由と原告らの権利の侵害の請求を、却下したのである。どのような理由で、この判決を下したのだろうか。

判決では、小泉首相が内閣総理大臣の資格で宗教法人である靖国神社を参拝したと認められたが、違憲との判断は下らなかった。明らかに違憲であるにもかかわらず、なぜそう明言しなかったのだろうか。靖国違憲訴訟をドキュメントしている田中伸尚は、裁判所が違憲判断を避けたことを「躊躇する司法」と描いている[28]。この言葉が、司法消極主義ということを思い出させる。「司法消極主義は、裁判所が立法府の判断を尊重した違憲審査を行い、立法府の判断が著しく不合理な場合であってはじめて違憲と判断することを意味する」[29]。日本の違憲審査制は極端な司法消極主義の立場をとっているといわれている[30]。大阪地裁の違憲判断の不在自体は、その司法消極主義の延長線上にあると理解できる。しかし、一九九七年に最高裁判所が愛媛県知事の靖国神社・護国神社への玉串料および献燈料の支払いを政教分離原則に反し違憲とした判決があったことを鑑みると、司法消極主義だけでは靖国参拝違憲訴訟での違憲判断の不在を説明できないのである。

次に原告らの権利侵害と賠償請求にたいする判決は、まず信教の自由の侵害を定義する。「国家によって信教の自由が侵害されたといいうるためには、少なくとも国家による信教を理由とする不利益な取扱い又は強制・制止の存在することが必要であり、それ自体が不利益な取扱い又は強制・制止にあたらないが、人によっては圧迫感や不快感を感じることがあるというような態様で、間接的・反射的に一定の影響力を及ぼしたというだけでは足りないと解される」[31]。つまり、判決は信教の自由の解釈にあたって、「強制・制止」と、「圧迫感や不快感」との区別を作る。この見えるものと見えないもののような区別は、「感情」・「究極的な価値」・「生き方」などといった、原告らが申し立てた無形の「信教の自由」を間接的に否定することになる。なぜならば、そういった自由の侵害の証拠の提出は困難であるか不可能であるからだ。それゆえ、判決はこの区別に基づいて、証拠がないという理由で原告らの権利侵害の主張を拒否する。「本件においては、本件参拝によって、原告らが、不快感や憤りを抱いたとしても、被告小泉が原告らに対し、原告らの信教、思想又は良心を理由とする不利益な取扱いをしたことはない……。〔そのゆえ〕本件参拝によって、原告らの信教の自由又は思想及び良心の自由が侵害されたとは認められない」[32]。

さらに、判決は原告らが申し立てた戦没者の祭祀権を、憲法によって保護される権利ではないとして否定する。「原告らの主張する「……権利ないし利益」とは、……国家から圧迫、干渉といった間接的な影響さえも及ぼされない利益をいうものと解されるところ、そのような利益は、……信教の自由について規定した憲法二十条一項前段や思想及び良心の自由について規定した憲法十九条によって保障されるとは認め難い」。よって、「以上のとおり、原告らの主張する上記利益は、法的権利ないし利益とはいえないし、また、本件参拝によって侵害を受けたともいえないものである」[33]というのである。そして、最後の判決を言い渡す。「以上の次第であるから、（原告ら）の被告らに対する靖國神社参拝の違憲確認請求に係る訴え及び被告内閣総理大臣に対する靖國神社参拝の差止請求に係る訴えをいずれも却下することとし、……原告らの請求をいずれも棄却することとして、主文のとおり判決する」[34]。

裁判所は、「証拠」という法的言葉で、首相の公的参拝と原告らの私的自由（または利益）との関係性を切り離したうえで、原告らの権利侵害賠償請求を却下した。判決は、公的国家と私的個人との関係性という、自由民主主義的制度の言説的前提を原告らと共有しているが、にもかかわらず正反対の判断を下した。このようなまったく対照的な請求と判決が表していることは、「自由」は、現代の人間が市民となるための基本的な概念（市民が自由を持つ個人であること）であるにもかかわらず、それによっては（国内と国外の両方を含めた）市民が如何に自分の決めた生活を選択できるのかという問題への対応ができない、ということであると考えられる。自由を持つ現代の個人は、国民国家が必要とする特定の国民的歴史記述と、そこに含まれている価値を内面化させようとする力に、さらされているといえよう。

この力は、個人がその内部にいながらにしてそこから排斥されるという、現代の政治的共同体において機能している権力として理解できるであろう。この力にさらされている人は、アーレントのいう公共的空間から追放された「パーリア」であると考えられる。アーレントはパーリアについて次のように語っている。

パーリアと社会の抗争は、社会がパーリアを適切に取扱うかどうかといった問題とは関係がない。問題は、パーリアがリアルな存在であるかどうかという点に端的にかかっている。社会がパーリアに与えることのできる、そして現に与えている最大の苦しみは、彼の存在のリアリティと存在意義を彼自身に疑わせ、彼を彼自身の眼から見ても非実在（non-entity）の位置に還元することである。(35)

判決によってもたらされてしまった、靖国違憲訴訟の原告らの、戦死者である親族と自分たちの関係を自分で決められない、という苦しみは、まさに彼ら自身の存在意義を疑わせ、自分たちからみても非実在的な位置へと還元させられてしまっているといえるのではないだろうか。遺族原告らにとって、親族が戦争で命を奪われたという「不条理な事実」は、計りしれない重さを持っているからこそ、その重い事実から彼らは「生き続ける意思を汲み上げ」、個人としての生き方を決めたことができた。しかし、首相の靖国神社参拝は、原告らにとっては親族がその悲惨な戦争に加担した――つまり加害者である――ということを絶えず確認させられていることを、意味しているに違いないだろう。その加害者としての存在を変えるために、靖国神社とそこへの首相参拝が表しているような戦争肯定の国民主義的歴史観から、自分たちの親族を含むライフヒストリーを分離して、親族の死の意味を自分たちのやり方で再定義しつつ、自身の存在のリアリティと存在意義を取り戻すしかないと決めたのであろうと考えられる。しかし、その再定義のための方法として唯一可能なのは、「自由」を通して違憲訴訟を起こすことでしかないにもかかわらず、その法的方法によっては原告らの望むような再定義ができず、彼らの「非実在の位置」を変えさせてくれることはできなかった、といわざるをえないだろう。

原告らの「非実在の位置」は、「国民」の両義性を端的に体現しているといえよう。この両義性は、原告らが包摂されながら排除されているという状態に反映されているのである。磯前がいうように、「排除されるとは社会の外部に単に放逐されることではない。それであればアウトサイダーになることは可能であろう。しかし、排除とは社会の内部に包摂されるために行われる行為であり、言い換えるならば包摂もまた排除という行為の一面にほかならない[36]」のだ。靖国参拝違憲訴訟では、個人としての国民が国家を代表する総理大臣を提訴しうることは、国民国家の持つ包摂的な側面だと理解することができる。しかしそれと同時に、訴訟の判決は「想像の共同体」を共有しない国民を排除することになった。そのように、原告らが社会で彼ら自らの生き方に対する申し立て、つまりその「行為」と「意見[37]」に対して応答が返されないという状態に置かれている以上は、彼らは国民でありながら、国民国家におけるパーリアつまり「場所なき者たち」になっているのではないだろうか。

四　宗教、信教の自由と政治共同体

大阪地裁での小泉元首相の参拝違憲訴訟と同じ日の二〇〇一年十一月一日に、愛媛県の松山地方裁判所においてもう一件の違憲訴訟が提訴された。原告たちは、大阪訴訟と同じ違憲判断と権利侵害賠償請求を提出した。松山地裁の判決は、二〇〇四年三月十六日に原告らに渡された。参拝の憲法判断を下さず、原告らの権利侵害確認と賠償の請求も却下された。本節では、二〇〇三年十月の法廷口頭弁論の際に大学教授の学者証人が提出した「政教分離と首相の靖国参拝について」という意見書に焦点を当て、その内容を考察したい(38)。

この意見書では、小泉首相の靖国参拝が政教分離の原則に違反しており、それによって原告らの信教自由が侵害されたという申し立てがなされている。つまり、原告らは精神的苦痛を受けており、それは自分たちの持つ宗教信仰が理由となって政治共同体から排除されているからであって、その精神的苦痛という事実こそが権利侵害にあたるというのが、彼が申し立てていることなのであった。この意見書からは、靖国神社が絡んでいる戦争の歴史の問題を避けて、政教分離と信教自由の文脈で、明快な違憲と権利侵害の議論を展開しようというような戦略的狙いが窺われる。この議論で展開されている論理に沿って、参拝の違憲確認を認めてもらえれば、参拝が差し止められ、原告らの違憲確認請求は事実的に認められることになるので、その意味においては効率的な議論の仕方かもしれない。しかし、はたして、靖国参拝訴訟が関わっている根本的な歴史問題を問わない信教の自由の議論は、原告らのもともとの提訴の目的に本当に対応できるだろうか。

この質問に答えるために、まず意見書の内容を簡単に紹介する。一万九千文字に及ぶこの意見書は、八つの部分によって構成されている。「はじめに」と「おわりに」は、いずれも主旨を述べる短い文である。第二部分では、「政教分離原則の意義」を「国民の信教の自由を確保するため」であり、また民主主義社会を維持するためであると説明している。第三部分においては、アメリカの一連の政教分離裁判判決を引用しつつ、日本国憲法二〇条の政教分離原則をマイノリティーの政治共同体からの排除という権利侵害を防ぐための条項として理解すべきだと論じられている。

第四部分は、「本件被告によってなされた参拝の宗教的性格は否定できず、またその公的性格は肯定されるべきである」ことを立証する。ここで興味深いことに、宗教が「儀礼的、世俗的なもの」と「特定の宗教団体」との二種類に分けられている。「祖先の墓参や生前に社会的な関係を有していた者の葬儀等に参列し様々な形式の宗教的作法」は、宗教的活動でありながら「社会的儀礼として許容される」という。しかし、靖国神社への参拝はこれと明確に異なる。「靖国神社は宗教法人法に基づく宗教法人である。独自の宗教的儀礼を実践する特定の宗教団体」だというのだ。宗教団体である靖国神社は、「儀礼的、世俗的なもの」としての宗教といかに異なるかというと、それは人霊と神霊の違いである。「靖国神社の祭祀は、人霊を祭る儀式ではなく、あくまで宗教的な性格を持った神霊を祀る宗教儀礼なのである」。よって、意見書は、首相の靖国参拝は「……純粋な宗教的側面……があることを見落としてはならないのである」と主張するのである。

第五部分は、一連の最高裁の判決を引用して、国家と宗教との関わりあいの妥当性を認定する際に、どのような目的効果基準で憲法適合性判断をすべきかを論じる。第六部分で意見書の結論にたどり着く。「本件被告の参拝は、……特定宗教を優遇する……違憲な行為であることが明らかであり、原告らに対し、宗教的な事柄を理由に政治共同体から排除するようなメッセージで圧迫を与え、その結果、彼らの精神的不安、負担、苦痛を惹起したのであるから、原告らの権利を違法に侵害したものと解すべきである」。よって、原告らは「損害賠償及び差し止めを請求する根拠」があると申し立てているのである。

意見書の内容は以上である。続けて、意見書にとって「宗教」とはいかなるものかについて考えたい。意見書では、それぞれ異なった三つの「宗教」と「信教の自由」の定義が論じられている。第二部分では、宗教信仰は「人間の内面的確信に関わる私的事項」、つまり「本質的に、魂の救済に関わる究極的な私的事項」として、「他からの干渉を受けずに実践が認められるべき事項」だと定義されている。「魂の救済」は信仰としての宗教の中心的な部分となっており、キリスト教を基準にした宗教の定義のように聞こえるが、この理由は、意見書が信教自由と政教分離をヨーロッパの歴史的文脈に即して語りつつも、普遍的な価値であるとも見なしていることに由来している。つまり、「ヨーロッパ社会を歴史的に見れば、信教の自由の確立は、精神的諸自由確立の前提条件であった。宗教改革、ルネッサンス、それに近代市民革命等を経て、徐々に国家と宗教の分離が求められ、宗教事項に関して国家は関与すべきでないという考えが成立し、規範化されるようになる」。と主張しているのである。

しかし、第二部分以降では、「魂の救済」という宗教定義は出てこなくなる。二つ目の「宗教」と「信教の自由」の定義は、第四部分で首相の靖国参拝の性質の論議のときに述べられることになる。ここで、「儀礼的、世俗的なもの」と異なって、「靖国神社の祭祀は、……あくまで宗教的な性格を持った神霊を祀る宗教儀礼なのである」という。ここでは、宗教の中心的な定義は、信仰としての「魂の救済」ではなく、「神霊」とそれを祀る「儀礼」にその重心が置かれている。意見書の目的は、無論靖国神社は宗教施設だと立論したいわけだが、靖国神社で祭られている神霊が、いかに魂の救済と関連しているかは、この意見書は説明していない。

さらに、意見書において、靖国神社の宗教的な性格を強調するために、そこで祀られている戦死者を「人霊」と対置して「神霊」と定義していることは、「人」と「神」との間に根本的な違いを付けることにつながる。だが、もともと人間として生きていた戦死者がなぜ「人霊」ではなく「神霊」になっているだろうか。この分け方の根拠が意見書で示されているとはいえない。「神霊」が宗教を定義するための中心的概念であれば、この概念によって、戦死者の死の意味が同質化されてしまう可能性をもたらしているではないだろうか。この同質化は結局、「不条理な」死にあった戦死者が親族の許可ももらわず靖国神社で「英霊」として一緒くたに祭られていることを、無視してしまうことになるといえるだろう。それぞれの戦死者の死において見出されるべき複数の不安定な意味を「神霊」という一つのものへと解消させてしまうのなら、戦死者の歴史自体が抹消される可能性がもたらされることになるのではなかろうか。

松山訴訟の原告の一人の吉田孝子が裁判所において提出した意見陳述を引用すれば、靖国参拝訴訟は、宗教と信教自由の定義の問題というよりも、戦争の歴史の問題であることは明らかであろう。

　日本の代表者たる内閣総理大臣が、先の戦争犠牲者を差別し、合祀者を選定する宗教施設に参拝することは、その靖国の死者を含む国内外の膨大な戦争の犠牲者とその家族に、再び戦争の傷を負わせるとして、とうてい見逃すことが出来ません。私は〔シベリアの〕凍土に眠る父の遺児として、止むにやまれぬ思いで小泉首相靖国参拝違憲訴訟の原告団に参加しました。(39)

吉田孝子の「差別」・「選定」という言葉から明らかなように、靖国神社で祀られている戦死者の死には、統一できない複数の意味が孕まれているのである。意見書にみられる「宗教」定義は、この死の複数性のもつ政治的な意味を問わずに、あたかも国家と無関係で非政治的であるかのような「神霊」という言葉でもって、その複数の死の意味を統一しようとすることにつながるといわざるをえない。その結果として、原告らが問題化しようとした靖国参拝の根本的な戦争歴史問題が訴訟の議論から外されてしまうだけではなく、その問題自体が取り消されてしまう可能性がもたらされてしまうのではないだろうか。

意見書の第六部分は、第三部分において論じられている信教者の政治共同体からの排除の議論に続けて、今度は権利侵害についての議論を立てている。この部分での「宗教」と「宗教自由」の語り方もまた、最初の二つ宗教定義（「魂の救済」と「神霊」）とは異なっている。すなわち、信教自由の権利は、「宗教的な理由で政治共同体からの排除が印象づけられるような圧力を感じ、よって、他からの干渉を受けずに宗教的私生活を送ることが妨害され、その結果、精神的不安、負担、苦痛が引き起こされることのないような利益」だという。首相の靖国参拝は、まさに政治共同体からの排除を起こし、原告らの「精神的不安、負担、苦痛を惹起した」のであるから、「原告らの権利を違法に侵害したものと解すべきである」と主張しているのだ。しかし、この権利侵害の主張には、これまでの議論を踏まえたうえでなされるべき重要な概念的考察が欠けているのである。なぜならば、原告らの「魂の救済」に関わる宗教信仰はいかに靖国の「神霊」と関わっているか、またいかに首相の参拝によってその「神霊」に関する信仰の自由が侵害されているかについて、意見書は説明していないからである。そもそも、原告らが信教者ではないことが、信教の自由の侵害の議論を立てる際の根本的な難点になったであろう。

この信教の自由への侵害に関する議論においてもう一つ注目すべきところは、政治共同体（これは国民国家を指していることはあきらかであろう）に帰属していること、つまり国民であることが信教の自由を持つ前提条件となっているということである。自由を持つことが国民としての個人が構成されるための要件であるが、同時にこの自由はそれの担保こそが国家の目的であるという意味において国家の存在の条件ともなっている。この国民と国家の相互依存的な関係こそが、意見書が申し立てているように、政治共同体からの排除が不安、負担、苦痛を起こすという主張の前提的条件であることは、いうまでもないだろう。つまり、政治共同体の「構成員」としてその政治共同体に包摂されることが、そこからの排除――すなわち守られるべき自由への侵害――が発生する前提であるのだ。

「想像の共同体」を共有することこそが「国民」が自由を持つ条件であるという問題は、意見書においては議論の外に追いやられている。「想像の共同体」としての国民国家への問いを不在にしたまま、「自由」言説で靖国問題を論じることは、靖国違憲訴訟の原告らの目的とすれ違いを引き起こし、その本当の要求に対応することを不可能にしてしまうことになるのではないのか。原告らが大阪地裁で提訴した原告らと同じに、違憲訴訟を起こした理由は、信教の自由の保護そのもののためではなく、靖国神社が担っている「国民の歴史」の記述や、さらにはそれによって正当化される「想像の共同体」としての国民国家という政治共同体の存在を、問題化したいためであった。この意味で、靖国違憲訴訟は国民国家の合法性の源泉であるところの、両面性を持つ「国民」概念そのものへの挑戦とも考えられるが、しかし、意見書が靖国訴訟を歴史問題ではなく信教の自由の問題としてだけ考えているということは、両面性を持つ「国民」の問題を結局は問わずにすませてしまっているといえよう。

激戦地のレイテ島で父はどんな死に方をしたのだろう。……父親が戦死せず、生きていてくれたら自分の人生も随分違っていただろうと考えると、父を戦争に駆り出した者を心から憎いと思う。その戦争を起こした人間やその手先となった者と共に父親は靖国に祀られている。殺した者の側に祀られるとは戦死した人をさらに冒涜する行為そのものではないのか。……殺したのは軍隊であり、戦争を押し進めた国家である。父親は靖国になど祀ってほしいとは思っていないはずだ。(40)

これは、もう一人の原告の斉間満の意見陳述の一部である。この意見陳述からもわかるように、原告らが裁判所に要求しているのは、親族の戦死者の死という重い事実を、天皇を中心に置いた国家による国民歴史の記述から切り離して、自分で意味づけることを可能にしたいということであった。このことは、言い換えれば具体的な感情と身体性を伴った生き方を自身で定義したいという要求に、ほかならないであろう。この「自由」に対する要求は、両面性を持つ「国民」の存在方式を問題化したいものであったが、意見書の規範的政治共同体と自由概念によって隠蔽されてしまっているのである。

さらに、国民国家という政治共同体は、国境によって囲まれた排他的政治体である。つまり、そもそも自由と権利を担保している国民国家は、排他的な存在であるのだ。意見書において展開されている権利の論議は、日本以外のアジア市民たちにとってはそこから排除されることを意味するのではないだろうか。小泉元首相の靖国参拝違憲訴訟の原告団には、日本だけではなく韓国、台湾、中国、アメリカの市民も参加している(41)。だが、政治共同体からの排除という、自由の侵害を問うという議論の枠組みでは、日本人以外の原告らを最初から排除してしまうことになるのではないだろうか。さらに、国民国家としての日本を前提にした議論は、アジア全域の歴史問題に関わる靖国参拝を一国の問題に切り詰めてしまう可能性があるのではないだろうか。アジアの複数の国々からの市民たちが集まって訴訟を提訴しているという事実こそが、国境を超える歴史を共有する可能性を物語っているにもかかわらず、意見書で展開されているような政治共同体からの排除と自由への侵害を批判する議論は、そのような可能性を閉じてしまうことになるではないだろうか。

五　おわりに

本章では、靖国参拝違憲訴訟を例にして、国民国家の枠内での公共性を自由といった関係の文脈で分析し、その限界に関する問題提起を行った。二〇〇一年から二〇〇六年にかけて、当時の総理大臣小泉純一郎の靖国神社参拝に対して、日本とアジアの市民より八件の参拝違憲訴訟が起こされた。これらの訴訟は、小泉元首相の参拝が政教分離原則に違反し、原告たちの信教の自由を侵害したという理由で、裁判所に違憲判断を求め、権利侵害賠償を請求したが、全ての違憲訴訟は敗訴で終わった。本章では、「自由」は守られているかどうかという規範的な問題ではなく、自由とは何かとの問題に焦点を当て、違憲訴訟を分析した。八件の訴訟がいずれも敗訴になったことが表しているのは、複雑な歴史を持つ靖国神社への首相参拝という問題を信教の自由の言説でしか批判できないという現実の限界の露呈、つまり普遍的な概念だと思われている「宗教」と「自由」は、靖国神社の根本にある歴史問題に実は対応することができないという限界の露呈を示している、というのが本章の基本的立論であった。さらに、その限界は、国民国家の境界線の内側にしか存在しない公共性の包摂と排除の両面性を反映しているという問題を、本章では提起した。つまり、権利の主体としての近代的個人は、国民として、自由民主主義体制の国民国家に包摂されうるが、その反面、想像の共同体としての国民（ネイション nation）から脱離した生き方は排除されることになる、というわけなのである。

いうまでもなく、「自由」概念を問題化し、その定義の仕方自体を分析対象にしたという本章の目的は、自由そのものや制度としての自由民主主義体制を否定するためではない。本章の目的は、自由と公共性についての検討を、具体的な政治・社会状況を参照しつつ行うことで、理論的な議論を具体的な問題と結びつけ、新たな分析視点を生み出すことであったのである。本章が明らかにしたように、自由とは何かという問いを立てることによって、はじめて自由の主体である個人としての「国民」が、問題として視野に入ってくる。その問題とはすなわち「国民」の持つ「市民（citizen）」と「国民（national）」という両面性なのである。「国民」に要求されているのは、権利と自由の行使による政治参与だけではなく、その生存自体の目的と形態を「政治体との強い一体感」という形で国家と合一させることである。原告らによる生き方への自由という言葉によって表されている人間の存在が、実は条件付きであるということ、そしてつねに同質化させられる権力にさらされているということは、国民国家という枠内における公共性の限界であることは、本章の分析で明らかになったと思う。

しかし、靖国参拝違憲訴訟は、その敗訴が運命づけられているわけでは決してない。なぜなら、訴訟が起こされる度に、勝訴の可能性が伴うからである。しかし、この敗訴の現実を変えるためには、まず、私たちがその訴訟自体を批判的に分析しなければならないだろう。そのためにすべきこととして、本章で行った分析を通して考えられることは、私たちの生活全般が政治化されているということ、つまり「国民」という均質な共同体の想像こそが私たちの生活自体を枠付けているということを意識しつつ、その想像の枠を相対化し変えようと試みることであろう。このような相対化によって、はじめて「閉鎖性と同質性を求めない共同性、排除と同化に抗する連帯」としての公共性へと一歩ずつ近づいていけることになるだろう。このような相対化の作業は、「自由」についての再考を伴っている。つまり、いかに自由を語るか、いかに私たちの想像と希望を「自由」で表現化できるか、つまり制度上の自由言説はいかに私たちの具体的な生活と繋げるかという問いを、伴うことになるだろう。このような意味において、靖国問題を重要な接合点にしつつ、そこで開かれた新しい視点と問題設定を通して、公共性の議論をより具体的な政治社会状況に沿って考えていくことができれば、理論的突破と現状の変化を図ることが可能になるのではないだろうか。

（1）齋藤純一『公共性』（岩波書店、二〇〇〇年）本の帯を参照。
（2）村上弘「公共性について」（『立命館法学』第六号、二〇〇七年）三四五－三九九頁を参照。
（3）同右、三五三頁を参照。
（4）同右、三八五頁を参照。
（5）例えば、小野塚知二『自由と公共性――介入的自由主義とその思想的起点』（日本経済評論社、二〇〇九年）、毛利透『表現の自由——その公共性ともろさについて』（岩波書店、二〇〇八年）、井上達夫『他者への自由——公共性の哲学としてのリベラリズム』（創文社、一九九九年）などがある。

（6）坂口正二郎編『公共性——自由が／自由を可能にする秩序』（岩波書店、二〇〇〇年）。

（7）坂口正二郎「異論の窮境と異論の公共性」（同編『公共性——自由が／自由を可能にする秩序』）四〇－四一頁を参照。

（8）靖国参拝違憲訴訟 http://www.geocities.co.jp/WallStreet-Bull/2691/yasukuni/ikensosyou.html.（二〇一四年九月十二日取得）。また、平野武「靖国問題と靖国訴訟」（『宗教法』第二六号、二〇〇七年）一三三－一五一頁を参照。

（9）林知更「政治過程における自由と公共」（前掲『公共性——自由が／自由を可能にする秩序』一四四－一四七頁を参照。

（10）Geoff Eley and Ronad G. Suny, "Introduction," *Becoming National : A Reader*, Oxford : Oxford University Press, 1996, pp.7–9.

（11）*Ibid*., p.7.

（12）*Ibid*., p.23.

（13）PrasenjitDuara, *Rescuing History from the Nation : Questioning Narratives of Modern China*, Chicago : University of Chicago Press, 1995, p.56.

（14）*Ibid*., p.52.

（15）本書第三章、一二〇－一二一頁。

（16）Charles Taylor, *Dilemmas and Connections : Selected Essays*, Belknap Press, 2011, p.86.

（17）*Ibid*., p.90.

（18）例えば、Lloyd Kramer & Sarah Maza, eds., *A Companion to Western Historical Thought*, Oxford : Wiley-Blackwell, 2008 ; Thomas Bender, ed., *Rethinking American History in a Global Age*, Berkeley : University of California Press, 2002 ; Prasenjit Duara, *Rescuing History from the Nation*, Chicago : University of Chicago Press, 1995 がある。また、Eley&Suny, *op. cit*., p.9 を参照。

（19）戦後の歴史理解は未解決の問題であることは、以下の三つの事例からも窺われるだろう。林房雄『大東亜戦争肯定論』（番長書房、一九六四－六五年）をめぐる論争、家永三郎による歴史教科書検定訴訟（一九六五－九七年）、「新しい歴史教科書を作る会」の成立（一九九六年）と活動。

（20）田中伸尚『ドキュメント靖国訴訟——戦死者の記憶は誰のものか』（岩波書店、二〇〇七年）二九－三一頁を参照。

（21）「平成13（7）11468の1靖国神参拝違憲確認請求事件　平成16年2月27日大阪地方裁判所」www.courts.go.jp/hanrei/pdf/C12DD1AB8B417CEB49256E4D0008B1EE.pdf.（二〇一四年六月十日取得）。

（22）大阪地裁判決文、同右、四頁を参照。

（23）同右、四頁を参照。

（24）同右、一一頁を参照。
（25）同右、一一－一二頁を参照。
（26）同右、一二頁を参照。
（27）同、一二－一三頁を参照。
（28）田中前掲書（註20）、一〇八頁を参照。
（29）市川正人「日本における違憲審査制の軌跡と特徴」（『立命館法学』二九四号、二〇〇四年）一一〇頁を参照。
（30）同右、一一〇頁を参照。
（31）大阪地裁判決文、二九頁を参照。
（32）同右、三〇頁を参照。
（33）同右、三〇－三一頁を参照。
（34）同右、三二頁を参照。
（35）Hannah Arendt, "The Jew as Pariah : A Hidden Tradition," *Jewish Social Studies*, No.6, 1944, p.114. 日本語訳は齋藤前掲書（註１）「はじめに」Ｖ頁による。
（36）磯前前掲論文（註15）、二〇三－二〇四頁を参照。
（37）齋藤前掲書「はじめに」vii頁を参照。
（38）「意見書（甲第40号証）松山地裁第７回口頭弁論における学者証人　政教分離と首相の靖国参拝について」。http : //page.freett.com/shikoku/morone01.htm.（二〇一四年九月十六日取得）、意見書の引用はすべてこのサイトによる。私が学者証人の意見書を取り上げるのは、信教の自由に関する議論自体を分析するためであり、学者証人を批判するためではないことをあらかじめ断わっておく。
（39）小泉首相靖国参拝違憲四国訴訟団。「第三回口頭弁論の報告／第三回口頭弁論　原告意見陳述　吉田孝子さん・斉間満さん・坂田進さん」Page.freett.com/shikoku/news5-1.htm（二〇一四年十月十七日取得）。
（40）同右ウェブサイト（二〇一四年九月四日取得）。
（41）田中前掲書（註20）一－五二頁を参照。

第六章　公共性と犠牲

十字架の神学を手掛かりに

宮本　新

一　序　論

アレントは『人間の条件』の中で、古代ギリシャから近代にいたる西洋の伝統の系譜を活動、仕事、労働の三項で描き、生の様式としての「活動」領域の危機を指摘した。(1) 近代社会において失われているものは、かつてのポリスで市民が生活の必然性から自由になり人間性を発露する「出来事」そのものである。アレントの論じる「人間の条件」は、我々が今生きる世界の条件をも照らし出している。近代とは「社会が公的領域を征服」した世界であり、社会は「政治」を社会的利害の上部構造にすぎないものとした。世界は社会となり、人間の集合体や共同体は、「結局のところ、巨大な民族大の家政によって日々の問題を解決するある種の家族にすぎない」ものとなった。そこで失われているのが古代ギリシャのポリスで交わされた人間の活動（action）である。生活のあらゆる「必然性」から解放された「自由」な領域に身を置く人々は、「他人と取り換えることのできない真実の自分」を示し合う。(2) その「真実の自分」とは他人に見られ、また他者に「真実の他者」を見るかぎりにおいて、そこは自由な領域なのである。

別言すれば、他者との真の交わりが出来事となる人間活動の領域をアレントは指している。ポリスとはそのような場所であったと言われるが、この「他人と取り換えることのできない真実の自分」の出現は古代ポリスに限られたことではない。その出現は「共に行動し、共に語るというこの目的のために共生する人びとの間に生まれる」ものであり、言論と活動の様式を通して空間が作られる。したがって、人が行為と言葉の能力をもっているならば、いつでもだれにでも身を置くことのできる空間である。アレントはこれを「出現の空間」と呼んでいる。この出現の空間は人々が集まるところに潜在的に生じるものでありながら、同時に「ほとんどの人はそこに住んでいない」(3)。なぜならそのような空間は、言論と活動の様式を通して競い合うところに生じるものであり、その運動が続いているところでのみ存在するからである。他者との間に卓越性が交わされるという出来事が公共領域の特殊性であり、そこで出現する「他人と取り換えることのできない真実の自分」が示され合う空間が公共空間となる。このようなアレントの洞察は、本章で考察する「宗教と公共性」の論じ方に根源的な問いを投げかけている。

一般的に「公共社会」というように、「公共」と「社会」との間に隙間があるとは考えられていない。公共性と社会性とはほとんど同義語のように思われるが、アレントは違う。社会の公共性と「他人と取り換えることのできない真実の自分」を示す公共性とは対立し、緊張関係に置かれる。むしろ巨大な家政としての社会に飲み込まれているかのようでいて、潜在的にある「出現の空間」をアレントは追及している。無論、アレントは巨大な家政から抜け出て、古代のポリス社会の復興を示唆しているわけでもあるまい。そもそもポリスの自由は圧倒的な非市民の排除と自らの生命を維持するために必要な労働を奴隷など他人に負わせることによって成り立つものなのだから。いずれにせよ、アレントの着眼点は今日的である。人間の自由と尊厳の在り処を示す活動の領域が、公的領域が消滅したとしてもなお、どのように実現しうるものなのかを考えさせるものだからである。本章では、このようなアレントの現われの空間としての公共性を視野に入れながら、キリスト教と公共性をめぐって考察を加えていく。

キリスト教と公共性をめぐる議論には長い歴史がある。たとえば、政教分離や信教の自由という概念はキリスト教にとって長い歴史的な経緯を経たものである。四世紀にローマ帝国の公認宗教となって以来、教会と国家という文脈で、キリスト教と公共性について論じられてきた。日本では、キリスト教と公共性をめぐる議論は、こんにちの公共社会における福祉、教育、医療などとキリスト教の関わりという観点から議論されることも多い。しかしながらとりわけ継続的に論じられてきたのは、天皇制とキリスト教の関わりをめぐってである。この問題は多分に政治的な議論を含むが、一方でキリスト教と公共性の問題全般に横断的にかかわっている。たとえば、長らく靖国問題にかかわってきた奥田知志がその運動を護憲の闘いとして捉えるだけでなく、またキリスト教と天皇制という枠に固定して論じるだけでもなく、キリスト教内部にある「教会の靖国化」にまで問題を突き詰めているのはそのためである。[4]「聖戦」「顕彰」『名誉』「ありがたさ」といった用語を組み合わせて元来悲しむほかない死の意味を栄光化するのは戦前の靖国神社だけではない。そこで機能するロジックは特定の国家や宗教団体、時代や文化に限定されない。多様な人びとが共存する場にいつでも作用しうる力であり、奥田はそれを伝統的なキリスト教神学の用語で「栄光の神学」と見做している。

本来「栄光の神学」は十六世紀の宗教改革者ルターが用いた論争的な術語であった。当時の支配的であったスコラ神学を「栄光の神学」と呼び、ルター自身の立場を「十字架の神学」と表明した。その争点は恥辱のうちに苦しみ死んだ十字架のキリストの解釈をめぐるものであった。十字架に見られる恥辱や死や暴力といった否定的な側面を回避あるいは栄光化するスコラ神学を「栄光の神学」と呼んで批判したのである。論争の中核は神学的なものであったが、贖宥状の販売に端を発した宗教改革の運動は「帝国と教会」の関係にはじまり政治と経済と宗教とが密接に入り組んだ問題群を背景にしていた。神学的にキリストの十字架を解釈することはこの政治、宗教、経済という公共の場に置かれた人間の諸相と切り離すことのできない問題をはらんでいたのである。このキリストの十字架を通じて苦難と悲惨を考慮に入れようとする神学的伝統は二十世紀のキリスト教において再び活発になった。二度の世界大戦とそこで行われた蛮行や虚無、またその後の世界に散在しつづけている苦痛と暴力が神学的にも主題となっている。現代の十字架の神学は様々な場面で人々が遭遇する現実と往還を遂げながら、多元的な諸相で論じられている。生きている人間の営みが神学の文脈を形成しているからである。

本章で最初に取り上げる高橋哲哉の「犠牲」をめぐる論考はそのような十字架の神学の主題を共有している。高橋は犠牲を強いる論理を元来悲しむほかない死を栄光化する力として捉えている。その「犠牲の論理」は「ヤスクニ」だけでなくキリスト教にも存在するもので、時代を超えて犠牲を生み出すものとして描かれている。本章では十字架の神学の側から「犠牲の論理」に応答して論考を進めたいと考えている。現代の十字架の神学で論じられているのは、教会内で長らく伝統的に信じられ、告白され、教えられてきた言説が、時と場所を変えて繰り返し発話されるうちに、両義的な作用を生み出すことについてである。人々の内面を支えたり、生の在り様を探究したりする宗教的言語とそれに触れた人間の社会的発言や政治的な行動との間には両義的な関係が見出されている。宗教は生の在り様を変革したり自由をもたらしたりすることもあれば、抑圧的に作用したりもする。それは特定の宗教的な言説に限らず、論理やシステムがあるところ全般に見られうる現象である。それゆえに論理の同型性は様々な言説に見られるのである(5)。

本章の後半では、この同型性を考察した後なお残る問いについて考えてみたい。キリスト教は教会という共同体の発生にユニークな始源を持っている。打ち捨てられたものとしての十字架のイエスの記憶を運ぶ共同体である。現実の教会や教理、その活動と十字架の記憶との間に緊張を伴いながら、共同体形成がなされている。そこでは依然として「犠牲」は重要な意義を保ちつづけるであろう。それは個々人の信仰のあり方だけでなく、公共生活を営む人間のあり様全般に伸びる射程を持った言葉である。高橋のいう「犠牲の論理」や十字架の神学がいう「栄光化」の問題性を斥けたところで、なおも「犠牲」という言葉が意味を持ちうるのかを問うて考えてみたい。本章では、第二次世界大戦のヨーロッパで犠牲行為を貫いた思想家シモーヌ・ヴェイユの犠牲理解を振り返ることで、この問題を考察してみたい。

二　犠牲の論理――靖国と神の国

犠牲の論理

「犠牲の論理」はいつでも、どこにでも見出され、システムとして可動しうる。これはヤスクニとフクシマをめぐる高橋哲哉の主要な論点である(6)。そこでは戦時下のキリスト教もまた例外ではなかったことが指摘されており、当時のキリスト教出版物の二、三の例を見るだけでも事態は十分に理解できる。そこでは殉教と殉国が同一線上に置かれ、愛の代価はお国に命を捧げることに具現化すると考えられている。しかしながら、そのような戦前のキリスト教関係の文書に見られる「靖国との一体化」に驚いてばかりもいられない。さらに高橋はそのような「犠牲の論理」は戦前戦後を縦断して、あるいは洋の東西を問わず、また宗教や文化の区分を超えて見られると指摘しているからである。犠牲の論理の「同型性」が遍在的に捉えられているのである(7)。この同型性の観点から、「靖国との一体化」は戦前の一過性のものではなく、戦前戦後、あるいは過去にさかのぼる強力な一貫性として捉えられている。その事例として日露戦争当時の内村鑑三の手紙が取り上げられている。内村鑑三は明治のキリスト教の代表的な思想家であり、非戦主義を唱え、また「不敬事件」で知られる人物であるので、筆者自身が虚を突かれる思いであった。さらに高橋の指摘は、キリスト教思想内部に踏み込んで、信仰の中核に位置する贖罪信仰に犠牲の同型性を求めている。それゆえに神学的であり、根の深い問題をはらんでいるので、やや長文であるが、内村の文書をここでも挙げておきたい。これは非戦主義者である内村が、同じく非戦主義者の友人が徴兵され出征するにあたり送った手紙の引用である。

可戦論者の戦死は戦争廃止のためには何んの役にも立たない、然れども戦争を忌み嫌い、之に対して何の趣味も持たざる者が、其唱ふる仁慈の説は聴かれずして、世は修羅の巷と化して、彼も亦敵愾心と称する罪念の犠牲となりて、敵弾の的となりて戦場に彼の平和の生涯を終るに及んで、玆に始めて人類の罪悪の一部分は贖はれ、終局の世界平和は其れ丈け此世に近けられるのである。是れ即ちカルバリー山に於ける十字架の所罰の一種であって、若し世に「戦争美」なるものがあるとすれば、其れは生命の価値を知らざる戦争好きの猛者の死ではなくして、生命の貴さと平和の楽さとを十分に知悉せる平和主義者の死であると思ふ、博愛を唱ふる平和主義者は此国彼国のために死なんとはしない、然れども戦争其物の犠牲になって彼の血を以て人類の罪悪を一部分なりとも贖はんがためには、彼は欣んで、然り神に感謝して、死に就かんとする、此心を以て出陣せる平和主義者は死せんことを欲して、生きんことを願はない、彼は彼の殉死に由て彼の国人を諌めんと欲し、亦、同胞の殺伐に快を取る、罪に沈める人類に悔改を促さんとする。(8)

この手紙で内村は「餞の言葉」として友人に「非戦主義者の戦死」をもって仕えよと勧めている。現実に友が出征するに及んで内村が自説をひるがえしているわけでないし、また非戦主義と現実との裂け目で言葉が絞られている様子も察せられる。しかし高橋の指摘は厳しい。内村は十字架に向かうイエスと戦地に赴く友人を重ね合わせ、「快く」戦場に臨み、「最も善き兵士」として「希望と平和と感謝の中に」して「死ぬ」ことを勧めているのだ、と。(9)それが「真の平和」のためであったとしても、「戦死を「血の犠牲」として評価し、「無残な」死を「栄光」の死へと転換する「感情の錬金術」が行なわれている」のであり、「戦死の美化がおこなわれている」(10)。このような指摘は、「内村鑑三と犠牲」を論じながら、実際には「キリスト教と犠牲」をめぐる問題にまで射程が伸びている。

非戦主義者が戦死することは国家の戦争に国民が動員されることで悲劇であり、当人は被害者（victim）でもあるのだが、贖罪信仰が差し込まれると、それは尊い犠牲（sacrifice）に転化される。事態を単なる悲劇とも、当事者を単なる被害者（victim）ともしないのは、実存的な信仰者の尊厳に関わってもいるが、いずれにせよ、「犠牲」という言葉はそこでも両義的に考えられている。非戦者の戦死は一方で「敵愾心と称する罪念の犠牲」であり「十字架の所罰の一種」であるが、しかし「人類に悔改をうながさんとする」尊い犠牲とも考えられているからである。victim と sacrifice の差異を容易に解きほぐすことができないのは、イエスの十字架の場合も同様である。イエスの磔刑死も、イエスが喜んで納得済みで「尊い犠牲」として神に捧げられたわけではない(11)。しかし内村が「犠牲こそ人生の華」だと言い切り、victim から sacrifice へと傾斜して、この両義性を解消できるのは贖罪信仰のゆえである。いったん、それが「尊い犠牲」となれば、事柄にある victim は隠ぺいされるか、従位に置かれるし、同時に victim から反転して銃を取る加害性の線も見えなくなる(12)。非戦主義者の戦死はキリストの十字架の死に従うことであり、また倣うことである。これが「戦争の美化」、「死の栄光化」に通じ合い、「犠牲の論理」として同型性があると批判されているところである。その「犠牲の論理」は様々な領域に貫通して見られるものとなる(13)。

Sacrifice と Victim

ところで高橋の論じる犠牲概念で興味深いのは、「論理」や「システム」へと問題群が収斂しているところである。一般的に犠牲という言葉の用法はもっと多義的であいまいである。たとえば、事故や災害の「犠牲者」というとき、「犠牲者」という言葉は、本人の意志などと何ら関わりのない偶発的な惨事に見舞われた場合に用いられる。あるいは犯罪などの被害者もまた同様に犠牲者と呼ばれる。しかしそこでの「犠牲」には神や何かに向けて「捧げられる」という要素はまったく見当たらない。少なくともそのような宗教的な意味や因果律を含んで犠牲という言葉は使われていない。しかしある目的のために割かれた代価が見出され、犠牲と呼ばれることはある。この目的性を軸にして、事故や災害においても「尊い犠牲」と意味づけられたりする場合もある。たとえば、駅のホームで転落した人を助けようとして命を落とす場合である。この場合、それは victim とは呼ばれず、自らの命を犠牲（sacrifice）にしたといわれるであろう。これらの行為が意味あるものとして、言語化され広く他者と共に了解されるとき、それは「犠牲（sacrifice）」になる。しかしこれだけではまだ「犠牲のシステム」と呼ばれるものにはならない。このシステムをつかさどり「利益を得る」ものが生まれるとき、犠牲のシステムは現実化する。システムの権力作用は隠されている。システムの内部でその力は意識されることのないまま存続し、当人の自覚がないままに犠牲を強いることや強いられることもある。そしてまたこの犠牲のシステムに了解しないものはシステムから排除される。したがって、言説のシステムは共同体に場を持っている。そこでは「自らの意志」や「自らの信念」に基づいて行動しているようでいて、実際にはシステム内に取り込まれ、回収されているに過ぎないということも起こる。このような犠牲の両義性とシステムの関係は、キリスト教の贖罪を理解するうえでも大きな示唆を与えてくれる。この関係を念頭に置きながらイエスの磔刑死と贖罪論の関係について考えてみたい。これは近年の神学において盛んに議論されている問題でもある。贖罪論はイエスの十字架と死を「救いの業」の中核として、一方でイエスの言葉と行いを、他方でキリスト者の生と行いを説き明かす解釈学的な鍵を提供するものである。しかし、イエスの十字架そのものは、歴史上の出来事として、当時のユダヤ教の律法祭儀の共同体から排除され、より大きな共同体（帝国）によって処罰された「事件（出来事）」であった。別言すれば、イエスはただ十字架に架かるために生まれたのではなく、その生と宣教（言葉と行い）と十字架との間にも連続性がある。贖罪論がシステムとなるとき、しばしばその連続性は見えなくされ、あるいはその「出来事性」は下位に置かれる(14)。

三　十字架と贖罪論

十字架と十字架についての教理

二十世紀はキリスト教のリアリティにおいても変革の世紀であった。近代以降の西欧の地理的覇権と宣教領域の拡大が同心円状に広がる果てに到来したのは、二度の大戦による未曾有のカタストロフィであった。二十世紀の後半、キリスト教の人口動態は北半球から南半球へと重心が移行している。そこで伝統的なキリスト教神学は「外から」の声を聞くことになる。victim と sacrifice の二重性をめぐる議論もまた、そのような新しい状況下での「十字架の神学」として論じられるようになった。エチオピア出身の神学者ヤコブ・テスファイは、アフリカにおける「貧困と暴力」の文脈から変革的な視点について論じている(15)。それは伝統的な贖罪論が見えなくしたものを顕在化させる試みであり、長らく「正統」とされてきた西欧の神学的言説から見えなくなった十字架の「身体性」を掘り起こす試みでもあった。テスファイの議論は、イエスの十字架は宗教的な象徴である前に、磔刑死であったことを神学の内部に据える。十字架は一足飛びに「神の摂理」であり「救い」である前に、「歴史のとげ」である。罪は精神化される前に、他者との間に交わされた身体的な記憶を伴う。そうして植民地時代からこんにちにいたるまで被支配のなかで信仰について考え、「貧困と暴力」に身をさらしている人々の十字架（複数）とイエスの十字架との間に解釈学的な回路が成り立つことをテスファイは論じている。十字架を「論」とするとき、その身体性が奪われ、犠牲の両義性は解消され、栄光化される。そのような神学（論）や信仰箇条のもとでは、人々の現にある苦難もまた精神化されることをテスファイは指摘する。もちろん、体験が経験となり言語化され精神化されること自体が間違っているのではない。しかし、苦難と言語の間には媒介不可能な痛みが横たわっている。テスファイが論じるのは歴史と苦難の問題であり、精神化され道徳化された従来の救済理解とは一線を画するものとなっている。

ルターの十字架の神学

キリスト教神学において「神の本質は痛み」という発言は大胆なものであった。[16] それはギリシャ的な神性の不受苦を旨とする神論と矛盾するからである。これを本格的に論じる端緒となった神学者北森嘉蔵は、西欧のキリスト教神学の伝統に「かぼそい伝統」を見出してこの議論を開始した。それが宗教改革者マルティン・ルターの「十字架の神学（*theologia crucis*）」である。ルターの十字架の神学はキリストの救いの業（救済論）を説き明かす贖罪論（十字架についての神学 theology about the cross）というよりも、神啓示の場所として「弱さと愚かさ」の象徴である十字架を「神学的座標軸」に定位する神学であった。[17] ルターは十字架に「神の死」を見たのである。この神学的な議論は文脈をたがえたところで、世界と人間のリアリティを形成する試金石のようになっている。ルターの場合、当時のスコラ神学を基礎とした神の全能性、不受苦性というものの神内部における破裂を十字架に見て、十字架を神の啓示の場所として据える。真空状態の啓示はない。少なくとも身体を伴い、世界に立って神学を実践するかぎり、神認識には逆説を伴うことになる。

マルティン・ルターによる宗教改革は、「贖宥状（免罪符）」に対する疑義が発端であったのはよく知られている。贖宥状の売り買いでも人間の功績でもなく、ただ信仰によってのみ救われるという信仰義認の教えである。このプロテスタントの中心的な教理も、本論に照らして考えると、「犠牲」をめぐる攻防であった。ルターは礼拝改革者として「犠牲を捧げる」儀式的側面も拒否した。犠牲が尊いかどうかの問題ではなく、ただキリストを通して神が「与える」贈与の恵みを通して十字架を見ていたからである。これは古代教会においてキリスト教がしばしば「無神論」（ローマの犠牲祭儀の拒否）として迫害されたことにも通じ合う視点である。さらにこのような考えは、当時の政治経済、そして社会全体への批判的な言説となっていたこともこんにちでは確認されている。

ルター研究者の徳善義和によると、当時のローマ・カトリック教会という、ひとつの大きなシステムに対して疑義を提示したのが宗教改革であった。ルターの個人的で内面的な魂の苦悶からの解放は「あらゆるものを包括する堅固で巨大なシステム」との対決を必然化した[18]。その切り口が贖宥状への神学的な疑義となり、根が深い問題に分け入ることになる。贖宥状販売に対する抗議は、神学的な側面からいえば、他人の功徳（他人の功績）にすがって自らの財（自らの功績）を差し出すことの無力さを主張しているのであり、社会理論からいえば、そのような無効な行為を言語化し体系としてシステムに流通させることへの批判となり、中世の社会システム全体をゆるがす動因となった。フィリップ・ルージー＝ジョーンズはこれを次のように要約して述べている。


（贖宥状は）神を前にした赦免を約束していた。しかしそれは教会がはじめたことであった。教会が十字軍のための財源を欲していたからであった。ルターの時代、贖宥状はフッガー家の銀行に借りを返すために必要とされた。その金でもって大司教や皇帝は自らの地位を得ていたのであった。そうして皇帝カール五世はローマ・カトリックを保護し、ルターを迫害した。経済と政治と宗教をきれいに区別することはまったくもって不可能なことである。ある領域の権力構造は別の領域の権力構造と結び合わされ互いを強化していたのである。[19]

一方で、ルターの宗教的な救いの試金石は「ただ聖書を読む（聖書のみ）」ことにあり、しかも聖書の証言のとおり、ただ十字架にかけられたキリストにおいてのみ神認識の場所があり（キリストのみ）、したがって人間の救いは受動的な義を受容することにのみある（恵みのみ）。他方で、このことは当時の社会システムにおける神学体系とそれを統御する「権力構造」（教会）を批判することになり、また「別の領域の権力構造」（帝国の政治経済）を揺るがすことになった。システムがうまくいくことは、システムの内部に身を置くかぎり問題はない。しかしルターの十字架の神学が明らかにしているのは、システムとシステムを支える理論（神学）を信じそのとおりに行っても、それそのものが人を救うことはないという気づきについてであった。その動因は精神的、個人的なものであったが、同時に「知のシステム」への批判を含んでいた。この視点から見れば、贖罪信仰と贖罪論（理論・神学）は峻別される事柄である。たとえ分離しがたいものであっても区別は必要である。当時のアリストテレス哲学の影響をうけたスコラ神学が目指す「栄光の神学」ではなく、逆にみすぼらしく恥辱の姿であるイエスの十字架に「神の啓示」を見るかぎり、システムからの離反はある意味で当然のことであった。それはルターの神学的なリアリズムを形成し、人間観と世界観の基礎となる。そのようなルターの神学的求道と社会批判の結果（宗教改革）は、おそらく本人も意図していなかったものだろう。しかし十字架をうちに含むキリスト教そのものの批判原理がそのはじめに定位されていたと見るならば、それは必然的なものであった。十字架は教会を裁くものとなる。

十字架の神学は、ある事柄への「観点、向き合い方（disposition）」に着目する神学である。指示する内容の是非を吟味する前に、そもそものような内容がどのような脈絡で生じ、どのような観点から論じられたものであるのかを問いに付してゆく方法論的な問いを内に含んでいる。言い換えれば、十字架の神学は、信じられている事柄に潜んでいる文脈に目を凝らす神学である。神学の場合、信仰や教義の発生に「十字架」を置いて考えることは、人間の知識、歴史、倫理には身体性が伴われ具体的な経験の反映があることを認めることである。その文脈的な知識に応じた異なる言説や信念には、現実世界との往還に身を置いて紡ぎだされた多様性がある。この多様性を捨象しないで、知ることと生きること、そして信じることが同時的に営まれるダイナミズムを保とうとする神学が、十字架の神学である。それは理論か実践かの二項対立を越え出る信仰の発生契機に着目するものであり、十字架という出来事そのものと贖罪論との間にある距離を意識している。以上のことは必ずしも贖罪信仰を否定することにはならないし、その必要もない。ただ人が何を信じるのであれ、その言説と言説が指し示す事柄との区別が必要であり、信じられる事柄も信じる事柄も出来事であることに鋭敏でなければならない。そのために、知識の在り処として生ける人間と人間の場に生じる断片性は受容されなければならない。人間は人間のままとして苦難や死、命や平和の問題を希求しつづけることが大切になる。もう一度神学的に傾斜した発言をすれば、「他者なる神」と共に、「他者と共に」知ることに十字架の神学は集中する。一方で、十字架は、律法と帝国によって排除され処罰された公共の出来事であり、この世の条件をさらけだす解釈学的な鍵となる。テスファイはこの線にそって、「なぜイエスは殺害されたのか」と「なぜ人々は飢え渇き、生きることをゆるされないのか」について相関的に問いを進めていく。意味づけや解釈をゆるさない傷や苦しみは、依然として「とげ」のまま残るし、そうでなければならない。十字架の神学はその「とげ」との間に関わりを置く。そこでの傷は、常に言語化しえない身体的な痛みを伴い、歴史を持つ。ここに我々が名づける「犠牲」という事柄そのものと「犠牲の論理」との間に生じる裂け目が見られるのではなかろうか。

四　真の犠牲はあるか？

ヴェイユの犠牲と偶像への批判

このような「犠牲の論理」の同型性が、さまざまな地域、国家、宗教、社会において浸透した「論理」であることを批判的に取り上げた先に、それを見抜き、拒絶する処方箋はあるのだろうか。現代の十字架の神学もまたこの問題に取り組んでいる。しかしそこでも依然として、犠牲を否定的に見る面と積極的に見る面の双方が互いに浸食しあっているのが現状である。[20] 問題のひとつは、犠牲の論理やシステムから人を解き放つ神学的機能を発揮してもなお、人が生きることのなかに、「犠牲を払う」生き方が認められるのかどうか、にある。この点についてシモーヌ・ヴェイユの犠牲理解について考えてみたい。

シモーヌ・ヴェイユは一九〇九年にパリのユダヤ系の家庭に生まれた。学生時代からマルクス主義やアナーキズム思想に傾倒していたが、工場労働者の生活を身をもって体験して著した『工場日記』にはヴェイユ前期の思想が見られる。スペイン戦争に参加した後、第二次世界大戦時にナチス・ドイツの占領下にある祖国フランスを憂い亡命生活を送り、ロンドンで自由フランス政府で働き、レジスタンスに参加した。元々病弱であったようだが、戦時下で苦しむ人々を思うあまり食事を取らず、一九四三年にロンドンで衰弱死した。死後、残された論文やノートが多数出版されているが、本章ではとりわけロンドン滞在中の晩年のヴェイユの思想を資料としている。そこでは、一方でヴェイユ独特のキリスト教の犠牲理解が展開され、他方でナチス・ドイツの全体主義批判だけでなくおよそ権力機構を持つ体制への政治的で哲学的な批判が展開されている。ちなみにキリスト教思想家と呼ばれるヴェイユ自身は洗礼を受けることはなかった。その批判的精神のゆえにそれを望みながら「教会の外側」に立ち続けた人であった。

鈴木順子はこのような軌跡を辿ったヴェイユの思想と生涯を「犠牲」を基軸にして考察しているが、そのとおりヴェイユの著作には犠牲という言葉が目立っている[21]。ヴェイユは一貫したひとつの犠牲理解を示しているというよりも、幾重にもかさなる犠牲の諸次元を身をもって明らかにしている。あるときはキリストの犠牲的な愛への憧れを想起し、またあるときは全体主義や権力体制が人々に強いる犠牲を批判し、そして彼女自身が虐げられた人々の間に身を置いて照射される犠牲的な行為がその著作に一体となって現れている。このようなヴェイユの犠牲をめぐる思想には、国に命を捧げる犠牲を批判し、「犠牲の論理」の同型性が見抜かれている。そうであるから、命を殉じる行為への熱狂やあこがれ、栄光化は拒絶される。この栄光化の拒絶は、ナチス・ドイツへのレジスタンスだけでなく、祖国フランスに対しても「国家に捧げられる犠牲以外の犠牲の形式はもはや存在しない」と憂慮し、「忠実」を尽くすものが国家以外にはなにもなくなってしまった現状への批判へと導かれている。さらに踏み込んで、ヴェイユは人びとに犠牲を強いる政治的体制や言説に「偶像崇拝」的なものも見据えていた。政治的闘争と同時に、偶像崇拝批判を展開し、「ヒトラー主義」を「宗教信仰の代理物」として批判する。ヴェイユの場合、「犠牲の論理」への拒絶から「偶像批判」へと射程が伸びている。その観点からヴェイユの犠牲批判はヒトラーから第一次大戦下のフランス国家にも、共産党にもキリスト教の教会組織に対しても向けられる。その集団性と共同体の持っている固有の「犠牲性」とも呼ぶべきものが批判されているのである。

政治と宗教とはヴェイユにとって、きれいに分割される二つの領域ではない。むしろ生の領域に重層的に捉えられ、言説はその間を自由に行き来しているように思われる。そこで浮上する犠牲をめぐる問いは複眼的である。

つまり偽の犠牲、偽の崇拝と名指しして抵抗の構えを見せるヴェイユには、同時に犠牲を払う生き方の徹底化も見られるからである。さまざまな犠牲批判を繰り返しながら、他方で「真の犠牲」を追及しているヴェイユにとって、その真偽を分けているのは何であろうか。

ヴェイユと宗教的個人主義

ヴェイユは片方で徹底した体制やシステムに回収される犠牲を批判し、他方で真の犠牲を求めて自身を犠牲行為に投下し、身を削るような抵抗の構えを示していく。その思想を支えるのは既存の体制や教義でもない。個の宗教性がヴェイユを支えている。さまざまな共同体の外に立ち続けようとするヴェイユの宗教性は孤高のものであるが、その時代の切迫性を外してみると、その信仰の型は現代的でさえある。それは、チャールズ・テイラーが論じる変容する個人主義に極めて近似している。

テイラーは『今日の宗教の諸相』において二十世紀はじめのプラグマティスト、ウィリアム・ジェイムズを公共社会と宗教との関係に照らして、「恐ろしいほどに現代的」と紹介している(22)。ジェイムズは、「宗教的生活」と「宗教的経験」を峻別する。前者がウェーバーのいうカリスマ的宗教性から派生し間延びした教団や神学であるのに対して、後者こそが感情や情念として真の宗教性の生成の現場であるとジェイムズは説いた。したがって宗教経験の場は個人にある。このような個人主義はロマン主義を経て、ゆっくりと現代にまで変容を遂げて、こんにちの「表現的（expressive）個人主義」に行きついているとテイラーは論じている。この表現的個人主義に適応した（社会）体制をテイラーは「ポスト・デュルケーム的」と名付ける(23)。「ポスト」として位置づけられる体制は、宗教と集団性が分離不可能な状態で、国家や教会がその聖性を具体化している「旧・デュルケーム的」体制とは異なる。また宗教と体制が分離されながらも、より大きな概念として捉えどころのない教会や国家というものに一体感を指向する「新・デュルケーム的」体制とも異なる。しばしば公共宗教論で「プロテスタント的」と論じられる政教分離や世俗化の議論は旧体制からこの新・デュルケーム的体制への移行を背景にしている。教派主義（セクト）が生まれ、世俗化とリベラリズムを特徴とする社会において、人々は自らの信念に応じて教派を選択する自由を保障される。しかしそこではより大きな教会（普遍的教会）や共同体（国家）との漠然とした絆も想定されている。しかしながら、テイラーによると、こんにちの表現的個人主義に適応するポスト－デュルケーム的社会像はこれとも異なる。宗教と体制とは分離しているのみならず、まったく無関係な状態に置かれている。かつて教派主義において宗教や教会の選択とは、その教会が有する信仰箇条や教義の真正さが問われていたのであるが、今やそういった固定された教会の側にある信仰箇条や神学や歴史といった個人の外部にある真正さが問われているのではない。個々人が選択する焦点は、「ただ単にわたしの選択でなければならないだけではなく、わたしに訴えかけるものでなくてはならない。それは、自分が理解するかぎりにおいて、自分自身の精神的（スピリチュアル）な発展にとって意味のあるものでなくてはならない」ということである。[24] そこで問われているのは、教会や宗教団体、あるいは国家といったものの真正性ではなく、「私にとっての真正性」である。外的な命令に従うべく迫ってくる体制の言葉でもなく、教会や国家の全般的な枠組みに適合する言葉でもなく、私に感動と鼓舞を与えてくれる「情念の強さこそ主要な徳」なのである。表現的個人主義に適応する「信教の自由」においては、個々人の自由の探究とその権利の遂行は社会や国家といった外部を必然的なものにしない。ポスト・デュルケーム体制においては捉えどころのない「普遍的教会」や「国家」という大文字で記されるべきアイデンティティは必要とされない。このような個人主義の行方を個々人の精神性の充たしとしてテイラーは見通しており、「精神性そのものは、もはや社会と内在的な関連をもたない」のである。[25]

テイラーの区分に沿うならば、ヴェイユもまた旧・新デュルケーム的な社会のいずれにも適合しない。ポスト・デュルケーム的な宗教性が社会と即応的でないのと同様に、ヴェイユもまた社会から一定の距離を取っている。ただしヴェイユの奥底にある精神性を追求する果てには、他者指向性へと反転する地点があり、この点がポスト・デュルケーム的な個人主義的宗教性との決定的な違いともなり、また公共圏における宗教性との接点が見られもする。ヴェイユは体制的な宗教に与しない。大文字の教会や国家などのより大きな拠り所を想定する個人の信教の自由でもない。しかしかといって、独立無比のモナド的な「個人の真正さ」に逢着する宗教性とも異なるし、個人消費の枠内で守られる精神世界とも一線を画する。それは「相互の権利尊重」を基盤にした宗教ではない。永遠の相（絶対善）における個人の内奥に染みるのは「義務」だけだと考え、義務の根源的な優位性を主張するところにヴェイユの宗教性の中核が見られる。[26]「信教の自由」ということでいえば、選択する自由というよりも、あらゆる体制をすり抜けて共同で聴くべき「声」を聴いていく「義務」を遂行するところに「信教の自由」をヴェイユは位置づけている。「宗教的経験」の始源には、いわばジェイムズ型の個々人の信じたいものを信じ選択し、精神的な充たしを追求する権利ではなく、他者の声を聴いていく義務をヴェイユは見ている。それは個々人の権利と義務の等価で結ばれる義務論とも異なるし、体制内の報恩で結ばれるものとも異なる超越的義務であり、これをヴェイユは宗教性の核に据えているのである。ヴェイユは国家や宗教団体を超越した「絶対善」を信じており、ここに徹底した偽の犠牲批判から徹底した他者指向的な「真の犠牲」へと転換する分岐点が見られる。それは国家などの体制や宗教団体などを必ずしも必要としない他者にひたすらに向かう宗教性である。その宗教性は真理の探究であるが、観念的な思索の積み重ねというよりも、身体的な痛みを引き起こす場面に身を置いて出会う宗教的可能性を提示している。「人間の不幸と神の完全さをつなぐきずな」を探り求めているのである。[27]

ヴェイユにとって「真の犠牲」とは……

ヴェイユの生の文脈において偽の偶像や偽の犠牲という批判は全体主義への抵抗を意味したが、「犠牲の論理」から抜け出てさらに犠牲行為へと向かう方向性が見られる。ヴェイユは「絶対善」を個人を場にして追求し、それを体現しているかのようなより大きな教会や国家の外に立とうとする。一見、アナーキーな様相を湛えているが、あくまでもその内側に身を置きながら、外に立つ生の構えである。ヴェイユの「絶対善」の特徴は、力への指向とは逆のベクトルを向いている。鈴木が犠牲の栄光化へと傾斜するカントロヴィッチと比較しているとおり、逆のベクトルがヴェイユに見られる。力とは王権や民主的権力に限らない。道徳的な力としての人格主義もまたヴェイユの批判の対象となる。ヴェイユは絶対善を「この世のものではない他の世界にある善」と呼び、ヴェイユ独特の「無人格」の思想が展開されている。

ヴェイユは人間の生の充溢に犠牲行為があることを肯定する。しかしヴェイユの生きた当時、もはや「軍事的犠牲すなわち国家に捧げられた犠牲のほか犠牲は存在しない」ことを「愛なき偶像崇拝」と批判している[28]。そこでは「国家（エタ）」と個の関係だけが唯一の犠牲であるかのような一元化の下で、人間の生の環境を成立させているその他の「都市、村の集落、州、地方など」あるいは家族などといった複数の小さな集団とのつながりが「根こぎ」に遭っていることへの深い憂慮が述べられている。鈴木によると、ヴェイユにおいては近代的な国家概念とのずれが生じており、むしろプラトン的な国家が想定されている。その犠牲概念は、「社会構成員の利益追求における公平性」と対応しているのではない。「愛徳」をむしろ社会の公平性に導入しようとしている[29]。したがって、法によって立つ正義の精神と異なるものである。愛は厚遇を伴い、相互の権利を尊重して利益を追求する公平性とは別種のものである。法的な正義と道徳レベルの善とは、単純に二元化されるわけにもいかない非対称な関係として生の領域にリアリティを認められている。このように法的正義と道徳的正義が区別はされるが分離はされえないというヴェイユの正義は「力の関係を超えて他者と共に苦しむことに同意すること、他者のため自分の不利益にもなりうる行為をすることに自発的に同意すること」にある[30]。それは義務を中核とする。この義務をはたすべき相手は、国家でも宗教団体でもない。それはどこにでも偏在する。生きている人間が生息するかぎりにおいて偏在する真、善、美といったものに応じる義務であり、ヴェイユにとってその遂行が正義であり、追求されるべき善である。ここでヴェイユは人間の内側に常にありながら、同時に人間の所有にならない「なにか」を人間の固有の尊厳として見ているように思われる。ヴェイユはそれを「無人格なるもの」と呼び、神学的にも踏み込んだ見解を示している[31]。この無人格なるものに応答していくことにヴェイユは無条件的な義務を感じているのである。他者との間に「無人格」なるものを措定して正義や真実といったものの声を聞いて応えることに宗教性の発露が生じることになる。

今日の脈絡で

このような「義務」と宗教性との結びつきは、現代人において反射的に拒絶感を呼び起す可能性がある。二つの懸念材料がある。ひとつは外的な懸念材料であり、しばしば「義務」は法的な義務と理解され、全体主義、あるいは国家間の戦争における市民の動員に強制的な力を伴うものであった。いわばシステムとしての義務に対する懸念である。もうひとつのより繊細な懸念は、多くの人々が思う宗教性との異質性に由来する。「信教の自由」や「良心の自由」で保障されるものが宗教であるが、そこで個々人は各々の信ずるところにしたがって宗教を選ぶ権利があり、また選ばない自由もある。政教分離はこのような個々人の権利を守るために追求されてきたが、その裏面には宗教もまた個人の権利の範疇にあるものだという前提がある。宗教が「反社会的」と見做されるならば、あるいは多数の人々の権利を侵害するならば、信教の自由もまた制限されるべきだと考えられている。

このような脈絡で宗教と義務との組み合わせを考える場合、ヴェイユの義務論は近代社会の宗教論の枠組みを揺るがす理解を内に含んでいる。すでに見たとおり、ヴェイユにとって「宗教」や「真理」は、政教分離で分かたれた領域におさまるものではない。現実世界の諸相の中心に位置する事柄であったので、私的領域に追いやれる問題でもなかった。それは「人間の不幸」をつなぎとめる類のものであり、他者と関わり、その関わり方を決める決定的な影響を及ぼす何かであった。その宗教的義務論は、政治的共同体であれ、宗教的共同体であれ、それらが力を有する場合に、それを解除する方向に作用するものだからである。漠然と考えられている社会のためになる宗教や、社会に仕える宗教という枠組みもヴェイユから思わぬゆさぶりを受けることになる。社会やそれに適応する宗教を生産的に組み上げていく方向よりも、むしろ脱臼させて根源的な問題をさらけ出していくところがヴェイユの議論には見受けられる。ヴェイユの義務論は偶像に対する批判（神学的言説）であると同時に「偽の犠牲」に対する批判（政治的言説）とが二重に射抜かれている批判的言説の根源に位置している。ヴェイユはここから市民社会で至高の価値が置かれている「権利」や「人権」、あるいは「民主主義」といったものにも潜んでいる危険を見逃さずに次のように述べている。「権利は本来的に力に依存している(32)」。

ヴェイユによると、近代的自我に相応する人格主義は権利概念を支えはするが、全体主義に抵抗する力とはならない。むしろ全体主義と同様に力への意志を有しているので、それを越えるものが必要とされる。「人格の表出は社会的特権」であり、人格もまた社会的構成物のひとつである。それは集団に従属し、集団の威光の分け前にあずかっている。いわば力関係の優位に立つ者の「人格」が尊ばれるのであり、ヴェイユはその「力」を差し引いた後に残る人間性に尊厳の在り処を求めている。その尊厳とは、決して人格主義が尊敬したり、敬意を表すようなものとならない赤裸々な人間性である。ヴェイユにとって、「人格とは、寒さにふるえ、隠れ家と暖を追い求める、苦悩するあるものなのである(33)」。したがってヴェイユの人格主義批判には逆説的な響きがある。社会的構成物でありその集団に従属せざるをえない人格や権利とは別のところに現にある「聖なるもの」に通じる真の人格ともいうべきものがある。それをヴェイユは「無人格」なるものと呼ぶ。それは「聖なる」ものであり、真理や美、正義はこの無人格なるものに由来し、この無人格的なるものをうちに含む人格の形成が必要なのである。言い換えれば、社会的な承認をフィルターとしない「人格ならざる人格」を人間の根底に認めようとしているのではないかと思われる。興味深いことであるが、ヴェイユの人格主義批判において、「人格の表出は社会的特権」であるとされ、その対極に不幸に見舞われている人々が置かれ、キリストもそこに位置づけられる。[34]ヴェイユはこの人格の表出をなしえない人たちを通して「無人格」を認め、それを社会の礎にすべきだというのである。彼らから聞き取るべき「声」は、偽の犠牲に供された叫びである。十字架の神学同様に、ヴェイユもまた、神をこの「無人格」とされ、「偽の犠牲に供された」側に置き、打ち捨てられた側に立つ神を求めている。無人格とされた人格を救うのは、高みに立つ同情や裁きではなく、善悪と美醜の枠組みそのものが倒壊する地点に立つことである。その神は超越的な善の始源でありながら、内在的であり、それゆえに卑近でさえある。この内在には痛みが伴う。ヴェイユの超越の内在は鎮座する静寂ではなく、叫びであり、法外でアウトローの烙印を押される形姿をまとう。新約聖書でパウロが十字架を「神のスキャンダル」と呼んだ啓示との同型性をヴェイユもまた察知している。それゆえにヴェイユの言説は神学的であり、同時に政治的言説へと絶えず反転する。超越の内在とはヴェイユにとって、善の在り処を高みに求めていくのではなく、生の低みに見出しているところに特徴がある。その低みとは、悪によって引き起こされた「叫び」、「なぜ私を苦しめるのか」という無力な弱さ・嘆き、そして「人から良くされたい、苦しめられたくない」というすべての人間の中に潜む子どもっぽい願いに生息するものである。[35]

齋藤純一は公共性を三つの意味合いに区分しているが、その一つをopenとして整理している。[36]ヴェイユから考える公共性は、ただ平等の地平でどれほどの人を包摂するかという平面的な「開放性」よりも、垂直的深さが求められる開放性となっている。したがって、公共性の定位する位置は、市民社会なのか、国民国家という共同体なのか、あるいは私的でセクト的なアソシエーションなのか、という問いをヴェイユは縦断して新たな問いを提示する。それは比ゆ的にいえば、「下からの公共論」なのである。それはアレントがいうような卓越を競うアゴーンとも異なる。地底からの叫びや願いに、すべての人に共通で同一な普遍的要素を定位していこうとするものである。それゆえに公共性において絶えず排除される声が痛みの行為として持ち上がってくる。これらは同情の対象でも、憐れみの対象でもなく、ましてや啓発や更生の対象とも考えられていない。理想的な人間像を虚像として、無人格なるものへの義務を呼び起こす「善」を聞き取り、この無人格なるものから表出される人格に注意を払われるべきことをヴェイユは主張している。ヴェイユにとって、このような人間の実在に、真理と不幸の分かちがたい結合に注意を払うことこそが愛の実体である[37]。

社会通念に沿って公共宗教論を論じる文脈でいえば、以上のようなヴェイユの主張は「生産的」で社会性ある宗教を構築しようとする公共論とは趣を異にする。ヴェイユ独特の用法を伴う、人格、義務、善、尊敬といった概念は「犠牲」を基軸としながら、だんだんと論点がしぼられていく。つまり、人間の尊厳がその人の社会における有用性にしたがって左右されるものではなく、むしろ共通の普遍的な場に求められ、「降りていく生き方」に見出そうとしているのである。人間の生の、そして社会の生々しい部分に肉薄するところで共通の土台を見出そうとする生の構えが見られる。人間の尊厳の根底を明かす認識論的な破裂をヴェイユは指向しているのだろうか。公共論の基盤がもし人格主義的なものであるならば、そこから排斥されるものは同時的に発生するだろう。それに対して、ヴェイユの「無人格」的尊厳の提唱は、ありのままの人間存在の共通の様式を「生々しい人間存在」へと引き戻すものだといえる。このことは、偽の犠牲を暴くという機能を有し、また同時に人間に聖なる、しかし低みにある義務を促す。それが真正の犠牲としてヴェイユが着目するところである。ルターは宗教改革の初期、自分の神学的発言を撤回するように求められる場面において、虚像に軸足を置く「栄光の神学」に対して、自らの立場を「十字架の神学」として次のように述べた。「栄光の神学者は悪を善と言い、善を悪と言う。十字架の神学者はそれをあるがままに言う」（「ハイデルベルク討論」命題二十一）。神学的には啓示と神認識の場所を明確にしたものであり、現実の諸相でいえば人間の営みに見られる力への意志とそれにぬかずく理性との戦いであった。「信仰のみ」とルターがいうとき、それは「人間を人間とする」ものが社会や国家の統治の対象でもなく、集団や共同体の枠内におさまるものではないことを証言している。ヴェイユにとってそれは、人間の生の尊厳の在り処をめぐる戦いとして共振しているように思われる。

この「内発的義務」とも呼べる無人格の声を聞きとる義務はシステムや論理を生み出す力を必要としない。むしろ「耳」を必要とする。「人はなぜ私を苦しめるのか」「これは正しくない」というつぶやきを受ける感受性といってもよい。その声は偽の犠牲に供されつづける人間が発する叫びであり、この叫びにこそ、「人間における愛徳の精神を目覚めさせ、現世の力の秩序を打ち破る可能性」が指し示されている。人間にやむことなく具わっている「善への希求」への義務がヴェイユの犠牲行為の動機に位置する。

「私は真理の外にいます」というヴェイユは、「外に立つ」ことを意識した思想家である。ただ領域として国家や教会の外に立つのではなく、その呼吸する場所が全体主義の圏内にあり、あるいは国民国家の圏内にあり、あるいはまたキリスト教の伝統の圏内にありながら、「外に立つ」思想的な構えが見られる。ヴェイユの犠牲を基軸とした思想は、犠牲に供せられるものの圏内に身を置いて、犠牲の論理の「外に」立つあり様を示しているように思われるのである。

五　結び

『人間の条件』のなかで、アレントはキリスト教を非公共的なものとして距離を置いている。それはアレントの最初期のアウグスティヌス研究から一貫するキリスト教の彼岸性への拒否に根差しているように思われる。アレントは、「肉体的苦痛というのは、おそらく、公的現われに適した形式に転形できない唯一の経験」として、キリスト教が私的にとどまる要因だとしている[38]。その評価は、キリスト教共同体の発生に「イエスの十字架」を置いて、十字架を超越の内在として読み解く理解とは相いれないものであろう。ポリス的な自由の見地からいえば、常に公的な世界に相いれないものを入れ込んでいることになるからである。ただそれは此岸における超越体験であり、同時に「下からの超越体験」でもある。パウロが「生きているのは、もはやわたしではありません。キリストがわたしの内に生きておられるのです」（ガラテヤ二・二〇）と述べるとき、そのキリストは人間の必然の縄目の底辺から復活したキリストであり、傷を伴う顕現者である。そうしてすべてからの自由は、己を無としたイエスを通じての自由として、持続していくことになる。それは断片的出来事として、想起として、期待として、私的領域にのみこまれた社会内において、「現われの空間」がただ潜在的にあるところにおいて、たえずあの排除されたものの側から立ち現れる顕現として、「交わり」としての空間が出来事として起こる。それを ecclesia 教会と呼ぶ。無論、人の卓越と神の顕現とは違うが、それでも「現われの空間」としていずれも人びとの「記憶」に結びつく伝統である。ヴェイユの犠牲行為は、この彼岸的なことを此岸的に生きる者に生じる針路とリスクの双方を考えさせる。人間の自由な「活動」の発露としてポリス社会を創設するのでないならば、それもまた有効な指針となるのではないか。それは「かのように」（アガンベン）生き、かつ苦痛を伴う生を現在的に生きることにほかならない。そのようなあり様は時に苛烈でもあるし、また犠牲を伴う。犠牲を伴うだけでなく、「賭け」（パスカル）のようなものであり、自由への漸近線を描いているに過ぎないものかもしれない。にもかかわらず、公共性と宗教を考える際に、自明のごとく仮定される政教分離のラインや自由と制約のラインをたえず越境する現実に直面するとき、なおも一考されるべき淡い領域として宗教を捉えなおす意義は依然としてあると思われるのである。

（1）ハンナ・アレント『人間の条件』一九五八年（志水速雄訳、筑摩書房、二〇一二年）。
（2）同右書、六五頁。
（3）同右書、三二〇頁。
（4）奥田知志「栄光の神社「靖国」――十字架の神学からの試論的批判」（『光や闇の中に輝いている――靖国・天皇制・信教の自由バプテスト四〇年の闘い』日本バプテスト連盟靖国神社問題特別委員会編、新教出版社、二〇一〇年）。
（5）グローバルな射程で現代の十字架の神学を論じているものとして以下のものがある。Marit Trelstad, ed., *Cross Examinations: Readings on the Meaning of the Cross Today*, Minneapolis: Augsburg Fortress, 2006.
（6）高橋哲哉『犠牲のシステム』（集英社、二〇一二年）四二頁。高橋は以下のように「犠牲のシステム」を要約している。「犠牲のシステムでは、或る者（たち）の利益が、他のもの（たち）の生活（生命、健康、日常、財産、尊厳、希望等々）を犠牲にして生み出され、維持される。犠牲にする者の利益は、犠牲にされるものの犠牲なしに生み出されないし、維持されない。この犠牲は、通常、隠されているか、共同体（国家、国民、社会、企業等々）にとっての『尊い犠牲』として美化され、正当化されている」。
（7）高橋哲哉・菱木政晴・森一弘『殉教と殉国と信仰と――死者をたたえるのは誰のためか』（白澤社、二〇一〇年）二〇－二一頁。
（8）高橋哲哉「内村鑑三と犠牲」（今井館教友会編、『神こそわれらの砦』教文館、二〇一二年）七六頁。原典は『内村鑑三全集』十二巻（松沢弘陽編、岩波書店、一九八一年）四四七－四四八頁。
（9）高橋前掲書、七七頁。
（10）同右書、七八頁。

（11）イエスの十字架、特にその最後の絶叫をめぐり多くの聖書学者が議論を重ねている。国内のものでは以下のものを参照。大貫隆『イエスという経験』（岩波書店、二〇〇三年）、青野太潮『「十字架の神学」の展開』（新教出版社、二〇〇六年）。
（12）このような加害性への拒否として、同時代に日本最初の良心的兵役拒否を実践した矢部喜好がいる。鈴木範久『最初の良心的兵役拒否』（教文館、一九九七年）。
（13）高橋前掲書、七二頁。ここでは「軍国主義」と「原発主義」の同型についても述べられている。
（14）イエスの生と活動と十字架の活動については、マーク・トムセン『もうひとつの十字架の神学――二十一世紀の宣教論』（宮本新訳、リトン社、二〇一〇年）を参照。トムセンは贖罪論が公理のようにして無批判に受容されるならば、福音書で証言されているようなイエスの宣教活動とその結果としての十字架との連続性が見えなくなる要因となるだけでなく、こんにちの様々な暴力世界と信仰世界との切り結びが断たれる要因にもなることを論じている。
（15）Yacob Tesfai, ed., *The Scandal of a Crucified World : Perspective on the Cross and Suffering*, Maryknoll, New York : Orbis Books, 1994.
（16）北森嘉蔵『神の痛みの神学』（講談社、一九九〇年）。
（17）ルターは体系的な思想家ではなかったが、その神学的発言には一貫性と統一性がある。十字架の神学はルターの「神学的座標軸」である。金子晴勇・江口再起編『ルターを学ぶ人のために』（世界思想社、二〇〇八年）。
（18）徳善義和『マルティン・ルター――ことばに生きた改革者』（岩波書店、二〇一二年）五七頁。
（19）*Ruge-Johnes, Philip, Cross in Tensions : Luther's Theology of the Cross as Theologico-social Critique*, Eugene, Oregon : Pickwick Publications, 2008, p.39.
（20）たとえばウーマニスト神学（黒人女性神学）においても、伝統的な贖罪論に異議を唱えながらも、十字架への積極的な意義を見出すものと否定的なものとの両面が見られる。デロレス・ウィリアムズは十字架の犠牲もまたアフリカ系アメリカ人女性たちの犠牲体験もまた、サロガシー（代理性）であり、自発的なものであれ強制的なものであれ、称揚されるべきではないと考える。他方で、ジョアン・マリー・テレルはウィリアムズの「代理性」が抑圧的な構造を支える考えを踏まえながら、なお彼女たちの犠牲的な行為に贈与の愛を自由と尊厳の問題として捉えている。以上は前掲 *Cross Examinations*（註５）の一章と二章を参照。
（21）鈴木順子『シモーヌ・ヴェイユ「犠牲の思想」』（藤原書店、二〇一二年）。ヴェイユの犠牲理解については、そのタイトルが示しているとおり犠牲理解を基軸としたこの鈴木のヴェイユ論に多くを負うている。
（22）チャールズ・テイラー『今日の宗教の諸相』二〇〇二年（伊藤邦武ほか訳、岩波書店、二〇〇九年）。
（23）同右書、七〇頁。
（24）同右書、八八頁。

(25) 同右書、九五頁。
(26) シモーヌ・ヴェイユ『根を持つこと（上）』一九四九年（冨原眞弓訳、岩波書店、二〇一〇年）八頁。
(27) シモーヌ・ヴェイユ『ロンドン論集とさいごの手紙』（田辺保・杉山毅訳、勁草書房、二〇〇九年）二六五頁。
(28) ヴェイユ『根を持つこと』上巻、一八四頁。
(29) 鈴木前掲書、二〇一頁。
(30) 同右書、二〇二頁。
(31) 本論と直接の関係はないが、当時のローマ・カトリック教会に属する知識人が唱えた「人格主義」に対して論じられたヴェイユの「無人格」の思想は、アウグスティヌス以来、神学の争点となっている恵みの教理に関わっているように思われる。救いにいたる「恵み」は、人間に所与のものとして与えられているものなのか、あるいは「賜物」として与えられるものなのかは、その後の歴史においてローマ・カトリック教会と信仰義認を標ぼうした宗教改革の神学との争点になった。ローマ・カトリック教会を通じてキリスト教思想を育んだはずのヴェイユがその意味ではプロテスタント的な理解を示しているようにも思われる。
(32) ヴェイユ『ロンドン論集』二〇頁。
(33) 同右書、一六頁。
(34) 同右書、二五－二九頁
(35) 鈴木前掲書、二四一頁。
(36) 齋藤純一『公共性』（岩波書店、二〇一二年）viii－x頁。
(37) ヴェイユ『ロンドン論集』三七頁
(38) アレント『人間の条件』七六頁。

第Ⅲ部　排除される者たちの公共性

第Ⅲ部のテーマは「排除される者たちの公共性」である。第Ⅰ部では、公共性においていかに排除――あるいは「排除的包摂」――がその核において原理的に機能しているかについて、考察した。そして、第Ⅱ部においては、そのような公共性における排除（排除的包摂）が法的次元における決定の問題とかかわっているのか、ということについて考察した。以上、これまでの各章での議論を通じて明らかになったのは、公共性にはある逆説が存在するという事実である。その逆説とは、公共性における排除と暴力は、実は公共性から排除と暴力を抹消しようとすることによって生じているということだ。つまり、公共性は公共性たらんとする限り、必然的に排除と暴力を孕んでしまうのである。すでにそれぞれの論者によって繰り返し論じられているように、公共性の外縁を決定するためには排除が必要であり、そして公共性が開かれているとするためには排除という事実自体が排除されねばならないのである。この第Ⅲ部においては、排除された者たちによる公共性の可能性に関して考察することになるが、そのためには、このように排除と暴力が抹消不可能であることに気づくことが必要となるだろう。そこにいたってはじめて、われわれは公共性を超えた複数性へと開かれることができ、その結果複数性を担保するための「排除された者たちの公共性」の可能性を問うことができるようになるのだ。以下に続く三つの章では、そのような公共性の逆説を念頭に置きつつ、そこから排除された者たちによる複数性の空間の可能性が論じられることになるだろう。

第七章の島薗進による「福島原発災害への仏教の関わり――公共的な機能の再発見の試み」においては、社会から排除されてしまった人々にたいして、日本の仏教徒達がどのように向き合ってきているのか、あるいは向き合うことができるのかが、鋭く問われている。二〇一一年の三月十一日の東日本大震災以降、特に原発事故との関係において、生活基盤と社会的つながりが失われてしまった多くの人々がいる。公共空間にその声が届くことがほとんどないという意味で、このような人々は排除されてしまった存在であるといえよう。島薗によれば、日本仏教史上初めてというべき、仏教徒が公共的な役割を積極的に担おうとする機運が目下高まっているという。このような機運のもと、排除された人々の声を公共空間へと届けるべく彼・彼女らと向き合うことが仏教徒にどこまでできるのか、その真価が問われているのであり、本章はそのような局面における仏教徒へエールを送るものであると理解できよう。

つづく第八章の鈴木岩弓による「「臨床宗教師」の誕生——公共空間における宗教者のあり方」においては、「臨床宗教師」という新しい制度を構築する経験が論じられつつ、宗教の公共的な役割が批判的に検討されている。「臨床宗教師」養成課程もまた、東日本大震災以後、被災者への精神的な支援を目的として「被災地大学」である東北大学において設置されたものである。もともと特定の宗教を奉じている聖職者たちによって担われることになった「臨床宗教師」は、広く被災者に開かれた心のケアを目指す一方で、その目的と「宗教師」自身の宗教との間の葛藤や、被災者の信条や信仰との間の葛藤を生み出すことになった。しかし、そのような葛藤や対立は決して取り除かれることはない。だからこそそのような葛藤や対立があることを前提にしたうえで、どのようにして多様な声や複数性へと開かれた活動をしていくことができるのかという問いが、「臨床宗教師」の実践において最も重要であるということを、本章を通して理解することができるであろう。

そして第九章の寺戸淳子による「〈ラルシュ〉で生きる『人間の条件』——ヴァニエ、アレント、クリステヴァ　異邦人は招く」においては、ラルシュでの著者自身によるフィールド・ワークをもとに、社会から排除されてきた人々との共生を目指す公共性の可能性が考察される。寺戸はハンナ・アレントによる公共性の議論を、ジュリア・クリステヴァによるアレントの評伝とジャン・ヴァニエのアリストテレス論を参照しつつ、自身のフィールド・ワークをもとに、読み直していく。それは、アレントのもつ可能性を、アレントに抗しつつ、最大限引き出そうという試みであるのだ。「身体性」や、「驚き」と「他性」といった概念をもとに、アレントが自身の公共性論において無視あるいは隠蔽してきた問題を掘り起こし、それを再び公共性論のなかに再導入することを寺戸は試みるのである。本章を通じて、公共性のなかに潜む闇が剔抉され、それによって公共性を真に共生の場へと開く可能性が垣間見られることになるだろう。

第七章　福島原発災害への仏教の関わり

公共的な機能の再発見の試み

島薗　進

一　はじめに

二〇一一年に起こった東日本大震災や、それ以来続いている原発災害を通して、日本の仏教が新たな公共的な機能を見出そうとしているのではないか。そのような問題意識から、私は、『宗教と公共空間――見直される宗教の役割』[1]（島薗進・磯前順一編、東京大学出版会、二〇一四年）所収の「現代日本の宗教と公共性――国家神道復興と宗教教団の公共空間への参与」では、国家神道復興の動きと対比しながら、仏教の公共空間への参与の動向に注目した。だが、そこでの論点は多岐にわたっていたので、原発災害に向き合いながら新たな公共的機能を見出そうとする宗教界の動向はあまり詳しく見ることはできなかった。

そこで、本章では、東日本大震災と原発災害、とりわけ後者に焦点を合わせて、宗教の公共的機能の見直しの動きを見ていきたい。そして、宗教のなかでもとくに仏教に限定して話を進めたい。それは、一つには、二〇一一年三月十一日以降、原子力発電（核利用）をめぐる政策の是非について、仏教界から目立った動きがなされてきたという事実があるためである。また、仏教に限定することで、公共的な機能が問われるとき、どのような仏教の思想が呼び起されるのかを考えてみたいからでもある。

以下に見ていくように、原発問題をめぐって日本仏教は実践的な関わりを深めるとともに、自らの信仰的、思想的基底を精力的に問い直していると見ることができる。それは多様な仏教宗派、集団に及んでおり、相互に響き合いながら問い直しているようにも見える。戦前、戦時中には国家神道的な傾向を強める国家秩序に従う形で、仏教の公共性が問われた。さらに遡れば、これから近代化を押し進めようとする明治維新後の時代においても、同じような問いが投げかけられた。だが、それらは外圧への適応行動といった側面が大きく、仏教教団の内発的動機にそった自己変革として発展していく力をもたなかった。

これに対して、三・一一以後の仏教界の動きは、内発的な動機にそったものであり、そのようなものとして特定宗派を超えて広い範囲の仏教徒に共有されている。これは日本仏教史上、新たな事態ではないだろうか。その射程を測るという意味も込めて、以下、原発問題をめぐる日本仏教界のいくつかの動きについて見ていこう。

二　未来が見えなくなる

福島県伊達市霊山地区の成林寺は二〇一一年から一三年にかけて、全国曹洞宗青年会震災支援現地対策本部が置かれた寺院だ。この地域は放射線量が比較的高い地域だ。成林寺副住職で、さらに放射線量の高い小国地区にある龍徳寺の住職でもある久間泰弘氏は、震災直後から現地対策本部長として同会の支援活動の中心になって働いた。その後、支援の拠点は福島市に移ったが、氏は全国曹洞宗青年会顧問兼災害復興支援部アドバイザーとして引き続き支援活動に多くの時を費やしている。

『Actio』誌二〇一四年六月号にはジャーナリストの川崎陽子氏が、二〇一三年八月と一四年四月の二度にわたり、久間氏に聞いた話をまとめた記事が掲載されている。「福島県伊達市の住職・久間泰弘さんに聞く――被災地でいのちの声に耳を澄ます」と題されたこの記事は、震災に向き合って行われてきた曹洞宗青年会の支援活動の実態と、福島原発災害の今なお続く重苦しい被害の実情を明らかにしている。私は二〇一二年春から何度かこの成林寺を訪問し久間氏の話をうかがう機会があった。川崎氏の記事は、私がうかがった話と重なる点が多く私の聞いた話を裏書きするところが多いので、長く引用させていただく。

久間氏は震災直後、布団マットの手配や簡易更衣室の設置など、現場の要望を関係機関に届ける役割も果たした。今も福島・宮城・岩手の三県で約三十ヶ所の仮設住宅を、一日二ヶ所、週平均二回の割合で訪問し続けている。仮設住宅では集会所で茶菓をふるまい、被災者の話に耳を傾ける。曹洞宗ではこれを「行茶」とよび慣わしている。

久間氏はこの三年間、福島県だけではなく、岩手県、宮城県でも多くの被災者の話を聞いてきた。イベントをしたり楽しい時を過ごす工夫もしてきた。だが、宗教者だからこそ頼られるというような場合もあった。「法話など有難い話を聞いて涙を流したりとか、今の環境から自分の境遇を切り離すというのですかね、宗教的なところに自分の気持ちを委ねたいと言う方もおられます(2)」。信頼を得ることによって、深い悲しみや苦しみを打ち明けられることも多い。

被災地は、日常生活で格差のある人々が一つの箱に投げ込まれたような状態なので、実際に行ってみると、平常時よりも差別とか偏見とかがいっぱいあります。家庭内不和などがあると、避難所や仮設住宅で我慢の限界を超えて、人は爆発しちゃうわけですよ。精神面で追い込まれますよね。

『チャイルドライン』という無料電話相談の活動で私が受けた電話では、女学生が『帰りたくないので、これからどこかに行きます』と言って電話を切ったことがありました。『これからどうしたらいいんでしょうか』とか、そういう話がいっぱいあるんです(3)。

久間氏は、報道はされないが自ら命を絶つ人が増えていると捉えている。以下は二〇一三年八月に川崎氏が聞いた言葉だ。

避難するとか除染をしてもらうといった選択肢がないままに、追い込まれて死を選んだ人が増えています。あとの人に迷惑がかからないようにと死んでいく人もいます。

最初の一年は踏んばれた部分はあるが、水俣病問題に象徴されるようにこれからが大変です。みんな疲れており、ほとんど半病人状態。地元の社会福祉協議会やボランティアたちなども、被災者の自立が大切なことはわかっているが、体は動かず気持ちも向かない。マンパワーも足りないが、日本の政府や自治体の長に、トータルなヴィジョンを提示する能力がない。当座はわかりやすくていいので、それ（ヴィジョン）を出して人の命をつなげないと、人は死んでいきますよ。復興とか急場を担当する人は、それだけやればいいんですよ。政治生命などにとらわれない人間がやればいい(4)。

久間氏が「水俣病問題のように」と言うのは、住民同士が対立したり差別が生じたりして、近隣や家族のなかにまで分断が入り込んでしまうような状況を指すものだろう。甚だしい困難は龍徳寺のある小国地区で生じた。小国地区など伊達市の一部では、年間積算放射線量が二十ミリシーベルトと測定された世帯が二〇一一年六月と十一月に「特定避難勧奨地点」に指定されたが、すぐ隣でほとんど同じ状況の世帯は指定からはずされるというようなことが起こった。そして、二〇一二年十二月にその指定も解除され、小学校を地域で再開することになった。ところが、二〇一三年春、七名入学予定だった新入生がゼロになってしまった。避難先からのスクールバスが廃止になったので、長距離を親が送り迎えしなくてはならず、やむをえず避難先の学校に入れることになった。「子どもの入学がゼロ。すなわち未来がゼロになると捉える人って多いんですよね。子どもはやっぱり未来ですから」。もし小国地区が子供がいない地域になるとすれば、そこにある龍徳寺の未来も危うい。四百年から五百年にわたる歴史をもつ寺院だが存続の危機にさらされているのだ。

二〇一三年から一四年へと時は移るが、その間に状況はさらに悪化しているという。

ある意味、皆さんやっぱりしんどく、雰囲気的に重くなってきている感じはします。しんどさというのは、復興がいつまでも進まないということ。あとは原発事故があるので、将来像を描きにくいというのは、昨年の夏からずっと変わってないですからね。ええ、あきらめですね。自嘲気味に話す方が増えてきたことが、気になっています。

先日県内での行茶で、いつもお会いするおばあさんが、今回は見送りに私のそばに寄って来て言ってくださったんですよ。『遠いところをいつもありがとうございます。いつも本当に助けてもらって。待っているんですよ。また来てくださいね』と。その時の眼差しがね…。二年は経ちましたけどまだまだそういう方がおられて。私は、能登半島や中越沖地震でも、そして今度の震災以降もずっと行茶の活動をさせていただいているんですが、本当に大変なんだなあと改めて思いました。その方の眼差しがずっと忘れられなくて、その日はよく眠れなかったです。(5)

「分断」「孤立」とともに、未来を奪われているということが被災者を苦しめている。そんな被災者の気持ちがよく理解できるのは、放射性物質による被災の大きい地域に位置する寺院の住職・副住職として、自ら苦しんできた経験が作用しているに違いない。

三　子供とともに

久間泰弘氏は『ぴっぱら』誌、二〇一四年五‐六月号に「原発事故を子どもと共に生きて行く――福島の子どもは、いま」という文章を寄せている。『ぴっぱら』誌は、青少年を対象とした超宗派的な仏教宣布団体である全国青少年教化協議会（全青協）の機関誌である。伝統仏教の大多数の団体が加わっている。この『ぴっぱら』誌の文章で、久間氏は幼稚園児である自らの子どもと、長期にわたって別居して過ごさざるをえなかった日々を振り返っている。

原発事故から約二ヶ月が経過した二〇一一年五月二日。私と妻は、当時もいまも明確な解答が出ないままですが、何回も話をしては黙り込み、話をしては暗澹たる気持ちになる中、家族を盛岡へ避難させることに決めました。私と寺に残ることになる両親は、この決断に、特に何も言葉を差し挟まなかったように記憶しています。

こうした決断に至るのは決して簡単なことではありませんでした。毎日、大人は娘に向かって「なるべく外に出ないで！」「マスクしなさい！」などと声をかけます。子どもは外で遊ぶのが〝当たり前〟なのに。

娘はある日突然に訳も分からず、いままで良かったこと、いままで当たり前と思っていたことができなくなってしまいました。(6)

その頃、お寺周辺の空間線量は毎時〇・五マイクロシーベルトだった。健康影響を懸念せざるをえない状況なので、親も放射能の影響を心配して子どもについ大きな声を出してしまう。親も子も悪循環で疲弊していく様子を見て、次のように考えたという。

いままで、祖父母、父母と一緒に楽しく暮らしてきた娘を、母娘で知らない、しかも決して近くない土地(福島→盛岡)に避難させ、家族と別れて暮らすことによって、娘自身に精神的不安定さが出てくることは避けられないだろう。でもこのまま、娘の精神的ケアを第一に考えて一緒に暮らし続け、放射線被ばくの影響が彼女の身体に出てしまったら一生取り返しがつかない。

彼女は私たち家族の娘でもあるが、それ以前にその命と生活を尊重されるべき〝一個の人格〟である。その人生を一人で生きて行くわけではなく、大勢の方とのご縁を結びながら成長してくもの。今後、彼女が精神的不安を抱えながら成長していくことになったとしても、尊いご縁の中で生きていくことができる。親としては、まず彼女の身体的ケアを第一に考えての決断でした。(7)

避難の前日の夜、詩人でもある久間氏の母上(久間カズコ氏。平成二十三年度の福島県文学賞を受賞している)は、二人の孫が原発事故によって離れ離れになってしまうことが悔しくて、家族が寝静まった後、湯に浸りながら大声を出して泣いたという。翌日、寺のご本尊様に家族全員でご挨拶し、「愛弓ちゃん(娘)のこと忘れないよー！」という従兄弟の声を後に、家族は盛岡へと旅だった。その従兄弟もしばらく後、山形県に疎開した。

その日、私と妻、そして娘の三人は、盛岡の避難先に到着してすぐに荷物を搬入し、役所に転居の各種申請をしに向いました。妻がその申請をしている最中に、私と娘は、市役所裏の中津川の川辺で、これから当分持つことができない二人きりの時間を過ごしていました。娘は、次の日に私が福島に帰ることを知らずに。しかし、いつか自分を置いて帰るのだろうと薄々感づいていたのか、「パパはいつまで一緒にいるの？」と何度も何度も、私に向かって訊き返していました。

私自身、この震災と原発事故を経験した中で、家族についての話題を思い出し一番辛くなるのが、この時の娘の表情です。(8)

その後、愛弓ちゃんにトラウマ後的な反応が現われるようになった。「暗所を極度に怖がるようになったこと、地震（余震）で身体が硬直すること、トイレに一人で行けなくなったこと。また理由もなく急に怒り出したり、物に当たったり、集中力が散漫になったり」。母親には何かにつけ抵抗するようにもなった。愛弓ちゃんは幼稚園を卒業し、二〇一三年には伊達市から一時間の宮城県柴田町に転居した。二〇一二年に誕生した長男も含めて四人家族の暮らしが戻った。だが、「娘の精神的不安は無くなっていません」と久間氏は記している。久間氏は自分の家族のように移転したくても移転できない家族のことを思いやっている。

こうした方々の不安と憤りは当然ながら、時に私たちのような家族を県外に避難させている者に対しても、「あなたたちは良いね」「自分たちだけ避難できれば良いのか」などという言葉が出てきます。決して前向きでない、その言葉を発しなければならない気持ちが痛いほど分かるからこそ、それを引き受ける私たちは、余計に傷つくことがあるのです(9)。

このように同じ被害者でありながら、どの道を選ぶか、どのような支援を受けるか、またより良い対処法をとりうるかどうかなどの違いから対立が生じてしまう。このため、放射線の影響で環境との関わりが変わってしまうことに加えて、人々の間に多くの壁ができてしまうことによる困難が人びとを苦しめる。

震災と原発事故から三年が経過しました。しかし、被災地福島にはまだまだ多くの問題が横たわっています。国や東京電力からの金銭での賠償問題によって、地域の分断や感情の亀裂が発生しています。「避難／残留（帰郷）」「避難可能／不可能」「有補償／無補償」「外で遊ばせる／遊ばせない」「地元の産物を食べる／食べない」などの、家族間における認識差と軋轢が生じています(10)。

久間氏はふれていないが、「家族間」だけでなく「家族内」においても、この亀裂を強く意識せざるをえない場合が少なくない。

さらに、子どもたちは原発事故後、外部被ばく防護のために野外活動の制限と限定的空間での生活を強いられ、食物摂取による内部被ばくの恐怖に苦しんできました。その結果として、体力低下とストレス増加が継続的な問題となっています。

また、いわゆる自主（母子）避難の影響は、二重生活による経済的負担、ストレスによる虐待の増加、離婚問題、県外避難者と県内に残留した人との溝などとなって私たちを苦しめているのです。
私たちが忘れてはならないのは、社会的ストレスによって最終的に影響を受けるのは、いつも子どもだということです(11)。

そして、久間氏は読者に強く訴えている。「子どもたちは不安なのです、悲しいのです。そして苦しいのです。今までの当たり前の生活を返してほしいのです」。「どうか、福島のことを、子どもたちのことを忘れないで下さい」。

二〇一四年七月二十四日、久間氏は豊橋市で開かれた豊橋仏教奉賛会主催の「暁天講座」で「いのちの声に耳を澄ます――東日本大震災でのボランティア活動を通して」という講演を行っている。真宗高田派のある僧侶のブログ(12)によってその内容を紹介しよう。この講演で久間氏は「慈悲の心」を心がけながら、それを実践するのがいかに難しいものであるかについて語った。

あるときこんな出来事がありました。／久間さんら曹洞宗青年らによるボランティアが避難所へとやってきました。当時は学校の体育館などが多かったそうです。／すると早速ひとりの女の子がやってきました。歳は四、五才。絵本を何冊か差し出して「読んで」という。／久間さんはその絵本を丁寧に読み聞かせしたそうです。するとその子は体育館隅の本棚へ駆けて行きまた五冊ほどの絵本を持ってきて読んでとせがむ。久間さんがそれらも全部読み終えると女の子はまた次の本をといって何冊か持ってくる、その中には既に読んであげたものも交じっていた。

久間さんはこの女の子に何かあるなと感じ、その日はこの女の子にとことん付き合おうと腹を決め、持ってくる本、持ってくる本読んであげたそうです。／やがて予定の二時間半が過ぎ、他のボランティアさん達が片づけを始めると、その女の子も察したのでしょう。最後に久間さんにこうひとことつぶやくように言ったそうです。

「おかあさん……帰ってこないんだ……」

これを聞いて久間さんは驚くと共に、この二時間半の間ずっとこの子のために読み聞かせをやって良かったとほっとすると共に、もし途中で投げ出したりしてしまっていたらと思うとぞっとしたそうです。／この子は一時も母親のことを思い、待ち続ける淋しさを打ち明けられる人もなく、ずっと胸の内にしまいこんでいたのでしょう。本当に甘えられる人なのか、女の子なりにその人の器を量っていたのでしょう。

繰り返し繰り返し自分の思いを聞いてくれる人なのか、長い時間を通してようやく女の子は久間さんに心を開き、ようやくこの一言を発することができたのでしょう。／いつでも辛さや苦しさは弱者である子どもの上にしわ寄せされるものです。

被災者への久間氏の支援活動は、自らの苦難を通して養われた洞察と仏教の慈悲の教えによって支えられた深みがある。そして、そうした経験は宗派を超えて広く仏教徒に、また市民に伝えられ、人々の力ともなっている。そして、地域社会で被災者の生活経験に即した寺院活動を行ってきたことが、こうした宗教者ならではの公共的働きの背後にある。

四　原発を超えて――倫理性という根拠

三・一一以後、日本の仏教界から脱原発の声明等が数多く発せられた。そしてそれらは、仏教的な観点にのっとって原発の倫理的な問題を明らかにしようとするものだった。折しも脱原発の理由を問うなかで、人々は原発の倫理的な非妥当性に問いを向けていた。そこで、原発の倫理性をめぐって日本仏教界からの発信が、一定の公共的機能をもったと見ることができる。だが、そのことを述べる前に、福島原発事故後、原発の是非をめぐる倫理的な問いが公共的な問いとなってきたことについて概観しておきたい。

二〇一四年四月十二日、原子力市民委員会が『原発ゼロ社会への道――市民がつくる脱原子力政策大綱(13)』を公表した。原発が倫理的に受け入れがたいものであり、原発ゼロ社会が現実的な選択肢であることを示し、その選択にそって必要な法的・政治的措置を丁寧に示していこうとしたものだ。この文書を作成した原子力市民委員会は、科学者・研究者、市民、ジャーナリスト、弁護士らが加わり、十一人の委員、二十二人のアドバイザーらによって構成されている。座長は舩橋晴俊氏（法政大教授、社会学者）、座長代理は吉岡斉氏（九州大教授・前副学長、元政府事故調委員、科学史研究者）が務め、私も委員の一人として加わっている。二〇一三年の四月に設立され、集中的な審議を重ねて同年十月に「中間報告」を公表し、それをもとに全国各地で市民・専門家との意見交換を数多く重ねてきたものだ。

この委員会に宗教や宗教集団に関わりがあるメンバーはほとんど入っていない。これまで原発に関わる学術研究や市民運動を行ってきた人たちが基盤となって形成された会だが、そこでは宗教者や宗教団体は貢献が大きくなかったためかもしれない。だが、原子力市民委員会の成果である『原発ゼロ社会への道――市民がつくる脱原子力政策大綱』においては、原発の倫理性が強く問われており、その点で三・一一以後の日本の宗教界の動きと響き合うところがある。

「脱原子力政策大綱」は長期的なエネルギー転換や放射性廃棄物の処理・処分の展望を考えれば「原発ゼロ社会」を選ぶのが妥当だとしている(14)。また、短期的には安全性に確かな配慮をすれば再稼動は容認できないこと、事故収束のための考え方を改めるべきこと、原発作業員の雇用形態を改め健康管理を徹底すべきことなどを説いている(15)。これらは、現今の政府側や原発推進側の論や施策と比べて道義にかなっているとともに、現実的でもある判断として示されている。個々の問題は、福島原発事故後、さまざまに論じられてきたものだが、この「脱原子力政策大綱」では、それらの問題が包括的に取り上げられ、一貫した論述にまとめあげられている。

だが、そもそもなぜ原発の継続が適切でないか。それはコストや経済の問題からだけでは論じきることができない。序章「なぜ原発ゼロ社会を目指すべきなのか」では、原発がとても回復できず賠償もできないような巨大な被害を招くハイリスク事業だという難点などをあげて、法律によって廃止すべきだとしている。しかし、もっとも重要な難点として「原子力発電の倫理的欠格」をあげている。このような倫理的観点が前面に提示されるについては、日本の、また世界の宗教界からの声が一定の役割を果たしたと私は考えている(16)。

ドイツのメルケル政権は二〇一一年五月に「ドイツのエネルギー大転換――未来のための共同事業」という報告書をまとめ、国をあげて脱原発への歩みを押し進めていくこととなった。この報告書をまとめた委員会は「安全なエネルギー供給に関する倫理委員会」と名づけられた。ドイツは倫理的な判断によって脱原発を決めたのだが、こうした考え方を受け入れるにあたってはドイツのキリスト教界の取り組みが大いに影響を及ぼしている。そこでは、地球環境の持続可能性と未来の世代への責任が基調をなす考え方となっている。

「脱原子力政策大綱」もこのドイツの倫理委員会の立場を支持し、「原子力過酷事故の被害規模は計量不可能なほど大きく、また生み出された放射性物質はのちの世代にも負担を強いるので、原子力発電は倫理的観点からは認められない」とする。そして、日本では核爆弾による惨禍を経験し、この度、また原子力過酷事故の試練に直面したから、「核技術に対して示す倫理的判断は、より強固かつ予防的なものであってしかるべきである」と述べている。倫理的判断を下すには歴史的経験の適切な振り返りが役立つことが多いが、「脱原子力政策大綱」もその立場をとっている。

こうした倫理的判断は、日本の宗教団体が原発災害を踏まえ脱原発に向けて示してきた考え方と符節を合わせている。全日本仏教会が二〇一一年十二月一日に公表した宣言文「原子力発電によらない生き方を求めて」[17]は、「日本は原子爆弾による世界で唯一の被爆国であります」と自己確認し、「私たち日本人はその悲惨さ、苦しみをとおして「いのち」の尊さを世界の人々に伝え続けています」と述べている。また、「利便性の追求の陰には、原子力発電所立地の人々が事故による「いのち」の不安に脅かされながら日々生活を送り、さらには負の遺産となる処理不可能な放射性廃棄物を生み出し、未来に問題を残している」という事態を強調している。

倫理的な判断を重んじる「脱原子力政策大綱」の立場は、福島原発事故被害をどう受け止め、どのような復興を目指すのかという問題を論ずる章[18]でも示されている。福島原発からの復興について、政府側は産業の復興を重んじ、たとえば巨額を投じてがん治療施設を建設することを掲げている。他方、帰還の促進を急ぎ、帰還を選ばない人たちへの支援を打ち切る措置を取ろうとしている。こうした物財中心の復興は避難地域の住民と社会学者の討議で明らかにされているように、「人間なき復興」とならざるをえない。

これに対して、「脱原子力政策大綱」では「人間の復興」を目指すべきだとしている。[19]「被害者一人一人が尊ばれ、良き生活への希望を取り戻し、それを創り出すことができるような」復興のあり方である。こうした考え方は、日本の宗教界が三・一一以後、追求してきたものと相通じるものがある。本章の第一節、第二節で見てきた曹洞宗の一僧侶の活動は、「人間の復興」を目指す経験と考え方をよく示すものだろう。

「脱原子力政策大綱」が公表されて一ヶ月余り後の五月二十一日、福井地方裁判所は福井県の大飯原発の「運転をしてはならない」との判決を関西電力に言い渡した。この判決は裁判所が原発の運転差し止めを求める判決を下したということだけでなく、その内容においても画期的と評されている。それはこの判決が「人格権」という法的概念を用いて、原発運転差し止めの倫理的根拠を示そうとしている点にある。そもそもこの訴訟の原告団代表は、大飯原発に近い小浜市の明通寺（真言宗御室派）の住職である中嶌哲演氏である。その中嶌哲演氏は福井地方裁判所の判決について、次のように述べている。

原発の「必要神話」（経済）と「安全神話」（科学技術）を立法・行政・司法よりも優先し、地方・住民自治や国民主権を置き去りにしてきたフクシマ以前の状況に後戻りさせる訳にはいきません。

かつて置き去りにされ、現にされているのは、何よりも「倫理」ではないでしょうか。あり得ないことですが、仮に安全運転の条件が満たされても、後の数千世代に新たな負担を強いる死の灰などを増加させることになる一事だけでも、またフクシマの惨禍をもたらした以上、再稼働は断じて許されるものではありません。原発現地の後世代への巨大な負の遺産、過疎地に原発群を押し付けてきた大電力消費圏、五〇万人をこえる被曝労働者の犠牲、放射能災害弱者の子どもたちへの被曝強要、海外輸出、全環境・生命の汚染や被曝。それらへの倫理的責任を「自利利他円満－少欲知足」の仏教精神に照らしつつ問い直し続けていく必要がありきます。

先にふれた福井地裁への訴訟の根底には、人格権と環境権がすえられています。現憲法で保障されている「生命・自由・幸福の追求」（第13条）や「健康で文化的な最低限度の生活」（第25条）は、「公共の福祉」に反しない、自然環境を破壊しない――という限定もあり得ましょう。また最近包括的にまとめられた『原発ゼロ社会への道』（原子力市民委員会）の中でも、倫理的視点から「地域間や世代間」の「公平性」について的確に指摘しています。

「……目に見えるものでも、見えないものでも、遠くに或いは近くに住むものでも、すでに生まれたものでも、これから生まれようと欲するものでも、一切の生きとし生けるものは幸福であれ」（岩波文庫『ブッダのことば』より）。この仏教の原点と前記の自他の相互関係を認識・自覚することによって、真に自律的・自発的な「少欲知足」（現代の省エネ・節電も）が可能となり、「自利利他円満」も成就するのではないでしょうか。(20)

原発差し止め訴訟というような公共的な場面で、倫理性が問われ、さらにその倫理性を宗教的な典拠にまで遡って示す文章が原告代表によって公表されている。宗教の公共的な機能という観点に立つ時、このことは大いに注目すべきことだろう。

五　原発を超えて――声明に見る仏教の公共性

立正佼成会は庭野日敬（開祖）と長沼妙佼（脇祖）によって一九三七年に設立され、法華経を尊び在家信徒それぞれが先祖供養を実践し日常生活を変えていこうとしてきた新宗教教団だ。他方、宗教協力により公共的な活動に積極的に関わってきており、世界宗教者平和会議（ＷＣＲＰ、一九七〇年設立）や庭野平和財団などの活動を通じて世界の平和のためにも力を注いできた。新宗教諸団体の連合体である新日本宗教団体連合会（新宗連）の有力メンバーの一つでもある。

世界宗教者平和会議はニューヨークに本部があり、世界数十ヶ国に支部組織があるが、日本は設立時から中心的な役割を果たしてきている。日本では多くの仏教宗派、神社神道、教派神道、新宗教教団が加わっており、きわめて幅の広い宗教組織の連合体である。そして、世界宗教者平和会議日本委員会は立正佼成会の本部施設内にあることからも知られるように、立正佼成会はその有力な担い手だ。

世界宗教者平和会議は平和のための発信や行動を積極的に行ってきている。二〇〇一年九月十一日のアメリカ同時多発テロの後にはそこから暴力の連鎖が広がらないために早くから声明を出していた。平和や紛争に関わる問題についてだけではなく、生命倫理問題や憲法改正問題についても独自の態度表明を行ってきている。このような経歴をもつ宗教教団が原発災害に際して、何らかの態度表明を行うに至ったことは理解しやすいところだろう。

立正佼成会は二〇一二年六月十八日、脱原発を促す声明「真に豊かな社会をめざして――原発を超えて」を公表した(21)。そこでは、原発災害による苦難に思いを寄せる言葉に続いて、それだけではなく「近隣諸国をはじめ世界の人々に大きな不安をもたらし、未来世代に計り知れない多大な負担を残し」たことにもふれている。そして、原発に依存してきたことに大きな誤りがあったとの論点に入っていく。

原子力は「未来のエネルギー」と言われ、私たち国民もその恩恵を受けてきました。しかし、ひとたび事故が起きれば、甚大な被害をもたらすことを思い知らされました。経済的な豊かさが人間の幸せの源泉であると信じ、原発の負の部分から目を背けて、その依存度を高めてきた責任は私たち一人ひとりにあります。私たちに問われていることは、原子力発電によらない、真に豊かな社会を可能な限り速やかに築きあげていくことです。そのためには、より安全性の高い再生可能エネルギーの開発と活用に叡智を結集しなければなりません。

ここでは、①事故による被害の大きさ、またそれが世界に、そして将来世代に及ぶこと、②経済的な豊かさを求めるあまり、信の豊かさ、真の幸福を見失ってきたことが、省みられている。その場合、他を批判するというより、③自分たち自身の生き方を省みるという姿勢が基軸に置かれている。続く部分で、そのことは明確に述べられていく。

しかし、一番大切なことは、多くの犠牲の上に際限なくエネルギー消費を拡大してきた価値観や生活スタイルを見直すことです。今こそ、過剰な消費を抑えた「少欲知足（足るを知る）」の心を養い、簡素な生活の中に幸せの価値を見いだす最大の機会であると考えます。

ここでは、「経済的な豊かさ」と「真の豊かさ」を分けるものは、「過剰な消費」と「簡素な生活」であることが示唆されている。それを「少欲知足（足るを知る）」の語で言い換えてもいるが、これは全日本仏教会の宣言文に「過剰な物質的欲望から脱し、足ることを知り」とあるのと照応している。なお、ここで「価値観や生活スタイルを見直すこと」が、「一番大切なこと」とされている理由はここだけではよく分からない。だが、日頃から個々人が自らを謙虚に省みて足もとから態度を改めていくことが実践の根幹をなしている立正佼成会の教えにのっとった考え方と見ることができるだろう。

なお、立正佼成会は先の声明を受けて九月一日に「教団と教会、会員が願いを一つにして、真に豊かな社会の実現につなげていく」「行動指針」を発表している。[22] そこでは、教団、教会、会員の三つに分け、具体的にできることを並べ上げているが、「会員」については「本会会員は「真の豊かさとは何か」について関心を持ち続け、教団が環境方針の基本姿勢として掲げる「いのちの尊重」「共生の実現」「簡素なライフスタイル」を旨として、「自らの衣食住や交通手段など日々の暮らしのあり方を振り返ります」「そして、家族や地域の人々と、自然の恵みへの感謝や平和の祈りのある生活などについて話し合い、身の回りの出来ることから実践します」というものだ。個々人の日常生活のなかでの修養を尊ぶ立正佼成会の実際の信仰活動と結びつけるという姿勢が明確だ。

だが、これは個々人の修養的実践にすべてを集約させようとするものではない。同時に人類社会の事柄であり、社会的意志決定に関わる事柄でもある。声明「真に豊かな社会をめざして——原発を超えて」にもどる。

世界は今、文明の転換を迫られています。これまでの経済的・物質的な豊かさを求める生き方を続けていては、限られた地球環境を守り、未来世代によりよい社会を残していくことはできないでしょう。また、貧富の格差が広がる今日の経済や社会のあり方は、人類全体にとって決して幸せなものではありません。私たちの生き方のものさしを「共生」や「自然との調和」、すべての人が安心して暮らせる公正な「分かち合いの経済」などの実現に変えていかなければなりません。

④「貧富の格差」、「すべての人が安心して暮らせる公正な「分かち合いの経済」」はもちろん社会政策の課題であり、国家の政策に関わることである。また、⑤「地球環境を守り」、「未来世代によりよい社会を残していくこと」もそうである。また、⑥「共生」や「自然との調和」は、人類だけの事柄ではなく、人類と自然との関わりという次元にも及んでいる。この声明で明確に述べられているわけではないが、この④〜⑥は原発に対する倫

理的批判に関わるものだからこそ、ここにあげられているのだろう。
以上を踏まえて、この声明は次のように結ばれている。

立正佼成会は、すべてのいのちを尊び、慈しみ、自然と人間との共生に基づく心豊かな平和な社会の実現に向け努力してまいります。これこそが今、仏教徒として私たちの果たすべき菩薩行と信じるものであります。

「菩薩行」とは「利他行」、すなわち他者への奉仕の行を指している。立正佼成会が尊ぶ法華経は菩薩行を重視する経典だ。また、仏教の伝統の中には、人間だけではなくすべての生きもの、また生命体と環境の全体を仏の表れと見るような考え方があり、日本では近代になっても一定の影響力を保持してきた。立正佼成会はそうした伝統を継承してもいる。だから、①〜⑥として述べてきたような事柄は、いずれも立正佼成会が尊ぶ仏教本来の倫理性の表明と理解されている。声明「真に豊かな社会をめざして——原発を超えて」の結びはあらためてそのことを思い出させてくれるものとなっている。

六　公明党と創価学会の脱原発論

ここで、創価学会という宗教団体をバックにもつ政党、公明党に目を転じよう。公明党は原発についてどのような政策を目指しているのだろうか。公明党のホームページを見ると、「原発ゼロの社会へ　公明党は、「原発に依存しない社会・原発ゼロ社会」をめざします」と題されたページに出会う(23)。そこには次のような同党の原発政策が記されている。

東京電力福島第1原発事故を受け、国民の原発の安全性に対する信頼は崩壊しました。また、放射性物質による汚染など取り返しのつかない大損害を考慮すると、〝原発はコストが安い〟という神話も崩れ去りました。

こうした状況を踏まえ公明党は、

(1)太陽光や風力など再生可能エネルギーの普及
(2)省エネルギーの促進
(3)化石燃料を有効に利用する火力発電の高効率化

の三本柱で持続可能な経済社会の構築と経済成長を両立させながら、原発への依存度を徐々に減らして、将来的に「原発に依存しない社会・原発ゼロ社会」をめざします。

これを見ると、公明党は脱原発を支持しているように見える。しかし、これに続いて原発の再稼働について次に述べた部分は、福井地方裁判所の判決と大いに異なるものであり、実質的に今後、原発を大幅に許容することができる内容になっている。

そのために公明党は原発の新規着工は認めません。また、建設後40年を経た原発の運転を制限する制度を厳格に適用します。

原発の再稼働については、原子力規制委員会が策定した新しい規制基準を満たすことを前提に、国民の理解と原発立地地域の住民の理解を得て再稼働するか否かを判断します。新基準では、以前の技術で設置された原発を、最新の知見に基づいて見直す「バックフィット」制度や、活断層などの徹底的調査を進めることなどが盛り込まれており、世界一厳しい基準となっています。しかし、安全に十分ということはなく、今後も不断の努力が必要ですが、新基準による規制は信頼に足る内容だと考えています。

「原子力規制委員会が策定した新しい規制基準」が「世界一厳しい基準」であるという理解は妥当なものだろうか。新規制基準に関して「世界最高水準である」と述べたのは、原子力規制委員会の田中俊一委員長であり、その理由として次の二点をあげている。

①シビアアクシデント対策とか重大事故対策、あるいは起こった時のマネジメントについては、世界一と言っていいぐらい厳しい基準、要求になっている。

②地震、津波などヨーロッパではほとんど考えなくていい厳しい自然現象に対する要求をしている。

原子力市民委員会の『原発ゼロ社会への道――市民がつくる脱原子力政策大綱』は、第四章の７－２「新規制基準は「世界最高水準」ではない」でこれは妥当ではないことを示している。まず、②については、地震と津波が起こりやすい日本において、それをさほど想定しなくてよい地域と比べて、厳しい基準を設けるのは当然だが、想定される災害に対応するための厳しい基準になっているかどうかは別問題である。想定される災害が甘く見られていれば、十分に厳しい基準というわけにはいかない。

他方、①の過酷事故対策にについて、欧州加圧水型原子炉（ＥＰＲ）と比較を行うと日本の新規制基準は次の四点において明らかに劣っている――「安全上重要な系統設備の多重性」、「コアキャッチャー（原子炉圧力容器外に流出した溶融炉心を格納容器内に貯留する設備）」、「格納容器熱除去設備」、「頑健な原子炉格納容器」。「世界最高水準」の規制基準なる看板にはこのような事実誤認があり、安全性を過大評価することで原発の再稼働や原発輸出なども是認できることになるだろう。事実、公明党のホームページの「原発政策」の項目を見ると、原発輸出を容認する考えを述べている。石井啓一政務調査会長が質問に答える形で述べているものだ。

公明党は、将来的な原発ゼロをめざしており、原発輸出を積極的に推進することには慎重な意見があります。しかし、原発を安全に建設し運転する日本の最高水準の技術に対する諸外国の期待は強く、相手国が各国の技術を比較した上で、わが国に輸出を求めてきた場合は、国際貢献という観点から要請に応えることも必要ではないかと考えます。

「東京電力福島第１原発事故を受け、国民の原発の安全性に対する信頼は崩壊しました。また、放射性物質による汚染など取り返しのつかない大損害を考慮すると、〝原発はコストが安い〟という神話も崩れ去りました」と述べている政党が、どうしてかくも易々と新たな「安全神話」に乗り、原発の再稼働や輸出を容認することができるのだろうか。まだ、事故の原因の解明も十分ではない段階で、再稼働を認めたり、日本製の原発の輸出が妥当だとするこうした考え方はまことに理解しにくい。これが宗教団体の支持が大きい政党であるとすれば、倫理性の吟味という点でいっそう気になるところである。

そこで、公明党の主要な支持団体である創価学会が原発の倫理的妥当性という問題をどのように見ているか、検討してみよう。二〇一二年一月二十六日の日付をもち、池田大作名誉会長の名で公表されている、第三十七回「ＳＧＩの日」記念提言「生命尊厳の絆耀く世紀を」を見てみよう。

そこでは、「原発に依存しない社会へ　日本は早急に政策検討を」という節があり、「放射能汚染による現在進行形の脅威」と「ＩＡＥＡを中心に取り組むべき課題」という二つの項に分かたれている。前半の「放射能汚染による現在進行形の脅威」には、次のように記されている。(24)

福島での原発事故は、アメリカのスリーマイル島での事故（一九七九年）や、旧ソ連のチェルノブイリでの事故（八六年）に続いて、深刻な被害をもたらす事故となりました。

今なお完全な収束への見通しは遠く、放射能によって汚染された土壌や廃棄物をどう除去し貯蔵するかという課題も不透明なままとなっており、〝現在進行形の脅威〟として多くの人々を苦しめています。

事故のあった原発から核燃料や放射性物質を取り除き、施設を解体するまで最長で四〇年かかると試算されているほか、周辺地域や汚染の度合いが強かった地域の環境をどう回復させていくのかといった課題や、放射能が人体に及ぼす晩発性の影響を含めて、将来世代にまで取り返しのつかない負荷を及ぼすことが懸念されています。

私は三〇年ほど前から、原発で深刻な事故が起これればどれだけ甚大な被害を及ぼすか計り知れないだけでなく、仮に事故が生じなくても放射性廃棄物の最終処分という一点において、何百年や何千年以上にもわたる負の遺産を積み残していくことの問題性について警鐘を鳴らしてきました。

この最終処分問題については、いまだ根本的な解決方法がないことを決して忘れてはなりません。

また、国連の潘基文事務総長が、原子力事故には国境はなく、「人の健康と環境に直接の脅威」となると述べた上で、「国境を越えた影響が及ぶことから、グローバルな議論も必要」（国連広報センターのホームページ）と指摘しているように、もはや自国のエネルギー政策の範疇だけにとどめて議論を進めて済むものではなくなってきています。

日本は、地球全体の地震の約一割が発生する地帯にあり、津波による被害に何度も見舞われてきた歴史を顧みた上でなお、深刻な原発事故が再び起こらないと楽観視することは果たしてできるでしょうか。

日本のとるべき道として、原子力発電に依存しないエネルギー政策への転換を早急に検討していくべきです。

この論述は、公明党の原発政策論と比べれば、原発の倫理的問題を一段と強く意識しているように見える。しかし、そうであるなら明確に脱原発の立場が示されてしかるべきだが、そこはそうなっていない。とりわけ、後半の「ＩＡＥＡ（国際原子力機関）を中心に取り組むべき課題」を見れば、その感が強くなる。その末尾は次のようなものである。

私は、国際原子力機関を中心に早急に取り組むべき課題として、設立以来進められてきた「放射性廃棄物の管理における国際協力」のさらなる強化とともに、「事故発生に伴う緊急時対応の制度拡充」や「原子炉を廃炉する際の国際協力」について検討を進め、十分な対策を講じることを呼びかけたいと思います。

ここでは、ＩＡＥＡが原子力発電の推進を支えてきた機関であることが軽視されている。前半部分であげられている原発の抱える深刻な問題を解決していくには、ＩＡＥＡに依拠するようなやり方で間に合うのだろうか。だいぶ危うい提言内容と言わなくてはならないだろう。

「原発に依存しない社会へ」と題されたこの節を読むと、原発のもつ倫理的な問題性に対する意識があまり明確でないと言わざるをえないだろう。では、この文書は倫理的な論点に触れていないかと言えば、そうではない。「原発に依存しない社会へ」のすぐ前の節、「持続可能な未来に向けて　人類共通の目標を設定」では、倫理的な問題についてかなりの言葉を費やしており、それを仏教思想と結びつける論述も見られるからだ。

そこでは、二〇一二年六月にブラジルで開かれる「国連持続可能な開発会議（リオ＋20）」に言及し、〝二十一世紀の人類の共同作業〟が求められているとしている。

その柱となる理念として、これまで論じてきた「人間の安全保障」に加えて、私が挙げたいのは「持続可能性」の理念です。

では「持続可能性」の意味するところは何か――。私がこれまで論じてきた文脈に沿って表現するならば、それは「誰かの不幸の上に幸福を求めない」生き方であり、「故郷（地域）や地球が傷つけられたままで、次の世代に受け渡すことを良しとしない」精神であり、「現在の繁栄のために未来を踏み台にせず、子どもや孫たちのために最善の選択を重ねる」社会のあり方といえましょう。

それは、何か義務感のような形で外から縛り付けるルールでもなく、重苦しさを伴った責任感のようなものでもない。むしろ、経済学者のジョン・ガルブレイス博士が私との対談集（『人間主義の大世紀を』潮出版社）で、二十一世紀の目指すべき姿として提起していた「人々が『この世界で生きていくのが楽しい』と言える時代」を築くために、皆で持ち寄り、分かち合う心ともいうべきものです。

私がかつて、国連のミレニアム開発目標について、「目標の達成はもとより、悲劇に苦しむ一人一人が笑顔を取り戻すことを最優先の課題とすることを忘れてはなりません」と注意を促したのも、博士と同じような思いからでした。

ここで論じられているのは、脱原発の基盤となるような倫理的論点である。「誰かの不幸の上に幸福を求めない」生き方であり、「故郷（地域）や地球が傷つけられたままで、次の世代に受け渡すことを良しとしない」精神であり、「現在の繁栄のために未来を踏み台にせず、子どもや孫たちのために最善の選択を重ねる」社会のあり方。これらは、脱原発の倫理的基盤と合致する論点である。だが、この「記念提言」では、こうした倫理性と脱原発の要請とが緊密に結びつけられてはいない。続く次の叙述も同様である。

そのために必要となる倫理は、何もゼロから新しくつくりあげる必要はないでしょう。なぜなら、北米の先住民であるイロコイの人々が「すべての物事は、現代の世代だけでなく、地面の下からまだ顔を見せていないこれから生まれてくる世代にまで思いをはせて考えなければならない」との教えを伝承してきたように、さまざまな伝統文化や宗教に息づいていた生活実感――現代人の多くが見失ってきた精神の中に素地があるからです。

仏典にも、「目に見えるものでも、見えないものでも、遠くに住むものでも、近くに住むものでも、すでに生まれたものでも、これから生まれようと欲するものでも、一切の生きとし生けるものは、幸せであれ」（中村元訳『ブッダのことば』岩波書店）との教えがあります。

新たな目標の基盤となる倫理を規定する上では、外在的なルールとしてではなく、こうした生命観に根ざした〝誓い〟としての性格を、教育や意識啓発を通じて帯びさせることを目指す必要があるでしょう。

具体的には、貧困や格差の問題をはじめ、災害のような突然襲いかかる脅威を真摯に考慮すると同時に、生態系の破壊を食い止め、生物の多様性を保護するための課題を掘り下げ、考察していく。そして議論を重ねる中で、地球上の人々の生存・生活・尊厳を未来にわたって守り抜くためには、どんな生き方が求められ、いかなる社会を築いていくべきなのかを、世界の英知を結集して探求すべきだと思うのです。

こうした叙述は、環境問題全般にあてはまる事柄として述べられているのだが、それがまさに今、レベル七とされる原発事故が起こってしまった日本の行方に関わる切実な問題であるとは見なされていない。「一切の生きとし生けるものは、幸せであれ」は、大飯原発差し止め訴訟の原告代表でもある中嶌哲演氏も引いていた言葉だ。当然、原発再稼働や原発輸出の妥当性を問い直すことにつながるはずだ。だが、創価学会においても公明党においても、そうとは受け止められていないようだ。

もし、ここで述べられていることが、日本の原発政策に関わる事柄として真剣に受け止められるとすれば、先にあげたような二〇一四年現在の公明党の原発政策はとても受け入れられないはずである。では、創価学会が奉じているはずの倫理的理念は、どうして原発の倫理性をめぐる問題には適用されないのだろうか。

二〇一二年に成立した安倍晋三首相の政権は、原発推進政策を押し出してきており、公明党は連立与党としてその政策を支持してきている。政府は、原発災害の被災者に対しても被害を軽んじ、被害を前提にした対策を取ろうとしていない。子ども被災者支援法（東京電力原子力事故により被災した子どもをはじめとする住民等の生活を守り支えるための被災者の生活支援等に関する施策の推進に関する法律・平成二十四年六月二十七日法律第四十八号）は、自民党や公明党も支持して成立した法律であるが、そこですべきだとされている支援のうち、実行されたものは最小限に限定されている。健康支援は切り詰められ、避難地域の人々を帰還させる政策が推し進められている。「人間なき復興」と言われる所以である。(25)

このような政策を公明党が支持していることは、原発の倫理的問題性に対する認識が十分ではないことと相関している。それは公明党の支持団体である創価学会の原発に対する認識とも関わりがあるだろう。池田大作名誉会長の第三十七回「ＳＧＩの日」記念提言「生命尊厳の絆耀く世紀を」における原発の問題性の認識は、公明党のそれと比べれば倫理的次元に近づいたものと言える。だが、そこにおいても倫理的問題性の認識は不明確であり、原発容認を批判しきれないような内容になっている。これは創価学会に属する信徒の認識と必ずしも一致しないものだろう。

創価学会と公明党のこうしたねじれた関わりのあり方は、安倍政権による二〇一四年七月一日の集団的自衛権容認の閣議決定から二〇一五年九月の安保法制成立に至る過程で見えてきたことと相関している(26)。多くの創価学会会員は集団的自衛権の容認はこれまでの創価学会の考え方に合致しないと考えている。だが、自民党との連立を維持するために、これまでの考え方を大きく変更して自民党と歩調を合わせざるをえなかった。政党を支持する宗教団体が一時の組織的利益を優先して、倫理性に関わる基本的な政治的理念を譲ってしまったと疑われるようであれば、日本社会における宗教の公共的機能は成熟にはほど遠いと言わざるをえないだろう。

七　おわりに

仏教に限っても、福島原発災害に対する宗教の関わりは多岐にわたっており、その全体像を描き出すのは容易なことではない。また、仏教の原発災害への関与は今後、長く続くはずであり、事故後四、五年の段階で性急な結論を導き出すべきものでもないだろう。そうしたことを十分に意識した上で、本章ではあえていくつかの対応例を見て、概略を捉えようとした。

政治的に大きな影響を及ぼす公明党の動向から、放射線被ばくに不安をもたざるをえない被災地寺院の僧侶の行動に至るまで、ここで描こうとした「宗教の公共的機能」のスペクトラムも幅広い。見逃している多くの側面があり、取り上げた事柄の理解も至らぬ点が多いだろう。「宗教の公共的機能」という概念自体を深く検討するという理論的課題も残っている。

原発災害をめぐって宗教が、とりわけ仏教がどのような公共的機能を果たしていくのかという問いは、今後の日本社会のあり方に大きな影響を与える事柄と考えられる。言わば時々刻々変化していく現象であり、それを論じること自身、変化していく現実の一コマを形作っていくものと自覚している。この稿で欠けている視点、また、考察が十分ではない論点について、今後、ぜひご指摘いただきたい。そのようにして、日本社会における宗教と公共空間のよりよい関係をともに自覚的に形づくっていく過程に貢献できることを切に願っている。

（1）島薗進・磯前順一編『宗教と公共空間――見直される宗教の役割』（東京大学出版会、二〇一四年）。
（2）川崎陽子「福島県伊達市の住職・久間泰弘さんに聞く――被災地でのいのちの声に耳を澄ます」（『Actio』二〇一四年六月号）一二頁。なお、久間氏についてのここでの叙述は、拙稿「宗教者と被災者――寄り添い型の支援活動の広がり」（似田貝番門・吉原直樹編『震災と市民2　支援とケア』東京大学出版会、二〇一五年）でも用いられている。
（3）同右、一二頁。
（4）同右、一二－一三頁。
（5）同右、一二頁。
（6）久間泰弘「原発事故を子どもと共に生きて行く――福島の子どもたちは、いま」（『ぴっぱら』〔全国青少年教化協議会〕二〇一四年五－六月号）四頁。
（7）同右、五頁。
（8）同右、六頁。
（9）同右、七－八頁。
（10）同右、八頁。

（11）同右、八頁。
（12）http：//shotaiji.blog.so-net.ne.jp/index/3
（13）原子力市民委員会『原発ゼロ社会への道――市民がつくる脱原子力政策大綱』（原子力市民委員会、二〇一四年四月 http：//www.ccnejapan.com/?page_id=3000）。簡約版が、同『これならできる原発ゼロ！――市民がつくった脱原子力政策大綱』（宝島社、二〇一四年六月）。
（14）『原発ゼロ社会への道――市民がつくる脱原子力政策大綱』第三章、第五章。
（15）同右、第二章、第四章。
（16）この点については、次の二つの拙稿で考察されている。島薗進「福島原発災害後の宗教界の原発批判――科学・技術を批判する倫理的根拠」（『宗教研究』第三七七号、二〇一三年九月）、同「科学の信頼喪失と現代世界の闇」（『哲学と現代』〔名古屋哲学研究会〕第二九号、二〇一四年二月）。
（17）http：//www.jbf.ne.jp/news/newsrelease/170.html
（18）『原発ゼロ社会への道――市民がつくる脱原子力政策大綱』第一章。
（19）「人間の復興」は関東大震災の復興に際して、福田徳三が提唱したものである。岡田知弘・自治体問題研究所編『震災復興と自治体――「人間の復興」への道』（自治体研究所、二〇一三年）。また、山下祐介・市村高志・佐藤彰彦『人間なき復興――原発避難と国民の「不理解」をめぐって』（明石書店、二〇一三年）は、福島原発災害に対する「復興」政策の問題を浮き彫りにしている。
（20）『中外日報』二〇一四年六月四日。
（21）http：//www.kosei-kai.or.jp/information/070/post_46.html
（22）http：//www.kosei-kai.or.jp/news/2012/09/post_2487.html
（23）https：//www.komei.or.jp/more/understand/nuclear.html（二〇一四年八月一日閲覧）
（24）http：//www.seikyoonline.jp/president/teigen/1199766-1920.html
（25）『原発ゼロ社会への道――市民がつくる脱原子力政策大綱』第一章参照。
（26）拙稿「創価学会と公明党の「宗教と公共空間」」（『ＵＰ』二〇一四年九月号）。

第八章　「臨床宗教師」の誕生

公共空間における宗教者のあり方

鈴木岩弓

一　はじめに

宗教の定義を宗教民俗学的観点から試みるなら、とりあえずは「ヒトとカミとの交渉」と言うことができる。交渉という表現から明らかなように、そもそも宗教はヒトがいるだけでもカミがいるだけでも成立はせず、その両者が同時に存在し、かつその間で相互に働きかけがあってはじめて成立する文化現象である。カミというのは、神道の神、キリスト教の神のみならず、仏でもホトケでも、さらには先祖でも霊魂でも、ともかく超自然的存在（supernatural being）とも言うべき人智を越えた何ものかを指しており、そうした存在とヒトとのさまざまな交渉が宗教なのである。とはいえ超自然的存在であるカミは、不可視の存在として現前することが多く、ヒトとカミとの交渉が成立する現場では、ヒトが不可視のカミの存在を信じることを契機にはじめて交渉が開始される。言葉を代えて言うなら、宗教はヒトがカミを信じる価値観をもつことでスタートする文化現象である。

各人の宗教の違いが、それぞれの宗教を信じる価値観をもつか否かの違いに置き換えられると理解した時、宗教者が自己の宗教を離れて、自己のものとは異なる他者の宗教に寄り添うことは果たしてどこまで可能であろうか。この問いは東日本大震災から一年後、東北大学で始まった「実践宗教学寄附講座」において、布教とはならない形で宗教的な心のケアに従事する「臨床宗教師」の養成を行っている筆者にとって、この講座設置以来常に意識させられている大きな課題である。

二〇一一年の三月十一日に勃発した東日本大震災以後、多くのボランティアが被災地を訪れ、被災した人々に救いの手を差し伸べてきた。そうした中、全国の大学関係者の中には、一般的なボランティア活動に従事するのみならず、それぞれの専門性を活かした局面からの被災地支援を行うケースも数多く見られた。本章で取り上げる「臨床宗教師」も、被災地大学とも言われる東北大学の宗教学の教員が、被災者支援として宗教者や医療関係者らと協働する中、専門性を活用しつつ創出を目指してきた新たな高度専門職業人である。

震災直後より、東日本大震災が起こったメカニズムや、被害状況、さらには被災者支援のありかたなどが語られる際、一九九五年に起こった阪神・淡路大震災時の状況を鏡として比較されることがしばしばあった。かかる問題を宗教に注目して考えると、今回の震災における宗教者や宗教教団の被災者支援の活動は、阪神・淡路大震災の時と比して、非常に顕在化して行われたとするプラスの評価がなされる傾向が強い(1)。阪神・淡路大震災の起こった一九九五年一月当時、日本社会の中にはオウム真理教に対する疑惑の眼が色濃く漂い、それがひいては宗教全体に対する不信感、疑惑感を生みだしていた。そのため宗教者や宗教団体が支援活動を行う時に、自ら教団名を名乗ることはもちろん、宗教者であることを活かしたケアを行うことはまことに困難な状況にあった。この当時の宗教者に対し、山折哲雄が「宗教者としての特質が見えない」「その活動は宗教者でなくてもできたことではないか」と発言したことは、当時活動していた宗教者が今も悔しさを滲ませながら語る指摘であった(2)。

今回の震災時では、このような指摘が払拭され、宗教者や宗教団体が正面からそれぞれの教団名を名乗って、さまざまな支援活動が堂々と行われてきた。震災から丸二年を迎える二〇一三年の三月二日に東北大学で開催したパネルディスカッション「東日本大震災と宗教者・宗教学者」の基調講演でも、山折自身、阪神・淡路大震災当時と今回の東日本大震災とでは、宗教のおかれている社会的位置が異なっており、結果、宗教者の活動にも違いが生じていると指摘していた。

こうした震災からの復興過程で、東北大学の文学研究科としては初めての寄附講座、「実践宗教学寄附講座」において始まった「臨床宗教師」という日本版のチャプレン養成については、有り難いことに、肯定的な評価が随所で付与されてきた。寄附講座設置の経緯に関しては、講座所属の高橋原、谷山洋三そして私自身も公にしてきた他、藤山みどり、清水秀男らの講座外部の方々による論考も発表されている(3)。とはいえ、われわれ自身が執筆してきた論考はもちろん、われわれに対する活動を取材して報道した新聞や雑誌、テレビ番組などを資料化してまとめられた外部の方々の論考も、限られた紙数の中で仙台で始まった新たな動向を全体的網羅的に記述する傾向が強く、また一つの動きが決まるまでの過程は捨象され、最終結果の提示に終始してきた感があった。そこで今回、そうした流れに屋上屋を重ねないように、改めて「臨床宗教師」養成の展開過程を、当時しばしば開催していた会議記録などの資料を具体的に提示しながら、その過程に参加していた私自身の「参与観察」も手がかりに分析しようと思う。その際には、特に「臨床宗教師」の誕生をめぐる議論にしばしば登場してきた、〈公共空間における宗教のありかた〉、〈公共性をもった宗教者の立ち位置〉に関する議論の展開に留意することにしたい。

震災以降のこうした動向の中で誕生した「臨床宗教師」は、公共空間や公共性といった概念の学説検討の議論の末に始められたのではなく、震災直後の被災地支援の現場から必要に迫られて誕生した経緯をもつ点が重要である。現場の議論の展開から言うならば、最初に公共空間とは？公共性とは？と正面から問われたのではなく、参加した人々の間の話し合いの中で共有される、緩い括りの理解に立った上で、実践的場面での「公共性」の確保を目指す方向で話が進んできたのである。本章では、そうした過程を経る中、「臨床宗教師」が誕生してきた足跡を辿りながら、「臨床宗教師」に対して「公共性」の担保がいかになされてきたかについて見ていくことにしたい。

二　震災直後の「心の相談室」

二〇一五年十二月十日現在、東日本大震災の犠牲者は、全国で死者一万五千八百九十三人、行方不明者二千五百六十五人（警察庁緊急災害警備本部調べ：https://www.npa.go.jp/archive/keibi/biki/higaijokyo.pdf）に上る。ここに引用した情報サイトは、震災から丸三年が経った二〇一四年の三月十一日より、原則として月一回、毎月十日の発表に変更された。月一回の広報で不便が生じないということは、行方不明者を含め、犠牲者に関する新たな情報収集がほぼ収束したことを物語っている。震災直後、このサイトは連日更新されており、犠牲者数の急増を見守る人々の間では、一時は死者総数が二万人を超えるのではないかと予想されていた。宮城県に限った最新の数値で言うと、死者は九千五百四十一人、行方不明者は千二百三十七人で、年間死者が二万数千人であった宮城県にとり、この年の年間死者は一・五倍に迫る三万人超えであった。増加分の死者の大半がこの震災による突然死であるとするなら、身近に死者が出て悲嘆に暮れている人々の数がどれだけ膨大なものか、想像の域を超えている。

こうした被害統計は、多くの業界でも独自に把握されてきたが、犠牲者を宗教者に限った資料からは、宮城県内最多の寺院数である曹洞宗では四百六十五ヶ寺中一・五パーセントに相当する七ヶ寺の住職が、また県内の神社神道では四名の神職が犠牲になっていた。(4) 震災で生じた宗教者の犠牲は、同じく震災で犠牲者を出した一般の人々の葬儀執行に支障が生じる大きな問題となった。こうした混乱期の弔いに生じた問題に気づいた仙台市内の超宗派的な寺院で構成される社団法人仙台仏教会では、辛うじて機能が維持されていた市の葛岡斎場におき、読経支援をするべく行動を起こした。この行動こそ、われわれの活動の原点ともなった「心の相談室」誕生の萌芽であった。

斎場は仙台市の施設であるため、震災後四日目の三月十五日、仙台仏教会は仙台市災害対策本部および仙台市環境衛生局との間で、葛岡斎場における読経支援実施へ向けた協議を行った。その結果申し入れは認められ、十七日より葛岡斎場の一階ロビー内に受付を設置して読経支援が開始された。ただし、その際には支援マニュアルを作成し、宗教的トラブルが生じないよう配慮することが条件にされた。トラブル回避とは、「信教の自由」に照らし、読経支援が布教とならないことが担保される仕組みの確認であった。

そこで仙台仏教会では「震災支援火葬場マニュアル」と題されたマニュアルを作成し、公共空間である市営斎場で僧侶が宗教的儀礼を行う際の七項目の留意点が、Ａ４判一枚の紙にまとめられた。そのうち食事やトイレに関わる事項を除いたものが、以下である。

(1)荼毘式読経対象者は今回の震災にて死亡した仏のみとする。
(2)葬祭業者との確認事項
①震災死亡者であるかどうか？
②どこかの寺院の檀家に属しているかどうか？
③出棺時に菩提寺の和尚の読経がなされたかどうか？
（なされた場合は基本は荼毘読経はしない）

④どこの寺院檀家にも属していない場合でも、施主が荼毘の読経を希望しているかどうかを確認する。
⑤お布施は無償とし、受け取らない（葬祭業者に徹底させる）。
＊供養受付票をわかる範囲で記入し記録を残すこと。
(3)荼毘式の読経は、宗派にこだわらず担当の僧侶に一任する。
(4)告別式には三十分に四件程度の順に入室するので、読経は十分にて終了する。

(1)には網掛けが施されて注意喚起がなされていたが、これは今回の荼毘読経による弔い支援の前提が、あくまでも東日本大震災に関わる特例措置であることを明示している。そのため遺体搬送に伴って来た葬送業者との間でもまず(2)の①が確認され、次に②により、通常であるならここで読経をするはずの菩提寺の有無が確認される。菩提寺がある場合にはさらに、③によって出棺時に読経があったか否かが確認され、これがないまま搬入されたご遺体がここでの対象とされる。またそもそも菩提寺が無いご遺体は、④におき、施主が荼毘式の読経を希望している確認が取れた場合にのみ読経が実施されることになる。一言で読経と言っても宗派ごとに所依の経典が異なるが、読誦経典は(3)にあるように担当僧侶の選択に一任される。これより、この時に「信教の自由」で意識されているのは仏教という大括りの宗教で、宗派教派は問題とされていないことが明らかになる。具体的な読経時間は(4)に十分とあり、こうした弔い行動については(2)の⑤に明記されるようにお布施は取らず、あくまで読経ボランティアとして行うことが示されている。またここからは、荼毘式読経が必要最低限の弔いの仏教儀礼として実施されていたことがわかる。もちろん、明らかになる限りご遺体の主の宗教的背景は尊重されるものの、対応はあくまで担当僧侶の裁量に任されていたのである。以上まとめるなら、震災直後の仙台市の斎場では、そこが公共空間であることを勘案しながら、仏教僧侶が檀家以外の死者に対して読経という仏教的行為をすることが条件付きで認められ、またその受付のため、公営斎場内での僧侶の待機も認められていたわけである。非常時の特例とはいえ、仙台市の英断と見なされよう。

読経ボランティアは、支援が認められた四月三十日までに、五百十五体の身元確認者に対して実施された。しかし他方、斎場に隣接する仙台市葛岡墓園に急造されたプレハブ作りの遺体安置所に安置された身元不明者に対する扱いが、三月下旬から問題化した。というのはそうした身元不明者は、葛岡墓園の敷地内に既に準備された土葬用の穴に、四月三日から順次埋葬される予定となったからである。(5) それを知った仙台仏教会は三月二十五日、身元不明者に対する読経も可能となるよう、仙台市環境衛生局との間で協議を行った。しかし今回は、身元確定者に対する弔いのようには進まなかった。身元不明者に対して仏教式読経を行うことは、「信教の自由」を保障した日本国憲法第二十条に抵触する虞があるというのである。つまり仙台仏教会がこれまで想定してきた読経支援の対象は身元確定者であったことからその宗教的背景も把握でき、仏教徒以外であってもあるいは無宗教であっても施主が希望することで仏式の読経を行うことができた。しかし身元不明者の場合は宗教的背景が不明なため、第二十条第一項の前半にある「信教の自由は、何人に対してもこれを保障する」という条文に含意されている、特定の宗教の信仰を強制されない自由、そして特定の宗教的行為への参加を強制されない自由を保障する観点に立つと、仏教という特定宗教の読経のみを行うことは、適切ではないと判断されたからである。

かかる身元不明者に対する弔いの問題は、三月二十四日から「弔い」プロジェクトを開始していた仙台キリスト教連合(6)の知るところとなり、葛岡斎場へ二十六日朝にやって来た川上直哉牧師と仙台仏教会の間で打開策が話し合われた。その結果この弔い活動にキリスト教も加わった上で、宮城県宗教法人連絡協議会（略称、宗法連）の主催事業と位置づけることで、仙台市と折衝することとなった。ここに述べた宗法連とは、一九七二年に設立された、他県では余り類を見ない宮城県独特の宗教法人を束ねる超宗派超宗教的な団体である。(7) つまり、仙台仏教会のみによる身元不明者に対する弔いに待ったがかけられたことから、これを宗教を超えて協働して行う事業に再編する方向で打開策が練られたのである。二十八日には仙台仏教会と宗法連会長との間で改めて話し合いがなされ、斎場での宗教者による弔いボランティアを「心の相談室」という名のもとに宗法連が組織化することが話し合われた。この流れは仙台キリスト教連合により仙台市にも伝えられ、四月一日には、宗法連会長、日本基督教団仙台市民協会《ママ》会長、社団法人仙台仏教会会長の連名で、「仙台市葛岡斎場使用要請嘆願書」が仙台市長宛に提出された[8]。この嘆願書には「三月十一日に発生した東日本大震災にて、死亡された仙台市民の遺族親族への宗教的支援事業として、今回宮城県宗教法人連絡協議会を主導としてキリスト教会、仏教会、有志寺院の協力を得て、下記日程期間、仙台市葛岡斎場の使用を嘆願いたします」とあって、その目的を「震災にて死亡された仙台市民の遺族親族への心のケア、宗教的相談、自殺防止等」におき、四月三十日までの午前十時から午後五時まで、仙台市葛岡斎場内二階待合室の一部（一部屋）の使用を願い出るものであった。

　結果この嘆願書は認められ、仙台仏教会では改めて宗法連からの要請に基づく形で、四月四日より葛岡斎場に「心の相談室」を開設した。また同時にキリスト教団、神社庁からも相談員が加わり、まずは身元確認者からの依頼に備えて待機することとなった。このことにより、市営斎場という公共空間において、宮城県内の多様な宗教法人が協働した組織体が再編され、「信教の自由」に留意した形で弔いが実現されることとなった。

　身元不明者に対する第一回目の弔いは、四月七日に実施された。その時点で既に前月末に予定されていた土葬選択は、火葬炉の能力が回復したことで回避されることとなり、当日は仏教僧侶のみが八体の火葬に立ち会って読経した。翌八日には、十五体の身元不明者を仏教とキリスト教合同で荼毘に付し、二十五日には八体、翌二十六日には七体を仏教・キリスト教・神道合同で送り、使用期限の四月三十日までに全部で三十八体の身元不明者の弔いを、「心の相談室」の事業として実施した。

身元不明者の弔いでは、複数の遺体が同時並行的に荼毘に付された。その際参加するのは各宗教からの担当宗教者の他に火葬場職員だけであった。点火された火葬炉の扉前にそれぞれ宗教者が立ち、読経、賛美歌、祝詞など自己の宗教に根差した弔い行動が手短になされ、終了すると交替して隣の火葬炉前で弔いを行った。最終的には全ての火葬炉の前で、参加した全宗教者の宗派宗教のやり方で弔いが行われたことになる。

宗法連主催で始まった「心の相談室」のあり方について、川上牧師は四月二十日に「心の相談室　趣意書とてびき（宗教家の皆様へ）」という表紙を含めて四頁からなる手引き書を作成し配付した。これは葛岡斎場での「心の相談室」の業務に参加した宗教者を対象に、「相談室の趣意を纏め、また、ここまでに得た知見を纏めて、「てびき」」とするためという。内容は「1「心の相談室」の趣意」「2「心の相談室」相談員の役割」そして最後に川上が受けた、関連するメール取材に対する彼の返信文が参考のために収録されている。

まず1では、「心の相談室」の役割を「家族に不慮の死を迎えたご遺族に、慰めとお支えを提供する準備をして待つこと」と規定し、「押し付けないこと」「待つ」ことに重心が置かれるとし、「特定宗教団体への勧誘などは、厳にお控えくださいますよう、お願いいたします」とする。公共空間である斎場に設置した受付では、「心の相談室」の看板のもとに黙して座るのみで働きかけは一切することなく、遺族らからの依頼があってはじめて、宗教者として弔いに関わるものとされたわけだが、これは2に挙げた五点の役割のうち、「⑴祈りつつ座り続けること」にも通じることであった。

加えて2では、「⑵相談者の言葉を傾聴し整理すること」「⑶次の段階へとつなぐこと」「⑷こころから、励ますこと」「⑸『心の相談室』の存在を広告すること」が挙げられる。⑵では相談内容を整理して聞き取ることに専念すること、対応が難しい問題は⑶にあるように専門家につなぐことが謳われる。その際の問題整理の枠組みは、一九九八年にＷＨＯ（世界保健機関）の執行理事会から総会提案された際の「健康」の定義に関わる四項目、肉体的（岡部医院）・精神的（いのちの電話）・社会的（反貧困ネットワーク）・宗教的（宗法連）で、[9] 必要なら括弧内の専門家たちに相談者をつなぐことになる。ここにWHOの動向が出てきたことは、次節で触れる医師の岡部からのアドバイスで、これにより、「心の相談室」が宗教活動としてのみ行われるのではなく、WHOといった世界標準を視野に入れた保健や医療との連帯も目指す活動であることが示される。(4)はまさに宗教者の真骨頂ともなるところで、それぞれカミを信じているがゆえの強みでもある、希望を相談者に届けることで、これを「相談室ができる最大のサービス」としている。そして最後に(5)では、相談を待つためにも、「心の相談室」の存在を知ってもらうことを広く訴えている。

以上まとめられた「心の相談室」の活動は、当初仙台仏教会が行っていた荼毘読経のような弔いに関わる儀礼執行のみではなく、心のケアや、宗教相談にも力点が置かれたものとして描かれ、参加者に対してそこを意識させようとする狙いが感じられる。その結果、五月一日にあった川上からの報告によるなら、斎場における相談総件数は四件のみであった。この時期における四件という数字がいかなる意味をもつのか、また「てびき」が現場でいかなる効果を発揮したかは不明である。とはいえ、こうした相談業務を実施した反省にたっての川上の次の指摘は興味深い。

(1)宗教者の強みは、論理や確率計算に拠らずに「安心・平安」を宣言することができる点にある。この点を活かして、相談者を深く受容し励まさねばならない。

(2)宗教者の弱みは、自らが所属する宗教団体の勢力拡大を（無意識にせよ）望む点にある。そこで、相談業務においては、次の二点を厳守すること。①自らの宗教派については、自ら明かさないこと。②相談を受けた時には、決して自ら解決しないこと（宗教相談であっても、関連団体へ相談を回すこと。）

(3)上記二点を纏めれば次のようになる。「本相談員は、勧誘を行わない伴走者となることを目指す。」

この内容は、キリスト者として被災者支援に関わる川上であるからこそ書かれたもので、ここからは「宗教者でありながら布教しない伴走者」という「心の相談室」で目指される相談員の理想像、公共空間における宗教者のあり得べき姿が浮かび上がってくる。とはいえ被災地に多い曹洞宗の檀家に対し、例えば浄土真宗の僧侶がただ「ナンマンダブ」と唱えればよいと導くことができないのはわかるにしても、ではそうした自己の宗教の得意技を離れて、真宗僧侶は宗教者としてどのように伴走者になれるのか、といった問題が次に浮上して来る。こうした問題の背後には、公共空間において宗教、宗教者が心のケアにいかなるスタンスから関わるべきか、に関する現在進行形で移ろい行く個別の現場からの葛藤が覗かれ、後の「臨床宗教師」創出へ向けた問題意識の萌芽がこの当時より意識されていたことが明らかになる。

三　新生「心の相談室」へ向けて

「心の相談室」の活動はその当初より、活動拠点となった葛岡斎場の使用期限、四月末日を意識して行われていた。しかし期限が迫ると共に、「心の相談室」として超宗派超宗教的に連帯して震災被災者の弔いをしてきた宗教者たちの間からは、諸宗教団体によるこの協働活動をさらに被災者支援に活かすべく、継続できないかといった話が自然発生的に起こってきた。その結果、身元不明者の弔いが仏式とキリスト教式合同で行われた四月十八日、葛岡斎場において牧師の川上と真宗大谷派の谷山洋三らに医師の岡部健が加わって、五月以降の「心の相談室」活動の実際についての構想が話し合われた。

岡部は、仙台市の南に隣接する名取市に在宅ホスピスの病院を開業している医師として著名で、さらに言えば自身、前年にガン手術を行っており余命十ヶ月と宣告されていた。岡部は医者という自然科学の先端を行く専門職でありながら、科学では割り切れない宗教が人間に及ぼす力を有効なものと認めており、医療の現場に公共性をもった宗教の働く場を確保することで、とりわけ死を見つめる人々に対するさらに広いケアの場を作るべきだという持論があった(10)。私と初対面の二〇〇一年七月、在宅ホスピスを開始してはじめて、患者の中に既に亡くなった死者が会いに来るという〝お迎え〟体験をする人が珍しくはないことを知り、さらにそうした体験者の多くは大往生するという経験則があることを知ったと岡部は熱く語った。その理由の根幹には地域の宗教性、民間信仰的な問題があるのではないか、もしそうであるなら〝お迎え〟体験ができる環境を作ることで、多くの人が大往生を遂げられるはずだと語り、そのための実証的な研究を宗教学などの人文社会科学と協働して行いたいと言ってきた。こうした感覚をもった医師の岡部は、自己の死を見つめるに際しても、「死という闇の世界に降りて行くための道標」が現代日本の看取り文化の中に無いことを批判し、公共空間において医療関係者と宗教者が連携できる仕組みが必要と説くと共に、その実現を目指していた。そうした時に起こった震災は、岡部にとってまさに最後の正念場であったのであろう。震災後の彼は、公共空間における宗教と医療の連帯を目指し、精力的に働きかけをしていった。

この時の話し合い内容は、その直後に谷山洋三が突然研究室を訪問してきたことで私の知るところとなった。東北大のインド学出身で、私の授業にも参加していた谷山は、さまざまな宗派宗教の宗教者たちを取りまとめる事務局を、東北大学の宗教学研究室で請け負ってもらえないかという依頼でやって来たのであった。この誘いは、今回の震災を宗教学の研究材料として対象化するのではなく、もっと素朴に、これまでの宗教学者としての研究経験や知識を被災者支援に役立てることはできないものかと考えていた私にとって、渡りに船であって、即座に事務局を引き受けることとした。後になってこの決断は、「心の相談室」の活動にとっても重要な意味をもつこととなった。それはさまざまな宗教者たちで構成される「心の相談室」の事務局が国立大学の宗教学研究室に置かれたことで、「心の相談室」の活動自体も宗教的中立性をもつことが担保されることになったからである。また実際、会議が宗教施設ではなく国立大学の会議室で開催されることは、参加する宗教者にとっても宗教的中立性が担保された会場となったのである。かかる状況を私は、「人を救う宗教者を、人を救えない宗教学者がサポートしている」と言い表していた(11)。

四　「心の相談室」の活動

葛岡斎場での「心の相談室」が幕を閉じた翌々日の五月二日、新生「心の相談室」による記者会見が、県庁内の宮城県政記者クラブで開かれた。こうした方法で世に「心の相談室」の存在を問うことになったのは、われわれの被災者支援の活動を広報しようという川上の発案であったが、それはまた、震災直後からのわれわれの活動と被災者の間がなかなか思うようにつながらない苛立ち、焦りからとられた措置でもあった。

記者会見の席上、マスコミ関係者には川上がまとめた「「心の相談室」について（お知らせとお願い）」という資料が配付された。最初の「設立の理念」には、以下のようにある。

今回の大震災では、宮城県に限った死者だけで二万人にのぼると予想されています。そのような状況において、弔いから悲嘆ケアまで、一貫した切れ目の無いご遺族に対する支援を行うことを目的に「心の相談室」は設立されました。

これまでの日本では、死者の弔いは宗教者の責務と位置づけられてきました。しかし今回のように未曾有の大量死に直面した時、その弔いは宗教者にとって、宗派教派を越えて広く取り組むべき大きな課題となっているものと思われます。もちろん弔いの儀礼が継続的に行われる一方で、残された遺族に対しては悲嘆ケア、さらには生活の再編に至る包括的な支援が必要になってくることは言うまでもありません。

その意味で、ご家族に不慮の死者が出てしまったご遺族に対しては、宗教者だけではなく、悲嘆ケアの専門家、さらには医療や生活支援の専門家が一体となって支援していかなければなりません。「心の相談室」では、宗教者による弔いを手始めに、ご遺族に対する包括的な支援を提供する仕組みを構築していきます。

以上より、新生「心の相談室」の設置目的は、宗教者が宗派教派を超えて協働して死者の弔いや遺族の悲嘆ケアさらには医療支援や生活支援などを包括的に行う活動であることが明示される。このトーンは、四月二十日に出された川上作成の「手引き書」の延長線上にあるが、実際のところは宗教者による組織ゆえ、悲嘆ケアがその中心にあった。

活動組織は、東北大学名誉教授で「仙台ターミナルケアを考える会」会長の吉永馨を会長とし、医療法人社団爽秋会理事長の岡部健を室長として実務的な代表とし、私が事務局長を務めることでスタートした。また「関連する団体」として、これまでの活動で関係の深かった宗法連・仙台キリスト教連合・仙台いのちの電話・反貧困みやぎネットワークが、そしてまた超宗派超宗教的に世界宗教者平和会議（ＷＣＲＰ）日本委員会の名前が挙げられた。さらに「賛同者」として淀川キリスト教病院名誉ホスピス長で金城学院大学学長の柏木哲夫、諏訪中央病院名誉院長の鎌田實、龍谷大学名誉教授の信楽峻麿、宮城学院女子大学元学長の山形孝夫ら多くの著名人が名を連ねた。

また「設立の経緯」として、震災直後からの経緯に触れた後、新生「心の相談室」となっての変更点が以下のように述べられる。


⑴主体を、宮城県宗教法人連絡協議会から、宗教者・カウンセラー・医療者の有志とする。

⑵上記主体を下支えするために、「心の相談室を支える会」を結成し、吉永馨・東北大学名誉教授に会長をお願いいし、宮城県宗教法人連絡協議会・世界宗教者平和会議等に、その会への参加をお願いする。

⑶事務局を、東北大学宗教学研究室に委託する。

⑷斎場の窓口を閉鎖し、電話相談窓口を設置する。

⑸新しい組織の目的を、医療と宗教の協働による「弔いとグリーフケアの総合」とする。

⑹引き続き、震災で家族に不慮の死を迎えた遺族のケアを行うが、今後は特に、「身元不明者の遺族」を中心に、「伴走者」として、相談業務を行う。


これまでの「心の相談室」が、宗法連という宮城県下の二千を超える宗教法人のもとに構成されていたことから、その活動が「信教の自由」に抵触しないよう留意されていたことが示されていた。しかし五月からはその主体が、⑴に見るように宗法連から実効性・即効性のある宗教者や医療者の有志集団に姿を変えたため、一宗一派の利益のための活動ではないことの保証が必要になった。そのため⑵の「心の相談室」を支える会が設置され、そこに宗法連やWCRPなどの超宗派超宗教的団体に加入願うことになったわけである。

上記の方針の下スタートした新生「心の相談室」は、「実務者会議」という緩やかな括りの参加者による情報交換・意見交換の場としての性格が自然発生的に定着する中でその歩みを進めることとなった。会議は東北大学大学院文学研究科の建物三階にある中会議室で開催され、ミクロ、マクロな視点から、さまざまな話し合いが行われた。参加する宗教者は既にそれぞれで被災者支援の活動に従事しており、ミクロにはその個別活動の中間報告がなされ、それに対してアドバイスや協力の話が取り交わされた。またマクロには「心の相談室」の名を使ったスケールの大きな企画が協議され、FM放送番組の製作や、講演会や講習会の開催が実現した。この会議のあり方は、手探りの中進む震災復興の中で、参加する宗教者の試みを尊重して行われるところに特徴があったと言えよう。

第一回の実務者会議は五月十日に開催され、以後二年ほどは週一回程度開かれていた。なされた議論内容は多岐にわたるが、継続して意見交換してきたのは「心の相談室」に参加する宗教者のあり方に対する共通理解であった。この件が最初に話題に上ったのは、五月十六日の第二回会議時であった。この時岡部から、「心の相談室」に集まる宗教者の間にルール作りが必要であることが述べられた。参加している宗教者はそれぞれの宗教をもっているため、そうした人が超宗派超宗教的活動をする際には、その活動がいかなるものかを明示した行動規範を作って共通した理解をもつことが必要であるとされた。そこでその叩き台を、新生「心の相談室」設立の立役者の一人で、長岡西病院のビハーラ僧や上智大学グリーフケア研究所所員の経験をもつ谷山洋三に任すことになった。この頃はまだ、件の宗教者の名称は決定されておらず、会議の席上では「チャプレン」の語で議論されていた。

五月十九日の第三回実務者会議の席上、谷山は「「心の相談室」チャプレン行動規範（Ver.1）」を資料として提出し、解説を行った。それまで「心の相談室」では、宗教者が布教目的ではなく超宗派超宗教的に信仰の異なる人の悲嘆に対峙することが謳われていたが、その具体的な方法がここではじめて明らかにされたわけである。この規範は、「はじめに」「第一部　倫理綱領」「第二部　良質なケアを提供するための心得」の三部構成からなる

A4判用紙九枚のもので、谷山が全米プロチャプレン協会の倫理綱領など内外の先行機関の規定を参考に、自身の経験を踏まえて作成した。第一部では「心の相談室」で求められるチャプレンのあるべき姿が倫理綱領としてまとめられ、第二部の心得では、ケアの現場での会話の進め方など、想定される場面ごとに個別具体的な問題点が指摘されている。

綱領におき、公共性をもった宗教者としてのチャプレンについて、以下のように述べられている。まず〈チャプレンとは〉では「チャプレンは、公的な性格を有する、一種の社会的役割である。チャプレンは、その社会的役割にふさわしい、適切な振舞をする責任を有する」とされ、「チャプレンは、その社会的役割の立場・地位を、乱用・悪用してはならない」と規定される。そして〈ケア対象者の信念、信仰、価値観の尊重〉と〈チャプレン自身の信仰を押し付けない〉において、異なる宗教的背景をもったケア対象者とチャプレンの間の関係が以下のように述べられる。

〈ケア対象者の信念、信仰、価値観の尊重〉
チャプレンはケア対象者の信仰・信念や価値観、文化的価値等を尊重しなければならない。チャプレンはケア対象者に対して、自身の信仰・信念や価値観を押しつけたり、それらに基づいてケア対象者の話を解釈することがないようにすべきである。そのためにチャプレンは、絶えずそれらを自覚化するよう心がけ、また自らのケアがそれらの押しつけになっていないか絶えず確認していく必要がある。

〈チャプレン自身の信仰を押しつけない〉
チャプレンは布教・伝道を目的として活動してはならない。また、そのような誤解を生むような行為は控えなければならない。

たとえチャプレンとケア対象者の所属宗教・宗派が同じであっても、その両者の信仰の内実は全く同じわけではない。チャプレンはケア対象者の個別性を丁寧に受け止め、尊重すべきである。

チャプレンは、安易に自らの信念・信仰や価値観に基づいてケア対象者に対してアドバイスや指導を提供してはならない。ケア対象者が、例え自らの信仰・信念や価値観の観点から見て好ましくないものであったとしても、ケア対象者からの同意なしに、その観点から独善的にケア対象者の価値を判断したり、どうあるべきかを指導したりしてはならない。

ケア対象者に対する宗教的な祈りや唱えごとの提供は、ケア対象者から希望があった場合、あるいはケア対象者から同意を得た場合に限る。それを提供する際には、ケア対象者のみならず周囲に対する配慮も必要とされる。

いわゆる「宗教的なゆるし」等、伝統的に宗教者が担う役割は、それがケア対象者から求められた場合にのみ、同時にそのチャプレン自身がそれを提供するのにふさわしいと判断される場合に限って提供することができる。

宗教的物品（聖典、冊子、パンフレット等）の配布も、基本的にケア対象者からの要請があった場合に限る。宗教的物品の販売は、これを行わない。販売代行をケア対象者に依頼することも同様に禁ずる。

ケア対象者が、そのチャプレンと別の宗教・宗派のチャプレン、あるいは同じ宗教・宗派でも別のチャプレンによるケアを希望した場合には、ケア対象者の希望に沿うチャプレンの紹介を、可能な範囲で行うべきである。

そして第一部の最後の綱領〈自己向上義務〉は以下のように述べられる。

チャプレンは、一人の人間として、またグリーフケアのプロとして、チャプレンとして（その人が特定の宗教的立場を有する場合には）宗教者として、自らの向上に絶えず努めなければならない。

また「心の相談室」のメンバーは、互いに向上すべく、切磋琢磨し合わなければならない。

これより、「心の相談室」で目指すチャプレンは、自己の宗教の側から宗教的ケアを目指すのではなく、ケア対象者の宗教背景を尊重したスピリチュアルケア的立場にあることが述べられている。この時は、谷山の解説の後に質疑応答がなされ、文言の訂正などを行った後、これを暫定版の Ver.1 であるとしてホームページにアップすることが承認された(12)。

「「心の相談室」チャプレン行動規範」はその後、多少の改編を経ながら公開されているが、「心の相談室」の活動の具体像を知る手がかりとなるために、講演会などで紹介する機会が多い。最初に紹介したのは五月二十二日に東京大学仏教青年会で開催された宗教者災害支援連絡会（宗援連）の第二回情報交換会で、私が行った「「心の相談室」の取り組み――宮城県から」と題した報告においてであった。行動規範の内容についてはおおむね好評であったが、「チャプレン自身の信仰は押し付けない」とするところ、チャプレンが自己の宗教から完全に独立することが現実的には困難だし、また宗教者としてそれでよいのかといった疑問が出された。これと同様、私が六月十日に日蓮宗現代宗教研究所で「「心の相談室」のこころみ――震災に対する超宗派的な取り組み」と題した講演をした際にも、「日蓮の教えで生きてきたわれわれに、それを捨てろというのか」とする質問があった。それぞれの会場におき、私はチャプレンが自身の信仰を押さえてケア対象者に対峙する重要性を説明することで回答したが、正直言って、自身でもこの問題に対する満足のいく回答ができないままであった(13)。

新生「心の相談室」の活動は、その後方向が定まってきて、以下の五つの企画が分担されて実施に移された。

①合同慰霊祭……身元不明者の月命日
②電話相談……毎週、水・日の午後三時から十時
③Café de Monk……移動傾聴喫茶 随時実施
④FM番組「カフェデモンク」(二〇一一年十月から)
⑤講演・講習会 随時実施

そうした中、六月六日の第六回実務者会議には、事務局会計担当の櫻井恭仁から「「心の相談室」会則」(案)が提出された。会則作成の契機は、活動を続ける内に世界宗教者平和会議(WCRP)日本委員会や各教団からご寄附を頂く機会が増えてきたことにあった。まず「前文」では「心の相談室」設置の経緯に触れた後、その活動目的を以下のように述べる。

「心の相談室」では、スピリチュアルケアの観点から、宗教者による弔いを手始めに、ご遺族に対する包括的な支援を提供する仕組みを構築していく。

WHOの各種の定義でも議論されているように、スピリチュアルな(霊性、精神性、宗教性)の問題は人間の生活の質(QOL)を考える上で重要な要素である。他方、スピリチュアルケアの具体的な考え方や方法についてはさまざまな意見があるが、当相談室では、傾聴を基本として取り組むこととする。

これにより、それまでに作成されてきた「心の相談室」に関わる文書では不明瞭であった「心の相談室」の活動の中心が、傾聴することを通じたスピリチュアルケアであることが明示された。この点は第三条におき、以下のように規定される。

相談室は、近親者との死別やさまざまな喪失などで精神的に深い痛手を受けた方々、また、日ごろからいろいろなことで悩んでいる方々の心のケアに、個人の信条や宗教・宗派の違いを超えて、スピリチュアルケアの観点から傾聴を基本として取り組み、人々の心の安定の回復に寄与することを目的とする。
2　会員は、活動に当たっては別に定める「「心の相談室」チャプレン行動規範」を遵守しなければならない。

この文言から明らかなように、「心の相談室」で目指す超宗派超宗教の立場はスピリチュアルケアとして実現され、その際の準拠枠組みが「「心の相談室」チャプレン行動規範」におかれているのである。

五　チャプレンから臨床宗教師へ

行動規範の形が整ってきた中、六月二十日の第七回実務者会議では、谷山と川上による二種のプレゼンテーションが行われた。一つは谷山による「チャプレン――宗教者による「心のケア」のあり方について」、もう一つは二人連名による「「心の相談室」チャプレン養成プロジェクト」であった。前者は日本におけるこの分野を牽引してきた谷山が、チャプレン論をまとめ、被災地支援の宗教者がチャプレンとして入る意義を強調した。また後者では日本におけるチャプレン養成の実情に触れた後に、宗教系大学に寄附講座としてチャプレン養成プログラムを設置する具体案を、「三年分の予算で三十年分の効果を創出する」という副題付きの予算案を提示しながら説明した。

寄附講座を作ったらどうかといった話は、五月三十日の第五回実務者会議で既に出てきた話であったが、今回の提案は具体性があって、被災地支援に関わる宗教者にとり大変インパクトがあった。「傾聴した際に、その人が分かち合えたと感じることができるシッポをどうやってつかんだらいいのか」「カウンセリングともまた違うと思うが、自己限定をどこでするのか」「そもそも宗教性をもって相手に触れることはどう実現できるのか」といった、移動傾聴喫茶の Café de Monk に参加している宗教者たちからの質問が堰を切ったように出てくると共に、チャプレン養成講座の創設に期待する声が多々寄せられた。ただ最終的には、これから寄附を集めて大学に設置するのでは被災地の〝今〟に対応するには即効性がないということで、長期的展望として大学に寄附講座設置を働きかける一方で、短期間のチャプレン養成プログラムの実施も併行して実施することとなった。

大学内に寄附講座を設置することは、その後在仙の宗門大学に対する働きかけとして行われた。それに対してキリスト教の関係者の間では、世界教会協議会（ＷＣＣ: The World Council of Churches）などからの資金援助の道が開け、二〇一二年四月からの寄附講座の設置が現実味を帯びてきた。ところが件の私立大学では、話がなかなか進まないままに十一月を迎えてしまった。翌年度開設のためには時間切れと判断し、急遽話が廻ってきたのが東北大学大学院文学研究科への寄附講座の設置であった。十一月末から降って湧いた話に翻弄される中で大学内での調整を行い、何とか四月の寄附講座開設が実現したわけである。

こうした流れで問題となったことは、そもそも寄附講座で養成する職業人をなんと呼ぶかということであった。

行動規範作成時には「チャプレン」と呼んだのであるが、この語はキリスト教の背景をもつ用語であるため、一宗教の色を出すことは避ける方向から仮の用語と考えられていた。さらに言うなら、こうした職業に関する実務者会議での発言の最初は、五月十日の第一回の岡部の発言に出てきた「臨床宗教家」であった。この時の「臨床宗教家」は、まだその性格は明確になっていなかったが、彼は医療界と上手く通じることができる宗教者を考えていたようである。そもそも現代は、病院と地域の宗教性の間が切断されていることが問題で、その間を取りもつ宗教者が必要だと述べている。その点キリスト教の場合は医療界とも近く、牧師であれば中に入れるものが、仏教者には困難であることが問題で、その解消が必要と考えていたのである。がん末期の宣告を受けていた岡部にとって「看取りに関わる人は「空気のような存在」でより添うことができる人」であって、彼が重要視する「臨床」の場に立てる宗教者を意味していたものと思われる。

以後、会議録の中からその後にでてきた用語の初出を拾ってみると、「チャプレン」（五月十九日）、「臨床宗教士」「臨床死生士」（五月三十日）とあり、六月二十日にはchaplainの和訳案が話題になり、「臨床聖職者」「臨床宗教家」「臨床人間師」「臨床人生師」「臨床安寧師」「実践安寧師」「精神安寧師」「安寧照顧師」「身心安寧師」「心身安寧師」「臨床死生学師」「臨床死生師」「スピリチュアルケア師」と、多数の候補が挙げられた。岡部個人ははじめ「臨床宗教家」を気に入っていたようで、八月一日の第十二回実務者会議の際には、この名前が医療界では受けが良かったと話している。夏から秋、そして年末へ向けての寄附講座の話が出てきた際にも、養成する専門職の名前は時々で異なり、なかなか一つに定まらなかった。岡部の発言から始まった「臨床宗教家」が「臨床宗教士」を経て最終的に「臨床宗教師」に落ち着いたのは、正確には大学に提出した書類作成中のことで、二〇一二年の一月のことであった。

平成二十四年度が始まった四月、東北大学の大学院文学研究科にとっては初めての寄附講座である「実践宗教学寄附講座」が開設された。この講座は私が主任教授を兼務し、高橋原、谷山洋三の二人の准教授と共に運営している。この講座の活動は大別して二種あり、一つは東北大学学生・院生に対する授業の実施で、高橋・谷山の二人は自由聴講科目を講義する他、宗教学の卒論・修論指導にも参加する。また二番目は宗教者対象の「臨床宗教師」研修の実施である。これまで七回研修を行い、二〇一五年十二月十六日には第八回研修が終了した。これまでに百二十六名の臨床宗教師が誕生しており、そのうちの八人が有給で「臨床宗教師」の任を果たしている。

「実践宗教学寄附講座」のウェブサイトに載っている「臨床宗教師」の定義では、「「臨床宗教師」とは、公共空間で心のケアを行なうことができる宗教者を意味するものとして、英語の「チャプレン chaplain」の訳語として故岡部健（たけし）医師が考案した名称です」とある。「臨床宗教師」が公共空間でケアをおこなうことを可能とする心得については、「臨床宗教師倫理綱領」（二〇一二年九月二十日制定）があるが、実はこの綱領は「「心の相談室」チャプレン行動規範」の「第一部倫理綱領」の文言のうち、「チャプレン」であったものが「臨床宗教師」の語に代わった他、文言を若干変更したものである。[14]

日本の宗教事情を振り返ると、キリスト教国を中心とした多くの海外諸国に見られるチャプレンがなかなか上手く養成できず、また定着することが難しい歴史が刻まれてきた。こうした中、「実践宗教学寄附講座」で養成している「臨床宗教師」は、東日本大震災の被災者支援で始まった「心の相談室」の活動に参画した宗教者たちが、支援の実践現場において試行錯誤しながら検討してきた〈公共性をもった宗教者の立ち位置〉の成果を継承し、巣立っていることが明らかになった。今後、超高齢多死社会を迎えるわが国にあって、宗教が公的空間において一般の人々のケアに関われる状況が実現したなら、現在厚生労働省が推進している「地域包括ケアシステム」の実践としても、非常に有効な力となるであろう。

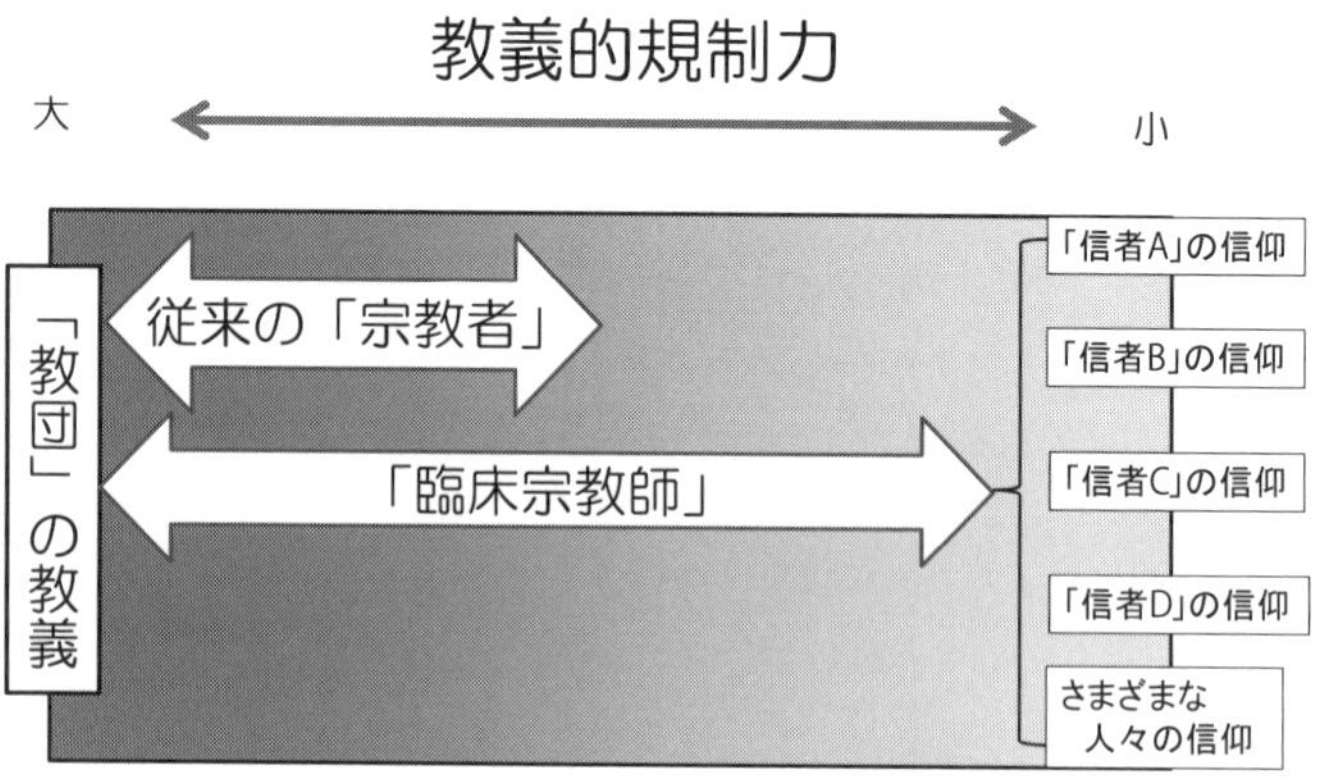

図　信仰現場にみる「宗教者」と「臨床宗教師」

六　おわりに

公共空間における宗教者のあり方について、私自身が関わっている「臨床宗教師」の養成の場面を手がかりに検討を加えてきた。今回は特に「臨床宗教師」へと結実した、東日本大震災の被災者支援を契機に始まった「心の相談室」の活動の現場を〝参与観察〟することで、関わりをもった宗教者の間で暗黙の内に共有され意識されてきた〈公共空間における宗教〉や〈布教とはならない宗教者の立ち位置〉に対する反応が明らかになったものと思う。

そうした時に残る大きな問題は、「「心の相談室」チャプレン行動規範」をめぐって出された質問、「チャプレンが自己の宗教から完全に独立することが現実的には困難だし、また宗教者としてそれでよいのか」といった点である。これは言い換えるなら本章の最初で述べた「宗教者が自己の宗教を離れて、自己のものとは異なる他者の宗教に理解を示すことは果たしてどこまで可能であろうか」と言った問題につながる。

このことを考える際の一つのポイントを、私は現在、「宗教者」と「臨床宗教師」の幅の違いにあると考えている。図を参照すると、まず濃淡で示された長方形は、教団の教義の極に近い左に行くほど「組織宗教」の教義的規制が強いのに対し、信者の極である右に近づくほど教義的な規制力が薄くなり、非組織的な宗教色が強いことを示している。「宗教者」の信仰は、その両極の間を行き来しつつ、教義の〝教え〟と信者の〝信仰実態〟とを調整するわけである。実は「臨床宗教師」も、同じように左右の極の間を行き来する。しかしその立ち位置は、「宗教者」よりもさらに右の信者に触れるところまで矢印が伸びているところが、「宗教者」との相違点である。「宗教者」は多かれ少なかれ自己の信仰を左側の濃い部分に保ちつつも、対峙している人びとの〝信仰実態〟に寄り添って、右までその〝教え〟の幅を伸ばすのであるが、どこまで右寄りに足を踏み込めるかということで「宗教者」と「臨床宗教師」との違いが生じると考えている。とはいえその差異は明確ではなく、あくまで相対的なものである。こうした時、われわれが求めている「臨床宗教師」はいわば「良き宗教者」ということになるのだろうか？　あるいは「良き人間」であるならば、「宗教者」でなくても可能なケア提供者であるのではないか？などといった問題が浮上してくる。ただ現時点ではこの問題は、とりあえず「宗教者」に限定するものとの理解の上で歩を進めている。この括りを外した場合の箍が、明確な論理で構成されないことを恐れてのことである。

「臨床宗教師」研修とはまさに、この図中の矢印を少しでも右に伸ばすための契機を提供する機会と位置づけることができる。救済を求めている人、時にはそれが異宗派異教徒の場合でも、そうした人びとに対して「宗教者」が自己の信仰をカッコに入れ、いかに相手に寄り添い宗教的なケアができるかということに関する学びの場なのである。研修受講生たちは、異宗派異宗教の宗教者との共同生活・共同作業を通じて自己の信仰を相対化して見つめる機会をもつこととなり、その結果自己の信仰の間口が広がって異宗派異宗教の他者への深い寄り添いが実現している。また同時にそうした外に向けた信仰の広がりは、自己の内なる信仰の深化にも多分に作用しているとの感想もみられる。さらにこうしたスキルは完成品を伝授するような性格のものではないので、一回の研修受講で「臨床宗教師」が完成するわけではない。少なくとも年一回のフォローアップ研修が用意されていることが示すように、「臨床宗教師」の完成体は理念的にしかあり得ず、常にそのブラシュアップを図るべく、精進することが求められているのである。図示したグラデュエーションの中、半歩でも一歩でも右側に寄り添って話ができる「臨床宗教師」が誕生することは、突き詰めれば私的価値の問題でしかない宗教が公的空間で機能する積極的可能性を手に入れることに通じることでもある。

（1）木村敏明「震災と向き合う宗教――東日本大震災以降の動向」（渡辺直樹編『宗教と現代が分かる本 2012』平凡社、二〇一二年）。

（2）こうした辛辣とも取れる山折の批判の原点は、日本の宗教事情に対するもっと根深いところに置かれていた。この点は二〇一三年の三月二日、東北大学で開催したパネルディスカッション「東日本大震災と宗教者・宗教学者」の基調講演で登壇願った際、ご自身の口からも吐露されていた。山折は、阪神大震災時の惨状を見て直観した「無常」「地獄」といった宗教的言語が、当時の日本社会に通じることがなく、宗教が世俗化の底をさまよっているといった感じがあったという。「近代社会といいますか、日本の世俗化した、宗教的言語がほとんど人びとの心の奥底に届かない、そういう状況の真ん中にわれわれは生きて行かざるを得ない」ことを痛感しという。この点につき、山折は二〇〇二年の『新潮45』四月号における「さらば「宗教」――歴史的宗教の賞味期限」と題する記事でも述べていた。阪神・淡路大震災を経験した山折は、伝統的な歴史的宗教で使われてきた宗教言語が、この間の社会変動の波の中でその生命力を奪われてしまい、その耐用年数が尽き始めていることに気づくようになったというのである。とはいえこうした失意の言葉は、前述のパネルディスカッションにおける山折氏の言葉からは聞こえてこなかった。今回の震災においては「無常」「地獄」といった宗教的言語がメディアにも取り上げられ、世論においても語られるようになったという現実があり、山折はそこにかすかな〝希望の灯〟を見出し、「阪神淡路から三・一一にかけての時間の落差のようなものは一挙に乗り越えられてきたかな」と、不安をもちながらも感じているという。

（3）例えば、以下のようなものが挙げられる。清水秀男「臨床宗教師・臨床仏教師養成をめぐる動向」（『仏教経済研究』〔駒澤大学仏教経済研究所〕第四三号、二〇一四年）、鈴木岩弓「展望　超宗派「心の相談室」」（『週刊佛教タイムス』第二四七一号、二〇一二年）、鈴木岩弓「いま宗教者に求められていることは何か」（『寺門興隆』第一七五号、二〇一三年）、鈴木岩弓「いまなぜ臨床宗教師の養成が必要なのか」（『寺門興隆』第一七六号、、二〇一四年）、高橋原「宗教者による心のケアの課題と可能性――臨床宗教師養成の試み」（『宗務時報』第一一七号、二〇一四年）、谷山洋三「「心の相談室」のその後と臨床宗教師」（『宗教と現代がわかる本2013』平凡社、二〇一三年）、藤山みどり「「臨床宗教師」の可能性を社会のニーズから探る――「臨床宗教師」をめぐる考察」前編・後編（『宗教情報センター研究員レポート　宗教情報』二〇一二年）。

（4）曹洞宗については宮城県曹洞宗宗務所、神社神道については宮城県神社庁に対する聞き取り調査の結果による。

（5）東日本大震災時には、短期間に大量な遺体処理を行わなければならないにも拘わらず火葬場の機能が充分ではなかったため、宮城県では二千百八体の被災死亡者が一時土葬された。このことに関しては、拙稿「東日本大震災の土葬選択にみる死者観念」（座小田豊・尾崎彰宏編『今を生きる1　人間として』東北大学出版会、二〇一二年）で論じたことがある。

（6）プロテスタント、カトリックの垣根を越えたキリスト教超宗派の団体。震災直後の三月十八日、同連合はその下の任意団体として被災支援ネットワーク（東北ヘルプ）を立ち上げ、教会の再建、支援者のネットワーク構築、民生支援活動を行ってきた。さらに海外からの大口資金援助に備え、同年五月にその受け入れのために東北ヘルプの事務局を財団法人化し、一般財団法人東北ディアコニアを設立した。

（7）震災時の宮城県の宗教状況を考える際、当時既に県内の宗教法人をまとめ上げる組織であった「宮城県宗教法人連絡協議会」の存在は、見過ごすことのできない要であった。この組織は、在仙の宗教団体同士の連絡を緊密にし、世界平和に尽くそうといった趣旨で一九五八年から始まった、「仙台宗教団体協議会」という組織を母体に一九七三年に発足した。会の特徴は、各宗教法人が相互に連帯した宗教団体としてのあり方の実現を図っている点で興味深い。具体的に言えば、一九八〇年以来実施されている「各教宗派本山等研修」では天理教会本部、トラピスト、伊勢神宮、曹洞宗大本山永平寺、……と毎年各法人の中心的な施設を訪問して見学の機会をもっている他、一九七五年以来刊行されている『みやぎ宗連報』の記事として、一九八二年から開始された特別寄稿では、きよめ、祈り、救いなど共通する宗教的なキーワードが設定され、各法人からの論考が寄せられている。また同じく一九八二年の第八号からは「みやぎのまつり」という県下の寺社や民俗的な祭に関する記事が掲載されている。こうした宗教間の相互理解を推進する活動を長年蓄積してきたことが、今回の震災直後から各宗教団体の枠を越えて協働する体制を実現できた理由ではないかと思われる。二〇一四年四月一日現在の加入宗教法人は二千百二十二である。

（8）この資料は仙台仏教会から提供されたものであるが、特にキリスト教団体の所属が「日本基督教団仙台市民協会会長」となっているところは「仙台キリスト教連合代表」の誤記と思われる。

（9）その後のWHO総会では、現行の健康定義は適切に機能しており審議の緊急性が他案件に比べて低いなどの理由で、審議入りしないまま採択も見送りとなり、そのままとなっている。

(10) 余命十ヶ月を宣告されていた岡部医師の最期に向けての歩みについては、奥野修司『看取り先生の遺言――がんで安らかな最期を迎えるために』（文藝春秋、二〇一三年）に詳しい。医師でありがん患者であった岡部の、「臨床宗教師」に対する想いを聞くことができる。

(11) 宗教学者の中には、自身が何らかの宗教の宗教者であるという〝二足の草鞋〟を履く人は珍しくないが、筆者はそうではない。とはいえ宗教学を専攻している自分の中には、宗教一般に対して原則的に共感的理解があり、宗教には宗教だけがもつ他のモノには代えがたい特別な働きがあるものと認識していた。その意味で、震災という非常時に私の住む仙台で、宗教者の方々が被災者のために献身的な活動をされていることを知ったとたん、ともかくも後押ししたいと事務局を受け入れることを即断した。その背後には、この当時の大学内のところどころで聞かれた、この震災を研究するということで大きな研究資金を取ったらどうだろうかといった話に対して、素直に賛同できない自分がいたことが作用していた。こうした非常時を、研究の素材として対象化していくことも学問研究の一つの道であることは否定しないが、私としては被災者支援のために宗教学者という自分の特質から何ができるのか、ということを模索していた。その意味で、谷山からの依頼は、〝渡りに舟〟であったのである。

(12) その後同年五月二十六日に、「『心の相談室』チャプレン行動規範」の Ver.1.3 がアップされた（http://www.sal.tohoku.ac.jp/kokoro/blog/log/eid 48.html）。

(13) この点に対する回答はその後も模索中であるが、その中で幾つか明らかになってきたが、とりわけ以下の二点に留意すべきと考えている。「①教団の教義は実際の信仰場面において、絶対ではない」「②宗教者であろうと一般信者であろうと、それぞれの信仰は教義に限りなく重なる極と、逆に教義と重ならない極の間を、常に揺れ動くことで成立している」。

(14) http://www.sal.tohoku.ac.jp/p-religion/neo/wiki.cgi?page=%CE%D 7% BE%B 2% BD%A 1% B 6% B 5% BB%D 5% CE%D 1% CD%FD%B 9% CB%CE%CE 参照。

第九章 〈ラルシュ〉で生きる『人間の条件』

ヴァニエ、アレント、クリステヴァ――異邦人は招く

寺戸淳子

一 はじめに

「宗教と公共性」というテーマにはさまざまなアプローチが可能だが（集団を束ねるオフィシャルな宗教、公共善・倫理の指導原理としての宗教など）、本章では、一見「宗教の社会貢献（公益性）」の事例に思われる運動の分析を通し、そこで示される社会への提言が「社会から排除されてきた人々との共生」以上の広がりをもつことを述べた上で、そこにみられる「公」の意義を考察する。取り上げるのは、〈ラルシュ〉という共同体運動である。一九六四年にフランス、パリ北東のトロリー・ブルイユという小さな村で、ジャン・ヴァニエという人物が知的な障害のある男性二人と共同生活を始めたのが発端で、現在は世界三十八ヶ国に百四十八の共同体を数える。一つの共同体は、コア・メンバー（知的な障害がある人）とアシスタントが共に暮らす数軒の家からなり、運営は各地の共同体単位で独立していて、地域の伝統や、自治体・国の経済力と社会保障制度の違いなどによって個性や経営状況は異なる。

以下、二節で共同体の歴史と創設者ジャン・ヴァニエの思想を述べ、昨年筆者がフィールドワークで得た知見をもとに共同体での暮らしを提示した後、三節ではこの共同体運動の意義を考えるために、ハンナ・アレントの『人間の条件』を参照する。そこでの鍵概念である「公／私」「世界」「生命」が、〈ラルシュ〉共同体を考察するにあたっても有効だと考えたことが大きな理由だが、それだけではない。この論考のために再読した後、〈ラルシュ〉で過ごさなければ『人間の条件』をこのような観点から読むことはなかっただろうと感じ、『人間の条件』と〈ラルシュ〉の試みには深い関係があると確信したからである。四節の考察では、ジュリア・クリステヴァによるアレントの評伝『ハンナ・アレント――〈生〉は一つのナラティヴである』と、クリステヴァとジャン・ヴァニエの往復書簡の体裁をとった共著 *Leur regard perce nos ombres*（『彼らの眼差しは私たちの闇を衝く』）を参照する。クリステヴァを仲介とすることで、〈ラルシュ〉とアレントの関係がより明確になると考えるからである。また本章は、この三者の考えを関係づけることで宗教と「公」という主題について何が見えてくるか、という点に関心を集中したため、アレント、クリステヴァ、ヴァニエや〈ラルシュ〉を論じた著作・研究には言及していない(1)。

二　〈ラルシュ〉共同体

創設者ジャン・ヴァニエと〈ラルシュ〉の軌跡(2)

ジャン・ヴァニエは一九二八年に、外交官で後に第十九代カナダ総督となるジョージ・ヴァニエの息子として敬虔なカトリック一家に生まれ、長くヨーロッパで過ごした。第二次世界大戦が勃発すると、平和の実現に役立ちたいと十三歳でイギリス海軍士官学校に入学し、戦後はカナダ海軍士官となる。だが、これは求めていた「人に仕える」仕事ではないという思いがつのり二十歳で除隊、パリ・カトリック学院で神学と哲学を学び、アリストテレス倫理学の研究で博士号を取得した。このとき、生涯の師となるドミニコ会士トマ・フィリップ神父に出会う。一時司祭を目指したが断念し、トロント大学で哲学教授の道を歩み始めていたときに、当時「知的障害者収容施設」の施設付き司祭をしていたトマ神父の導きで、家族から引き離され一生を閉鎖的な施設で終えるという障害がある人々の置かれていた状況を知り、彼らに家庭を提供したいという思いに突き動かされて、一九六四年八月、施設に入っていた二人の男性と一軒家で暮らし始めた。カナダで有名な外交官一家の息子で元海軍士官の哲学博士、身の丈二メートル近い「男の中の男」のようなヴァニエが、異国の地の首都のはずれ、昔ながらの知的障害者収容施設があるようなひなびた村で、障害がある縁もゆかりもない男性と家庭生活を始め、その家庭を〈ラルシュ〉（ノアの箱船）と名づける。ヴァニエの経歴とここに並んださまざまな要素が、この行動をよりいっそう象徴的なものにしているといえるだろう。

北米大陸の先駆的施設を参考にしながらも、知的な障害や家事について十分な知識も経験もなく、専門家としての訓練を受けたこともない素人が行き当たりばったりで始めた暮らしは手探りの連続だったという。だがすぐに次の転機が訪れる。同年十二月、ヴァニエは全職員退職という危機に瀕した先述の障害者収容施設から、運営を引き継いでほしいという依頼を受けたのである。当時三十二人の男性を収容していた施設とは交流がなかったにもかかわらず、彼は神の導きを確信して承諾する。カトリック教会組織や村人たちの支援を受けながら施設の改革を進める一方で、ヴァニエの活動はここから行政と関係をもつようになり、福祉事業という枠組みの中に入っていった。〈ラルシュ〉は創設からわずか数ヶ月の間に、行政、カトリック教会機構、医療従事者と連携して運営される組織へと変化したのである。

ヴァニエの活動は、彼がトロント大学で継続して行っていた講義や同地で開かれた講演会、家族の支援もあって、カナダで支援者を増やしていった。そして一九六九年、フランス国外初の共同体である「デイブレイク」がトロント市の北に創設された。以後、フランスとカナダを中心に共同体は世界中で増え続けている。そこに共通の運営方針はなく、行政の支援を受けられなかったり、受けようとしなかったり、共同体はそれぞれの道を模索し歩んでいる。行政の支援を受けている共同体が抱える現在の難問は、「家族という無償の関係」という理念と「最低賃金の保障」という社会正義の兼ね合いである。

ヴァニエは〈ラルシュ〉創設当初から積極的に各地で講演会・黙想会を行い、それが活動を広げる大きな力となってきた。それらの採録や、ヴァニエが共同体の支援者にむけて書いてきた「〈ラルシュ〉便り」などに彼の考えが述べられている。そこで繰り返されるのは、「自らの貧しさ・闇を受け入れる」という生き方の勧めと、それを可能にするのは、私たち自身の貧しさによって結ばれる「貧しい者たちの家族」という「コミュニティー＝所属場所」への、帰属だという信念である。その貧しさを体現するとされるのが、受難のキリストであり、コア・メンバーたちである。ヴァニエは、彼らが他者に自らの弱さをゆだねる姿を通して、キリストの教えの中心である「貧しさ」の霊性を学んだと述べる。

貧しさは他者を必要とし、他者に向けて自らを開く原動力と、他者を受け入れる力となる。だからこそ、人は自己に内閉しないために、貧しさと傷つけられやすさに満ちた、他者を迎え入れる開かれた場に属す必要がある。だが、そこに響く貧しい者の愛を求める叫びは、聞く者の内に同じように潜む恐れと苦しみを目覚めさせ、その傷に触れる。(3)それに耐えられるようになるには、コミュニティーという「自分の家」、心が根を張る大地に帰属しているという実感が必要である。その確信があって初めて、人は自分自身の傷を受け入れられるだけでなく、「祝祭の心を持ち、そばにいる人の美しさ、私たちの住まいである宇宙の美しさを前にして驚く心を抱く(4)」ことができる。ヴァニエはまた、コミュニティーでの共同生活は「時間・物語＝歴史」に身を投じることであり、それを忘れたコミュニティーは当初の姿を失ってしまうと述べる[5]。「私たちの役目は、彼らの苦しみと不安に、その生涯にわたって、死の時まで、寄り添いとげることです[6]」。

アリストテレス論と、学習教材『人となる』

博士論文をもとにした『幸せを知る――アリストテレス倫理学の根幹』で、ヴァニエは、アレントが『人間の条件』で向けているのと同様の関心を、アリストテレスの思想の同じような箇所に向けている。

ヴァニエはアリストテレス倫理学を「欲求と行為の学」とみなしている。その要となるのは「他（外）への関心」である。アリストテレスによれば、人間本性とは「外なる真へ向かう志向性」であり[7]、その志向性に導かれた活動こそ「人間の生（ビオス）」と、その喜びに他ならない[8]。外なる他に向けて自らを開き続ける「欲求」の遠心力に対し、自分だけのものにしようとする「所有欲」という求心力は私という行き止まりに至り、そこに喜びはない[9]。ヴァニエはまた、アリストテレスの思想における「思考」と「驚き」の関係を強調する。子供がなにかを発見したときの驚きと喜び、外界に惹かれ驚く力こそ思考の原点であり[10]、理性（思考）が他者の喚起する驚きから始まるということは、「理性的存在としての人間」の成立に「他者との関係」が必要不可欠であることを意味すると述べる[11]。このようにヴァニエは、アリストテレス倫理学のうちに、人間を「外－他」に向かう存在とする人間観を見いだし、そのような人間の幸福は「他者に開かれること」であると結論づける。ただし、アリストテレス倫理学には「同情」が不在であるとして、その点を補足する。人は「弱い身体」に対する同情に動かされて他者に近づき、そのことで自らの弱さを受け入れられるようになり、その結果、よりよく他者に開かれ人間として成熟するとヴァニエは述べる[12]。

大人向けのこの著作に対し、学習教材『人となる』（カナダＣＢＣ放送の番組で放送された講演をもとにした、高校生の宗教・哲学・リーダーシップと社会研究課程用の学習教材で、CD、学生用手引き、教師用教本からなる）では、彼の人間観が平易に語られている。講演のテーマは「孤独から帰属へ（from loneliness to belonging）」である。孤独は人間に備わった部分、本質的な経験、「何の一部でもない感覚、切り離された感覚、無価値で、自分に向かってくる力に対して無力である感覚、そして罪悪感です。でも何の？　存在することの？　裁かれる？　誰にでしょう？」(13)。何かを成し遂げ評価され、人生がうまくいっている間、私たちは孤独を忘れて生き、思うようにならなくなったとき初めて孤独に気づく。人生は変化の連続であり、人の一生は幼児という弱さから老齢という弱さへの成長過程であるのに、私たちはそれを認めようとしない。だが人は皆「傷ついた人間性」を生きており、それを否定することはできない。その事実、弱さが、人々を結びつけ、「帰属すること」に向かわせる。帰属することは他者と世界に自分を開くことであり、それによって私たちは自分が「誰」なのかを理解していく。ヴァニエはここでも、これらのすべてを知的な障害をもつ人々から学んだと述べる。最後に語られるのは物乞いのエピソードである。パリの町中で女性に金をせびられた時、彼女の痛みと必要に飲み込まれてしまう脅威を感じ、時間がないからと小銭を渡して立ち去ってしまったが、なぜ話を聞こうとしなかったのかと悔いた。私たちは自他の弱さを避けようとする、世界は美しいという幻想を抱く方が簡単だから、私たちには世界をもっと美しくする力があると信じられなくなっているから。ヴァニエ版「人間の条件」のような内容である。

〈ラルシュ〉での暮らし

筆者は二〇一三年夏に、オンタリオ州の中心都市トロント北部にあるデイブレイク共同体で、ホームのアシスタントとして五週間を過ごした。八つのホームを擁する大きな共同体で、各ホームには四～五人のコア・メンバーとほぼ同数のアシスタントが個室に暮らす。デイ・サービスと工房・木工所を備え、自宅から通ってくるコア・メンバーもいる。

かつては口コミで新たなコア・メンバーがやってきていたが、現在では大きく様変わりした。オンタリオ州では、〈ラルシュ〉のような施設は行政組織であるDevelopmental Services Ontario（ＤＳＯ、オンタリオ障害者サービス局）に登録し、その管轄下に置かれている。同様の施設への入居希望者は、まずＤＳＯに申請書を提出し、ＤＳＯが希望者リストの上位者から順に、最も適していると判断される登録施設を選択して希望者と施設の両者に提示し、話し合いを重ねて入居先の決定に至る。〈ラルシュ〉で暮らしたくても直接申し込むことはできず、必ずＤＳＯの仲介を経なければならない。入居すると、状況によって共同体内でホームを替わることはあっても退去は稀で、生涯〈ラルシュ〉で暮らすことになる。

ボランティアの希望者に対しても行政の指導が及んでいる。希望者には犯罪経歴証明書の提出が義務づけられ、身元の照会がなされる。事前にオンライン教育プログラムで、知的な障害がある人たちの施設で働くにあたっての心構えや注意事項の学習が義務づけられている。デイブレイク共同体には世界中からボランティアが集まってくる。中心は大学生で、ワーキングホリデーの利用者も若者が多い。滞在期間は夏期休暇中の三ヶ月という設定が最も短く、通常は一年で、延長する人もいる。そのまま常勤スタッフになることもあるが、最近はそのスタッフも他の共同体に移ったり、別の道に進んだりと、あまり長く働き続けることがなくなってきているという。かつて〈ラルシュ〉で暮らすことは、生涯独身のまま知的な障害がある人たちと家庭を作るという「召命」のような意味を持っていたが、現在はそのようなヴィジョンはなくなっていると、創設世代のスタッフは感じている。

〈ラルシュ〉での一日は、次のように過ぎていく。担当しているコア・メンバーがどのような介助を必要とするかにもよるが、朝はだいたい七時前に起床し、メンバーの身支度、朝食、お弁当作り、連絡ノートにメンバーの前日からの様子を書いて各自の日中の活動に送り出したのち、午前中は担当箇所の掃除、メンバーの洗濯物、買い物などの仕事を済ませる。正午から夕方までは休み時間で、メンバーが帰宅すると、夕食当番（アシスタントとコア・メンバーの二人一組で調理をする。週末は昼食当番もある）以外は用事をしたりメンバーと話したりしながら思い思いに過ごす。夕食には曜日によって決まったお客様（他のホームのメンバーやアシスタント、ホームを定期的に訪れる「友人」たちなど）があり、その日の出来事などを話しながら必ず全員一緒に食べる。食後の祈り、食事当番以外の人たちで後片付け、歓談（最近はテレビや映像ソフトの鑑賞が多い）、就寝の身支度、日誌に一日の様子（医療情報なども）を記入したのち、夜勤看護師への引き継ぎをする当番以外は早めに部屋に引き上げる。アシスタントの数によるが、筆者の滞在中は約五日に一度のペースで夕食当番が回ってきた。週末は買い物や散歩などが企画され、日曜日は各自の宗教宗派の施設（カトリックやプロテスタント諸派の教会）にアシスタントが付き添って出かける（デイブレイクはすべての宗教宗派に開かれた信仰を問わない共同体で、ユダヤ教徒とムスリムも暮らしている）。自宅に戻って過ごすメンバーもいる。アシスタントは一週間に一度、一日半の休みと、五週間に一度、三日間の休みがある。

〈ラルシュ〉での暮らしは、このルーティーン・ワークで過ぎていく。出来事といえば解決すべきトラブルくらいで、それもまたルーティーンのような他愛ないものからやっかいな問題まで毎日事欠かず、多くの場合、求められるのは調停能力である。そのような場面では、コア・メンバーとアシスタントの別なく、自分の弱さがすべての人の前にむき出しになる。ヴァニエがその著作で繰り返し述べ、キャリアの長い現場スタッフたちも強調しているが、〈ラルシュ〉では「私の弱さ」があからさまになり、そのことに戸惑い傷つき、怒りさえ覚えることがある。〈ラルシュ〉での暮らしでは誰も「ネガティブなもの」から逃れられない。自分の外にあって目を背けてきたものも、内に封じ込めてきた見たくないものも、「華々しく」と言いたくなるくらい派手にその姿を見せつけてくる。「コア・メンバーは「天使」ではない」と言って笑うのがアシスタントやスタッフのあいだでのお約束だが、アシスタント同士の人間関係の難しさも〈ラルシュ〉での暮らしを精神修養の場にしている。そしてその対極に、今・ここを共に生きているという手応えと喜びがある。コア・メンバーからストレートな愛情表現を投げかけられると、心を開かれ無防備になるのを感じる。喜怒哀楽の一つ一つが濃密で、軽くやり過ごすことができない。そこでの暮らしは、感受性のピントが対象によって自動的に合うかのように、輪郭がくっきりしている。外に刺激され、おちおち内に留まっていられないのである。

「死」もまた、日常の社会生活で触れるものより直截的に感じられた。滞在中に、創設時からのコア・メンバーが大往生し葬儀が営まれた。棺に納められた故人との別れの会や葬儀ミサでのメンバーたちの振る舞いは、感情を露わにする場合も押さえつける場合も、きっぱりとしていてあやふやなところがなかった。その前後に数人のスタッフやかつてのアシスタントと話したが、家族や友人との死別を体験しているメンバーが少なくなく、その経験で受けた傷や死の不安をどう和らげるかが大きな課題であると言っていた。また最近の傾向として短期アシスタントが増えた結果、メンバーは毎年出会いと別れを繰り返すことになり、友人になったと思うと別れなければならないという経験の心理的負担も、配慮が必要な重大な問題だと感じているスタッフが少なからずいた。ヴァニエはメンバーに対して、「あなたたちは親として、子供たち（アシスタント）を家から旅立たせる立場にある」と述べている。

三　〈ラルシュ〉での経験を踏まえて読む『人間の条件』

以上のような「場」は、アレントの言う、誰も排除されることのない「現れの空間（公的世界）」のように思われるが、アレントは、その空間には「苦しみ」の場はないと断じる。以下の読解の中心的関心は、なぜ「苦しみ」が「公」の領域から徹底的に排除され「私」の領域に封じ込められなければならないのか、その「必要性」の解明にある。

「公」と「私」――「人間の生（ビオス）」と「生命（ゾーエー）」

『人間の条件』において、「公／私」概念は、一つのセットを作る同等な二つの領域ではない。その論考が目指すのは「公」とされる「世界」の措定であって、「私生活」という「なにものかを奪われている状態[14]」は、その同定のために動員される対立項の役を担わされている。「公／私」は不均等二分によって作り出された評価概念（「価値」と、それを同定するために動員される「反‐価値」からなる概念のペア）であり、アレントはそれを用いて、人として生きるとは「公‐世界」を生きることに他ならないという信念を表明している。

「世界」でのみ生きられる「生」を、アレントは古代ギリシアの「ビオス／ゾーエー」という概念セットを用いてビオスと呼ぶ。それは「生きとし生けるものすべてが等し並みにもつ生命（ゾーエー）」とは異なる「人間だけが生きる生」とされる。またアレントは、人間の営為を「個体の生存と種の生命を保持する労働」、「永続性と耐久性を生み出す仕事」、「記憶・歴史をつくりだす活動」の三つに分類する。それらはすべて「未知なる人として世界に生まれる新来者」のために世界を与え保持する働きをするが[15]、「恒久的な物の世界」を作る仕事と、その中で人間が繰り広げる「不滅の活動」の二つだけが、「生命の必要から自由な」人間に固有の活動とみなされ、「自分の運動と活動力を自由に処理する能力[16]」なき者はそこから除外される。ビオスの属性は「自由」であり、公とはこの「自由な言語活動がなされる場＝世界そのもの」を指す。世界は、私たちが私的に所有している場所とは異なる、すべての者に共通するものだからである。

「世界‐公」の本質は、人間が求めてやまない永続性と恒久性とされる。「人間が死すべき存在だという事実」

は、「個々の生命を超えて永続する」べく作られた人工的世界でのみ慰められる。仕事による工作物の永続性が、「不安定で死すべき被造物である人間に、住処を与える拠り所[17]」、「死すべき存在である人間の不死の住家[18]（a home for mortal men）」、「生命と直接的な対照をなす」人工的世界[19]（man－made world）、「人間的な生命が地上において安らぐため[20]（at home）」の「人工的な家（the man－made home）」、「信頼できる住処[21]」を樹立する。人間とは「死すべき定め／不死」という対立を生き、言語活動によって「自分を除いては一切が不死である宇宙の中に、自分たちの場所を見つけ[22]」、「現世の潜在的不死性への超越」を成し遂げようとする存在なのである[23]。だが、これらの表現以上に「世界」の内実を衝いているのは、冒頭第四パラグラフに出てくる次の一節である。「生命そのものはこの人工的世界の外にあり、生命を通じて人間は他のすべての生きた有機体と依然として結びついている[24]」（強調は引用者）。生命を「外」に位置づけることが、「世界」の存在意義なのである。

「世界－home」の外として措定された「生命の場」は、欲求や必要といった人間を駆り立てる「力－生命」と家長である「父」が支配する、「私－house」とされる[25]。「家族の私的領域」は、個体の生存と種の存続を保障するだけの女と奴隷と労働の場であり[26]、その属性は「生と死、同一性を示す一切のもの」の「空虚さ」である[27]。アレントは、たとえ生命の必要を満たすための労働がオートメーションというユートピアに取って代わられたとしても、「生命過程に本質的な、世界の観点から見た場合の空虚さを変えることはできない[28]」と述べる。

このように『人間の条件』の主題は、次々と参入してくる「唯一無二の人間たちの複数性（代替不可能性）」によって支えられる「人間だけのための home（生家、故郷、本来の住処）」を措定し、その必要性を訴えることにある。このとき、生命に関わることは一括して空虚なものとして世界の外に放逐される。「ビオスの home の外」に広がる「ゾーエーの home」は「人間の home」ではなく、「父の house（私邸、家系、王室〔一族〕）」は「誰のものでもない世界－home」に対立する。誰にも置き換えられない唯一のビオスとして現れ、その痕跡を残すビオスの恒久性のために、宇宙とは別に設けられた人間だけの「home－世界－公」こそ、人間が人間だけのビオスを生きるための「人間の条件」であり、それが失われれば人間は他のすべての有機体と同じ生を生きるだけの存在になってしまう。アレントにとって近代社会は、そのような生命維持のための活動が人間活動の全体を覆い尽くしてしまった場であった。[29] それは生命過程が最高善となった時代であり、「生命そのものが不死である以上、世界の不死を求める努力など無意味」になったとアレントは嘆く。[30]「与えられたままの人間存在は……どこからか只で貰った贈り物のようなもので」人間はそれに対する反抗にとりつかれているといわれるように、[31] 人間の条件は、生命という条件に対する否定的態度によって動機づけられているのである。

「誰」としてのビオス――隣人の有意性

〈「創始」がもたらす驚き――世界への参入の動機付け〉

ビオスの本性は、「創始（initiative）」とされる。それは言語と行為という活動能力の行使によって「人を驚かす意外性」を世界に持ち込み、自分が「誰」なのかを「暴露」することを指す。[32] アレントは、生命の最も確実な法則である可死性の法則（死すべき定め）に干渉し、人間事象に信仰と希望を与えられるのはこの活動力だけであると述べ、「わたしたちのもとに子供が生まれた」というキリスト生誕を伝える福音書の一節を、世界に対する信仰と希望の表現としてあげる。[33] ビオスとは、絶えざる創始によって生命の死すべき定めを克服する活動そのものなのである。

創始によって、世界にはユニークな「差異性」とそれが引き起こす驚きがもたらされる。アレントは、言葉を失う驚きを堪能することこそ人間の生の目的だとしたうえで、[34] この驚きをもたらす「差異性（distinctness）」を「他者性（otherness）－存在する一切のものがもつ他性（alteritas）という奇妙な質」と対比させながら同定していく（以下、紛らわしいので、ここで「他者性」と訳されているものを「他性」で統一する）。存在する一切のものがもつ「他性」は、代替可能な「同一性」の個別化・個体化に過ぎないのに対し、人間が活動能力によって打ち立てる「唯一性（uniqueness）」は複数性を生む。差異とは、言葉と行為がなす創始によって唯一の「誰」が暴露され、自他が区別されるところに生まれるもので、人間にしか生み出せないし、「言葉の話し手」しか、他者に理解してもらえる形で自らを暴露できる行為者たり得ない[35]。ここに、「公‐世界‐home‐ビオス‐差異」と「私‐家庭‐house‐ゾーエー‐他性」という、相容れない二つの領域の分断が完結する。なお、驚きを生む「創始‐世界への挿入」自体、他者の行う創始によって刺激され、他者への驚きによって動機づけられているとされる。他者が示す差異性が新たな差異の現れを誘発し、差異の連鎖が起きていくのである。

　他方で、活動が何を暴露するのかについては規定がない。活動は自由に創始されるユニークな出来事であるという規定からの当然の帰結といえるが、重要なのは、それが何でないかについては明言されていることである。「肉体の必要と弱さは排除される」という否定的規定、開示不能なものだけが、決定済みとされている。「公的舞台では、適切であると考えられるもの、見られ、聞かれる価値があると考えられるものだけが許され……不適切なものは自動的に私的な事柄となる[36]」。特に、「肉体の快楽と苦痛、労働と消費」ほど「他人と共通性のない、他人に伝達できない」ものはないというが、これらは「生命‐他性」の本質とされるものである。また肉体的苦痛は、人間を自らの痛みに集中させ、他に対する一切の関心と感覚を奪って正常な認識を妨げる、最も極端な主観的状態なので、そもそも「表現できない」とアレントは言う。そして労働を、「苦痛の中に現れる世界喪失」の経験とみなす。「〈労働する動物〉は、自分の肉体の私事の中に閉じ込められ、だれとも共有できないし、だれにも完全に伝達できない欲求を実現しようともがいている……世界から追放されている[37]」。

　ビオスを讃える書の最終章では、近代社会におけるこの世界疎外（world alienation）の状況に警鐘が鳴らされる。

アレントがそこで強調するのが「驚きの喪失」である。デカルト以降、懐疑が思考の中心課題となった結果、人間は世界への関心を失い、自らの思考過程への自己言及的関心という「精神の牢獄」の中に閉じ込められてしまった(38)。ヴァニエと同じように、アレントは「外への驚き」と「内閉」を対比させ、前者に人間の生の本質と喜びを見いだしているのである。

〈証言される「誰」――評伝の完成は他者の手に委ねられる〉

ビオスはまず活動によって創始されなければならないが、それだけでは完成しない。それは他者によって、「特殊に人間的な生命の出現と消滅という出来事」として物語られ、評伝とならなければ、「人格の不変のアイデンティティ(39)」としての「ビオス－誰」にはならない。活動によって自らを暴露する「行為者」は、自らの評伝の作者にはなれず、誰も自分自身の生涯の物語を完成させられないのである。そのことを指して、アレントは不思議な表現を用いる。他者による証言を必要とする活動者は「行為者であるだけでなく、同時に常に受難者（sufferer）でもある(40)」。世界という出現の空間は「証人の空間」であって、証人がいなければ活動と言論は空虚なものとなり、創始者の「誰」としてのリアリティは成立しない(41)。人間の三つの営為の中で、活動だけが他者の存在に完全に依拠しているのであり(42)、「受難者」と訳された「sufferer」は、この場合、イニシアティブを奪われた受け身の状態、他者にゆだねられた状態を指している。アレントの世界の特徴は、この他者への信頼、「他者に賭ける」ことにある。

これは「隣人の有意性」の問題として、アレントが博士論文であり最初の著作である『アウグスティヌスの愛の概念』において展開していたものである。それは、神の恩寵によって「現世」から「神（永遠）」へと自らの帰属先が変えられる（時間存在という罪の状況を脱し、始まりに与えられていた永遠へと回帰する）という確信を生きる「神への帰依者」、「現世への関心を失った人間」が、いかにして現世の隣人への関心を保持できるのかという問いであった。[43] 彼女の思索の出発点からあった、この隣人の有意性という問いが、『人間の条件』で「証人として有意な存在」という形で答を得ているのである。また、このアウグスティヌス論の中には、世界の「疎遠さ」の主題もみられる。「人間が「製作」を通じて自らを世界に適合させようと試みるとしても、世界それ自体はその根源的な疎遠さを維持する。……「製作」そのものは、世界の疎遠性を取り除くものではないし、人間を世界に帰属する者となすわけでもない。……世界の疎遠性を取り除き、人間を世界に帰属する者となすのは、「世界への愛」である。この「世界への愛」において……人間は世界を自らの「住まい／故郷」となす。[44] 人間の住処と隣人と、世界を愛するという決断によって選択されるそこへの帰属――ヴァニエの信念を思い出させる――が、彼女の思索の初めから主題となっていたのである。

『人間の条件』における活動の受動性の問題に話を戻そう。活動は、一人の人物が行う創始と、大勢の他者が企てを担い達成する過程の二面からなり、他者の存在抜きには完成されない。[45] そのような受動的な過程への参入は、ヒト（ゾーエー）としての生命の始まりにおける「自らの意思とは無関係な受動性」を否認したあとに、創始という形での「生誕の自己プロデュース」として選び取られる受動性である。アレントは、イニシアティブ（能動）のあとの証言（受動）という形で初めて、「受難者」という立場を受け入れられたかのようである。だが活動能力には、もう一つ別の受動性・弱点がある。新しく始めた活動の帰結をコントロールできないどころか予見することさえできない、「活動が始める過程の不可逆性と不可予言性」である。不可逆性は、なされたことは元に戻せないこと、不可予言性は未来の不確かさで、アレントはこれを「複数性に固有の「弱さ」」とみなす。この不可逆性と不可予言性に対する救済は、活動が有する能力の中でも「他者の存在と活動に依拠している」二つの能力、「許しの能力」と「約束を守る能力」によって与えられる。[46] アレントにおいて、受動性は常に「他者の言語活動」との関係において現れるのである。

　以上がアレントの世界観と人間観の概要である。『人間の条件』は、生命過程を物語化によって人間化する試みであり、宇宙という異邦に生きる「人間の生」を肯定するという目的に捧げられた思考といえる。ここでは今後の議論にかかわるものとして、次の点を指摘しておく。アレントは他者の証言なきところに人間の生（ビオス）はなく、「誰」が実現されるためには他者が必要であると述べる。これは、「誰」は他者によって「他者の他者」として実現されるということである。だがアレントは、その場合は必ず暴露が先行しなければならないと考えている。「暴露なき証し」は一般に表象代理の問題として論じられるが、他の可能性はないのか、またアレントは「暴露－証し」に「苦しみ」は関与不能と考えているが、他の可能性はないのかを、〈ラルシュ〉を手がかりに考えていく。ここでアレントとヴァニエを橋渡しするのが、クリステヴァの「疎遠さ」の概念である。

四　考　察

クリステヴァからアレントとヴァニエへ

　クリステヴァは、アレントの評伝ではゾーエーとしての「誕生」に、ヴァニエへの問いかけにおいてはゾーエーとしての「死」に、焦点をあてている。どちらにおいても鍵となるのは「他性」の場としての「母性」である。ただし、最もわかりやすい例として母性があげられているだけで、母性的態度はすべての人間経験の範例たりえるというのがクリステヴァの主張である。以下、クリステヴァによるアレントの評伝と、クリステヴァとヴァニエの往復書簡の記述をたどり、さらにクリステヴァの *Étrangers à nous-même*（『私たち－に／も－疎遠』、邦題『外国人――我らの内なるもの』）を参照しながら、彼女の議論において「他性－疎遠さ」の問題がいかに重要な課題となっているかをみていく。

その前に、クリステヴァが三つの著作で共通してキーワードとして用いている「étrange（奇妙な）」「étranger（外国（人）の、よそ者の、無縁の、異（質）物の：疎遠な、外にある、自己疎外の契機となる最初の外在性（ヘーゲル哲学の用語））」「étrangeté（奇妙さ：sentiment d'étrangeté（外界との自然な接触の喪失による）疎遠感（精神医学用語））」（以上の訳は、小学館ロベール仏和大辞典による）という言葉について簡単に述べておく。これらの語彙は、ラテン語の「extraneus（外部の、外国の）」に由来し、英語の「estrange（（人を感情面で）疎遠にさせる、（いつもの環境などから）遠ざける）」もその派生語である。これらを「疎外（aliénation）」と比べると、イメージが湧きやすくなるだろう。ラテン語の「alius（他の）」「alienus（他人の、疎遠な）」に由来する「疎外」は、フランス語では「人間性（自己）喪失、（生得的権利などの）喪失・放棄、（財産などの）譲渡」などを意味する。それらは「与／奪」という関係の一方である「奪」にかかわり、哲学用語の「疎外」が「自己の本質の外化」を意味するように、「私のものを失う」ことを意味する。それに対し、「étranger」は「私のものではないもの」、特に「帰属」「居場所」にかかわる。「aliénation」が「私という存在からの離脱」にかかわるのに対し、「étranger」では「私（彼）の居場所－余所《よそ》」が問題なのである。以下では「étrangeté」に関連する語彙の最大公約数を「疎遠さ－他性」と捉え、それらに含まれた「疎遠さ」の感覚に注意を払いながら読んでいく。

〈アレントの「疎遠さ（sentiment d'étrangeté）」を「証言する」クリステヴァ〉

クリステヴァは、アレントが「特異性」にこだわったのは「自らの疎遠さを考え、行動し、生きるため[47]」であったと述べ、その人生を「世界からの疎遠という感情、疎外感（sentiments d'étrangeté du monde et d'aliénation）を……飼い慣らそうとする」挑戦と克服の過程として描く[48]。そしてアレントは、ハイデガーの「見知らぬ世界に「投げ出された者」の生」・「根源的な寄る辺なさ」とは異なる生の可能性を[49]、言語活動という「誰もが……異邦人として生まれてくる世界のよそよそしさを克服していく人間的なやり方」に見いだし[50]、人間の「本質的疎遠性（essentielle étrangeté）」（非‐自然性）が人間を人間にすると考えたのだとまとめる[51]。クリステヴァはこの克服の過程の中に、アレントの「人間の条件に対する喜び[52]」を認めたうえで、「「創始」もまた際限なき語りのうちに、疎遠なものとなって拡散していく[53]」と述べ、アレントの「創始」を引き受けた「証人」として、次の二点において彼女の論点を拡散させ、乗り超えようとする。

第一に、身体をビオスの側に位置づけ直すこと。「「誰」と身体」という表題の節において、クリステヴァはアレントが設定した「誰／身体」という不均等二分を問題にする。アレントは、「私たちは誰か」という問いを「私たちは何か」という問いと対立させ、「誰」という人間の本質は、「何‐生命」が物語を残して去り、証人が語ることの中に読み取られるようになって初めて現れるとする。このとき身体は、生命過程の要因とみなされて去るべき「何」の側に位置づけられ、「身体に与えられた唯一の経験は、苦しみ以外の何ものでもない[54]」。このような、「誰」を措定するために身体をその対極に置く操作について、クリステヴァは、『人間の条件』の目的は「誰」を措定することにあるのでゾーエーと身体が主な標的になるのは仕方ないと理解を示しつつも、「差異の空間として公共空間を救いたいという考えは、確かに高邁なものではあるが、彼女が使う論証がいつでも検証に耐えるとは言えない[55]」と、その過ちを指摘する。そして「女性性は、奴隷的な身体の中に閉じ込められているわけではなく、自らが参加する世界の複数性を直ちに構成する[56]」と述べ、「（女性）身体‐同一性」という同定を否定する。こうしてクリステヴァによって、身体は「複数性‐世界という人間の住処への参加資格」を持つ存在として捉え直される。これは、次の「誕生」の問題につながる。

アレントの「誕生」概念の要は、単なる生物としての宇宙への誕生とは別に生起する「活動能力の行使による世界への誕生」だけが「創始」の名に値する、という点にある。それを解ったうえで、クリステヴァは「誕生」を当然のように「母性」と言い換え、母性とは選択された関係であり「始める自由」[57]であるという持論を展開していく。クリステヴァは母性を、自らの願望や欲求充足のための選択ではなく、「新生児という他者」に自らを委譲する「選択‐試練」であると述べる。それは母を、「選ばれし者」などではなく、アガンベンがいうところの「ありきたりの人」である「子供‐他者」に、「他者への愛」によって結びつけ、「新生児という紛れもない存在によって課される母性という試練は、彼女を傷付きやすくし、変えてしまう（altérée：他なるものにされる）」。クリステヴァは、母性という試練についての考察が、女性たちを、アレントがいう意味での「生」の可能性の守護者（les gardiennes de la possibilité même de la vie）となすかもしれないという希望を記す[58]。重要なのは、ここでなされているのが「母性を守る」話ではなく、「母性が守るもの」の話だということ、そして出来事のオプションを増やす契機としての母性によって守られるのが、ビオスという「予測不能なユニークな驚きをもたらす出来事」、すなわち物語となる「経験」だということである。このようなものとしての母性と並べたとき、出生前診断が掲げる「母体と新生児の保護」という目的には、出来事のオプションの制限という一面があることがわかる。評伝の最後のパラグラフを、クリステヴァは次のように結ぶ。アレントは「疎遠さに避難所（un abri à l'étrangeté）を提供する」政治的活動について考え、それを生きるよう促す[59]。

この書においてクリステヴァは、証人としてアレントの評伝を物語るという自分の行為の意味を自覚し、アレントの人生に敬意を払い、彼女の議論の弱点を責めずに意をくみつつ、その意に封じ込められたものを明らかにする臨床家の態度を示している。クリステヴァのこの証言は、アレントを、彼女自身が言っていた「行為者でありつつ受難者である「誰か」」にしているが、その「誰」は、アレント自らは一言も言っていない、ゾーエーという「疎遠さ」と闘う「誰」である。

精神分析学者であるクリステヴァにとって、人間は自らのうちに「無縁なもの、疎遠なもの」を宿す存在である。彼女が用いる「étrangeté」概念は、精神分析の中で育まれてきた概念としての「疎遠さ」であり、『私たち－に／も－疎遠』において、彼女はその完成をフロイトの「不気味なもの（l'inquiétante étrangeté）」に見ている。フロイト以後、「私たちは自分が自分にとって疎遠なものであることを知り、そしてこの唯一の足場からこそ、私たちは他者と共に生きる努力をすることができるだろう(60)」。鍵となるのは「私の一部である他性(61)」という認識である。精神分析は「他者－自他の異様さ（étrangeté）－と生きる不安」に向き合うプロセスだが、そこで「私」は「他者」によって「私自身の他性－異様さ（propre altérité-étrangeté）と和解する」とともに、自分が自分にとって「よそ者」であると知ることによって、よそ者を受け入れられるようになる(62)。彼女はまたフロイトの次の言葉を引きながら、不気味なものが死と女性的なものに結びつくことに注意を促す。「男性ノイローゼ患者はよく、女性性器が不気味なものに見えると言う。だがこの不気味なものは子供の太古の故郷への入り口である」「愛とはホームシック（Heimweh=le mal du pays=（故）国の病）である(63)」。ここでは、不気味なものは生命の揺籃－home そのものである。

クリステヴァは、すべての人間が等しく「よそ者」であるという「パラドックスを背負った社会が形成されつつある」と希望を込めて語り、そこに「弱さ」のテーマを加え、全体を次のように結ぶ。「弱さの中での、断固たる助けあいの準備だけが整っている社会、その弱さのまたの名は、私たちの抜き難い疎遠さ(64)（étrangeté radicale）」。

〈自らの「疎遠さ」を「暴露する」クリステヴァ〉

ヴァニエとの往復書簡は、障害を負った息子の生活の場を探す過程で〈ラルシュ〉共同体を訪れたクリステヴァの発案による。息子との生活で感じること、立ちはだかる現実の社会的な困難などを率直に語るなかで、クリステヴァは繰り返し「母性」と「死」という主題に立ち返る[65]。

母性についての問いは、クリステヴァにとっては「障害がある人間の母とは、どのような存在なのか」という問いになる[66]。その「母として、障害に意味を与えるのを選んだのではなく、課せられた[67]」経験が、彼女に「母の子供との出会いこそ、「新参者」「見知らぬ者」の発見、他性の曙なのです」と書かせる。そのような、子供によそよそしさを見いだしながら寄り添うのをやめない「象徴的母性」を、彼女は「無縁なものとの養子縁組（adoption d'étrangetés）の終わりなき過程」であると述べる[68]。そして代理母の話に続けて次のように書く。「「生みの親」は母ではありません。すべての母性、特に障害がある子供の母の場合には、「養子縁組」という一面があるのです。他者の母、すべての他者に先んじる他者の母になりつつある女性の、この養子縁組の力は、どのようにして打ち立てられるのでしょう[69]」。これは、知的な障害がある他者との生活という「身内しか首を突っ込まない[70]」ところに「どうやって、あなたの友だち〔コア・メンバー〕の友だちを、見つけ、勧誘し、鍛え、忠実な友にしたのですか？[71]」という、ヴァニエに対する問いとなる。

次に死について、クリステヴァは自己の「亡命」体験や「母語を生きる私」の死[72]についての思いを交えながら、次のように語る。人は障害に向き合うと死の恐怖を覚えるが[73]、「ハンディキャップという状況にある者の母として、私は「死すべき定め（mortalité）」に背を向けないように努めてきました。私はそれを共有し、生き、そのような者である限りにおいて、傷つきやすさと共にあることができるのです[74]」。そして「どうすれば、「死を出し抜いて」この奇妙な「傷つきやすさを生きる」ことができるでしょう？」と問い、さらに、この「死を出し抜いて傷つきやすさ（死すべき定め）を生きる」経験を名づけることはできるのだろうかと、次のように問う。「私たちはハンディキャップに「ついて」語るけれど、ハンディキャップがある人たち「に」「と共に」語れてはいないし、文化的な「コードにこの経験を書き込む」にも至っていないのです」[75]。問われているのは、「死すべき定めとしての生命の経験」を評伝として語りうる空間はどこにあるのか、ということである。

ヴァニエは次のように応える。私たちはさまざまなことを恐れるが、そこには「他者への恐怖」[76]という共通点がある。その恐怖を和らげるには死から目を背けないこと、それを自分の一部とすることが必要であり、他者を軽視しないためには、自分自身の弱さとハンディキャップ（欠けたところ）を受け入れることが不可欠である[77]。ヴァニエにとって、その弱さの極限にいるのが受難のイエスであり、障害がある人たちの弱さは「私自身の弱さの理解へと導いてくれただけでなく、イエスの弱さ、彼の叫びの意味を垣間見させてくれました。「私は渇く」「神よ、なぜ私を見捨てたのですか」という叫び、ラザロの死に流した涙の意味、友情の絆を生きることへの渇望」[78]。ここでヴァニエは、イエスが創始し、この世界に持ち込んだのは、「弱さと渇き」だったと言っているのである。さらに、「肉体はもはや自由と対立せず、自由を生み出すものとなりました……み言葉が肉になったことによって」[79]と書くことで、アレントが「人間は死ぬためではなく始めるために生まれた」と述べ、ビオスの創始をたたえる言葉として引用した「わたしたちのもとに子供が生まれた」というキリスト生誕を伝える一節を、彼女とは逆の文脈に置く。キリストは肉体を自由の側に置くために、言葉の世界に位置づけるために、生まれ死んでいったと、ヴァニエは考えているのである。そして次のように述べる。それぞれが自分の場所を見いだし、自らの弱さを受け入れ、死を自らの一部とできるようになるためには、社会の中に、すべての人が生命を喜び「寿ぐ（célébrer）」ための出会いの場所を創り出す必要がある[80]。そして先述のクリステヴァの問いに対し、人々がラルシュにやってきて留まるのは、そこに祝祭の喜びがあるからだと答える。クリステヴァはヴァニエに、「寿ぐとは……なによりもまず、生命に賭けること」と応える[81]。

他性、away、home

アレントもヴァニエも、人間として生きるためには「home」が必要だと確信しているが、そこで実現される人間の姿は大きく異なっている。クリステヴァの存在と二人への問いかけは、その意味を明らかにしてくれる。以下、両者のhomeとそこで生きる人間像をまとめ、それらと宗教の関係を考える。

〈アレントの「世界-home」における「暴露」と「弱さ」〉

アレントの「home」には、生命の脆弱さの場所がない。「生命-他性」は、特に苦しみという形で人間から自由を奪い世界を損なうものとして、世界の外に閉め出されている。この、「世界-永遠」と対立するゾーエーは、唯一者としての「誰」の同一性を侵害する「時間性」と言い換えられるだろう。アレントがやり玉に挙げる「種としての同一性」は遺伝という通時的問題であり、生命過程が最高善となった社会は、誕生から死に至るまでのリスクをDNAのレベルで最小化し、通時的存在としての人間の優生化、生命の無害化を、志向していると考えられるからである。

では世界は無条件に「永遠で恒久的（時間の影響を免れる）」かというと、そうではない。先述のように、世界には「未来の不可予言性」という不確定性がある。アレントはそれを、世界の永遠性の条件である「自由な活動-創始」の複数性のネガティブな一面と捉える。だが結局のところ、活動が孕む弱さは、活動の自由という非決定を受諾するという形で、時間がもたらす不確定性を「意思による選択」の作用・結果という形に昇華-人間化することによって受け入れ可能なものにする、「時間性」のポジティブ化と考えられる。さらに評伝には他者が必要であるいうことにおいても、時間性はポジティブなものに転換されている。なぜなら、自らを暴露する行為者と、あとに残って見届ける証人という立場の違いが成立するには、時間差が必要だからである。クリステヴァも「アレントが提案する解決策の数々は、実はすべて時間性の手直しである」[82]と指摘しているように、その思考上の挑戦の焦点は、時間を「生命の脆弱さ」の側から「人々の間に生まれる時間差」へと転換することで、「永遠」の側に位置づけ直すことにあるのである。

こうして「受難者－被ること」は、「生命の通時性という弱さを被ること」から、「自らの暴露を証人となる他者にゆだねる」こと、および、「許しと約束という形で他者に賭ける（他者を被る）」というリスクを取ること、という二つの「被ること－弱さ」へと変換される。「誰」を損なう「生命過程－時間」という「被り（リスク）」は、「自他の活動に賭ける（リスク）」という形に昇華されることで、受け入れられるものとなる。実のところアレントの公論においては、世界が実際に永遠を保証するかどうかは問題ではなく、「他者に賭ける」と決意することの方が重要だったのではないかと思われる。その決意の副産物として「公」が存続するのであって、「他者に賭ける」ことこそが、アレントが求めたビオスの尊さだったのではないか。さらに、「他者に賭ける」と言うときの「他者」も、単に他者というだけではなく「見知らぬ他者」、特に「後から来る他者」であり、また「許しと約束」は他者への賭けの最たるものである。つまりそこには、通時的存在としての他者に賭けるという特徴があるのである。

〈「〈ラルシュ〉－home」における「弱さ」の「証し」〉

アレントは労働を「単調な雑事を日々繰り返さなければならない」「情け容赦なく反復しなければならないもの」[83]とみなしていたが、〈ラルシュ〉で生きられるのはまさにそのような生である。しかもそれは、他者のルーティーンを生きるという、アレントが女性と奴隷の労働とみなしたものだが、〈ラルシュ〉ではその生活を、他者として尊重し合う場、他性への驚きの場にしようとしている。またアレントの house は世代交代という通時性の舞台であったが、〈ラルシュ〉というhomeに新生児が誕生することはない。〈ラルシュ〉で生きられる通時性は生命の弱さであり、コア・メンバーは死の恐れを隠さず、クリステヴァは障害が死の不安を呼び起こすと語る。そこではアレントの世界にとっても必要だったゾーエーとしての誕生はなく、逝くことだけが共に生きられる。生命（労働）の特徴を同一性とみなし、そこには自他の区別はないと断じたアレントにとって、「house－生命のhome」には「誰」は存在しなかった。だが実は「死」こそ、自他を「逝く者」と「残される者」――アレントの行為者と証人のように――として容赦なく隔てる経験である。クリステヴァにとって、複数性は母性によって世界に持ち込まれていたが、死もまた、複数性を人間経験の世界に持ち込む。これは、「現象としての死－同一性」と「経験としての死－唯一性」の違いという重要な問題である。

アレントは、肉体的苦痛は認知も伝達も不能だという理由で、それを「公－発言者の空間」から排除しているが、そこには問題が三つある。まず、表現できない・伝えられない・伝わらないという経験も「言語経験」であり、そうである以上それは世界に参入可能だということ。次に、「私の苦しみ・死」と「私が見聞きする他者の苦しみ・死」は、異なる言語経験だということが、そこでは考慮されていないということ。彼女の議論には、「他者の苦痛にかかわる私」という「立場」の可能性が欠けているのである。これは、「身体」が「何」にかかわるものとして排除されてしまったことの重大な帰結と言える。身体とその状況こそ、立場と経験を決定しているのであり、立場から自由な「誰」など存在しない。「「誰」は、「何」によって決定されてはならない」というのは一つの主張にすぎない。「「身体」という特定の立場で為される経験」から自由な「誰」は一人もいない、というより、「「身体」に依る立場」こそが「誰」を作り上げていく。そして繰り返しになるが、「「生命－身体」の経験」は「経験」であるというその事実によって「現象－何」とは異なる。「生命－身体の経験」は「人間固有の世界に生起する出来事」であり、だからこそ「生命のhome」に人は安住の地を見いだせず、「世界という

home」を必要としたはずである。

そして最後に、暴露と証言の問題。アレントは、唯一で決して反復されない「誰」は永遠性への願いをもつとし、その願いは「自己意識－言語活動」に由来すると考えるので、「発話－暴露」をビオスの必要不可欠な前提条件とする。だが言語世界への参入・現れは、「言語活動の相関者」になることであり、暴露がなくても証言される可能性はある。現に〈ラルシュ〉での経験は、多くの言葉を生んでいる。デイブレイク共同体に暮らした著名な神学者ヘンリ・ナウエンによって、「黙して語らない存在と共に黙して居る」という経験は『アダム』という書物を生み、多くの言語に翻訳されている(84)。ここには「表象－代理」の問題が存在するが、ここではそれに立ち入らず、代理人と証人は異なるということを指摘するに留める。代理人は、「資格を剥奪された存在、権利の行使を妨げられた存在」を前提とすると考えられるため、否定される。だが、「証言される」方が「暴露する」よりも適切だと判断される状況・主題が存在する。「弱さ」に関わるものである。暴露が活動能力の行使という「力」の業である以上、その力によって「弱さ」を暴露した場合、暴露される「弱さ」とそこでふるわれる「力」との間に矛盾が感じられる場合がある(85)。「弱さ」が「弱さ」のまま現れ出るためには、「他者による証言」こそふさわしいと判断される場面があるのである。ラルシュの活動は、「弱さを生きる」という経験の場所を社会の中に作ろうとしている、「共生」の理想を掲げている、ということは容易に理解されるだろう。だが、それだけではないこと、その経験が「証しされる」ことも求めていることは、あまり理解されていないように思われる。共生は「排除されない」「居場所がある」だけでは成されない。それは、いわばアレントの house の水準にすぎない。ラルシュが求めているのは、アレントの「世界－home」の扉を、知的な障害がある人たちと私たち自身の弱さに対して開くこと、世界で互いの弱さを暴露し合うのではなく、証し合うことなのである。

これに関連して思い起こされるのが、マザー・テレサに対する非難である。路上で死に瀕している人々を「死を待つ人の家」に連れ帰り、看取るという活動に対し、貧困・経済的抑圧という社会問題を別の誤った水準（家族的配慮）に位置づけることで根本的な解決の障害となっている、という非難が聞かれることがあった。だが、無縁の孤独死に介入し、隣人として看取るという行為こそ、言語ではなく行為によって為される「終わり」を証しする活動、人生の終わりの物語化としての活動ではないだろうか。生命の必要に対する対処としては不適切だが、他者が他者に敬意を払ってなす「証言」として、その活動は適切である。ヴァニエの物乞いのエピソードも、この証言の問題に関わる。

アレントは、物乞いのような不都合な他者を世界－home に招き入れない。それは「他性－肉体の必要－社会問題」、すなわち house の問題である。彼女は現代社会を「生命過程が最高の価値になった状態」にあると捉えているが、それは現在「生政治」と名付けられている状況と同じものを指していると考えていいだろう。その生政治は、人間の営みが生命と生産性を守ることに還元された、生命の利用価値が最大限になるような配慮の機構、アレントの概念を用いるなら、人間の住処が house と化すことと言い換えられる。現在〈ラルシュ〉では、サービスとしての「公（福祉事業）」が、〈ラルシュ〉共同体の「公」をそいでいるという危惧が感じられているが、それは、公共サービスが「好ましい生－公益」に向かって人々を誘導していると感じられることに、関係しているように思われる。そのような「好ましい生」は「étrangeté－他性」を奪われた「無害な生」であり、無害な生は人間の営みから「驚き」を奪っているのではないだろうか。現に驚きは、公共善を目指す討議空間の形成を中心課題とするハーバーマス流の公論にはないテーマである。アレントとヴァニエが共にアリストテレスの思想に見いだし、こだわった「驚き」。二人にとって home とは、その驚きが現れる場所である。

〈生命へのaway感と、他性のhome〉

ゾーエーとしての生命を、アレントは「他性という奇妙な質」、クリステヴァは「疎遠さ」、ヴァニエは「孤独」と捉えたうえで、アレントは「生命過程を超えて人間を生かすhome」を、クリステヴァは「内に疎遠なものを抱えた人間」を、ヴァニエは「クリステヴァ的な人間のhome」を主題化したとまとめられるだろう。最後に、三者をつなぐ言葉として、これまで「疎遠さ」と言ってきたものを便宜的に「away感」と呼び、「home/away」の概念セットを用いて宗教と「公」の関係を考えていく。

『人間の条件』には、「永遠」の希求の裏面にある「生命という他性へのaway感」がにじみ出ている。それは「世界－home」から徹底的に排除される身体と苦痛の扱いに顕著である。アレントの世界は、他性によって脅かされる存在に慰めを与え、その脅威から守るhomeであり、そのためにそこからは他性の「経験」までもが排除されている。だが、ならばアレントは他性にawayであることを否定しているかというと、答えは逆である。アレントが警鐘を鳴らす世界疎外の内容は、生命が最高の価値になること、すなわちaway感の喪失である。生産性の向上にとりつかれた社会は、労働過程を超えて持続する永続的な主体をもはや求めず、「生命の空虚さを認めることができない。危険はこの点にある(86)」という言葉は、away感は保持されなければならないということを意味している。away感こそビオスをビオスたらしめる条件であり、away感なしに人間は人間になれない。そしてaway感の喪失が世界喪失を引き起こすということは、away感なきところでは「他者に賭ける」決断がなされなくなることを示唆している。他者に賭ける理由は、away感にある。アレントの「人間の条件の喜び」は他者を必要とし、その世界は評伝という形で「他者を寿ぐ」のである。

対する〈ラルシュ〉は、「生命を寿ぐ－生命に賭ける」他性のhomeである。それは、アレントが措定する「世界－人間のhome」とも「囲い込まれた「他性」のhome－人間のhouse」とも異なる。さらにそれは、クリステヴァが「象徴的母性－ありきたりの存在との養子縁組」を説きつつ「どうやって仲間を集めたのか」と問わずにはいられなかったように、資格を問わない、全員がよそ者の、理由なきhomeである。アレントの観点からは「house－身内」にしか見えない〈ラルシュ〉は、ヴァニエやそこに集う人々にとっては、「他性と他者に賭けるhome」なのである。

〈ラルシュ〉のルーティーン・ワークは、人間の「弱さ」という「away感の原因」を生ききることで、away感を突き詰めているようにも見える。だが、はたしてaway感の原因は単なる弱さなのだろうか。宗教と呼ばれる営為が果たしてきた役割を考察するうえで、次のような可能性を視野に入れておく必要もあるのではないかと思われる。それは、ヴァニエが『人間になる』の中で「孤独」について語ったときの一節に関わる。孤独とは「罪悪感です。でも何の？　存在することの？　裁かれる？　誰にでしょう？」。この唐突な「存在することの罪悪感」について、ヴァニエは言葉を濁している。またアレントは、人間を「除いては一切が不死である宇宙」という表現で、人間と他の生物との違いを説明していたが、本当にそれは「同一性という不死を生きる生命／複数性を生きる人間」という対比において生きられている違いなのだろうか。知恵の実を食べることで生命過程を始めたと物語り、乳と蜜（他の生命を殺めることのない生命の糧）が流れる楽園への回帰を願う宗教の研究をする中で培ってきた印象に基づく推察だが、そこには「生命を生きる」ストレスのようなものがあるように思われる。与えられ、奪われ、他の生命を殺めつつ生き延びる、という生命を、他の生きとし生けるものはみな自然に何のストレスもなく生きているように見える中で、「私たち人間だけが「このような生命を生きる」ことにストレスを感じている」と感じること。away感のなかには、そのような一面があるのではないか。もしもそうであるなら、(87)それは一人で対処できる問題ではないように思われる。クリステヴァとヴァニエが共に書く「生命を寿ぐこと」は、独りの私的な行為ではありえないだろう。なぜならそこで寿がれるのは、「性と死」という生命過程、私たちを私たちではないものにしていく「他性」なのだから。「世界」が誰のものでもないように、「他性」も誰のものでもない。アレントは「生命」を「私 - house」に帰属させていたが、それをいうならまず「私」が生命に帰属しているのであって、逆ではない。それが転倒したとき、私に帰属する生命への関心は、他者に帰属する生命への敵対心に至りはしないだろうか。「公的宗教」の一つの形として、「祖国のために死ぬ」という表現に集約されるような、公権力が生命を采配する状況では、宗教はアレントの語彙における house になっているのではないか。そして house は、他の house と容易に敵対するだろう。アレントの論考においてもヴァニエの信念においても、「帰属」は「生命」に対してではなく、「生命を生きる「経験」のための場 - home」に対してなされるのである。

三人にとって、その帰属は「賭け」によって成し遂げられる。アレントは、証人としての他者に賭ける。クリステヴァにとって、「死すべき定めと共に生きる」ことは「他者の傷つきやすさ、特に障害がある他者の弱さと向き合うのに不可欠な条件」であり、[88] それは母とありきたりの新来者の養子縁組という「生命への賭け」から始まる。そしてヴァニエの眼に、コア・メンバーは自らを「他者に賭ける」まったき姿と映っている。クリステヴァは、母性がビオスの守護者になりえると考えている。ヴァニエにとって、コア・メンバーはラルシュという home の守護者なのである。

〔付記〕本稿は平成二十四年〜二十六年度科学研究費助成事業（学術研究助成基金助成金）基盤研究（C）「市場経済批判としての「知的障害者との共同生活」運動の思想・実践的可能性の研究」の交付を受けた研究成果の一部である。

（1）本章に関係ある参考文献としては、以下のものが重要である。アレントについては、ボニー・ホーニッグ編『ハンナ・アーレントとフェミニズム――フェミニストはアーレントをどう理解したか』一九九五年（岡野八千・志水紀代子訳、未來社、二〇〇一年）：Seyla Benhabib, *The Reluctant Modernism of Hannah Arendt*, Lanham, Boulder, New York, Toronto, Oxford：Rowman & Littlefield Publishers, 2003。クリステヴァについては、ジュリア・クリステヴァ／カトリーヌ・クレマン『〈母〉の根源を求めて——女性と聖なるもの』一九九八年（永田共子訳、光芒社、二〇〇一年）。ヴァニエと〈ラルシュ〉については、ヴァニエの著書が多数、翻訳されている。

（2）〈ラルシュ〉の沿革については次の書を主に参照した。Vanier, Jean, *L'Histoire de l'Arche. Des communautés à découvrir*, Ottawa：Novalis, 1995.

（3）ジャン・ヴァニエ『コミュニティー——ゆるしと祝祭の場』一九八九年（佐藤仁彦訳、一麦出版社、二〇〇三年）、一六六—一六七頁。

（4）同右書、四九〇頁。

（5）Vanier, *op. cit.*, pp.8–9.

（6）*Ibid.*, p.107.

（7）Jean Vanier, *Le gout du bonheur. Au fondement de la morale avec Aristote*, Paris：Presses de la Renaissance, 2000；2010, p.21.

（8）*Ibid.*, pp.46–48.

（9）*Ibid.*, p.85.

（10）*Ibid.*, p.131.

（11）*Ibid.*, p.248.

（12）*Ibid.*, p.257.

（13）Greg Rogers and Beth Porter, *On Becoming Human, A Curriculum Package for Grades 11 and 12, Religion, Philosophy, Leadership and Social Studies. Audio CD and Study Guide based on Jean Vanier's CBC Massey Lectures*, Richmond Hill：L'Arche Canada, 2007, pp.58–59.

（14）ハンナ・アレント『人間の条件』（志水速雄訳、ちくま学芸文庫、一九九四年〔Hanna Arendt, *The Human Condition*, Chicago and London：The University of Chicago Press, 1998（2 ed.)〕）六〇頁。

（15）同右書、四四頁。

（16）同右書、二六頁。

（17）同右書、二二三頁。

（18）同右書、二六四頁。

（19）同右書、二七二頁。

（20）同右書、一九七頁。

(21) 同右書、二六三頁。
(22) 同右書、三四頁。
(23) 同右書、八二頁。
(24) 同右書、一一頁。
(25) 同右書、五一頁。
(26) 同右書、七〇頁。
(27) 同右書、一八〇頁。
(28) 同右書、一九三頁。
(29) 同右書、七一頁。
(30) 同右書、四九〇頁。
(31) 同右書、一一－一二頁。
(32) 同右書、二八九－二九四頁。
(33) 同右書、三八五－三八六頁。
(34) 同右書、四七六頁。
(35) 同右書、二八六－二九〇頁。
(36) 同右書、七六－七七頁。
(37) 同右書、一七〇－一七七頁。
(38) 同右書、四四八－四五五頁。
(39) 同右書、三一二頁。
(40) 同右書、三〇七頁。
(41) 同右書、三一七－三二一頁。
(42) 同右書、四四頁。
(43) ハンナ・アーレント『アウグスティヌスの愛の概念』一九二九年（千葉眞訳、みすず書房、二〇〇二年）一一頁。
(44) 同右書、八四頁。
(45) アレント『人間の条件』三〇六頁。
(46) 同右書、三六八－三七一頁。

（47）ジュリア・クリステヴァ『ハンナ・アーレント――〈生〉は一つのナラティブである』（松葉祥一・椎名亮輔・勝賀瀬恵子訳、作品社、二〇〇六年〔Julia Kristeva, *Le génie féminin. La vie, la folie, les mots. 1. Hannah Arendt*, Paris : Gallimard, 1999〕）二四四頁。以下、本書からの引用では、著者による訳語・訳文を用いたところがある。
（48）同右書、三三頁。
（49）同右書、五九頁、二四四頁。
（50）同右書、一一〇頁。
（51）同右書、一九五頁。
（52）同右書、二二四頁。
（53）同右書、一一三頁。
（54）同右書、二四二－二四九頁。
（55）同右書、二五〇頁。
（56）同右書、二五五頁。
（57）Julia Kristeva, Jean Vanier, *Leur regard perce nos ombres*, Paris : Fayard, 2011, p.40.
（58）クリステヴァ、前掲書、六七－六八頁。
（59）同右書、三一四頁。
（60）ジャリア・クリステヴァ『外国人――我らの内なるもの』（池田和子訳、法政大学出版局、一九九〇年〔Julia Kristeva, *Étrangers à nous-mêmes*, Paris : Gallimard, 1988〕）二〇八頁。以下、本書からの引用では、筆者による訳語・訳文を用いている。
（61）同右書、二三二－二三三頁。
（62）同右書、二三一－二三二頁。
（63）同右書、二二五頁。
（64）同右書、二三八頁。
（65）クリステヴァは「母性」を持ち出すことで、宗教の次元に接近するように見えるが（注1のカトリーヌ・クレマンとの共著を参照）、本章では立ち入らない。
（66）Kristeva, Vanier, *op. cit*, pp.87–88.
（67）*Ibid*., p.42.
（68）*Ibid*., pp.88–91.

（69）*Ibid*., p.119.
（70）*Ibid*., p.33.
（71）*Ibid*., p.10.
（72）ブルガリア生まれのクリステヴァは一九六五年にフランスへ留学してまもなく永住を決意し、現在に至っている。アレント、ヴァニエ、クリステヴァは三人とも本国を離れ、外国語で活動している。
（73）Kristeva, Vanier, *op. cit*, p.32.
（74）*Ibid*., p.94.
（75）*Ibid*., p.96.
（76）*Ibid*., p.52.
（77）*Ibid*., p.83 ; p.193.
（78）*Ibid*., p.106.
（79）*Ibid*., p.148.
（80）*Ibid*., p.108.
（81）*Ibid*., p.42.
（82）クリステヴァ、二〇〇六年、二二〇頁。
（83）アレント『人間の条件』一五六頁。
（84）ヘンリ・J・M・ナウエン『アダム　神の愛する子』一九九七年（宮本憲訳、聖公会出版、二〇一三年）。
（85）拙稿「〈証し〉と〈開示〉――聖地ルルドの映像化にみる『苦しむ人々』の伝え方」（新井一寛・岩谷彩子・葛西賢太編『映像にやどる宗教、宗教をうつす映像』せりか書房、二〇一一年）七一－八六頁で、この主題を扱っている。
（86）アレント『人間の条件』一九八頁。
（87）アレント、クリステヴァ、ヴァニエが生きてきた宗教的環境についてはこのように考えられるとして、ではこれは他の宗教文化圏にも当てはまるのかという問いが、当然出てくる。この点について、欧米の研究者が「アニミズム」という概念に魅了されたことが手がかりになると思われる。アニミズムは、生命への home 感を示す精神構造に見えていた可能性がある。
（88）Kristeva, Vanier, *op. cit*, p.44.

終章　國體・主權・公共圏

公共性の（不）可能性について

川村覚文

一　はじめに

本章の目的は、近代日本における最も論争的な概念の一つである「國體」[1]に焦点をあて、それを主権を通じて現実化（現勢化）される、法的秩序を構成する権力との関係において考察することである。

一般的には、「國體」は天皇の絶対的主権を神話的観点から正当化する概念であると考えられている。しかし本章で明らかにしたいことは、一九三〇年代において沸騰する國體論へとつながる文脈において、國體は主権の絶対性よりもむしろ主権が行使する権力を絶対的なものとして正当化する原理によって支えられている概念であった、ということである。しかも、この主権が行使する権力の絶対性を正当化する原理とは、実は民主主義を通じて達成されるものを絶対的なものとして正当化する原理と、同じ思考形式によって構想されていた。アントニオ・ネグリの言葉を使えば、これらの原理は構成的権力として捉えられるのである。主権権力の絶対性はこの原理によって支えられているのであり、またその絶対性において神学的な性格を帯びることになるが、そのような神学的性格はまた國體のもつ神学的性格と共振しあうことになるのであった。また、この構成的権力は公共圏を支える原理、すなわち自由の原理としても捉えられるため、國體に支えられた空間はある種の公共圏として、いわば國體的公共圏として機能してしまうことになる。事実、國體は自由を担保するものとしても論じられていたのであった。

これは主権の所在が天皇あるいは国家であって、国民でなかったがゆえに起こりえた、という問題ではない。ここで問題となっていることは、むしろ主権そのものが構造的にもつものであり、天皇主権や（法人としての）国家主権だけではなく、国民主権においてすらも構造的にはらまれているものである。いいかえれば、國體と主権の関係を問うことは、通常は國體と相容れないものとされている民主主義に関して、それをめぐる原理的な議論にはらまれている問題を批判的に考察することにつながるであろう、と考えられるのではないだろうか。

本章では、以上のような國體を支えている原理への批判的考察を通じて、民主主義的な主権論や公共性論がはらむ問題について明らかにすることを目的にしたい。

二　主権構造における法外なものと法の内部にあるものとのあいだの間隙

カール・シュミットによれば、近代における政治原理は本質的には神学的な概念であるという。

現代国家の重要概念は、すべて世俗化された神学概念である。たとえば、全能なる神が万能の立法者に転化したように、諸概念が神学から国家理論に導入されたという歴史的展開によってばかりでなく、その体系的構成からしてそうなのであり、そして、この構成の認識こそが、これら諸概念の社会学的考察の為には不可

欠のものである。(2)

このような世俗化された神学概念の最たるものとしてシュミットが注目するのが、主権概念である。シュミットによれば主権の一般的定義である「最高で演繹できない支配権力」は、神が地上の秩序を意のままに作り出すのと同じく、主権もまた法秩序が意味をもつための秩序そのものを作り出す原理であるということを表しているという。つまり、主権は一つの体系としての法的秩序が正しく機能するために必要な、そもそも秩序が正当なものとして理解され受け入れられているという全体的な状況をみずから作り出し、担保する原理であるというのである。「主権者が、全一体としての状況を、その全体性において作りだし保証する。主権者こそ、この究極的決定の専有者なのである」(3)。

このようなシュミットの議論をうけて、ジョルジョ・アガンベンは主権について「法的秩序の外と内に同時にある」原理であると論じている。すなわち、主権者は一切の法を規定するその超越的な根拠として、法の外側にあるもの（法外なもの）である一方で、それと同時に法による規定性のもと（法の内部）にあって法の支配に服さなければならない存在であるという。この場合、主権者は法を規定するにあたりいかなる先行的なものも参照しない。つまり、主権者はすでに受け入れられている規範や価値を参照することで人々に受け入れられるであろう法を規定するのではなく、そもそも法を法として受け入れられるような状況そのもの、その意味で価値が価値として受け入れられる状況そのものを構築したうえで、法を規定するのである。この意味で、主権とはなにものにも先立つ絶対的な原理であるのだ。しかし、その一方で主権者は自身で作り出した法秩序によって束縛されることとなり、その秩序をはみ出して行為することを禁じられることとなる。その結果、もしも主権者がそのような秩序をはみ出す場合、それは通常の秩序からは考えられない例外的な状況、すなわち「例外状況」としてみなされることになる。しかし、主権者が新たに秩序を作り出す為には、必然的にすでに存在している秩序からはみ出る必要がある以上、この「例外状況」は主権者が（主権という絶対的な原理を保持する）主権者たるのに必要とされるものである。この「例外状況」の問題はすでにシュミットによって論じられていたが、それを発展させつつアガンベンは次のようにいう。

シュミットによれば、主権による例外化において問題になっているのは法的規範のもつ効力の可能性の条件そのものであり、また、国家の権威そのものであるからだ。主権者は例外状態を通じて「状況を創造し保証」する。法権利は、自らが効力をもつためにこの状況を必要とする。(4)

以上のような議論の背後において前提とされているのは、実際に主権として機能し自ら作り上げた秩序を維持しようとする権力として作動している状況と、主権が主権として作動することを可能にする状況との間に距離、あるいは間隙が存在するという認識であるといえよう。このような距離あるいは間隙の存在は、主権のもつ専制的な力を打倒し、民主的な政治を遂行可能にする根拠として、しばしば論じられてきた。たとえば、アントニオ・ネグリは次のようにいう。

つまり、根拠の成り立ち方が逆転し、最高権限をもつものとしての主権が、根拠として宣言され、再建されるのである。しかし、この主権は構成的権力に対立するものである。それは頂上であって、構成的権力のような基盤ではない。構成的権力が目的のないものであるのに対して、この主権は実現された目的である。構成的権力が時間的・空間的に多方向性をもった複数的なものであるのに対して、この主権は時間的・空間的に限定されたものである。構成的権力がある絶対的な手続きであるのに対して、この主権は硬直した形式的構成である。ようするに、この両者がともに標榜する絶対性という点までも含めて、すべてにわたって構成的権力と主権は対立関係にあるのである(5)。

ネグリは法秩序の生産に先立って存在しそれを産出し構成する根源的な力のことを、「構成的権力」(constitutional power)と呼ぶ。ネグリによれば構成的権力が存在するからこそ、法的秩序とそれを維持せんとする政治的権力は産出されることができる。それは、いいかえれば「法外」な力であって(6)、シュミットやアガンベンが例外状況において主権者が保持することになると論じた力である。ネグリは主権と構成的権力を分けて論じているが、それはネグリにとって主権は構成的権力のもつ多数的な力の方向性を単一の方向性へと収束させてしまう原理であるからであり、それによってすでに構成された関係性や秩序を保持する方向へと機能するものであるからである。つまり、法の内部にあって法的秩序を維持するという役割こそが、主権が本質的に担うものであると理解されているのだ。それにたいし構成的権力とは、このような主権が文字通り保守的な役割を担っている構造を打破し、その構造を外部へと開くことで、既存の法的秩序によって疎外あるいは排除されている存在者が、構成する力に参加する主体となることを可能にする原理として、構想されているのである。

ネグリにとって構成的権力とは、民主主義的実践の根拠、あるいは民主主義的意志の表現を可能にする原理であるという。それは、一切を構成する根源的な力は人々によって産み出される多数(マルチチュード〔multitude〕)的な生の力にほかならない、とネグリは考えるからである。そのため、構成的権力の役割とは、このような人々の生命の多数性を正しく解放することにあり、それこそが絶対的な民主主義の実践である、というのである。ネグリはこのような多数性によって担保されている力を、ジル・ドゥルーズ-フェリックス・ガタリに倣って「潜勢力」とも呼んでいる。それは、主権と構成的権力とのあいだにある距離、あるいは間隙に存在する、既存の法的秩序によって抑圧されている様々な力の存在を指しているのである。この意味で、ネグリにとっての民主主義的実践とは、この間隙を埋めることであるともいいえよう。また、ここから理解されることは、ネグリは存在論的なレベルにおいて政治を理解しているということである。すなわち、我々の生の根源において存在する多数性を解放するためには、それを抑圧しつつ現実的に機能している法－主権的秩序への挑戦という、政治的－民主主義的実践に必然的に向かうことになるというわけなのだ。そして、そうであるがゆえに、政治的主体の立ち上げは我々の生の根源あるいは「潜勢力」そのものに叶っている、ということになる。このような政治的主体性は主権などの一つの原理に回収され尽くされることのない、それ自体多数的なものであると考えられているといえよう。

三　主権と國體

以上のような主権をめぐる議論に注目しつつ、近代日本の主権論言説――とりわけ戦前における天皇を主権者として措定するかどうかをめぐる議論――に目を向けると、興味深いことが明らかになる。それは、天皇を端的に主権者とみなす天皇主権説と、主権の所在をあくまで国家に求めつつ主権を代理で執行する一機関として天皇をみなす天皇機関説とのあいだの論争において、最終的に大きな争点となったのが主権を執行する権力と主権を可能にするもの――すなわちネグリの言葉を借りれば構成的権力あるいは潜勢力――とのあいだの関係性であった、ということである。しかも、とりわけそこで問題になっていたのが、この両者の距離、あるいは間隙をどのように埋めるか、ということであった。そして、この関係性をめぐる問いに対して、なんらかの回答をなしうる原理として注目されたのが、「國體」概念であったのである。

第一条「大日本帝国ハ万世一系ノ天皇之ヲ統治ス」で始まる明治憲法（大日本帝国憲法）体制においては、天皇は同第四条にあるように「統治権の総覧者」として規定されることとなった。そして、この「統治権の総覧者」という規定に関して、それが天皇と主権、そして主権を可能にするもののあいだの関係性をどのように規定しているものなのか、という議論こそが天皇主権説と天皇機関説との間の論争の内実であった。それはいいかえれば、天皇を法の内部にある存在としてみなすか、それとも法外な存在としてみなすか、ということをめぐる論争であったともいえる。そして、ここに國體論という天皇を中心とした日本の「伝統的」な「国家」体制をどのように理解するかという議論が絡むことで、天皇の法外な性格を論じる主張がより全面的に展開されていったといえよう。それは、通常の主権国家によって構築される法秩序においては包摂され得ない法外なものを、天皇中心の国家体制は包摂することが可能なのだ、という主張としてである。つまり、天皇を媒介にすることで法外なものと、法内部的なものの間の間隙あるいは距離がうめられる、というわけなのだ。そして、そうであるからこそ、日本の國體には排除が存在しない、「一視同仁」の原理に基づいた「大乗的」な「王道楽土」である、といったような言説がまことしやかに説かれるようになった。しかしその一方で、丸山真男が指摘するように、國體は「反國體的と断ぜられた内外の敵に対しては――きわめて明確峻烈な権力体として作用[7]」したのであり、その意味で明らかに法内部的な権力維持機能を國體論は担っていたのである。つまり、國體論は通常の主権構造によって生じる包摂と排除の構造をはらむものにもかかわらず、あたかもそういった構造を超えたものとして論じていたのである。それは、いいかえれば政治の消去、あるいは隠蔽であると捉えられよう。つまり、多数性を解放する政治の必要性はつねに存在しているにもかかわらず、そのような必要性のない空間をあたかも構築する原理であるかのように、國體は機能していたのである。

そして、この天皇を法外なものとして論じる議論には、つねにある種の神学的な志向がつきまとっていたといえよう。それは、いわゆる国家神道の問題というだけではなく、すでに見たシュミット、アガンベン、そしてネグリの議論においても言及されていた絶対的な権力の存在が、法外なものを論じるうえでつねに問題になるからである。仮に、天皇が天照大神をその先祖にもつ現人神であるという神話的イデオロギーが強力に作用していなかったとしても、天皇が法外な存在として認識されている以上、必然的に絶対的なものを呼び込んでしまうことになるだろう。しかも、その絶対的なものの根拠に、民衆や国民を措定することすら可能であり、この意味で民主主義的な議論とも原理的に重なり合うのである。そして、そのような絶対性の中に神的な超越性を見出すという論理が、国粋主義的な論者によってではなく、京都学派などのいわゆる西洋的な思考法を身につけ、より自由主義や民主主義に共感的な哲学者達によって構築されていたのである。

そして、法外なものの体現を天皇という存在に見出すという以外に、國體論が担ったもう一つの重要な役割として、民衆思想的なコスモロジーと、知識人階級によって受容されていた政治・社会的認識を接合するべく機能した、ということが考えられる。國體論につきまとう絶対性への志向、あるいは神学的志向性は、このような接合を可能にする重要な要素であるように思われる。

ここで、天皇制イデオロギーをめぐる、久野収による「顕教」と「密教」という分析を見てみよう。

注目すべきは、天皇の権威と権力が、「顕教」と「密教」、通俗的と高踏的の二様に解釈され、この二様の解釈の微妙な運営的調和の上に、伊藤の作った明治日本の国家が成り立っていたことである。顕教とは、天皇を無限の権威と権力を持つ絶対君主と見る解釈のシステム、密教とは、天皇の権威と権力を憲法その他によって限界づけられた制限君主と見る解釈のシステムである。はっきりいえば、国民全体には、天皇を絶対君主として信奉させ、この国民のエネルギーを国政に動員した上で、国政を運用する秘訣としては、立憲君主説、すなわち天皇国家最高機関説を採用するという仕方である。(8)

久野によれば、大多数の民衆に対しては国家神道などの顕教が教え込まれる一方で、限られたエリート層だけが知っている密教こそが実際に機能している政治・社会的原理であったというのが、伊藤博文らが設計した明治寡頭制政府の基本的なシステムであるというのだ。そして、このような顕教の典型として久野が論じるのが、國體論なのである。時代が下るにつれてこのような二分法は次第に機能しなくなり始めるが、久野によればそれは顕教による密教の制圧であるとして理解できるという。しかし、はたしてそうであろうか。実際には、知識人階級の間にも天皇の権威と権力の根拠に絶対的な原理を見出す議論が存在しており、それは制限君主論を主張していた天皇機関説においてすでにそのような議論の萌芽が見られるのではないだろうか。それどころかむしろ、機関説において問題になっていた、天皇が国家の代理として行使できる権力を根拠づけるものこそが、國體論的な天皇の絶対性を根拠づける原理として流用されていった、というのが実情であるように思われる。その結果、顕教的な國體論と密教由来の國體論が接合され、最終的に国民全体を総動員する体制が構築されたのである、と考えられるのではないだろうか。そこでは、民衆もエリートも、絶対的な原理の具現化を目指して主体化させられていたのである。

つまり、天皇そのものが絶対かどうかという問題よりも、天皇の権力を基礎付ける原理が絶対的なものであるのかどうか、ということのほうがより重要であるのだ。そういった観点から理解しなければ、國體論の問題はその本質を見誤ってしまう恐れがあろう。初期の天皇主権論とそれに付随する國體論は、端的に天皇主権の絶対性を主張していた。しかし、機関説が天皇の権力を主権説とは別様に正当化するために導入した論理は、主権説よりもより洗練した形で天皇の権力を絶対的なものによって根拠づけることを可能にしてしまうものであった。それこそが一九三〇年代において沸騰する國體論であり、その際に参照された絶対的なものこそが法外な原理——構成的権力や潜勢力にあたるもの——であったのだ。そして、このような絶対性は民衆思想的なコスモロジーにおいても強い訴求力をもったものであったと考えられる。安丸良夫が指摘するように、「近代日本においては、すべての進歩的な思想はヨーロッパから受容して知識人の言葉で語られたが、そうした言葉がとらえることの出来ない庶民たちの「心」の世界がひろびろと存在し、そこで民衆的諸思想は展開した。こうした世界の重たい意味は、たとえば民衆宗教の活発な活動にも、天皇制神話の規制力にも、昭和のファシズムにもあらわれている(9)」のであって、國體論がこのような民衆の多様な心のエネルギーを吸い上げ、それが知識人による國體論との相補的な関係を結んでいたと考えられる。より具体的にいえば、天皇の権力を基礎付ける絶対的な「構成的権力」として、多数的な民衆のエネルギーを参照項にしうるような理論を知識人たちが構築してしまったのだ。これによって、国家へと動員される主体の構築を強力に押し進めるようなイデオロギー空間が形成されていった、と考えられるであろう。

このようなイデオロギー空間は、擬似的な公共圏(公共性)として機能する。ハンナ・アレントが描く公共圏が、複数性を解放しうる空間なのであるとすれば、多数性の解放によって可能になる構成的権力は、公共圏を構成する力でもあると考えられる。そもそもネグリ自身が、アレントが公共圏を自由の空間として措定した点を、構成的原理の析出として高く評価している(10)。この意味において、民衆のもつ構成的なエネルギーを解放するものとして解釈された國體もまた、あたかも公共圏——國體的公共圏——であるかのように理解しうるであろう。しかし、そのような國體論は、実際には常に多数性を抑圧し統一性を導入する論理を構築してきた。つまり、政治を消去あるいは隠蔽してきたのである。その結果、実際には包摂されていないにもかかわらず、包摂されているかのように理解されている存在が、生み出されることになる。そのような存在は、アガンベンが主張するところのホモ・サケルであると理解できよう。アガンベンによれば、ホモ・サケルは主権権力によって排除されつつも包摂されるという矛盾的存在であり、その存在自体がそもそも認知されないものであるという。同様に、全てを包摂しうるとされる天皇制国家－國體においては、排除されている者は存在しないはずなのであり、そこでは実際に排除されている者の声は届きようがない。このような全てを包摂すると主張しつつ排除されている者が生み出されるという國體的公共圏の問題は、実は現在の宗教と公共性の関係を言祝ぐ言説においても、つねにはらまれる危険性なのではないだろうか。

以上が、本章の最も中心的な問題意識である。次節からは、より具体的にどのような言説が繰り広げられていたのか、見ていきたいと思う。具体的には、まず天皇機関説がはらむ問題を考察したあとで、一九三〇年代の國體論を検討する。そして最後に、それまでの議論をふまえたうえで公共圏をどのように捉えるべきかの若干の考察を加え、本章を閉じたいと思う。

四　天皇機関説と「社会」の上昇——統治と自由

明治維新以後、明治憲法が制定されるまでの間、天皇の地位は法的には明確に規定されておらず、それゆえに天皇が占める位置については、特定の支配的な理解があったというよりは、むしろ様々な議論にさらされていたと考えることが妥当であろう。立憲制度や法の支配といったヨーロッパ由来の概念の導入がある一方で、いわゆる「土着的」な思想として儒学に影響を受けた水戸学やあるいは国学など、秩序の源泉として天皇の権威の超越性を主張する言説も強い影響をもっていた。後者の思想は、天皇を天照大神というそれこそ超越的存在の子孫であるとみなす神話的世界観を奉じており、とくに国学は、本居宣長と平田篤胤によってその神学的性格がはっきりと打ち出されることとなった。平田派の国学者は、岩倉具視の側近の玉松操などが明治維新を駆動したイデオロギーに大きな影響を与え、長尾龍一が指摘するように[11]、明治維新の性格を「神武創業の復帰」とすべきことを唱えつつ、神道国教化政策や五箇条誓文の布告などを推進した。そもそも「國體」という言葉そのものが、水戸学の思想家である会沢正志斎や、平田篤胤らによって広く普及させられた概念である。

またこれらとは別個に、民衆思想的なコスモロジーも存在していた。民衆思想的なコスモロジーは、必ずしも天皇の権威の絶対性を奉じるようなイデオロギーとなることはなかった。民衆には民衆特有の、知識人や支配者層とは異なったコスモロジーが形成される余地が多分に存在し、それは多くの場合宗教的形態を取ったのである。すなわち、安丸がいうように、「幕藩体制とも天皇制国家とも異なった社会体制を民衆が独自に構想しようとすれば、それは必ず独自の世界観にもとづいたものでなければならない。現存の社会秩序は精神的なものの権威にもとづいて成立しているという転倒した意識が支配しているために、民衆は至高の精神的権威を自分のうちに樹立したときにのみ独自の社会体制を構想しうるのである。そして、近代社会成立期においては、このような精神的権威を民衆が獲得するためには、それが宗教的形態をとることはほとんど不可避[12]」であったのだ。このような宗教として挙げられるのが、黒住教、金光教、天理教、丸山教、大本教などの新宗教であるという。特に、天理教や丸山教そして大本教への明治政府による徹底的な弾圧は、それらがいかに天皇制イデオロギーと対立していたかを物語るものなのである。

しかし、一八八九年に公布された明治憲法において天皇が「統治権の総覧者」として規定され、それに相関する形で、一八九〇年の『教育ニ関スル勅語』（いわゆる『教育勅語』）の渙発などを通じて天皇を神的・超越的な存在とみなす國體論が公的な言説として影響をもち始めて以来、天皇はそれが法の内にあるべきものか外にあるべきものかをめぐって一大論争が巻き起こった。それが、一九一〇年代から始まった天皇機関説と天皇主権説との間の論争である。

天皇主権説の主な担い手は、穂積八束とその弟子上杉慎吉である。彼らは天皇を絶対的な主権者であると見なし、法によって縛られる存在ではないことを主張した。穂積によれば、國體と政体を分ける必要があり、國體とは主権者がだれであるかということによって決まるものである一方で、政体とは主権の行使をいかに規定するかということによって決定されるものであるという。それゆえ、穂積は『憲法提要』において「國體ハ主権ノ所在ニ由リ分カルルナリ[13]」として君主國體と民主國體があると述べる一方で、「政體ハ主権行動ノ形式ニ由リテ分カル[14]」として専制政体と立憲政体があるとした。そして、日本は君主國體立憲政体であるとしたが、しかし長尾が指摘するように[15]、穂積は天皇を國體の上では無限の絶対的権力者であるとしたため、それでは政体上天皇は憲法に規定されている権力のみを行使できる存在であるということと齟齬を来してしまい、実定法上穂積の論理は矛盾に陥ってしまうことになる。つまり、穂積は天皇が法外な存在でありつつも、法の内部にもあるということの矛盾性を、うまく処理できなかったのである。

上杉もまた、穂積の議論を引き継ぐ形で、國體と政体を分けた議論を展開しつつ、天皇主権の論陣をはった。上杉の議論が穂積と異なるのは、穂積が政治に対してリアリスト的な権力政治観をもっていたのに対して、上杉は観念論的理想主義的な国家観・政治観をもっていたということである。穂積が天皇を絶対的な権力者であるとしたのは、そのような権力者が不在の場合、世界は弱肉強食の無秩序に陥ってしまうというのがその根拠であった。それにたいし、上杉は国家とは道徳的なものであるという議論を展開した。すなわち、人々は元来共同的・協同的であり、そのような調和的共同性・協同性を促進することこそが、国家の役割であると主張したのである。ここから、上杉は日本の國體の卓越性をその道徳性に求め、そのような國體は、吉野作造に先だって、民本主義的であるとさえ論じたのである。上杉によれば、「我國は民主の國ではないけれども、開闢以来今に至るまで、民本主義を持って天皇が國を統治せられて居る」[16]であるという。それは「天皇は王道を行われている、己の私益の爲めに國を治められて居るのではなくして、王道蕩々渝るところなく、人民の爲めに此國を治められている」[17]からであり、このような民本主義的な方向においてのみ天皇の主権は行使されている、というのである。

このような上杉の主張は、後年になり「連続相関説」として展開されることになり、そこでは各個人我が連続し融合することで「普遍我」が実現され、この「普遍我」に相関するものとして道徳的国家が存在する、という議論がなされることになる。そしてそれこそが、國體の精華すなわち本質である、と主張することになる。しかしこのような論理では、道徳的全体性としての国家にたいして主権者天皇がどのように位置づけられるのかがはっきりせず、その絶対的権力の意義も不明瞭になってしまうであろう。つまり、上杉においてもまた、天皇を法外なものとして位置づけつつも、道徳的国家＝法秩序の内部にもあるというジレンマを解消しうる論理を構築できなかった、と考えられよう。

その意味では、美濃部達吉の天皇機関説は天皇の位置づけに関してより論理的に洗練されたものであるといえよう。美濃部は、天皇主権説を批判するために、統治権と主権を分けるという操作をおこなった。つまり、「統治権の総覧者」とは、決して主権者のことを意味しない、という論理を美濃部は展開したのである。美濃部によれば、国家がその統治対象に対して行使する権力としての統治権とは、「此ノ団體的人格者タル國家ニ屬スル権利」[18]であるという。そして、主権という言葉は、この統治権を行使する国家そのもののもつ意思力――国権と呼ぶ――が至高のものであり、何者によっても侵されない性格のものであることを表現する言葉として、使われているものであるという。それゆえ、主権はそもそも国権を保持している国家にあるとされ、統治権はその国権のもとに行使されるものであるというのが、美濃部の論理構成なのである。ここから美濃部は、天皇は主権者でも統治権の主体でもなく、あくまで統治権の権限をもつ存在である、と主張する。

統治権の権限とは何か。美濃部は、「権利ハ常ニ自己ノ意思ノ力トシテ法律上ノ効力ヲ有スルモノナルニ反シテ権限ハ他ノ者ヲ代表スルノ力ニシテ其ノ代表スル者ノ意思ノ力トシテ法律上ノ効力ヲ有ス(19)」と主張する。つまり、統治権が国家に帰属する以上、国家は自らの意思に基づいて発揮する力として、統治権を行使する権利を保持しているが、天皇がそのような力を国家の名の下に国家の代わりに行使することができるというのが、天皇が統治権の権限をもつということなのである。そのため、この議論においては天皇が絶対的な主権者であることが否定される。天皇はあくまで国家のために統治権の行使を肩代わりすることだけが可能なのであり、それを越えて権力を恣意的に行使することは、原理上許されないことになるのである。

しかし、国家のために統治権を行使するということは、いったいどういうことなのか。そもそもどのようにして、国家の意思なるものを把握することができるのだろうか。このような問いにたいして、美濃部は「社会」の発見をもって答える。美濃部によれば、「共同目的」をもつ「多數人ノ結合體」を「団體」と呼びつつ、そのような「団體」として国家を挙げたうえで、その共同目的とは「國運ヲ進暢シ人生ヲ幸福ナラシムルコト(20)」であるという。つまり、国家とは共通の目的を共有しつつ寄り集まっている個人の集合のことであり、そのような共通の目的を遂行することこそが、国家の意思であるということになる。そして、この共通の目的が見出される領域こそが、社会であるというのだ。美濃部は、社会とは「之を構成する人々の主観から謂えば各〻自分の獨立の目的の爲にするものであるにしても、尚客觀的には其の目的が相合致し、相互の交渉に依って各自の目的が共に満さるるもの(21)」であり、そして「此の意味に於いて社會とは特定の共同目的の爲にする多數人の相互の交渉ある生活であると定義し得べく、而して法は此の意味に於いての社會に存し、其の社會の人々を規律するもの(22)」であると主張する。すなわち、独立した諸個人の自由な相互行為を通じて構築された社会においては、その諸個人が共同で達成しようとする共通目的――国家の繁栄に支えられた諸個人の幸福――が自ずと浮上することとなり、その達成のためにこそ法は存在し、そして統治権はその法に従って行使されねばならない、というのである。つまり、天皇はつねに社会のために統治権を行使せねばならず、その限りにおいてその権力は正当化されるというわけなのだ。いいかえれば、天皇の存在を明確に法の内部に位置づけ、そしてその法を根拠づける法外なものとして社会を措定した。これこそが、美濃部の論理なのである。

このように、機関説は、「社会」において見出される共同的な意思の表明こそが法の源泉であるとしたのであった。そして、統治権の行使を法に従属させることで、天皇の存在を「社会」に従属させ、「社会」の内部に閉じ込めようとしたのである。ここでは、統治の正当性を社会的な原理に求める、ミシェル・フーコーがいうところの統治性原理の出現を見て取れるであろう。フーコーによれば「統治の目的は、統治が導く当の対象である物事の中にある……統治の目的は、統治によって導かれるプロセスの完成・最適化・強化のなかに求められるべき」であるのだという[23]。そして、そのような統治の対象として見出されたのが、「社会」であるというのだ。それゆえ国家の統治性を考えた場合、「市民社会とは、統治思想（十八世紀に誕生した新たな統治の形）が国家の必要な相関物として出現させた」[24]ということ、つまり「国家が引き受けるのは社会、市民社会であって、この市民社会の管理こそ国家が確保すべきとされるもの」[25]であることがわかるのである。そのうえで統治性は、社会を構成する原理として「自由」を見出す。つまりフーコーが十八世紀以後の統治思想として注目する政治経済学においては、自由主義的な発想に基づいて、自由な個人による相互行為の結果形成される秩序的全体として社会を構想したうえで、それを把握し利用する統治というものが見出されることになるのである。

このような統治は、統治対象に即した形での権力の制限と自由の解放であるように見せかけて、むしろ新しい権力の正当化のあり方であるのだ。その意味で美濃部の機関説もまた、天皇の統治の目的を天皇自身の権力にあるとするのではなく、統治対象である社会に即した統治を、それを構成する諸個人の自由な相互行為を促進することで達成することであるとし、それをもって天皇の統治を正当（統）化しているのだといえよう。

以上の主権説と機関説をめぐる議論は、機関説の勝利として一応の決着をみた。その結果、このような法の内側に位置する、あるいは社会に内在する天皇という規定が機能する限りにおいて、法―政治的な原理と天皇を現人神として崇敬する宗教的な原理は一応の分離が担保された。久野がいうところの、顕教と密教の区別が達成されたのである。美濃部は國體論を法的な原理ではないとして批判したが、それは天皇に絶対性を認める國體論が天皇を法外な存在へと上昇させてしまうからである。もちろん、依然として、天皇を絶対的な宗教的権威として祭り上げる國體言説は、国家による国民的主体形成の為に活用されてはいた。島薗進が指摘するように、教育勅語の渙発以後、「天皇が神的系譜を引き継ぐことを信奉し、皇祖皇宗に連なる今上天皇の署名のある教育勅語にうやうやしく礼拝し、皇室に感謝し奉仕する臣民としての覚悟をもつように促す教え、つまりは国家神道の教えに、すくなくとも形の上では従うことが求められた[26]」のである。しかし、この分離が一応担保されることで、國體論は一時鳴りを潜め、大正デモクラシー運動を支える大きな流れへとつながっていったのである。

五　構成的権力と國體論の展開

前節で論じたように、一九二〇年代までの大正デモクラシー期においては、天皇を法の内部にあるものとして捉える天皇機関説が支配的な思潮であった。しかし一九三〇年代に入り帝国日本の対外的緊張が高まるに連れて、今度は天皇を法外なものとの関連において捉えようとする勢力が優勢になり始める。とりわけ天皇機関説事件によって機関説が國體にもとるものであると弾劾されて以降、國體に沿う法―政治的構造は何かということが支配的なテーマとして論じられるようになった。つまり、法の外部にあってそれらを規定するのが天皇であり、そのような構造こそが國體であるという議論が言説のヘゲモニーを握ることになったのである。

ここで注目すべきなのは、この時期の國體論として有力なものにおいては、天皇は主権者として全てを恣にすることができる全能の力をもつ存在として理解されていたというよりも、機関説において浮上した「社会」などの天皇とは別に存在する、法を支える法外なもの――構成的権力もしくは潜勢力――そのものをまさに十全に体現することが可能な存在として、議論されていたということだ。いいかえれば、統治性の出現を経た後の法理解を通して天皇が捉えられていたのである。それは、機関説のように法の内部において完全規定された存在でもなく、その一方で端的に絶対的な権力を持つ主権者－独裁者－指導者とも異なる、あらゆるものがそこにおいて生成し統合される空間を汲み取り、それを直ちに法へと転換する存在として、天皇が認識されていたのである。そこでは、自由ですら法外なものの重要な要素として、つまり國體を支える重要な原理として捉えられていたのだ。

この背後には、法の内部にあり法によって維持されている秩序と、その法の外部に本来あって法を構成する力をもつはずの勢力とのあいだに、大きな間隙が存在しているという認識がある。一九二〇年代末に世界的な恐慌に見舞われたのち、帝国日本内における深刻な格差、たとえば都市と農村や資本家と労働者、あるいはエリートと大衆といったもののあいだの格差といった問題がより顕著になっていくにつれ、不平等感や被抑圧感が増し始めた。そこで人々は、既存の法秩序から排除されているという感覚をもつようになる。そのようななかで、格差や不平等が黙認されているような既存の法秩序を壊し、そこに包摂されていない人々をも包摂しうるような法秩序を構成し直すような要求が生まれ始めることになったのである。アンドルー・ゴードンが指摘するように、大正デモクラシー運動はもともとこのような不当な法秩序を支えている、「民衆（国民）と天皇との間に立ちふさがるあらゆる利己的な権威主義的利害への挑戦」(27)として起こったものであったが、その運動の結果浮上した政党政治もまた二〇年代末からの危機に対して有効な対処を提案しえていなかった。その結果、人々の政党政治への不信感が募る一方で、一九三〇年代以降の國體論は以上のような要求をもつ人々にとって、自らを構成する力に参加する主体として立ち上げる原理として、広く訴求力をもつことになったといえるであろう。この意味で、ウォルター・スカヤが指摘するように「大衆に基盤を置いた運動によって支えられたイデオロギー――それは次第に力をもち始めた大衆的ナショナリズムを効果的に利用しうるものであった(28)」として、國體論は機能していたのである。

このような國體論を論じていた先駆的人物として、筧克彦にまずは注目したい。筧は一九三〇年代における國體言説において、『大日本帝国憲法の根本儀』などを通して強い影響力をもっていた。しかし、そこで展開されている議論の根本は、すでに筧自身によって一九一〇年代において議論されていたものである。そもそも筧は東京帝国大学で講義を始める前に柏手を打つなどの奇矯な振る舞いから、ファナティックな國體論者として早くから知られた人物であった一方で、じつは美濃部の師でもあった一木喜徳郎の議論を引きつぐ機関説論者でもあった。筧は國體の絶対性を主張する点においては誰よりも「狂信的」であるかのように見えたが、実はその絶対性は天皇が「表現」するとされる「普遍性」に支えられたものであったのであって、天皇を絶対的な主権をもつ統治者として捉える主権論者立ちとは一線を画していたのである。

筧によれば、「天皇は國權を表現せらるる公平無私の力（統治の大權）の主體ではあらせらるるが、國權自身は普遍力であり、公の力であって、其の主體は本来の同心一體たる國家自身である(29)」という。それはつまり、天皇は統治権‐主権を意のままに行使できる存在ではなく、あくまでも国家の代理として、国家が体現するとされる普遍性を実現する限りにおいて、その存在は正当化されるということなのである。ここに、美濃部の権限の理論と同じ論理を見出すのは、それほど困難ではないはずである。

そして、筧は國體を「建國法により定まりつつある國家の體裁である」[30]と定義する。ここで筧がいうところの建國法とは、「建國と同時に成立し、以後引續き國家の存在發達の根底を爲しつつあるもので」[31]あって、「この法は當初より天皇總攬の下に成立しつつある普遍意思であり、國家及び天皇人民とその存在に前後なき法であって、其の根底は隨神道に存して居る。此の建國法に基いて存する國家根本法が憲法である」[32]という。つまり、建国法とは人民全体を包摂する国家意思を汲み取ったものとして、天皇の権威のもと成立する法であり、この法によって国家としての日本の根本的な性格が規定されることになるというわけである。そしてこの根本的な性格こそが國體と呼ばれるものであり、日本の憲法は建国法と國體に沿って規定されねばならない、というのが筧の主張なのだ。

このような筧の國體論は、天皇を媒介にして法の内部と外部を架橋しようとする試みであると考えられる。筧の論理に従えば、天皇は法を規定する法外なもの――筧の言葉を使えば普遍意思――を体現する存在であるが、一方でその法外なものによって構成された法を維持する役目を――表現総覧人として――負っている。逆にいえば、天皇がいるからこそ普遍意思が十全に汲み取られた法と秩序が構成され維持されうるのであり、その意味で國體こそは理想の国家のありかたである、というわけなのである。

そして、筧にとって天皇による構成的権力たる普遍意思の十全な体現こそが、「表現」原理の核心なのである。筧は、日本の國體においては「表現帰一関係」と「表現対立関係」が成立していると主張する。天皇を全体性たる普遍意思を十全に表現する唯一の主体として理解するのが「表現帰一関係」であり、そういった全体性を構成している個々の成員もまた、それぞれの仕方で全体性を表現しつつ独立的存在として相対しあう関係性が「表現対立関係」として理解される。つまり、国家において諸個人は自らの国家における役割をそれぞれ独立して遂行するが、このような諸個人を統合しうる普遍性としての理想的国家を表現しうるのが、天皇であるということなのである。このような表現原理においては、「天皇は我我と對立して我我を統治せらるるが、其の根柢に於いては我我と一心同體で、我我以外に超越してゐらせらるる御方ではない[33]」とされる。いいかえれば、諸個人を統合し媒介しうるような調和的・普遍的全体性としての超越性が、それぞれの諸個人に即した内在的なものでもあるという事態が、天皇の表現行為においては実現されているというわけなのだ。つまり、表現とはいわば内在即超越的な原理として捉えられていたのである。

以上のような天皇の存在は、筧によれば「知ラス」統治者であるという。筧は次のようにいう。

皇国にては天皇が天下を治めらるることを「知ラス」と云ふ。「知ラス」とは己を空くして、外部一切の力を受け入るることである。神の命に基き、上下人人を支配する、卽ち道理に遵ひ、一般の需要を省み、各人の自由を尊重して一切の力を総覧せらるることである[34]。

筧はここでかなり明示的に、自由を尊重する存在として天皇を捉えている。普遍意思は諸個人の自由な行為によって生み出される「一切の力」を包摂するものでなければならず、この意味において筧にとっての國體は自由と対立するどころか、むしろそれを受け入れ促進するようなものなのである。このような「一切の力」こそが法を構成する力の源泉であり、それゆえ筧が主張するところの普遍意思とは、この構成構成的権力としての「一切の力」を包摂する絶対的な原理であり、その意味で「神の命に基」づいているというわけなのだ。

以上の筧の議論に見られるような、法の内と外を理想的につないでいる体制として國體を捉え、しかもそのような体制を支えている原理として「表現」をまさに一九三〇年代において論じた論者として、西田幾多郎にも注目せねばならないであろう。西田はかの有名な論考、絶対矛盾的自己同一において次のように述べている。

世界は一面にライプニッツのモナドの世界の如く何処までも自己自身を限定する無数なる個物の相互否定的結合の世界と考えられねばならないということである。モナドは何処までも自己自身の内から動いて行く、現在が過去を負い未来を孕む一つの時間的連続である、一つの世界である。しかしかかる個物と世界との関係は、結局ライプニッツのいう如く表出即表現ということのほかにない。モナドが世界を映すと共にペルスペクティーフの一観点である。(35)

西田がここで使っているところの「世界」という言葉には、我々が日常使っているそれとは異なり、西田独自の哲学的コノテーションが存在している。それは、潜勢力や構成的権力が展開されることで構成されるようなものの全体性であるとともに、そのような全体性を構成する力そのものをも指すような概念として使われている。いいかえれば、世界は自身の力によって世界そのものを自己構成していくような力そのものとして、西田によって捉えられているのである。そして西田によれば、このような世界を構成する力は多なるものであり、この多なる力によって世界が様々に解釈され「表現」されることで、多様なものが存在する一つの全体性として世界が構成されるという。

そこで、西田はこのような多様性を抑圧せず、世界が世界自身を構成し表現していく力を十全に担保できる原理として、主権は存在せねばならないという。「国家理由の問題」と題された論考において、西田は次のように述べている。

主権の絶対性と云ふのは、個人の圧迫を意味するものではない。全体的一と個物的多との絶対矛盾的自己同一的世界の中心を映す物として、主権が主権であるのである。そこには何処までも我々の自己が個物的多として世界を映す、逆に自己が世界の自己表現として自覚的となると云ふことが含まれてゐなければならない。全体的一としての主体が、何処までも理性化せられることによつて、それが主権となるのである。(36)

西田は多様性が一つの全体性において媒介される状況を、絶対矛盾的自己同一とよび、その中心に主権を据える。いいかえれば、主権は絶対矛盾的自己同一を十全に担保し、反映できなければならないのだ。そして、このような主権を中心にした絶対的な秩序が、法的な秩序であるという。西田は、このような絶対的秩序を規定する法は、「地上に於ける神意」あるいは「神の声」であると主張する。

そして、このような議論の文脈において、西田は國體と天皇についても考察している。しばしば論争の的になる『日本文化の問題』における西田の議論を見てみよう。

思ふに矛盾的自己同一的な我が国の国体には、自ら法の概念も含まれてゐなければならない。皇室を個物的多と全体的一との矛盾的自己同一として作られたものから作るものへと云ふことは、何処までも個物の独自性が認められることでなければならない。(37)

ここで、西田は國體を矛盾的自己同一的なものとして解釈し、そこに法の概念も含まれると主張している。ということは、自身を構成していく力としての世界の展開が十全に担保されたうえで、そのような力の展開と法の成立がそのまま一致するような状態こそが、國體によって達成されるべき状態であると、西田は考えているのだ。そして、そのような國體の中心に存在するのが、皇室－天皇であるというわけである。西田はここでは明示的に述べていないが、明らかに天皇を主権者であると捉えている。そして、そのような主権者は、構成する力としての絶対矛盾的自己同一的世界を正しく反映し表現することで、法的秩序の中心とならなければならないのである。このように、西田もまた法外な力を法内部に十全に組み込み、両者の間隙を埋めるような存在として天皇を措定しており、そのような間隙が埋められた理想の体制として國體を構想しようとしているのである。

筧と西田は法外な原理として普遍意思や世界を見出し、そして法秩序を構成する原理としてそれを措定したうえで、法外な原理によって構成された理想的な法秩序－国家を表現する存在として、天皇および皇室を論じた。そして、そこに神的な絶対性を見出し、國體はそのような絶対性をもつものとして主張したのである。ここにおいて、天皇崇敬を核とした宗教的原理が法の構造を規定する原理の中に流れ込む回路が再措定されることとなり、両者の区別が不分明なものとなるが、それにもかかわらず、そのような事態を宗教的なものによる法的領域の横領として問題にすることは困難であった。それは、磯前順一が指摘するように[38]、「宗教／世俗」という二分法を産み出す不可視の根源として、それはまた、「公／私」の二分法を産み出す根源として、天皇の存在がここでは機能しているからである。いいかえれば、筧や西田の論理においては、天皇の神的絶対性は「宗教／世俗」や「公／私」といった区分自体をそもそも構成するような法外な原理——普遍意思や世界——のレベルにおいて、見いだされるものであったのだ。いいかえれば、それは一種のメタ宗教的な原理として、機能していたのである。

しかもこの普遍意思や世界を根拠にしたメタ宗教的原理は、民衆的なエネルギーを回収しうる原理でもあった。筧にとって普遍意思とは人民全体によって構成され、それらがもつ「一切の力」を包摂するものであったし、西田にとっても世界とは一般性に媒介される多様なる存在によって構成されると同時に、それらを包摂するものであったのである。つまり、民衆的なエネルギーのもつ多なる力によって構成され、それらを包摂するものとして、國體は論じられていたのである。ここに、顕教と密教が統合されることになったのだ。

ここで、現代の宗教的言説もまた、宗教的原理の公共性を語るためにメタ宗教的なものを持ち出してくる傾向があることを忘れてはならない。タラル・アサドが指摘するように、「宗教には、科学や政治や常識などの本質と混同してはいけない独立の本質があると主張するならば、その先に来るのは、宗教を（他のいかなる本質とも同じく）超歴史的で超文化的な現象として定義することであろう。……だが、宗教と権力のこうした分離は、近代西洋の規範で[39]」ある。このようなアサドの主張は、磯前がいうように、近代に入り「宗教が私的領域に限定されていくことで、公共領域の世俗化が完成していくといった〈世俗・宗教〉の共犯関係[40]」を「ポスト世俗主義」という立場から批判することを意図している。しかし、現代の宗教言説や公共宗教論はアサドと同じく「ポスト世俗主義」という立場に立ちながら、こういった「世俗（権力）／宗教」という二項対立的概念に沿った近代的概念としての宗教概念を批判しつつも、アサドとは逆に、よりメタなレベルで宗教概念の本質化をはかろうとする。すなわち、「世俗／宗教」という対立図式では捉えきれない事象に注目することで、そのような図式から排除されている事象を包摂しうるようなより開かれた（＝公共的）根源的・普遍的な概念として、宗教概念を再措定しようとするのである。磯前が指摘するように、「このような立場からすれば、タラル・アサドのポスト世俗主義も……全て宗教的なものへの回帰を謳うものとして、自己の宗教主義的な立場（religionist）を肯定する読み方へと還元されていくことになる[41]」のだ。このような事態は、筧や西田の一種の反復であると考えられよう。

六　公共圏を批判的に捉え直す

すでに述べたように、國體は擬製的な公共圏として機能しうる。それは、構成的権力が十全に担保された体制として、國體は論じられているからだ。一九三〇年代の議論へとつながる文脈において、既存の法的秩序によって抑圧され排除されている人々を、構成的権力に参加しうる主体として包摂する原理として、國體は上昇した。アレントは公的なるものをすべての人に開かれた「世界」であると主張したが、國體もまたそのように開かれたものであると、筧や西田は論じていたのである。

しかし、國體的公共圏の問題は、それがつねに何らかの統一性を前提にし、政治を抑圧している点である。多様性や自由といったものがそこで担保されているというものの、多様性や自由によって生じるはずの敵対性の問題は、はじめから考慮に入れられていない。そして、このような敵対性の可能性を、いいかえれば政治の可能性を抑圧したうえで、統一的全体性の中心に天皇を据える、という操作を國體論は行っているのである。その結果、天皇はすべてを包摂しうる調和的全体性としての公共圏を構築しうる存在として、理解されることになる。そのため、実際に敵対性が生じた場合には、それは不可視のものとなるか、端的に間違いとして処理されることになろう。

このような國體的公共圏の問題を考察することで、現在の公共性論において無意識のうちに行われている敵対性の隠蔽の問題を理解できよう。原理的にすべてを包摂するとされる公共圏を前提にした場合、包摂されえない者の存在を認め、そのような存在によって生じるはずの敵対性を問題化することが不可能になる。そのような公共圏は、「殺人罪を犯さず、供犠を執行せずに人を殺すことのできる圏域」[42]であるといえよう。いいかえればそれは、実際には排除され自己の生命をも脅かされざるをえないような生を送っている存在がいるにもかかわらず、全てが包摂されているはずという名目のもと、そのような排除は認知されることもなく、仮に本当に死に至ったとしてもそのような存在への贖罪も存在しないような圏域なのである。

だが、このような排除されつつも包摂されるという「排除的包摂（包含）」が生じる公共圏を問題化するためには、どうすればよいのだろうか。それは、実際には包摂されていない存在を指摘するといったようなやり方、いいかえれば公共圏において存在するはずの「他者」へと注意を向けるといったやり方によって、問題化することができるであろうか。それはつまり、公共圏によって汲み取られ尽くされていない剰余を産出する潜勢力の可能性に賭ける、という形で問題化するということであるといえようが、そのようなことは可能であろうか。しかし、そのような潜勢力の可能性に賭けたとしても、潜勢力によって担保される生の多数性――つまり存在論的レベルにおいて見出されるはずの多数性――は十全に体現されることはないのではないだろうか。それはなぜなら、多数性において敵対性が生じるということは、その多数性を包摂するような一つの全体性――主権はつねにそのような全体性を担保するものとして表象されてきた――が出来することは決してありえない、ということだからだ。そのような敵対性が生じるとしたら、シャンタル・ムフとエルネスト・ラクラウが主張するように、「敵対が存在する限りにおいて、私は私自身に対して完全な現前を果たすことは不可能である。しかし、私と敵対する勢力もまた、そうした現前は不可能である(43)」ことになる。それはいいかえれば「つまり、「他者」の現前は、私が全面的に私自身であることを妨げる(44)」ということだが、その理由は「そこでの関係は、両者の完全な全体性から派生するのでなく、それらの全体性の構成の不可能生から派生する(45)」というものなのだ。

つまり、敵対する存在としての私と他者はお互い排除しあうアイデンティティをもつ関係となるが、それはそれぞれのアイデンティティを規定し包摂する文脈や関係性・全体性が根本的に両立不可能であるからである。そもそもムフが指摘するように(46)、一つの関係性・全体性の外縁が確定されるためにはその外部が構成される必要があり（構成的外部）、他者とはその外部にある存在なのである。そして公共圏の秩序は、このような両立不可能な文脈や関係性・全体性を両立させることがあたかも可能となったかのように見える空間を、構成することに成功した特定の存在がヘゲモニーを握ることで、構築され維持されるものであるのだ。例えば、それぞれのアイデンティティに応じた生の多数性が担保されるべきものとして公共圏において規範的に認められているとすれば、そのような規範を達成しうる関係性・全体性を構築することは実際には原理的に不可能であるなかで、それをあたかも達成したかのように思い込ませることに成功した勢力が存在し、そのような勢力によってその公共圏の秩序は構築され維持されているのである。いいかえれば、多数性の十全な担保のためには、私のアイデンティティと他者のアイデンティティの両方が同時に認められる必要があるが、そのようなことを可能にする関係性・全体性の構想は、多数性において敵対性が生じる以上不可能であるのだ。

この意味では、ムフが批判したように、ネグリ論じるマルチチュードもその多数性が十全に発揮される可能性には十分に慎重にならねばならないだろう。ムフは、「マルチチュードの「欲望する諸機械」のあいだの摩擦と、資本主義陣営における利害の分岐を見過ごしてはならない。ハートとネグリが提示するグローバル化された平滑空間にかんするヴィジョンは、コスモポリタンの立場と同様、世界の本性である多元性、「普遍的」ではなくむしろ「多遍的」だという事実を察知できない。「絶対民主主義」、すなわち主権を超えた絶対的内在性の状態においては、マルチチュードの新たな自己組織形態が、権力によって構造化された秩序に代わるとされるが、この観念は、融和した世界をポストモダン的な形態で希求すること以外のなにものでもない[47]」と批判する。これは、公共圏がマルチチュードの多数性を担保する空間として見なされることで、ネグリの議論がグローバルなヘゲモニー構築を——それこそがマルチチュードの力能が発揮された結果として——正当化することに利用されてしまう危険性が、読み方によっては生じることを指摘したものとして理解すべきであろう。つまりは、マルチチュードの可能性がグローバルな形で展開する國體論的公共性の可能性へと（誤読的に）横滑りしてしまう危険性がある、ということである。

フーコーによる自由と統治性をめぐる問題の議論は、このようなグローバルな公共圏においていかに統治権力が作動するのかを分析するための視点を与えてくれるものとして、理解できる。しかも、それは単にヘゲモニーを維持する権力の作動だけではなく、ヘゲモニーから排除された存在をも包摂するような権力の作動までもが、その批判の射程に入っている。フーコーの基本的な批判は、多数的な諸存在が自由に行動しつつお互いに相互作用を及ぼすことで、「社会」的な秩序なるものが内発的に組織化されるという可能性を論じることは、自由を原理的基盤においた統治権力——すなわち自由主義国家による統治——の正当化につながる、というものであった。これは、政治学的な前提において支配的な「社会」は「国家」から自立して存在するという観念を批判し、むしろ国家がその統治性を上昇させるために「社会」なるものを見出し、それを管理する知と技術を構築した、と主張するものだ。この議論を敷衍すれば、統治権力によって統治の対象たる「社会」はいくらでも見出され、構築されることは可能である、ということになる。そのような統治権力の最も洗練された作動の仕方は、一つのヘゲモニーによる排除と包摂というよりも、大小さまざまな「社会」（あるいは全体性）が構築され、それぞれに包摂される個別的な存在が、それが属する「社会」に応じて別様に統治され管理されるというものであり、これこそがグローバライゼーションのなかで発展しつつある統治性であると考えられよう。排除的な関係にある私と他者も、それぞれ別の社会に属するアイデンティティをもつ存在として、別様に管理され統治されることになるのである。グローバルな空間においては多様性がその前提となりつつあるなか、その多様性に即した様々な「社会」が構築されつつそれに即した様々な統治の技術——あるいは社会工学——が発明され、そしてその多様な「社会」に応じた統治権力の重層性におおいかぶさるように、グローバルな公共圏（あるいはグローバルな市民社会）は構想されることになると考えられるだろう。

このような状況は、現状の関係性とそれに沿って作動する権力に対抗することを、ますます難しくする。それはいいかえれば、私が「他者」と遭遇することがますます難しくなっている状況であると、理解できるだろう。あるいは、より巧妙な「排除的包摂（包含）」であるとも。もはや排除を指摘するだけでは、そして他者に開かれている公共圏の理想を語るだけでは、何も状況は改善しないのではないかと考えられる。すでに論じてきたように、実際には「他者」の排除があってもそれを見えないようにするか、あるいは「他者」を私とは別のアイデンティティをもった存在として包摂しうるような統治技術を高めるか、そのどちらかによって公共圏は維持されるのである。それゆえ、序章で磯前が述べたように、「公共性とは他者との共存を模索する議論の呼び水にはなり得ても、その議論の結論にはなりえるものではない(48)」のだ。つまり、真剣に公共性の理想を実現しようと努めれば努めるほど、それが困難となる現実的な状況に直面せざるをえないのである。

七　おわりに

宗教が担うことを期待されている公共性は、これまでの議論を総括するならば、それ自身がヘゲモニーとなるか、それともグローバルな公共圏の補完的役割を果たすか、そのどちらかに陥ってしまう可能性が高いと考えられよう。前者に関しては、國體的公共性において見られるように、宗教と言う絶対的な原理を背景にして組み立てられる公共性論においては、すべてを包摂する調和的な全体性が出来するということを弁証する議論になってしまう、という問題があげられる。それにたいして、後者に関していえば、宗教が排除されている人々をつなぐ全体性を構築する核となることで、ある種の「社会」（あるいは「社会共通資本」）を構築し、その結果統治性を上昇させる大小様々な「社会」を維持する一つの原理として機能する、という問題があげられよう。端的にいってしまえば、宗教は声をあげることが叶わないがゆえに不満をもつ人々のガス抜きをし、彼ら彼女らが既存のグローバルに編成されていく公共的秩序を脅かす存在にならないように馴致する役目を、担ってしまうのではないかということだ。そして、この両者のケースにおいて、排除は見えなくなってしまう。

本書に収められた諸論考は、宗教と公共性論、もしくは公共宗教論が陥ってしまう上記のような問題への批判意識のもと、それとは別様の可能性を模索するものであった。そして、そのためには、磯前が主張するように「謎めいた他者」の「声」を聞かねばならない。しかし、この「声」を聞くことは、現代の我々にはますます難しくなってきている。主権によって構成される國體的公共圏や、統治性の上昇によって可能となりつつあるグローバルな公共秩序に対抗しつつ、あるいは対抗するために、他者の声をいかに聞くことができるか。そのためには他者の声を、聞き取り了解することが全く不可能な——あたかも動物の鳴き声のような——ものとして、つまり「全き」他者の声として捉えるのではなく、理解可能な言葉を話しているはずであるにもかかわらず、了解されることに失敗することで不和を生じさせてしまうものとして、捉えるべきであろう。「他者」が了解不可能な存在なのは、その「他者」が了解可能性を担保する言語共同体＝公共空間の外部にそもそもいるから、ではない。むしろ、ジャック・ランシエールがいうように、「他者」は同じ言語を話しているにもかかわらず「不和」を生じさせるがゆえに、共同体＝公共空間の外部にいる存在として、つまり同じ言語を共有しない了解不可能な存在として、不和を抑圧すべく統治権力によって共同体から分割・排除されるのである。このような公共空間から分割・排除され異なった（＝通じない）言語を話すと見なしていた「分け前なき人々」を、自分自身と同じ言語を話す平等な存在として見なすことで、ランシエールがいうように、「見られていなかったものが見えるようになり、騒々しい動物としてしか聞かれていなかった人々が話す主体として聞かれるようになり、見るべきものも討議すべきものもないと宣言された人々さえ対話の相手として計算されるように[49]」なるのである。ここにおいてはじめて、別様の可能性に関する思考を開始することができることになるのではないだろうか。

（1）本章ではこの言葉のイデオロギー性と歴史性を強調するため、あえて旧字体の「國體」を採用している。

（2）カール・シュミット『政治神学』一九三二年（田中浩・原田武雄訳、未来社、一九七一年）四九頁。
（3）同右書、二一頁。
（4）ジョルジョ・アガンベン『ホモ・サケル──主権権力と剥き出しの生』一九九五年（高桑和己訳、以文社、二〇〇三年）二八頁。
（5）アントニオ・ネグリ『構成的権力──近代のオルタナティブ』一九九二年（杉村昌昭訳、松籟社、一九九九年）三七－三八頁。
（6）この概念は、ジャック・デリダの議論に触発された磯前順一の議論によっている。
（7）丸山真男『日本の思想』（岩波新書、一九六一年）三三頁。
（8）久野収「超国家主義──昭和維新の思想」（『現代日本の思想──その五つの渦』岩波新書、一九五六年）一三二頁。
（9）安丸良夫『日本の近代化と民衆思想』（平凡社ライブラリー、一九九九年）七一頁。
（10）ネグリは次のようにいっている。「構成的権力とは、合目的性の不在を超えて、全能的で絶えず拡張していくある緊張として放出されるこの力の謂に他ならない。前提の不在と力の全面開花──これ以上に肯定的な自由の概念はありえないだろう。しかし、この全能性と拡張性は民主主義を特徴づけるものでもある。なぜなら、それは構成的権力を特徴付けるものだからである。民主主義は自由への絶対的手続きであると同時に絶対的統治でもある……ハンナ・アレントはこの構成的権力の真の姿をよく理解した」（ネグリ、前掲書、三九頁参照）。
（11）長尾龍一『日本国家思想史研究』（創文社、一九八二年）二三頁参照。
（12）安丸、前掲書、一三十頁。
（13）穂積八束『憲法提要』（有斐閣、一九一〇年）五二頁。
（14）同右書、九八頁。
（15）長尾、前掲書、二九頁参照。
（16）上杉慎吉「國體と憲法の運用」（『上杉博士對美濃部博士最近憲法論』実業之日本社、一九一三年）二七〇頁。
（17）同右論文、二七〇－二七一頁。
（18）美濃部達吉「國家及政體論」（『上杉博士對美濃部博士最近憲法論』実業之日本社、一九一三年）三七一頁。
（19）同右論文、四四八頁。
（20）同右論文、三八九頁。
（21）美濃部達吉『法の本質』（日本評論社、一九四八年）二〇頁。

（22）同右。
（23）ミシェル・フーコー『ミシェル・フーコー講義集成〈7〉安全・領土・人口』二〇〇四年（高桑和己訳、筑摩書房、二〇〇七年）一二三頁。
（24）同右書、四三三頁。
（25）同右。
（26）島薗進『国家神道と日本人』（岩波新書、二〇一〇年）五〇頁。
（27）Andrew Gordon, *Labor and Imperial Democracy in Prewar Japan*, Berkeley : University of California Press, 2010, p.315.
（28）Walter A. Skya, *Japan's Holy War : The Ideology of Radical Shinto Ultranationalism*, Durham : Duke University Press, 2009, pp.150–151.
（29）筧克彦『國家の研究　第一巻』（春陽堂書店、一九一三年）一六頁。
（30）同右書、二〇頁。
（31）同右書、一二頁。
（32）同右。
（33）同右書、一七頁
（34）同右書、一八－一九頁。
（35）西田幾多郎「絶対矛盾的自己同一」（『西田幾多郎哲学論集III』岩波文庫、一九八九年）三〇頁。
（36）西田幾多郎「国家理由の問題」（『西田幾多郎全集IX』岩波書店、二〇〇四年）三三二頁。
（37）西田幾多郎「日本文化の問題」（『西田幾多郎全集IX』岩波書店、二〇〇四年）六〇頁。
（38）磯前順一『喪失とノスタルジア――近代日本の余白へ』（みすず書房、二〇〇七年）二六〇頁参照。
（39）タラル・アサド『宗教の系譜――キリスト教とイスラムにおける権力の根拠と訓練』一九九三年（中村圭志訳、岩波書店、二〇〇四年）、三二－三三頁。
（40）磯前順一『宗教概念あるいは宗教学の死』（東京大学出版会、二〇一二年）三六頁。
（41）同書、四一頁。
（42）アガンベン、前掲書、一二〇頁。
（43）エルネスト・ラクラウ、シャンタル・ムフ『民主主義の革命――ヘゲモニーとポスト・マルクス主義――』二〇〇一年（西永亮・千葉眞訳、ちくま学芸文庫、二〇一二年）二八一頁。
（44）同右書、二八〇頁。

(45) 同右。
(46) シャンタル・ムフ『政治的なものについて』二〇〇五年（酒井隆史・篠原雅武訳、明石書店、二〇〇八年）三一頁参照。
(47) 同右書、一六七頁。
(48) 本書、一〇頁。
(49) ジャック・ランシエール『民主主義への憎悪』二〇〇五年（松葉祥一訳、インスクリプト、二〇〇八年）一五六頁。

おわりに

本書の企画は、二〇一三年の七月二十一日から二十二日にかけて国際日本文化研究センターにおいて開催されたシンポジウム、「宗教と公共性――神道と宗教復興から」に由来する。このシンポジウムでは、宗教と公共性をめぐる現在の言説空間のあり方を、日本というドメスティックな文脈を超えて、より開かれた視座へと接続しつつ、批判的に検討するということが目指されたのであった。そして、このシンポジウムを受けて、同年の九月六日から八日にかけて開催された日本宗教学会第七二回学術会議において、「宗教の公共性とは何か――国家神道から考える」という発表パネルが組まれた。ここでも、國學院大學といういわば神道研究の総本山において、神道と公共性をめぐるポリティクスについて、批判的な議論がなされた。本書は、これらの討議を経るなかで、参加者それぞれが自らの問題意識をより発展させた形で結実した成果を、編集したものである。

すでに「はじめに」においてふれられているが、本書は東京大学出版会から二〇一四年に出版された『宗教と公共空間』の続編でもある。前編からの違いを一つ指摘するとすれば、本書は比較的若い研究者、しかもとりわけ海外で学位を取得したあと、日本で研究活動を行っている者が中心となっていることだ。シンポジウムに集まったメンバーがそうであったということ以上に、このことは意味があったかもしれないと思われるが、それは次のような理由からである。グローバライゼーションの問題が叫ばれて久しいが、それをめぐる日本の社会状況は、ひたすら内向し自閉していくか、グローバライゼーションの波に飲まれるがままになるかの両極端であるかのように見える。そういった状況に対する抵抗のためには、海外での経験というものがもしかしたら役立ちうるかもしれない。日本の文脈、そして日本の外の文脈、どちらにも足許を取られることなく、しかも双方を視野に入れつつ自らの思考を基に現実（現場）の問題に即した形で批判を行うこと。このような実践を本書は目標としているが、日本と海外の両方の言説状況を肌感覚として知るということで、こうした実践に、ささやかではあるかもしれないが、貢献しうることを期待したい。

とはいえ、シンポジウムおよびパネルに参加されつつも、残念ながら本書には組み入れることのできなかった方々もいる。姜海守氏と松平徳仁氏には、多大なご協力を賜りながらも、本書へご恵投していただくことは叶わなかった。特に記して謝したいとともに、お二人の来るべきご論考に思いを馳せたいと思う。

本書はまた、前編の『宗教と公共空間』に引き続き、島薗進氏の東京大学退官記念論集という性格を併せ持つ。日本の宗教学・宗教研究へ多大な貢献をされてきた氏の業績を記念するに値する論集になったかどうかははなはだ心もとないが、しかしその批判的態度を受け継ごうとする意志は、読者諸氏に伝わったのではないかと思う。あらかじめ規定された概念としての「宗教」ではなく、そのような概念自体がどのように生み出されてきたのかというポリティクスと、そのようなポリティクスが非「宗教」的な領域におけるポリティクスとどのようにかかわっているのか。このような「宗教」という囲い込みや枠組みを疑い、その囲い込み・枠組みを超えて問いを立てることこそが、氏の批判的態度を受け継ぐ営みであるといえるのではないだろうか。本書において目指されたのは、そのような営みであるともいえよう。

私にとって本書の企画は、はじめて編者として出版に関わることとなる契機をあたえてくれたものである。企画についてはじめて聞かされたとき、大変な高揚感とともに大きな不安を抱いたことも確かである。これまでにない、あるいはこれまで陰に陽に語られはしたものの、論考という形としてはっきりと世に問われたことはないような問題を問う論集ができるのではないか、という大きな期待。しかしその一方で、私自身の力量と照らし合わせたとき、自身の論考が企画の水準を満たすことができるのかという心配はもとより、他の寄稿者の方々による個々の論考の間の関係を、媒介・調停することが本当にできるのかどうか、という大きな懸念。この二つの思いのせめぎ合いのなかで、本書の編集作業は進められていった。案の定、はじめての編集作業はとまどいの連続であった。本書で問うた「公共性」とは、他者の声を無視せず応答しながら、その存在を認め合うことが可能であるはずの空間であるとともに、それが他者から／への支配へと容易に転落してしまうような空間において、見いだされるものである。そのような「公共性」はまた、一つの本あるいはテクストにおいても見いだされるものでもあろう。その意味で、本書の編集作業はテクストにおける「公共性」を担保することの難しさと、「公共性」そのものがもつ危うさとに対して、いかにつきあうべきかということを学び思考する、一つの重要なレッスンでもあった。

このような重要な学びの過程において、大変なご助力を賜った伊達聖伸氏には特に感謝申し上げる。本書は伊達氏のご協力がなければ、その成立がより困難なものとなったであろうことは想像に固くない。本来ならば編者としてお名前を明記させていただくところを、それが叶わなかったことは大変残念なことであった。

また、本書に寄稿していただいた寄稿者の方々に対して、あらためて御礼申し上げる。異なった寄稿者による個々の論考は、それぞれ独立したものとして理解されうるものではあるが、一方で一つのテーマのもとに集められたひとまとまりの統一されたものとして――いいかえれば複数的でありつつも一つの場を形成するものとして――読者諸氏に読んでいただければ、望外の喜びである。そのために、と言ったらおこがましいかもしれないが、本書の第Ⅰ部から第Ⅲ部までのそれぞれの冒頭にリード文を挿入させてもらっている。このリード文の責任は川村にあるが、読者諸氏へのミスリードとなっていないことを祈るばかりである。

そして最後に、本書の刊行には、ナカニシヤ出版の酒井敏行氏の多大なるご尽力無しには不可能であった。昨今の厳しい出版事情のなか、本書の企画を快く受け入れていただいたうえで、編集過程においてもさまざまなご助言を賜った。刊行に向けて様々なご迷惑をおかけしたが、最終的にこのような形として世に出せたのは、酒井さんのご理解があってのことである。執筆者を代表して、心より御礼申し上げる。

なお、本書の出版に際しては、国際日本文化研究センターの所長裁量費から出版助成を受けていることを申し添えておく。

川村覚文

鍾以江（Yijiang ZHONG）
1972年生まれ。東京大学東洋文化研究所特任准教授。シカゴ大学博士（東アジア言語文明）。近世近代日本思想、文化史専攻。主な論文に、"Freedom, Religion, and the Making of the Modern State in Meiji Japan, 1868–1889"（*Asian Studies Review* Vol.38, No.1, 2014）、「神無月——近世期における神道と権威構築」（『現代思想』Vol.41–16、2013年）など。

宮本新（みやもと　あらた）
1972年生まれ。日本ルーテル神学校講師。日本福音ルーテル田園調布教会牧師。シカゴ・ルーテル神学校博士（神学）。キリスト教神学、組織神学専攻。主な著書に、*Embodied Cross : Intercontextual Reading of TheologiaCrucis*（Wipf& Stock Pub., 2010）。訳書に、『もうひとつの十字架の神学——21世紀の宣教論』（M・トムセン著、リトン社、2010年）。

島薗進（しまぞの　すすむ）
1948年生まれ。上智大学グリーフケア研究所所長。東京大学名誉教授。近代日本宗教史、宗教理論研究専攻。主な著書に、*From Salvation to Spirituality : Popular Religious Movements in Modern Japan*（Trans Pacific Press, 2004）、『国家神道と日本人』（岩波書店、2010年）、『日本人の死生観を読む』（朝日新聞出版、2012年）など。

鈴木岩弓（すずき　いわゆみ）
1951年生まれ。東北大学大学院文学研究科教授。宗教民俗学、死生学専攻。主な編著書に、『いま、この日本の家族——絆のゆくえ』（弘文堂、2010年）、『変容する死の文化——現代東アジアの葬送と墓制』（東京大学出版会、2014年）など。

寺戸淳子（てらど　じゅんこ）
1962年生まれ。専修大学等兼任講師。東京大学博士（文学）。宗教人類学専攻。主な著書・論文に、『ルルド傷病者巡礼の世界』（知泉書館、2006年）、" Religion and the 'public / private' problematic : the three 'public' spheres of the Lourdes pilgrimage"（*Social Compass* 59（3）, 2012）など。

【編者】

磯前順一（いそまえ　じゅんいち）

1961年生まれ。国際日本文化研究センター教授。東京大学博士（文学）。専攻は宗教・歴史研究。主な著書に、*Religious Discourse in Modern Japan : Religion, State, and Shinto*（Brill, 2014、韓国語版：ノンヒョン、2016年）、『死者のざわめき——被災地信仰論』（河出書房新社、2015年）、『閾の思考——他者・外部性・故郷』（法政大学出版局、2013年）など。

川村覚文（かわむら　さとふみ）

1979年生まれ。東京大学共生のための国際哲学研究センター（UTCP）上廣特任助教。オーストラリア国立大学博士。専攻は近代日本思想史、文化理論、文化・宗教研究、政治・社会思想。主な著書・論文に、「全体を代表することは可能か？」（山崎望・山本圭編『ポスト代表制の政治学——デモクラシーの危機に抗して』ナカニシヤ出版、2015年）、"The National Polity and the Formation of the Modern National Subject in Japan"（*Japan Forum* Vol. 26 Issue 1, 2014）など。

【執筆者】

青野正明（あおの　まさあき）

1958年生まれ。桃山学院大学国際教養学部教授。総合研究大学院大学博士（学術）。近代日朝関係史専攻。主な著書に、『帝国神道の形成——植民地朝鮮と国家神道の論理』（岩波書店、2015年）、『朝鮮農村の民族宗教——植民地期の天道教・金剛大道を中心に』（社会評論社、2001年）など。

片岡耕平（かたおか　こうへい）

1976年生まれ。国文学研究資料館プロジェクト研究員。東北大学博士（文学）。日本中世史専攻。主な著書に、『日本中世の穢と秩序意識』（吉川弘文館、2014年）、『穢れと神国の中世』（講談社、2013年）など。

伊達聖伸（だて　きよのぶ）

1975年生まれ。上智大学外国語学部フランス語学科准教授。リール第三大学博士(宗教学)。宗教学、フランス語圏地域研究専攻。主な著書・論文に、"De la laïcité de séparation à la laïcité de reconnaissance au Japon ?"（Jean Baubérot, Micheline Milot, Philippe Portier éds., *Laïcité, laïcités : Reconfigurations et nouveaux défis*, Maison des sciences de l'homme, 2014）、『ライシテ、道徳、宗教学——もうひとつの19世紀フランス宗教史』（勁草書房、2010年）など。

他者論的転回
宗教と公共空間

2016年3月31日　初版第1刷発行　（定価はカヴァーに表示してあります）

編　者　磯前順一・川村覚文
発行者　中西健夫
発行所　株式会社ナカニシヤ出版
〒606-8161　京都市左京区一乗寺木ノ本町15番地
TEL 075-723-0111　FAX 075-723-0095
http：//www.nakanishiya.co.jp/

装幀＝白沢正
印刷・製本＝亜細亜印刷

ISBN978-4-7795-1038-0　C3014

宗教の社会貢献を問い直す
ホームレス支援の現場から

白波瀬達也

現代における「宗教の社会参加」をいかにとらえるべきか。綿密なフィールドワークとFRO（宗教と結びつきのある組織）という概念を軸に、ホームレス支援の現場からその現状と課題を問う。

三五〇〇円

社会的なもののために

市野川容孝・宇城輝人 編

新自由主義に対抗しうる〈社会的なもの＝ソーシャル〉の理念とは何か。平等と連帯を志向するその潜勢力を、暗闇の時代に、来るべき〈政治〉に向けて、気鋭の理論家たちが徹底的に討議する。

二八〇〇円

近代日本政治思想史
荻生徂徠から網野善彦まで

河野有理 編

荻生徂徠、本居宣長、賀茂真淵ら江戸期の国学者たちから、丸山眞男、清水幾太郎、網野善彦にいたる戦後の議論まで、近現代の日本を舞台に繰り広げられたさまざまな論争を軸に思想史を読み解く。

四〇〇〇円

フランスの生命倫理法
生殖医療の用いられ方

小門穂

生命倫理についての包括的な規則を法律で定める「フランス方式」は有効なのか。生殖医療の市場化・グローバル化が進むなか、法制定過程における様々な議論からその実態を明らかにし、今後の展望をうらなう。

三八〇〇円

＊表示は本体価格です。